河南师范大学旅游管理国家级一流专业专项经费
河南师范大学旅游管理河南省一流专业专项经费

乡村旅游发展导论

陶玉霞◎等著

XIANGCUN LÜYOU

中国财经出版传媒集团

经济科学出版社
Economic Science Press
·北京·

图书在版编目（CIP）数据

乡村旅游发展导论／陶玉霞等著．--北京：经济
科学出版社，2025.3. -- ISBN 978 - 7 - 5218 - 6714 - 5

Ⅰ. F592.3

中国国家版本馆 CIP 数据核字第 20259SH453 号

责任编辑：白留杰　凌　敏
责任校对：杨　海　齐　杰
责任印制：张佳裕

乡村旅游发展导论

XIANGCUN LÜYOU FAZHAN DAOLUN

陶玉霞　等著

经济科学出版社出版、发行　新华书店经销

社址：北京市海淀区阜成路甲 28 号　邮编：100142

教材分社电话：010 - 88191309　发行部电话：010 - 88191522

网址：www. esp. com. cn

电子邮箱：bailiujie518@ 126. com

天猫网店：经济科学出版社旗舰店

网址：http：//jjkxcbs. tmall. com

北京密兴印刷有限公司印装

710×1000　16 开　24.75 印张　390000 字

2025 年 3 月第 1 版　2025 年 3 月第 1 次印刷

ISBN 978 - 7 - 5218 - 6714 - 5　定价：78.00 元

（图书出现印装问题，本社负责调换。电话：010 - 88191545）

（版权所有　侵权必究　打击盗版　举报热线：010 - 88191661

QQ：2242791300　营销中心电话：010 - 88191537

电子邮箱：dbts@ esp. com. cn）

前　言

本书是在国家进一步推进乡村振兴、呼吁农旅融合的背景下写就的。作为乡村旅游发展的导论，全书内容的铺陈围绕着"什么是乡村旅游""为什么要发展乡村旅游""怎样发展乡村旅游"三个核心问题展开，系统回应乡村旅游发展理论与实践中的重要关切。

全书内容共分为八章。前两章从本体论层面集中论述了乡村旅游"是什么""什么样""为什么"的问题，从概念层次解析到现象本身及发展历史脉络，再到学理意义和现实意义的分析，为系统认识乡村旅游打好了基础。当然，本书写就的核心诉求是希望乡村旅游的讨论不能只停留在概念和理论层面，而是能够真正实现实业化、系统化发展，真正落实到乡村振兴的战略发展中去。因此，从第三章开始，集中解答"怎么做"的问题。第三章、第四章内容相续，从乡村旅游的价值体系构建延伸至乡村旅游产业体系构建，从全局性、方向性出发搭建乡村旅游发展整体性的认识框架。从第五章开始，关于"怎么做"的问题走向具体，内容包括如何利用乡村旅游资源开发乡村旅游产品，如何组织乡村旅游产品的经营以及如何利用数字化的手段进行乡村旅游产品的新营销等，这部分的知识更具针对性和探索性。读者若在阅读和学习时能够明白各章之于全书的价值，时时思索各章内容解答了乡村旅游哪一方面的问题，抱着相应问题进行各章节的学习，或能收获事半功倍的效果。

具体来看，各章节的内容要点主要有：

第一章主要解答"什么是乡村、什么是乡村旅游"的问题。通过界定乡村、乡村性、乡愁等概念，提出了本书关于乡村旅游的认识，并架构了乡村旅游的概念层次。除此外，该章还重点分析了乡村的传统功能与现代拓展，尤其分析了景观化、体验化、休闲化重新赋值乡村内生性旅游功能发掘的可能性。

第二章重在解释"为什么要发展乡村旅游"的问题，从学理和现实意义上对发展乡村旅游的重要性和必要性进行分析，内容涉及乡村旅游内蕴的审美特征及其发展历史与价值取向演变。该章指出，在新发展理念和产业融合发展逻辑背景下，乡村旅游呈现出新特点，与生态农业、文化创意产业、非物质文化遗产融合发展是乡村振兴与民族复兴对乡村旅游高质量发展的必然要求。

第三章关注"乡村价值的来源与归处"，论述包括乡村价值来源理论分析以及实业转化可能性两个方向的思考。该章从乡村审美意象、生态人居价值、乡愁的符号化表达以及乡村旅游的实业化与传统文化传播多个维度，系统探讨了乡村旅游价值体系的构建。并强调乡愁需要落地于让人心安静下来的身心游居新空间，农工文教旅五产融兴将是这一空间新的特征。

第四章在明晰了乡村价值体系后相应提出了"乡村旅游产业体系如何构建"的问题。该章从乡村产业发展历史与位势变迁、大农业发展理念、农旅产业价值链、农旅融合、乡村旅游网络化产业体系等多个乡村产业发展视角，系统探讨乡村旅游产业体系的构建。其中尤为强调如何构建农旅产业价值链，即通过分析乡村大旅游产业网络要素、结构、影响因素等，分析其网络产业价值机制，从链条到网络化实现百业共生型农旅融合发展新格局。

第五章主要关注"乡村旅游资源的独特性"问题。该章结合乡村性特性阐明乡村旅游资源的内涵、概念及核心要素，讨论了乡村旅游资源的独特魅力。通过分析中国当前乡村旅游资源的区域差异，针对乡村旅游目的地的成长模式分析其发展驱动因素，提出了基于中国乡村旅游资源区域价值框架的资源整合与价值提升策略。

第六章旨在探讨"乡村旅游产品打造"的问题，尤其是如何在新时代背景下通过创新产品形态、优化发展模式、构建系统价值框架以及借助数字技术赋能实现乡村旅游高质量发展。在厘清乡村旅游新业态发展与特点的基础上，分析其区别于传统旅游模式的独特之处，提出这一背景下乡村旅游产品的新概念以及基于全域视角的产品系统构建方法。

第七章关注"乡村旅游目的地如何经营与发展"的问题。首先通过对乡村旅游产业发展模式的内涵与发展模式的深度解析，界定相关概念。然后通过梳理乡村旅游经营模式，揭示不同经营模式下的运作机制与特点。该章尤其关注新内生发展理论为乡村旅游发展提供的新视角及发展要素内生化的实践应用。

第八章深入探讨乡村旅游新营销，解释"有了好的旅游产品后如何转化为实际的旅游消费"的问题，尤其是在当下数字时代，提出如何认知媒介、利用媒介、管理媒介进行数字营销的创新实践。该章还探讨了数字时代乡村旅游中传统文化资源的挖掘与乡村意象的现代重构，指出乡村旅游创意营销数字化是传统营销转型的现实诉求，也是破解供需矛盾的必要之举。

本书由陶玉霞把握核心的创新理念，设计整体的框架结构与章节安排，并负责绪论的撰写和最后的统文定稿。本书内容撰写和分工如下：王丹平，前言、第一章等；宋晓，第二章等；李媛媛，第三章；余超，第四章等；陶舒婷，第五章、第六章；李瑶光，第七章；马静，第八章等。

　　总体而言，本书着力于农旅融合视域中乡村旅游的创新发展问题，研究内容从理论到实践、从整体体系构建到具体板块落实，讲述乡村旅游创新发展的逻辑必要性与实践可能性。希望通过本书的学习，能够启发读者重视乡村旅游价值、解锁乡村旅游密码、创新乡村旅游实践，则乡村旅游这片沃土自会回馈丰富有趣、坚实丰硕的研究成果。

目　录

绪　论

2024 年中央"一号文件"《中共中央　国务院关于学习运用"千村示范、万村整治"工程经验有力有效推进乡村全面振兴的意见》强调，以学习运用"千万工程"经验为引领，以确保国家粮食安全、确保不发生规模性返贫为底线，以提升乡村产业发展水平、提升乡村建设水平、提升乡村治理水平为重点，强化科技和改革双轮驱动，强化农民增收举措，打好乡村全面振兴漂亮仗，绘就宜居宜业和美丽乡村新画卷，以加快农业农村现代化更好推进中国式现代化建设。党的二十届三中全会再次强调完整准确全面贯彻新发展理念，发展新质生产力，促进实体经济和数字经济深度融合，着力推动高质量发展，建设社会主义文化强国。全面推进乡村振兴是党和国家构建新时代农村现代化格局的重要举措，中央"一号文件"和党的二十届三中全会精神是农旅融合发展指导纲领，这就要求我们实施旅游新质生产力的实业化转型战略，借力数字技术实现生态产业化、农业生态化的高质量发展，讲好乡村故事，彰显中国精神和力量，增强中国自信和魅力，为世界提供中国式现代化的绿色、和平发展方案。

中国是世界上人口最多的国家，也是位居世界前三的农业大国，"民以食为天"，农业作为国家的基础产业，其重要性不言而喻。"种好一亩三分耕地，守护亿万生民粮仓"，土地是一切生产和存在的基础，是我们最基本的自然资源和生产资料，是人们诸种财富的重要来源，是人类生命、文化、身份之根系所在。这一亩三分地不仅要滋养中国人生命健康，还是延续华夏农耕文明、实现中国式现代化的根脉基底与安全保障。经验表明，将解决"三农"问题的总体思路重点放在农村和农业之外，以发展非农产业、转移农村劳动力、进行小城镇建设来消灭农民的主导思路有失偏颇。美国等早期资本主义发达国家通过战争、殖民扩张和不平等贸易把本国城市化和工业化的负面后果转嫁给殖民地国家的背景条件不复存在。我国近三十年的城市化进程中，大量进城人口中仍有 3.3 亿人常年在城乡间流动，农民的城市化途径并没有成功，因此，中国式现代化的要义势必是以"三农"高质量发展为基底的现代化。2013 年 12 月 23 日，习近平总书记在中央农村工作会议上强调，农村是我国传统文明的发源地，乡土文化的根不能断，农村绝不能成为荒芜的农村、留守的农村、记忆中的故园。近年来，由于城市金融饱和与泡沫经济的破产，诸多资本开始把目光转向"五通"+"两山"的乡村，资本下乡与市民下乡、农民二次返乡和大学生返乡迎来中国现代史第二次"上山下乡潮"，这一多元主体的"新下乡运动"正在引致农村发生结构性变化。中国农村作为国家长治久安的"稳定器""蓄水池"，"三农"问题解决思路必须从"消灭农村"转向"建设农村"，必须从"非农产业"回归"农业重建"。

乡村振兴战略是 21 世纪中国发展内涵最丰富的领域，国家从 2005 年以来连续向农村投入约 16 万亿元，形成丰厚的生产性沉淀资本，这些沉淀资本为"三农"问题的解决提供了良好的基础和机会。而"建设农村"和"农业重建"必须依靠科学高效的农业体系产业链，走坚实的生态化、实业化、数字化发展道路。2023 年，走下神坛的华西村以 1 元的象征性价格，将集团 80% 的股份转让给江阴市国资委，不仅标志着华西村辉煌时代的终结，也给中国农村集体经济的发展敲响了警钟。华西村的崛起和衰落给寄望于乡村旅游解决失业、经济脱贫、缩小城乡差距等"三农"问题的认知以重要启示：乡村旅游之功必然建立在实业发展的基础上。因此，乡村旅游发展必须重新认识乡村发展之于中国式现代化的功能拓展与学理基础，重建以国内大循环为主体、国内国际双循环相互促进的新发展格局，秉持资源价值化、动力内生化、生态产业化、经济实业化、实业数字化、消费理性化、生活创意化等新发展理念。本书基于百年未有之大变局背景下中国式现代化的时代要求，希望秉持以下理念指导农旅融合视角下乡村大农业发展格局与建设者创新性知识框架体系构建。

一是深刻把握全球化解体与国家发展战略转型大背景。美国是驱使海外资本流入才能维持虚拟经济扩张的国家，中国获得相对比较有规模的外汇储备之后，针对美债做出应对性策略调整，基于 1997 年东南亚金融危机、2008 年华尔街金融海啸影响，以及 2007 年和 2015 年两次股灾教训，严控外资参与中国经济的金融化过程，从而避免了像其他发展中国家那样因金融开放而遭遇的灭顶之灾。作为发展势头强劲、工业体系最完整的资源大国，中国吸引世界大量资本涌入，因而成为美国最大的威胁和"新冷战"的主要对象。美国先后经历产业资本全球化与金融资本全球化过程，随着其债务越来越严重，形成不可调和的全球化内在矛盾。"西部开发""东北振兴""铁公基""乡村振兴"是中国以举国体制有效应对危机的有力措施。中央以国内大循环为主体的经济发展思路和乡村振兴战略构建的资产池，意味着将持续支持县域经济的稳步发展，为农旅融合促进乡村多业态创新发展奠定了政策和资本的利好基础。

二是深入梳理生态文明时代的乡村价值。2007 年国家提出生态文明发展理念；2012 年明确了生态文明重大国家战略；党的二十大报告重点强调共同富裕的中国式现代化特征，以生态文明实现共同富裕的现代化路径明晰坚定。乡村原生态的自然与文化价值、根基性的土地生产价值、丰富饱满的健康生活价值、创造性劳动的成长体验价值、百业共生的产业模式价值、实业发展奠定大国根基的历史价值等，乡村之于人性健全、组织创新、社会和谐、民族复兴的中国发展系统价值需要我们重新评估梳理，构建乡村宜游宜居的价值体系，厘清农旅融合实施乡村振兴的学理逻辑。

三是树立科学的"三农"财富观。首先，就农村发展来看，农村农民的匮乏实质上是现代消费主义意识形态对人的异化过程中让人产生的财富缺乏感，生态恶化、耕读文化消弭带来的逆向侵蚀感，是对世界、财富及自我认知与掌控的匮乏。谁真正拥有脚下的土地，谁就掌握了生命生存与绵延的控制权，掌握了文化与意识形态发展方向的话语权，谁就拥有了世间最珍贵的财富。因此，资本下乡等势力对农村土地生产权的抢夺是造成农民社会地位和财富生产力式微的最大风险，"三农"问题解决与共同富裕目标实现的关键首先是农民土地拥有权的保障。其次，在拥有土地的基础上，获取知识提升财富生产力是重要的。当下农业问题从长远意义上来讲，重中之重是如何保证农产品的绿色生产，它是农民财富生产力的决定因素，并且关系着人类生存安全。最后，是要让农民懂得自己拥有的真正财富之价值——土地和美德，如何保护土地的天赋生产力和美德的化育扩张力关系着国家安全与民族复兴大计。所以说,解决"三农"问题的关键在于,第一,农民的地权能不能得到保障;第二,能不能获得城乡平等的知识教育权;第三,能否保障美德行为的优先权益。这几点远比民主、网络、全球化等重要得多。

四是认知反省农村空心化的根源。农村空心化问题不在于农村劳动力的主动外流,而是由国家政策或政策执行中的人为因素造成的。20世纪六七十年代,贫困的中国农村尚有大量小学、初中、高中,每个乡镇都有一所规范的高中。随着国家工业建设政策的倾斜,城镇土地财政和房地产经济的需要,三产产品与劳动力的城乡高区别定价,优势教育资源向城市集中,乡村的教育也萎缩衰败。农村劳动力不得不拖儿带女到城市打工、到城镇购房生活,乡下诸多中心小学都人去楼空,农村哪里还能正常生活和成长?要知道,中国以小农经济为基本特征的农村和西方发达国家的大农场是完全不同的空间概念,甚至是完全不同的政治问题。在空心村的基础上谈乡村旅游发展无疑是一腔激情的空中楼阁,乡村振兴首先要矫正这些政策问题。

五是警惕消费主义的侵蚀。消费主义在中国的流行,不单是随着经济发展自然而然地滋长,更重要的是国家或区域部门基于 GDP 增长指数和经济性评价标准实施"消费拉动内需"政策对大众消费的大力推动,叠加生产商符号化生产与营销的蛊惑。现代的生产与消费从根本上放弃了对人性的崇敬、维护和追求,其最深刻的本质是对人性的否定和蔑视。近些年高消费的服务新业态、宏大的旅游体验产品叙事等,眼见它带着年轻人向娱乐至死的邪道上一路狂奔,有良知的中国人不能不满怀焦虑。"人民有信仰,国家有力量,民族有希望",尤其是年轻人,没有信仰的一代如何担当中华民族伟大复兴的重任?"成为什么样的人"对任何想寻找自己活着的价值和意义的人而言成为当下最大的问题。现代科技的进步并没有解决"生存的两歧",反而进一步奴役了心灵,异化了人性。人性异化的社会根源是现代体制的非人性化与拿捏人性弱点的消费导向,我们需要社会体制的改良与旅游产品的心灵慰藉来逐渐复苏人的本性,实现人性的复归。

六是建立创造性劳动观和生活观。人们经由原始的乡土劳作到城市工厂的机械化生产,从原始生态关系中的生命到如今社会关系的阶级或阶层,从

"鸡犬之声相闻，老死不相往来"的小国寡民生活模式到今天"地球村"的城市化全球化消费时代的时尚潮流，劳动不再是自我价值的确证，生活不再是诗意栖居的理想模样，反过来人被自己创造的物质和精神文明所奴役。早期文人对乡村的关注出于对自然与生活场景的欣赏，现代乡村旅游的兴起则是一种对生命本真境界的皈依。无论是否具有自觉意识，他们的返乡生活与乡村游憩行为都是一种反异化的逃离。劳动观和生活观是现代社会异化最为核心的面向，乡村旅游体验是抗拒消费主义时代人性异化的有效途径。参与乡村富于创造性的生产劳动，体验乡村丰富充盈的生活细节，是浸润心灵、滋养精神、强健体魄、去除杂念最为有效的深度疗愈良方。

七是乡村旅游发展动力内生化理念的培育。乡村建设需要我们以一种生活的姿态融入乡村，在我们生命与生产起源的故乡，重新理解生命存延的根基与本真的意义，而不是利用它去构建一种别样人生，更不是去攫取乡村的资源或控制权。我们和我们的祖先、我们的文化与传统都来自这片充满诗意又饱含艰辛的土地，将我们的智慧投入美丽乡村建设的工作与其说是反哺，不如说是自救。因此，投入乡村旅游建设事业，不能仅带着经济收益的动力去做，把乡村振兴作为自己的责任也不够，要把拯救自我灵魂、经营理想家园作为自我参与乡村发展的内在驱动力。每一个人都有面对世界的思索，思想家并非"只在我们仰望的星空中闪烁"。因此，"动力内生化"还意味着要启发陪伴全体乡民切身认识到乡村故土内生的资源价值，把改善经济、环境等表层驱动力转化为自我成长、健全人性的内在驱动力。在动力内生化基础上，不断内生化乡村生产要素，消除为通过参与政府项目或获取土地指标、以农业开发之名进行圈地等资本下乡运作魅惑，推进乡村新内生发展模式创新。

八是生态产业化路径的探索。生态文明不仅是务虚的理想和实践的原则，更重要的是把生态要素落实到产业生产过程中。生态产业化即指将生态环境资源作为特殊资本进行运营，实现保值增值，促进经济与生态的协同发展和良性循环。其路径主要包括产业运营生态机制构建、加强生态修复和保护、推动生态产品价值实现、赋能农旅林草品牌发展、农旅融合生态产品研发等，从而提升生态环境的质量，并促进地方经济的发展，实现生态与经济的无缝融合。

九是建立乡村旅游实业化思维。晚清以来，实业救国曾是无数先贤对国家发展的警醒认知。经历改革开放和20世纪90年代黄金发展机遇期，中国建立了世界上最为完整的实体经济体系。实业经世济民，是国家立身之本、财富之源，是国家强盛和民族复兴的重要支柱。德国国家主义经济学的创始人李斯特基于英国工业产品对德国经济的冲击，将财富与财富生产力概念做以学理区分，认为一个民族国家生存和发展的基础是源自相对齐全的制造业体系的财富生产力。服务经贸带来的只是符号财富，而不是财富生产力，没有财富生产力就没有真正的自主。党的二十大报告强调，不论经济发展到什么时候，实体经济都是我国经济发展、在国际经济竞争中赢得主动的根基。乡村旅游实业化思维强调，旅游对于乡村发展来说，只能为乡村实体产业发展锦上添花；没有实业经济的支撑，乡村旅游只能是昙花一现、空中楼阁。此处关键在于，如何让旅游拓展乡村实体经济内涵，赋能乡村实体经济活力，通联乡村百业产业网络，增加乡村百业产品附加值，将乡村旅游产业打造成为与实业深度融合的新质生产力。

十是实业数字化路径拓展。近十年来信息技术革命的本质是数字化，数字经济以信息技术为动力，通过加强数字基建和治理，实现优化资源配置、提升生产效率、推动创新发展、催生新兴产业等多重目标，成为驱动实业转型的新引擎，促进了产业升级和高质量发展。在乡村旅游发展中，即是要求贯通水泥和数字信息两条高速公路，充分应用现代化数字科技，从创造性生活角度发掘乡村历史、农业和传统工艺，实施生态型数字化创意与设计中心建设战略。通过乡村智慧规划设计、智趣体验认知、智能运营管理等途径打造中国式现代化新农村的数字化生产高地，将劳动者从单调、琐碎、枯燥的劳动中解放出来，释放到更富有创意、更能创造价值的环节中去，也就意味着催生乡村新质生产力，实现乡村生活创意化和高质量就业。

随着农业生态科技创新、数字化管理和小型农机具的推广，农业生产力将会从辛苦的农耕作业中解放出来，人们会有更多闲暇时间参与到乡村百业之中，从事生态化创造性农艺生产活动。依托新基建打造的良好道路系统、5G互联网和远程视频等工具，未来的乡村可以布置高端企业的创意大脑，乡村将是一个更宜居、更放松、更适合展开创意和想象的地方。高科技的融入、高层次人才的入驻、创意与研发中心建设，将促成乡村真正实现百业兴旺。在百业生产各个空间、环节和过程中植入旅游价值要素，让乡村的每个空间都成为创造人生梦想、体验生产艺术和生命价值的创新空间，吸引人们来居来游、联动共创，将乡村打造成宜居宜游、呈现不同地域各具特色价值体验的家园和故乡。

当城市不再是我们曾经希冀的家园，当虚拟空间坍塌的时候，我们终将回归生命生发的地方，未来乡村的创造性工作与生活既是我们自救的最佳路径，也是我们生命与精神升拔的诗意栖居地。

第一章

乡村旅游概念系统

本章内容包括"乡村旅游的内涵要素""乡村旅游与休闲农业""乡村的传统功能与现代扩展""中外乡村发展模式与旅游功能比较"四个部分。作为具有引入性质的一章，本章首先梳理了乡村旅游相关的内涵要素，界定了乡村、乡村性、乡愁等概念，并架构了乡村旅游的概念层次，包括其上位概念（旅游）、对立概念（城市旅游）与下位概念（农业旅游、乡村民俗旅游、农家乐旅游等）。其次，从"乡村"与"农村"概念认识出发，概要性引入了与乡村旅游关系密切的休闲农业相关内容。接下来，分析了乡村的传统功能与现代扩展，着重介绍了景观化、体验化、休闲化重新赋值下乡村的旅游功能开发。最后，通过归纳国内外乡村发展的典型模式，总结国内外乡村旅游功能表现的不同特征。

第一节 乡村旅游内涵要素

在城市化、现代化、全球化的发展浪潮之下，"乡村"（rural）越来越展现出其与"城市"（urban）不同的特质，成为人们逃避现代化、安放心灵归处的地方。相应地，乡村旅游也成为人们在身体和精神上短暂地回归故乡的手段，并成为一种越来越重要的社会现象。若想系统地认识乡村旅游，需澄清以下概念，即乡村、乡村性、乡愁。其中，乡村是乡村旅游的发生空间；乡村性关联于乡村旅游供给，乡村性景观是乡村旅游的核心产品，而乡村性意象也构成了乡村旅游的核心吸引力；乡愁关联于乡村旅游需求，是引发乡村旅游者进行乡村旅游实践的根本动力。通过基础性内涵要素认识的层层铺垫，本节最终建立了乡村旅游这一概念，并在旅游研究的现象谱系中对其进行定位，明确其对应的上位概念、对立概念及下位概念。

一、乡村

概念是反映事物（对象）属性和范围的思维形式①。在日常生活与学术研究中，与乡村相近或相似的概念还有农村、村镇、村庄、村落、村寨等。作为一个基础性概念，它们具有各自独特的内涵与外延。而作为乡村的相关概念，可以说，以上概念都反映了乡村的不同面向或特征，并延伸出对乡村旅游不同层面的考察。

（一）乡村

从词源来看，"乡村"的意义由"乡"和"村"共同构成。古汉语中"乡"即"飨"，甲骨文 表二人对食，本义是指用酒食款待别人，用于刻画两个人相向对坐共食一簋的生活场景②，表现了热情好客、亲近相熟的形象。篆体中 ，两侧跪坐的人变成了"邑"，一座邦邑世代居住着相同血脉的人，便可称作家乡。汉语中有许多富有浓重情感色彩的词语，如老乡、故乡、思乡、乡亲等，都与这种建立在血缘和地缘关系之上的熟人社会密切相关。《说文》中对"乡"的解释是"国离邑，民所封乡也。啬夫别治，封圻之内六乡六卿治之"。意为：乡，是与国都相距遥远之地，是百姓开荒封土之乡，由乡官啬夫分别管理。国都四周划分成六个乡，由六个乡官管理。这一解释又将"乡"指向了乡村组织和基层社会治理，并由此派生出与"乡"有关的诸多社会文化现象，如"乡"的生产生活习俗、民俗活动、家族组织等。"村"在

---

① 陈浩，陆林，郑嬗婷．旅游语境下的乡村性概念解析［J］．地理科学进展，2023，42（11）：2198－2212.

② 朱运海，曹诗图．论乡村旅游的乡村性及其景观表达［J］．湖湘论坛，2020，33（06）：134－143.

《说文》中指"邨，地名"，特指"乡"式生活和"乡"式社会存在的空间场所。进一步可以说"村"是"乡"之生产生活、社会制度所形成的乡村生态（包括自然生态和社会文化生态）的空间载体①。

作为一个抽象概念，一般认为，"乡村"是一个与"城市"相对的概念。乡村和城市在本质上都是人类生存的聚落②，而乡村是主要从事农业生产、人口分布较城镇分散的地方。乡村作为一个有机整体，是一个极其复杂的特大系统，它包含着经济、社会、文化、生态等多方面丰富的内容，并在每一个侧面都有着区别于城市的独特表现③。从经济上讲，农业生产是乡村的经济基础，乡村土地利用与生产较城市更为粗放。从社会结构层面看，乡村社会结构单一，人口规模较小，具有熟人社会特征④。在文化上，乡村具有保守的传统价值观和舒缓的生活方式，是人类生产生活的源空间，是传统文化尚有较多保留的地方⑤。在生态层面，乡村自成一个自洽、和谐的生态系统，乡村自然生态、生物系统在长久的相处中达至一种平衡、稳定的存在状态。

作为一种实际存在的地理空间，在地域分布上，乡村是介于城市与荒野山地之间的连续体⑥。除了同城市具有不同的特征，乡村在地域分布上也与荒野区分开来。最主要的区别是，乡村是乡民生产、生活的空间，是人们聚居、赖以生存的家园。乡村中处处彰显着人类生产生活的创造，建筑、作物、服饰、社会关系，不一而足。而荒野则缺乏大规模人类生活的痕迹，荒野辽阔、空旷，是未经改造、野蛮生长的自然空间。

（二）农村

农村，指的是以农业生产为主体的地域。农业生产是农村赖以存在的前

① 朱运海，曹诗图. 论乡村旅游的乡村性及其景观表达 [J]. 湖湘论坛，2020，33（06）：134 - 143.

② 胡晓亮，李红波，张小林，等. 乡村概念再认知 [J]. 地理学报，2020，75（02）：398 - 409.

③ 张小林. 乡村概念辨析 [J]. 地理学报，1998（04）：79 - 85.

④ 费孝通. 乡土中国 [M]. 上海：上海人民出版社，2006：8.

⑤ 陶玉霞. 乡村旅游内涵结构分析与概念体系构建 [J]. 农业科学研究，2014，35（02）：21 - 25.

⑥ 陶玉霞. 乡村旅游的概念体系构建 [J]. 江西农业大学学报（社会科学版），2009，8（03）：119 - 123.

提。"四民有业，辟土植谷曰农"（前汉·班固《食货志》），开荒耕地、种植谷物，以农业生产为主的劳动人民聚居的场所就是农村聚落①。与农村息息相关的概念是农业与农民，这也是人们常说的"三农"。从区域特征上看，农村最主要的特征即是大面积的耕地，其土地主要用来种植农作物。土地是农民赖以生存的重要资源，土地收入也是农民的主要经济来源。因此，"贫生于不足，不足生于不农，不农则不地着"（汉·晁错《论贵粟疏》），这里的"农"用作动词，表示土地耕作，因此不种作的话土地就会不产，接而生活就会不足，最后生成贫困。

"农"决定了人们的生产生活方式。传统农村人们的生活具有极强的节律性，尤其是由作物生长周期决定的农忙与农闲。农民过着"日出而作日落而息"的生活，"明而动，晦而休，无日以怠"（先秦·佚名《敬姜论劳逸》）。现代化背景下，当代农村中人们的农忙时间大大缩短，不少村民也在空闲时候进城谋生，从事其他行业的工作，出现了不少空心村和村落的自然衰退。但不可更改的是，农业生产依然是农村的底色，耕地保障是农民生产生活不可轻动的底线。从概念含义上讲，农村不完全等同于乡村，可以说，"农"的特征点出了乡村的一个侧面，尤其是指向其生产性的一面。一般认为，乡村包括农村，除此外，乡村还包括林场、牧场、渔村等。

（三）村、村镇

"村""村镇"表征的是乡村的行政身份，是由国家按照法律规定而设立与管理的村级基层行政单位，是省、市、县、乡、村层级系统中的一环。这里牵涉出的是"自然村"与"行政村"的认识框架。其中，自然村是由村民经过长时间聚居而自然形成的村落，受地理条件、生活方式的影响。行政村是乡政府管理的一个村级行政单位，一般由一个或几个小一些的自然村组成。行政村设立村民委员会与党支部，具有管理、组织、服务的职能，向上对接乡级单位工作部署，向下传达相关政策并负责村民事务的日常治理。自然村的边界较为模糊，一般由当地人约定俗成。而行政村则具有严格的边界归属，由上级组

---

① 张小林. 乡村概念辨析［J］. 地理学报，1998（04）：79-85.

织进行划定、认证。一般认为，在城市与乡村的二元系统中，县城、城镇、城郊都归属于城市；而乡镇、集镇、村镇都归属于乡村。

（四）村庄、（传统）村落、（民族）村寨

村庄、村落、村寨息息相关的概念是"聚落"，即人类为了生产和生活的需要而集聚定居的各种形式的居住场所。乡村聚落（村庄、村落、村寨）指长期生活在一定农业地域的人群所拥有的生活聚居场所，也是由世代生活、居住、繁衍在一个固定地点的农业人群所组成的空间单元①。"村庄"常被作为日常的通俗用语，而"村落"和"村寨"都已成为相关学术研究中的重要概念。

其中，"村落"起源于先秦时期的庐、丘、聚②，既代表一种空间单元，又是一种社会单元③，具有整体性、内部同质性与外部特色性。其中，整体性是指村落在其生成演变的发展过程中乡村居民与周围自然、经济、社会和文化等因素综合作用的产物④。乡村居民巧妙利用自然条件，使村落与沃土良田、山形水势有机融合，形成山、水、田园、阡陌、人、各类生物和谐共存的生态人文环境大格局⑤，并在此基础上创建了村落独特的社会文化；内部同质性指乡村聚落内部人们的生产生活具有相似性，使用共同的文化符号、语言、工具，拥有着相似的生活习惯，遵守着乡民间约定俗成的规则；外部特色性是指因村落特殊的地理环境、社会文化环境生成了本聚落独特的风格、习惯、表达，这一独特的风格、习惯、表达将其与周围或是更远的聚落区分开来。村落空间形态的一村一貌、村落居民的生产生活习俗等都体现出鲜明的地域特色和多样文化。

通常情况下，人们习惯于把历史遗留下来的村庄称作"古村落"，体现村

---

① 刘沛林. 论中国历史文化村落的"精神空间"［J］. 北京大学学报（哲学社会科学版），1996（01）：51－55，135.

② 吴必虎，徐小波. 传统村落与旅游活化：学理与法理分析［J］. 扬州大学学报（人文社会科学版），2017，21（01）：5－21.

③ 黄忠怀. 20世纪中国村落研究综述［J］. 华东师范大学学报（哲学社会科学版），2005（02）：110－116，125.

④ 戴柳燕，周国华，唐承丽，等. 基于地理学视角的乡村生活质量研究进展及展望［J］. 人文地理，2018（05）：12－18.

⑤ 胡燕，陈晟，曹玮，等. 传统村落的概念和文化内涵［J］. 城市发展研究，2014，21（01）：10－13.

落的古老性和深厚的历史文化内涵。这些村落始建年代久远，虽经过朝代更迭兴替，它们的形态演变和文脉传承仍旧积淀和传达着丰富厚重的历史信息。然而古村落数量浩繁，不少古村落传统建筑保存数量不多，分布上也较为零散，只剩下几处散落的庙宇、民居、石磨、古树、古井等。2011 年，住房和城乡建设部、文化部、国家文物局、财政部在征求了专家学者的意见后，将"古村落"的概念延展为"传统村落"，指代那些村落形成较早，拥有较丰富的传统资源，具有一定历史、文化、科学、艺术、社会、经济价值，应予以保护的村落①。与古村落相比，传统村落的概念更能体现村落传统文化、民族文化、地域文化的典型性、历史遗存的真实性、构成要素的关联性及历史文脉的传承性，在体现物质文化遗产和非物质文化遗产的内涵上更贴切、深刻。

当我们提及村寨，常常在其前面加入"民族"或"少数民族"的限定词，指少数民族人口相对聚居且比例较高、生产生活功能较为完备、少数民族文化特征及其聚落特征明显的自然村或行政村②。相比于一般的村落，民族村寨最为独特的是其各具特色的民族文化③。各民族文化都是经过千百年历史发展的结晶，古朴而神秘，特别是在代际的传承和发展中，文化的积淀促使少数民族形成了既定的思维模式和行为模式，这些模式使之成为此民族而非彼民族。在现实生活中，少数民族的思维模式和行为模式通过歌舞、工艺、建筑、服饰及婚丧嫁娶等习俗表现出来。无论是人物事件、文学艺术还是民间活动，这些内涵突出的民族文化具有显著民族特色，能营造出一种特殊的、异域的氛围，吸引旅游者前往④。

二、乡村性

乡村性（rurality）是乡村之所以成为乡村的条件⑤，是区别于城市而言乡

---

①　孙九霞. 传统村落：理论内涵与发展路径 [J]. 旅游学刊，2017，32（01）：1 - 3.

②　陈国磊，罗静，曾菊新，等. 中国少数民族特色村寨空间结构识别及影响机理研究 [J]. 地理科学，2018，38（09）：1422 - 1429.

③　徐永志. 民俗风情：民族村寨旅游可持续发展的着力点 [J]. 旅游学刊，2006（03）：10.

④　黄海珠. 民族旅游村寨建设研究 [D]. 北京：中央民族大学，2007.

⑤　Woods M. Advocating rurality? The repositioning of rural local government [J]. Journal of Rural Studies，1998，14（01）：13 - 26.

村特有的本真属性①。对乡村性概念的关注源于工业化推动的快速城市化的时代背景。在此过程中，一方面，乡村聚落形态、人口结构、生产方式和社会文化等发生剧烈变化，出现了乡村自然衰落、村庄空心化等现象②。另一方面，乡村性中的乡土性、地方感及农耕文明的个性化等文化价值，日益显现出其能有效对冲城市现代社会高度标准化、格式化与同质化的新型功能③。这一功能成为近年来乡村旅游蓬勃发展的基础。区别于城市的、根植于乡村世界的乡村性是乡村旅游的核心吸引力，因而理解乡村性对于厘清乡村旅游的内涵及学科体系的建设具有方向性的指导意义④。

（一）一般意义上的乡村性

乡村性是乡村的本质规定性。从上文关于乡村的词源分析中可以领悟到，乡村性必然产生于乡村的生产、生活、生态等实践之中，以及由此衍生出乡村社会空间所特有的"思维方式、社会制度和行为准则"⑤。就乡村而言，农业生产是其首要功能，它维系着人类万物的生命。人们围绕农业生产这一目标形成了协力劳作关系，并在此基础上形成了乡村生产生活的文化心理和社会结构⑥。不少研究热衷于乡村性指标的挖掘以及特征总结，其中克洛克关于英格兰和威尔士乡村性指标的研究影响最大。他基于 1961～1971 年的人口普查数据，选取有区分性的因子，来界定特定地区的乡村性程度。通过如人口、现代化家居、职业结构、通勤模式、距市区的距离等重要维度的评测，他将区域分为 5 个等级：极度乡村、一般乡村、一般非乡村、极度非乡村、城市⑦。

除了对乡村性挖掘的实体主义视角（将乡村作为地域性的外在可见形

①④ 尤海涛. 乡村旅游利益之殇与本源回归 [J]. 旅游学刊，2014，29（12）：10-12.

② 陈浩，陆林，郑嫜婷. 旅游语境下的乡村性概念解析 [J]. 地理科学进展，2023，42（11）：2198-2212.

③ 刘祖云，刘传俊. 后生产主义乡村：乡村振兴的一个理论视角 [J]. 中国农村观察，2018（05）：2-13.

⑤ Nilsson P. A. Staying farms：An ideological background [J]. Annals of Tourism Research，2002，29（01）：7-24.

⑥ 陶玉霞. 乡村旅游根性意涵的社会调试与价值重建研究 [J]. 人文地理，2015，30（05）：117-125.

⑦ Cloke P. An index of rurality for England and Wales [J]. Regional Studies，1977，11（01）：31-46.

式），另外，从结构主义视角（将乡村作为人际互动的社会关系网络）、文化主义视角（将乡村作为归属的意义建构）等不同视角出发，对乡村性的认识亦会不同。"乡村"除了代表一定地域范围的物理空间之外，也包含着村民们在自然系统基础上创造出的有利于其生存发展的，集生计系统、制度系统和意识系统等于一体的社会空间①。一般认为，乡村性应该具备三个特征：第一，地域辽阔，人口密度小，居民点规模小；第二，土地类型以农业、林业等自然用地为主，建筑物占地面积较小，经济活动简单；第三，具有传统社会文化特征，人与人关系密切，家庭观念、血缘观念浓厚，社会行为受风俗、习惯及传统道德约束较大，社会变迁及生活节奏相对缓慢②。

事实上，乡村性是一个不断被时代和社会建构的概念③。乡村性认识的变化和乡村的发展关系密切，其内涵随着时间、空间以及时空基础上的自身发展而不断地变化，不同学科对乡村性的评测、功能等认识也在不断变化，关于乡村性认识的具体维度不一而足。当今社会中，乡村已不仅仅是农业的生产之地，更代表着一种生活方式，一种与城市完全不同的生态、环境与文化氛围④。

总体而言，乡村性是通过诸多元素营造出来的系统感知氛围⑤，而不是几种特征要素的简单叠加。在此，我们不再罗列相关研究对乡村性评测的条目，而是从乡村旅游的视角出发，将关注点转移到乡村旅游中的乡村性中来。从这一视角对乡村性问题的关注牵涉出两方面的问题。一方面，旅游者如何想象乡村性？旅游者如何感知乡村性？这决定了他们为何到乡村来，又期待在乡村旅游中收获到什么。另一方面，建筑师、规划师、开发商等群体如何对待旅游中的乡村性，这决定了他们会如何改造乡村以"让乡村更像乡村"。

① 朱运海. 基于空间生产理论的乡村旅游文化再生产研究——以襄阳五山茶坛和堰河茶文化旅游为例 [J]. 国土与自然资源研究, 2018 (06): 61 - 65.
② 何景明, 李立华. 关于"乡村旅游"概念的探讨 [J]. 西南师范大学学报 (人文社会科学版), 2002 (05): 125 - 128.
③ 范学刚, 朱竑. 西方乡村研究进展 [J]. 热带地理, 2016, 36 (03): 503 - 512.
④ 周心琴. 西方国家乡村景观研究新进展 [J]. 地域研究与开发, 2007, 26 (03): 85 - 90.
⑤ 刘敬华. 乡村旅游地的乡村性概念辨析 [J]. 山西农业大学学报 (社会科学版), 2018, 17 (11): 38 - 43.

（二）旅游语境下的乡村性

旅游语境下，乡村性是乡村吸引游客的基础①。旅游作为一项去往异地获得非惯常体验的活动，旅游语境中的乡村性尤其表现在乡村旅游地所体现出的其不同于城市旅游地的性质和特征，以及不同地域、不同文化对比中"此乡村非彼乡村"的特质。综合来看，旅游语境中的乡村性主要包括作为视觉表象的乡村性景观、作为内核的乡村性文化以及由历史话语和各类媒介建构的整体乡村性意象②。乡村旅游者对乡村性的感知以及意象想象满足是乡村旅游体验的重要内容，符合旅游者乡村想象、期望及功能性需求的乡村性表征是乡村旅游发展的关键所在。

1. 乡村性景观

旅游也被称作观光、看风景，而被观看的主体即是物化的景观。《山村咏怀》"一去二三里，烟村四五家。亭台六七座，八九十枝花"以近乎素描的方式为我们刻画了一个山村的整体形象。一般而言，乡村性景观可分为两大类：一是以乡村自然风貌、动植物和乡村生态环境为代表的自然景观，例如老树、小河、山、鸡鸣狗吠等。乡村的环境风貌保留了自然野趣的一面，也与人保持了可亲可近的关系③。"绿树村边合，青山郭外斜"成为人们心目中典型的乡村性景观④。乡村聚落人口少，土地利用方式较为粗放，大面积的区域中散落着土地、植物、湖泊、河流，不仅成为人类生存生活的依托，更是多种生物生存的生态家园，整体呈现出天然平衡的生态环境。

二是以乡村建筑、宗教庙宇、宗族祠堂、民俗工艺、文化遗产、传统生活形态等为代表的人文景观，它们代表了乡村群体在社会实践中的显著成就。这些物质存在与乡村居民世世代代的衣、食、住、行等需求密切相关，具有浓郁的乡村生活氛围⑤。传统村落的建筑体量普遍不大，街巷空间肌理弯曲变化，尺度舒适宜人。乡村民居选址尤为讲究风水，"背山面水""前有照，后有靠"

---

① Dernoi L. A. About rural and farm tourism [J]. Tourism Recreation Research, 1991, 16 (01)：3-6.
② 尤海涛. 乡村旅游利益之殇与本源回归 [J]. 旅游学刊，2014，29 (12)：10-12.
③ 陈家欢，陆琦. 乡愁视角下乡村景观的营造策略 [J]. 南方建筑，2018 (01)：88-93.
④⑤ 朱运海，曹诗图. 论乡村旅游的乡村性及其景观表达 [J]. 湖湘论坛，2020，33 (06)：134-143.

"讲堪舆之说，以顺天道地理；塑桑梓之地，以促人文之风"①。因此，乡村民居的建造常依托自然之势，或是沿水岸梯次递进向纵深延展，或沿山地等高线逐级抬升布点②，具有极高的观赏价值与文化价值。

2. 乡村性文化

乡村作为物质与文化有机结合的统一体，乡村性的完整程度十分重要。人是乡村的根本，乡村居民是乡村的内核性存在。有了人，乡村就有了生气、有了活力，不再是散落的古井、古书、民居、戏台等的简单组合。乡村地区的农耕文化、熟人文化、宗族文化、家风家教、村规民约、乡贤精神等都是乡村性文化的重要体现，常常以一种潜在的形式存在。它们是乡村生活美学的精华，也是旅游体验的核心和乡村旅游开发的重要资源。

在传统的社会格局中，国人曾长期以传统农耕为主要生产生活方式。乡村是农耕文明的自然产物，是人与自然不断协调的结果③。乡民在周边的田地中"日出而作，日落而息"，精心地耕耘在阡陌之间，展现出不同于都市的慢节奏，不争不抢，悠闲自在。乡村整体的生活世界也呈现出熟人社会的特征。为了生存安全和生息繁衍的需要，我国传统村落大多聚族而居，把众多家庭、家族、宗族连接为若干血缘族群，形成无形的社会内聚力和层级秩序④，乡邻四舍之间友好、互助、亲和的氛围在城市中尤为缺乏。乡村的秩序依照传统的伦理道德与约定俗成的村规民约维系⑤。其中，乡贤精神、宗教信仰、家族传统等在乡村治理中发挥着重要作用。乡村性文化是乡民多年以来聚居生活创造、传承、衍变的结果，也是维系乡村生活、保持乡村性的根本，以一种潜在的、底层逻辑组织着乡村生活的各个方面。

3. 乡村性意象

乡村经过漫长历史长河洗礼，已经在人们头脑中形成了"共同心理图

---

① 李畅. 从乡居到乡愁——文化人类学视野下中国乡土景观的认知概述［J］. 中国园林, 2016, 32（09）: 29 - 32.

②④ 胡燕, 陈晟, 曹玮, 等. 传统村落的概念和文化内涵［J］. 城市发展研究, 2014, 21（01）: 10 - 13.

③ 陈家欢, 陆琦. 乡愁视角下乡村景观的营造策略［J］. 南方建筑, 2018（01）: 88 - 93.

⑤ 朱运海, 曹诗图. 论乡村旅游的乡村性及其景观表达［J］. 湖湘论坛, 2020, 33（06）: 134 - 143.

像"①。"乡村性意象"即用来集中概括人们对传统乡村的精神印象，表征着乡村的共性特征。这种意象一旦形成，便具有相对独立性和稳定性，并可跨越时空的界限，唤起人们情感上的共鸣，吸引人们前往乡村，去验证心目中的乡村意象并获取相应的体验②。在这种意义上，乡村旅游即是在"乡村概念"中旅游③，也可称作是在"乡村想象"中旅游。既然乡村性意象是人们头脑中的共同心理图像，那么各类表征性媒介在这一图像的塑造中便起着重大作用，而越是被普遍使用的、被普遍接受的媒介在其中发挥的作用也越大。

从审美积淀的角度而言，中国山水田园诗画对国人乡村性的理解影响最为深远。众多诗篇中，尤以陶渊明的《桃花源记》《归田园居》、孟浩然的《过故人庄》以及王维诗画中的辋川意象对国人的影响最大。《桃花源记》《归田园居》生动刻画了乡居生活的美好蓝图，令人向往。"开轩面场圃，把酒话桑麻"（孟浩然·过故人庄）把田园风味的吃饭场景定格化，并完美地再现了二人对食之"乡"的生活本意④。在当下信息化的时代背景下，以乡村意象为素材生成的各种景观、符号、文本等要素与传播媒介结合，更是拓展了乡村意象的内涵和流动范围。社会各界通过网络与社交平台诉说着自己心中的乡村形象，各类自媒体人通过拍摄乡村生活打造乡村形象，乡村概念的话语建构越来越多元化⑤。

三、乡愁

乡愁一词最初意指一种医学或神经疾病，对应英文单词"homesickness"。精神分析学家彭塔力斯在《窗》中指出西方的乡愁概念来自瑞士的雇佣兵：大约是17世纪的瑞士，很多人当雇佣兵，离开自己的家乡去打仗，因想家而生病。1688年，瑞士医学院学生霍费尔在论文中提出"nostalgia"一词，它由

---

① 熊凯. 乡村意象与乡村旅游开发刍议 [J]. 地域研究与开发, 1999, 18 (03): 70-71.
② 尤海涛. 乡村旅游利益之殇与本源回归 [J]. 旅游学刊, 2014, 29 (12): 10-12.
③ 彭兆荣. 旅游人类学视野下的"乡村旅游" [J]. 广西民族学院学报：哲学社会科学版, 2005 (07): 2-7.
④ 朱运海, 曹诗图. 论乡村旅游的乡村性及其景观表达 [J]. 湖湘论坛, 2020, 33 (06): 134-143.
⑤ 胡晓亮, 李红波, 张小林, 等. 乡村概念再认知 [J]. 地理学报, 2020, 75 (02): 398-409.

希腊语词根"nostos"（返乡）和词根"algos"（疼痛或者思乡）组成①，用来描述这样一种病症："the pain a sick person feels because he is not in his native land，or fears never to see it again"，即由于离开自己国家，或者害怕再也回不到自己国家的人感受到的一种痛苦②。随着工业革命和城市化进程的加快使得"nostalgia"一词变成了一种集体心理的情绪，而这一概念也突破了病理学、心理学的藩篱，迅速扩展到文化学、社会学和美学领域，用以指代心理或精神上的某种家园情结的匮缺。

在我国"乡愁"更多是一种古代文学的范畴，通过诸多"回不去故乡"的游子思乡的诗歌和散文而成为一种集体无意识式的"社会积淀"。传统意义上的"乡愁"，指人们远离家乡、祖国及其生活过的地方而产生的对于该地人、事、物的思念和眷恋之情，即因时空维度转变而产生的困顿情绪。近年来，学界关于乡愁内涵的认识也在不断扩展，比如种海峰从文化的情感表象的角度，将乡愁分为"以血缘为纽带的亲人思念""以地缘为纽带的故乡地理怀念""对安身立命根本之历史文化的深情眷恋"三个层次③。

新时代的"乡愁"更多体现着人们对当下生活的反思。在城市化的时代，"乡愁"逐步演变成一个与"回归自然""追溯历史""美好回忆"乃至"诗意栖居"相联系的美学概念④，具有社会的普遍性与集体性特征⑤。这一情感维度下的"乡"，不仅指"家乡"这一特定乡愁之源，同时暗含作为人类"原乡"抽象意义的乡村⑥。正如冯骥才所言："乡村不是一个人的家园，而是整个中华民族的精神家园，因此，传统村落留住的不仅是个人的乡愁，而是民族的乡愁⑦"。

---

① 谢彦君，于佳，王丹平，等．作为景观的乡愁：旅游体验中的乡愁意象及其表征［J］．旅游科学，2021，35（01）：1－22.

② 王新歌，陈田，林明水，等．旅游地"留住乡愁"的文化空间框架及对策［J］．中国名城，2018（04）：64－70.

③ 种海峰．社会转型视域中的文化乡愁主题［J］．武汉理工大学学报：社会科学版，2008（04）：601－605.

④ 陈家欢，陆琦．乡愁视角下乡村景观的营造策略［J］．南方建筑，2018（01）：88－93.

⑤ 张智惠，吴敏．"乡愁景观"载体元素体系研究［J］．中国园林，2019，35（11）：97－101.

⑥ 李蕾蕾．"乡愁"的理论化与乡土中国和城市中国的文化遗产保护［J］．北京联合大学学报：人文社会科学版，2015，13（04）：51－57.

⑦ 张春燕，冯骥才．乡愁的载体是历史传承［N］．中国环境报，2014－01－29（004）.

（一）亘古不变的主题：乡土情结

乡愁最初来源于人们对故乡的思念和留恋，是内心深处一种对家乡、对曾经生活过的地方的记忆、怀念与向往，是内心深处一份情感和精神需求①。自古代《诗经》中"昔我往矣，杨柳依依。今我来思，雨雪霏霏"的记载，到余光中现代诗《乡愁》的广为流传，再到大型纪录片《记住乡愁》社会影响力的不断提升，乡愁一直是人们心底最柔软最难以割舍的情愫②。步入现代，高速城市化的进程使得我国城乡地理空间发生巨大变化，社会结构不断转型，凝聚着传统诗意的乡土情结产生了许多新的要素，乡愁的内涵和外延也发生了改变，成为城镇化过程中的新命题③。

乡村作为原初生命诞育的载体，乡村的生产和劳作本身及其相应的生产劳作关系与文化心理为基底的社会生活结构是人类得以延续和发展的根基④。回归乡土即是回归人类的"姆庇之家"⑤。人们对乡村始终有一种与生俱来的依赖感和回归感，从而使得人们的原根性诉求——回溯生命之根、文化之根、身份之根在这里得到满足⑥。南怀瑾先生云："九万里悟道，终归诗酒田园"。从旅游的角度看，人们心底积淀的乡土意象和乡土情结也成为乡村旅游吸引力的内在支撑，乡村旅游其实就是精神家园在乡村想象中的重建⑦。

（二）乡愁的当下需要：抵制现代化与城市化

"乡土中国"是传统中国社会的底色。以土为生、以文化人、以德为重的

---

① 黄振华，陈梓清. 记得住乡愁：乡村振兴的路径选择 [J]. 党政研究，2022（02）：93－100.

② 王新歌，陈田，林明水，等. 国内外乡愁相关研究进展及启示 [J]. 人文地理，2018，33（05）：1－11.

③ 王新歌，陈田，林明水，等. 旅游地"留住乡愁"的文化空间框架及对策 [J]. 中国名城，2018（04）：64－70.

④ 陶玉霞. 乡村旅游根性意涵的社会调试与价值重建研究 [J]. 人文地理，2015，30（05）：117－125.

⑤ 谢彦君. 呵护"姆庇之家"，重塑乡村旅游可持续发展新理念 [J]. 旅游学刊，2017，32（01）：8－10.

⑥ 陶玉霞. 乡村旅游需求机制与诉求异化实证研究 [J]. 旅游学刊，2015，30（07）：37－48.

⑦ 陶玉霞. 乡村旅游内涵结构分析与概念体系构建 [J]. 农业科学研究，2014，35（02）：21－25.

基本特征长期规制着中国社会的形态及其演化过程①。然而，伴随着中国式现代化建设的推进，工业文明逐渐挤压农业文明的生存空间，进而冲击了乡土文化的生存根基。一些地方在城镇化建设的过程中实施了一系列不合时宜的乡村发展策略或举措，破坏了乡村社会独有的自然生态属性和历史文化面向②。在这样的时代背景和文化生态下，"乡愁"油然而生，它来自于城市物质层面的单极化快速发展所导致的居民精神文化层面的失落感、无助感、迷惘感及怀念感。这就使得当下人们的乡愁情结中呈现出部分的对现代化与城市化的抵制，可以说："乡愁，不是愁乡，而是愁城"。

乡愁在本质上是无法触摸的，也是无法回去的，即"回不去的乡愁"，然而乡愁却能够通过一些手段实现一种良性的宣泄或排解③。乡村旅游即是其中重要的一种。如果说乡村性是乡村旅游的本质属性和本质特征，那么由于城市化所造成的城市性（指现代城市独特的"生活方式"和人们所特有的"城市人格"）即构成了乡村旅游发生的社会基础④。院落的空间、意象以及发生在院落的亲切的人际交往，无不牵动着旅游者的思绪，吸引着旅游者的关注⑤。

四、乡村旅游

上文讨论了乡村旅游（rural tourism）的主要内涵要素，即乡村旅游的发生空间"乡村"，乡村旅游的供给"乡村性"（景观、文化、意象）以及乡村旅游的需求"乡愁情结"。在这一基础上，本节将回归乡村旅游整体的讨论。而这一讨论也将建立在对于乡村旅游关联概念的认识上，即乡村旅游的上位概念、对立概念以及下位概念。

---

① 黄振华，常飞. 从乡土中国到乡愁中国：理解中国社会变迁的一个视角［J］. 理论月刊，2022（10）：48-55.

② 索晓霞. 乡村振兴战略下的乡土文化价值再认识［J］. 贵州社会科学，2018（01）：4-10.

③ 刘爱华. 城镇化语境下的"乡愁"安放与民俗文化保护［J］. 民俗研究，2016（06）：118-125，160.

④ 朱运海，曹诗图. 论乡村旅游的乡村性及其景观表达［J］. 湖湘论坛，2020，33（06）：134-143.

⑤ 史艳荣，谢彦君，曾诗晴. 疏离感与亲和力：乡村旅游体验中的院落情结与人际关系再造［J］. 旅游学刊，2020，35（12）：63-80.

（一）旅游与乡村旅游

国内旅游研究学界关于旅游的定义讨论纷纭，众口不一。除了关于概念性定义与操作性定义的区分外，最重要的原因是各个学派在其本体论的指导下形成了各自关于旅游本质的独特认识。其中，较受学者认同的或应用较多的有以下几种：如谢彦君将旅游视为"体验"，更为具体的，旅游是个人利用其自由时间并以寻求愉悦为目的而在异地获得的一种短暂的休闲体验①。显而易见，暂时性与异地性是旅游的基本特征，愉悦体验是旅游的根本目的，也是旅游的本质规定性特征。这一定义一定程度上源自于科恩关于旅游体验的基本认识②。杨振之将旅游视为"人的诗意栖居"，认为旅游虽是人的形式上的空间移动行为，但本质上却是走向理想生活的居住实践，是获得自身显现的诗意居住体验。这一观点源自海德格尔的诗意栖居理论，认为人存在的本质当是荷尔德林所描绘的"诗意地栖居在大地上"，由于日常生活已难于寻找到诗意，所以人们要去旅游③。在对巴赫金"人的对话本质理论"和"旅游时空穿越结构特征"分析的基础上，陶玉霞提出旅游的本质诉求是寻求自我观照的心灵对话④。吴必虎提出旅游的本质是"游历"，并将其分为探索性游历与体验性游历，聚焦旅游的过程性体验⑤。王宁认为旅游的本质是一种本真性追寻，尤其提出了存在性本真的概念⑥等。

虽然旅游学者关于旅游本质的认识不一，但也正是这些观点的碰撞为我们提供了看待旅游的多样视角。从不同的方向出发去审视旅游现象，可以看出旅游现象纷繁复杂的多样表现。而复杂取向与多元功能的可能性正是旅游的魅力所在。当然，这些争论其中亦存在诸多共识性认识，比如关于旅游暂时性与异地性基本特征的规定性。在此基础上，张凌云提出了"非惯常环境"的概念，

① 谢彦君.基础旅游学（第4版）[M].北京：商务印书馆，2015：56.
② Cohen E. A. Phenomenology of tourist Experience [J]. The Journal of the British Sociological Association, 1979 (13): 179 – 201.
③ 杨振之，谢辉基.旅游体验研究的再思 [J].旅游学刊，2017，32 (09): 12 – 23.
④ 陶玉霞.旅游：穿越时空的心灵对话 [J].旅游学刊，2018，33 (08): 118 – 132.
⑤ 吴必虎.游历研究体系中的体验 [J].旅游学刊，2019，34 (09): 5 – 7.
⑥ Wang N. Rethinking authenticity in tourism experience [J]. Annals of Tourism Research, 1999, 26 (02): 349 – 370.

强调旅游是一个前往非惯常环境进行的非惯常体验①，以此将旅游活动与日常的活动区分开来。再如，旅游是一种超越了生理需要的更高层需要，无论是为了追寻愉悦体验还是诗意栖居，或是本真性的追寻等，旅游都表现为一种高层次的需要，是对独特生活的追求与向往。

与旅游的认识相似，学者也从各个角度对乡村旅游进行了定义。莱恩认为由于乡村地区本身复杂的动态变化和旅游发展的丰富形式，导致人们对乡村地区本身和乡村旅游的认知也各有不同②。何景明和李立华通过比较国内外乡村旅游的发展与概念界定，将乡村旅游定义为以具有乡村性的自然和人文客体为旅游吸引物的旅游活动，并将乡村旅游划分为乡村自然风光旅游、农庄旅游或农场旅游以及乡村民俗旅游和民族风情旅游，强调乡村旅游类型需要立足乡村地区，且以乡村性作为旅游吸引物，二者缺一不可③。查芳认为乡村旅游是以具有乡村性的乡村景观为旅游吸引物的旅游活动，并强调发生于乡村的主题公园和休闲宾馆旅游并不能被视为乡村旅游④。刘德谦认为乡村旅游是以乡村地域及农事相关的风土、风物、风俗、风景组合而成的乡村风情为吸引物使得旅游者前往休息、观光、体验及学习等的旅游活动⑤，并指出乡村旅游的核心内容是乡村风情（乡村的风土人情）。

彭兆荣从人类学视角出发分析了乡村旅游符号特征，认为乡村旅游是在"乡村概念"中旅游⑥。陶玉霞认为乡村旅游是以远离都市的乡村地域为其活动空间，以乡土文化意象为吸引核心，以乡村自然生态景观、乡村聚落景观、农业劳作景观、乡村经济景观、乡村农耕文化及民俗文化景观、乡村民居建筑景观等"乡村性"景观为体认内容，以居住地域环境、生活方式及经历、农

①　张凌云. 非惯常环境：旅游核心概念的再研究——建构旅游学研究框架的一种尝试 [J]. 旅游学刊，2009，24（07）：12－17.

②　Lane B. , Bramwell B. Rural tourism and sustainable rural development [M]. UK：Channel View Publications，1994：7－21.

③　何景明，李立华. 关于"乡村旅游"概念的探讨 [J]. 西南师范大学学报（人文社会科学版），2002（05）：125－128.

④　查芳. 对乡村旅游起源及概念的探讨 [J]. 安康师专学报，2004（06）：29－32.

⑤　刘德谦. 关于乡村旅游、农业旅游与民俗旅游的几点辨析 [J]. 旅游学刊，2006（03）：12－19.

⑥　彭兆荣. 旅游人类学视野下的"乡村旅游" [J]. 广西民族学院学报（哲学社会科学版），2005（04）：2－7.

事劳作方式等有别于目的地乡村的居民为目标市场，以满足旅游者观光、休闲、求知、回归自然和体验本真生命等需求为活动目标的旅游活动①。可以看出，虽然现有关于乡村旅游的界定表述略有差异，其围绕的主要还是关于旅游吸引物的讨论。而在这些定义中，已逐渐形成了较为一致的说法，即区别于城市的乡村性是乡村旅游的核心吸引物。

综合学界现有认识，结合前文关于乡村旅游内涵要素的讨论，本书关于乡村旅游的基本认识是，乡村旅游是发生在乡村地区（地域空间特征）、以"乡村性"事物（乡村性景观、乡村性文化以及乡村性意象）为旅游吸引物、以具有乡愁情结的人群为主要客源市场的旅游活动。这一定义主要是从旅游产业的角度形成的关于乡村旅游的认识，其中明确了乡村旅游的发生区域、供给与需求的基本特征。除此外，如果从旅游者的角度看，结合前文关于旅游本质的讨论，可以得出不同角度关于乡村旅游的定义。如从旅游体验的角度出发，可将乡村旅游视作旅游者以寻求愉悦为目的而前往乡村获得的一种短暂的休闲体验。从诗意栖居的角度出发，则可将乡村旅游视作旅游者为了获得诗意栖居而前往乡村地区进行游览参观、休闲度假的行为。其他也可依次类推。旅游作为乡村旅游的上位概念，一旦确定了关于旅游的基本性认识，那么结合乡村的特性，便可自然而然生发出关于乡村旅游的认识。这种方法也是我们认识各种概念或确定我们的研究对象时可选取的基本方法之一。

（二）乡村旅游与城市旅游

概念常常并不独立存在，而是作为对立范畴而互相依存，比如"现代"的概念是较之于"传统"概念存在；"乡村性"的概念是相对于"城市性"而存在；同样的，"乡村旅游"也是一个相对"城市旅游"而存在的概念。关于对立概念的认识可帮助我们在对比中厘清现象表现，迅速抓住事物的根本特征。

乡村和城市都是人类聚落的基本形态。在发展的过程中，城市由于集中了各类资源（如资金、智力、设施等）而发展迅速，成为时尚、发达、先进等

---

① 陶玉霞. 乡村旅游理论建构与理性批判 [M]. 北京：中国旅游出版社，2016：39.

的代名词。城市因为各不相同的城市特质、文化底蕴吸引着来自于四面八方的游客，城市旅游从而成为炙手可热的旅游形式。然而，随着城市的快速发展，各类城市病也日益突出，比如过于快节奏的城市生活、淡漠的人际关系、利益驱动下的社会互动等，乡村性逐渐显现出其价值，乡村旅游也越来越受到大众的喜爱。人们通过短暂性地回到乡村、体验乡村，回归到一种较为原始的更合人性的生活中去，安放心灵、返归乡土，获取诗意栖居的体验。而乡村因为其较为缓慢的发展节奏，也成为传统文化的重要载体，同时也保留着各地独特的地域文化，如体现小桥流水意境的"江南水乡"、体现徽派文化氛围的"皖南乡村"、体现黄土高原民俗风情的"陕北乡村"等，都因其强烈的地域特色而深受旅游者的喜爱。

　　乡村与城市除了在特征上差异明显外，二者也互为其旅游的客源地。因为从理论上讲，旅游吸引力的产生源于资源的稀缺性和旅游体验的差异性这两大原动力。乡村旅游的主要客源来自于追求差异体验的城市居民，因此乡村旅游可持续发展的关键也在于能否持续保持其独特性的乡村景观价值（与城市地区相比）和差异化的旅游体验（与其他乡村相比）[①]。

（三）乡村旅游与农业旅游、乡村民俗旅游、乡村民宿旅游、农家乐旅游

　　除了上位概念、对立概念，下位概念的认识也相当重要。它们分别指向了乡村旅游的不同具体内容或主题，是乡村多面性催生的一个个旅游开发的具体方向。而且在对乡村旅游的概念认识时，这些概念也容易与乡村旅游的概念相混淆，因此，有必要在此进行厘清。

　　首先，乡村旅游有别于农业旅游（agrotourism/agritourism）。前者是按旅游的地域空间来分的一种旅游形式；后者是按旅游对象来分的一种旅游形式。由于农业旅游多发生在乡村，在这个意义上，它是乡村旅游的一部分[②]。这两个概念尤其是在国外的一些研究中经常会被混用。如吉尔伯特等认为乡村旅游就

---

　　① 朱运海，曹诗图. 论乡村旅游的乡村性及其景观表达 [J]. 湖湘论坛，2020，33（06）：134 - 143.

　　② 肖佑兴，明庆忠，李松志. 论乡村旅游的概念和类型 [J]. 旅游科学，2001（03）：8 - 10.

是农户为旅游者提供住宿等条件，使其在农场、牧场等典型乡村环境中从事各种休闲活动的一种旅游①。这一认识将乡村旅游局限于农场、牧场，其本质上是农业旅游。究其原因，可能主要是因为多数西方国家农村经济的基本单元是农场，农场观光度假比较成熟和流行，所以在西方学者的相关研究中用得最多的称谓是农场旅游和农业旅游。

其次，乡村旅游也有别于民俗旅游、民宿旅游。民俗旅游指的是以特定民族的传统风俗为资源而加以保护开发的旅游产品。民俗旅游发展背景下，不同地区通过挖掘当地的地方特色和民俗特色，建立当地独有的民俗文化旅游景点。民俗旅游既可以在农村开展，亦可以在城镇进行，城市的大街小巷也能够进行民俗旅游活动，故两者不是包含与被包含的关系，而是含有共同部分"乡村民俗旅游"的关系②。因此，乡村旅游包含乡村民俗旅游，区别于一般的民俗旅游。与之相似，乡村旅游也区别于一般的民宿旅游。民宿旅游指以民居为主要吸引物而开发的旅游产品，同样既可以在乡村开展，也可以在城市开展。而乡村旅游包含乡村民宿旅游，区别于一般的民宿旅游。

乡村旅游最为人所熟知的内容是农家乐旅游。农家乐旅游指农民利用自家庭院、自己生产的农产品及周围的田园风光、自然景点，以低廉的价格吸引游客前来吃、住、玩、游、娱、购等的旅游活动③。在农家乐的旅游过程中，来自于城市地区的游人可以来到农家做客，在此进行餐饮、娱乐与休息等各项活动。农家乐的宗旨就在于娱乐与休闲。受到平日生活以及日常工作带来的压力影响，很多城市居民需要借助农家乐的方式来放松自身，从而体会到与平日生活不同的农家风情。然而，农家乐旅游其实是乡村旅游发展的一种初级形态，乡村旅游的开发仍然应该关注人们回归乡土、亲近乡土的深层需要，开发高质量的旅游产品，满足人们更高质量的乡村旅游需求。

最后，乡村旅游与生态旅游的关系（可以包括自然生态和人文生态）也常被人讨论。乡村旅游常常表现为对自然、天然的追求，是对融入自然并与之

---

① Gilbert D., Tung L. Public organizations and rural marketing planning in England and Wales [J]. Tourism Management, 1990, 11 (02): 164 – 172.

② 肖佑兴，明庆忠，李松志. 论乡村旅游的概念和类型 [J]. 旅游科学, 2001 (03): 8 – 10.

③ 郭焕成，吕明伟. 我国休闲农业发展现状与对策 [J]. 经济地理, 2008 (04): 640 – 645.

和谐共存的人文环境和人类活动的追求，常常被认为是生态旅游的一种。究其根本，乡村旅游与生态旅游属于两个不同的范畴。乡村旅游强调提供特色的乡村体验，生态环境是乡村景观与乡村体验的一项基本构成要素，而生态旅游则强调旅游过程中生态环境的保护以及可持续性旅游发展。

第二节 乡村旅游与休闲农业

一、休闲农业与乡村旅游的业态融合

休闲农业指在城市郊区或农村范围内，利用农业自然环境、田园景观、农业生产、农业经营、农耕文化、农家生活等旅游资源，以农林牧副渔生产和文化生活为依托，通过科学规划和开发设计，为游客提供观光、休闲、度假、体验、娱乐、健身、摄影、购物等多项需求的旅游经营形态①。可以看出，休闲农业的概念是从农业发展的视角出发，以农业为基础、以休闲为目的、以服务为手段、以城市游客为目标，促进农业与旅游业结合，也就是第一产业和第三产业相结合的新型产业。从广义的观点来看，休闲农业也包括休闲林业、休闲渔业、休闲牧业、休闲农家乐等，是以增进人们对农业及农村体验为目的的一种新型农业生产经营形式②。与之不同，乡村旅游的概念主要是以旅游为基本视角，以农业资源为主要依托，进行乡村各类资源的整合性开发，是城市居民通过旅游的形式丰富农业知识、体验农业生产劳动和农家生活、享用农业成果以及休闲健身的绝好选择。

推进休闲农业与乡村旅游融合发展是农业供给侧结构性改革优化的重要举措，也是农业现代化发展的重要方向。2015 年以来，中央"一号文件"连续多次提出发展休闲农业与乡村旅游，要求培养其成为乡村经济的新支柱。2018年的全国休闲农业和乡村旅游大会强调"休闲农业和乡村旅游是乡村产业的

① 郭焕成，吕明伟. 我国休闲农业发展现状与对策 [J]. 经济地理，2008（04）：640 - 645.
② 吕明伟，郭焕成，孙艺惠. 生产·生态·生活——"三生"一体的台湾休闲农业园区规划与建设 [J]. 中国园林，2008（08）：16 - 20.

重要标志，也是实现乡村产业振兴的重要措施"①。2020 年 2 月农业农村部制定了《2020 年乡村产业工作要点》，明确提出要积极发展乡村休闲旅游，为休闲农业与乡村旅游协同发展提出了新的指导建议②。在乡村振兴背景下，各地区结合生态资源、文化内涵和旅游发展状况，将休闲农业与乡村旅游建设作为优化农业产业结构、完善农村产业体系、增加农民收入的重要突破口③。

从以上关于休闲农业发展的相关政策掠影中可以看出，国家一直不断地在政策话语层面提高对农村发展的重视程度。休闲农业因为其能够以产业深度融合的方式盘活农村资源、促进农业转型、扩大农村就业、提高农户收益、繁荣乡村经济等而受到特别的重视④。随着资本、人力大量涌进，不少地区出现了多个大型综合性农业旅游项目，为休闲农业与乡村旅游深度融合做出了重要探索。随着中国休闲农业发展势头日益迅猛，休闲农业观光示范点也逐年增多，在休闲农业资源集聚区域，出现了一批龙头企业、主导产品、服务组织和商品基地⑤。未来，推进休闲农业与乡村旅游协同融合发展也将成为农村产业融合、壮大产业经济和增加农民收入的核心举措。

二、休闲农业类型

城市人口规模的扩大为发展休闲农业提供了巨大的客源市场。长期生活在城市的人由于受到城市环境、生活和工作的压力，希望收获不一样的生活体验，欣赏大自然的美感，感受原始自然的民俗风情，体验农事种作的乐趣，由此发展出的休闲农业具有以下几种类型。

---

① 农业农村部．全国休闲农业和乡村旅游大会在江苏召开 [EB/OL]．http：//www. moa. gov. cn/xw/zwdt/201811/t20181101_6162046. htm. 2024－12－05.

② 农业农村部．农业农村部办公厅关于印发《2020 年乡村产业工作要点》的通知 [EB/OL]．http：//www. moa. gov. cn/xw/bmdt/202002/t20200217_6337169. htm. 2024－12－05.

③ 许春华．"乡愁经济"视角下休闲农业与乡村旅游协同发展研究 [J]．农业经济，2020（08）：66－68.

④ 范水生，朱朝枝．休闲农业的概念与内涵原探 [J]．东南学术，2011（02）：72－78.

⑤ 张广海，包乌兰托亚．我国休闲农业产业化及其模式研究 [J]．经济问题探索，2012（10）：30－37.

(一) 城市郊区型

城市郊区因靠近客源地及广阔的区域范围成为休闲农业发展的重要区域,尤其是那些农业资源丰富、民风民俗保留完好、具有良好配套设施的郊区农村,在发展休闲农业中具有巨大优势。城市郊区型休闲农业主要以大都市居民和境外游客为客源市场。由于最接近城市消费群体,这里的休闲农业发展常以园艺农业和高档次果菜种植为主,建设有集观光、度假、教育为一体的休闲农业观光园①。

(二) 景区边缘型

景区边缘型休闲农业以名胜景区周边乡村为依托,开展观赏性和体验性较强的休闲农业项目,吸引来风景区旅游的境内外游客逗留。这类地区位于名胜风景区周边,农民经营意识强,可以特色互补和功能衔接为重点,开发具有差异性的休闲度假项目和与景区配套的休闲娱乐设施,发展以农业生态游、农业景观游、特色农业游为主的休闲农庄②。

(三) 农业产业基地带动型

农业产业基础雄厚的乡村地区,可充分发挥特色农业产业优势,开展农业示范园和观光园项目,吸引城镇居民观光旅游。比如农村种养基地、特色农产品基地、农业科技园区等。各区域应立足当地农业资源基础,开发多种形式的休闲农业项目,以农业产业项目为依托,发展休闲农业和乡村旅游。

(四) 特色民俗型

特色民俗型休闲农业重点依托少数民族地区等具有特色民俗文化的乡村,

---

① 张广海,包乌兰托亚. 我国休闲农业产业化及其模式研究 [J]. 经济问题探索, 2012 (10):30-37.

② 郭焕成. 我国休闲农业发展的意义、态势与前景 [J]. 中国农业资源与区划, 2010, 31 (01):39-42.

利用特色建筑群和民风民俗开发休闲农业旅游项目，满足城镇居民和入境游客观光、求知、体验、访问的多样化需求①。乡村的生活是生动丰富的，乡村民俗是乡民们多年的生活积淀，具有极强的感染性与可参与性，是旅游体验的重要来源。

三、休闲农业的参与主体

休闲农业的产业化经营必须针对具体的发展类型采取适合的组织形式。这一问题涉及休闲农业的参与主体。一些地区由农户自己作为开发主体，依据农业资源、区位和区域特点，直接从事休闲农业经营活动。这种方式对农户增收具有积极作用，在短期内可以获得直接经济效益，但农户自主开发往往开发方式简单，开发规模较小，不易形成产业规模。因此，也有一些地区通过政府或行业组织，通过出让（租）土地或农业资源等间接方式让多主体参与休闲农业运营，农户成为协作者和利益相关者，这种方式利于发挥产业联动效应，形成一定产业规模②。

（一）农户

休闲农业最初发展时，一些地区的农户把自留地、承包田、庭院、房屋等向市民开放，办起了观光采摘园、家庭旅馆。通过发展休闲农业与乡村旅游，把宅基地等生活资料变成了生产资料，把生活空间变成了接待游客的经营场所，把自产的农产品变成了旅游商品，实现了由第一产业向第二三产业的转变，提升了附加值③。这是一种农户自主经营的经营方式。而随着休闲农业的进一步产业化发展，需要创新休闲农业产业化经营的组织模式，进而建立有效、稳定、均衡的利益联结机制，促使农户与企业结成有机的利益共同体，以实现休闲农业产业的长期、稳定、健康发展。

---

①② 张广海，包乌兰托亚 . 我国休闲农业产业化及其模式研究 [J]. 经济问题探索，2012（10）：30 - 37.

③ 范子文 . 休闲农业与乡村旅游升级：背景、路径与对策 [J]. 北京农业职业学院学报，2016，30（01）：5 - 10.

（二）政府

政府的政策支持与各项工作保障是地区休闲农业发展的重要推动力量。在休闲农业发展的过程中，政府可以成为主导性力量，也可以是联结协调各方主体的幕后力量。政府负责休闲农业规划、基础设施建设、发展环境优化，鼓励休闲农业企业进行商业运作，同时协调企业与农户利益，带动休闲农业产业化发展。

（三）企业

休闲农业作为一种新型的产业形态，企业主体在其中必不可少。以生产经营能力、管理水平较高且具有较强资金、技术、人才实力的企业为龙头，开拓市场，带动农户开展一体化经营和一条龙服务，可推动休闲农业产业化发展。农户通过休闲农业企业与市场相联结，借助资金支持、产品研发、制定市场营销策略等，形成有效的产品价值链管理，实现农、旅、贸一体化发展。

（四）专业协会

各类专业协会也在休闲农业的发展中起着重要作用。这些协会包括一些行业协会，也可是民间自发组织的协会。比如民宿协会、手工艺协会、运动协会、环保组织等。在休闲农业的发展与治理中，具有协助性的作用。由于协会更具亲民性，其在发动居民、管理服务质量、休闲农业发展的整体协调治理中等方面发挥着重要作用。

在我国休闲农业与乡村旅游发展进程中，除了一方主导，开发参与主体更加多元，旅游企业、农业龙头企业和家庭农场、个体户充分利用自身资源和市场优势，积极参与休闲农业建设，助力乡村旅游发展①。具体如何组织需要根据乡村发展实际情况、乡村产业类型、乡民需求等进行综合考量，而多元主体之间如何协同、利益分配、经营方式、效果评估等都成为休闲农业研究的重要话题。

---

① 许春华．"乡愁经济"视角下休闲农业与乡村旅游协同发展研究［J］．农业经济，2020（08）：66 – 68．

四、休闲农业的发展模式

前文中提到的四种休闲农业的类型主要从区位及特色资源来进行分类，讨论的是发展休闲农业的条件，而当一个区域具备了发展休闲农业的条件，具体应该以什么样的模式进行组织和发展，这是本节进行讨论的内容。

（一）观光农业

观光休闲农业模式是最为基础也是最为广泛的休闲农业发展模式。农村的耕地、田野、自然环境以及农事活动等都能成为吸引旅游者前来观赏的景观。常见的观光类型有农园观光、森林旅游、生态科技观光等①。

（二）农事体验

深度的休闲农业开发不能只停留在简单观光的层次，更应该调动旅游者的参与，使其真正动手，投入到农事活动中去，通过调动身体体验感受农村生活、感受农事活动，如渔场垂钓、农园采摘、观赏狩猎等。

（三）民俗休闲旅游

乡村常常保留有较为古老的民俗文化传统，这既体现于保存完整的物质性文化遗产如古建筑、古民居等，也体现在诸多凝结着人类智慧结晶的非物质文化遗产中，比如纺织工艺、编造技艺以及各类手工艺等。通过古村落观览、新村风貌展示、民俗节庆、手工艺制作等，让游客在当地化的乡村中充分感受传统文化。

（四）休闲度假村

现今一些发展较为成熟的休闲农业已经走向了休闲度假村的发展模式，如浙江的莫干山度假村、安吉度假村等，着力打造一种集养生、娱乐、运动、医

---

① 郭焕成，孙艺惠，任国柱，等．北京休闲农业与乡村旅游发展研究［J］．地球信息科学，2008（04）：453－461.

疗等功能为一体的整体性的度假休养基地，践行慢节奏的幸福生活。

第三节　乡村的传统功能与现代拓展

传统乡村是集农业生产、农民生活、生态保持功能于一身的综合有机体。然而，随着现代社会的发展，流动性增强，乡村不再只是乡民的乡村，乡村也逐渐走向大众视野，乡村各方面的价值更为凸显，成为人类共有的物质财富与精神财富。

一、传统功能：生产、生活、生态

（一）农业生产：作为生存依赖的乡村

土地是乡村的底色。土地是生产性的。作为人类生活和生产的场所，土地是一切生产和存在的基础，是我们最基本的自然资源和生产资料。人类通过利用和改造土地资源，给土地打上经济、技术、文化的烙印，也使土地具有了社会的属性①。

土地是农业生产的源头，是农村发展的根基，是人类生命的根系所在。在传统社会，人类生产生活所需几乎全部来源于土地。"宁送三石粮，不让一寸田"，体现了人们对土地发展价值的认识。乡村地大物博，除了传统的作物耕作，乡村也是畜牧养殖、纺织做衣等活动的发生地。土地提供了人们赖以生存的信心和保障，并成为人们对生命和美好生活的精神寄托所在。总而言之，乡民们在乡村区域内整合一切有转化潜力的资源，通过自己的劳动改造自然，满足自己衣食住行的必备需要。

（二）生活空间：作为人居形式的乡村

吴良铺院士在学术巨著《中国人居史》中指出，人居是指包括乡村、集

---

① 陶玉霞. 乡村旅游理论建构与理性批判 [M]. 北京：中国旅游出版社，2016：44 – 45.

镇、城市、区域等在内的所有人类聚落及其环境。人居由两大部分组成：一是人，包括个体的人和由人组成的社会；二是由自然或人工的元素所组成的有形聚落及其周围环境①。作为一种人居形式，乡村聚落的历史比城市要悠久得多，形态也更为多样。在乡村聚落的整体环境中，乡民安居乐业、生存繁衍，创造出独特的地域文化与民俗文化。

（三）生态环境：作为生态家园的乡村

乡村建筑体量小，人口密度低，乡民需求有限。长期以来，乡民生活与自然和谐共存，生态环境与生物多样性都得以保持。土地是乡村生产之根，乡民们在利用土地的时候也十分重视水土保持，避免过度开发。许多乡村周边自然环境优美，林草资源丰富，空气质量好。乡民长期居住于此，流动性小，与各类生物和谐共生，构成多种生物生存的生态家园。

二、现代扩展：当代乡村与乡村发展的新方向

在当下的流动性社会，现代化的观念以及各种手段进入之后，如今的乡村不仅具备传统的生产、生活、生态功能，更通过景观化、体验化、休闲化的重新赋能，发掘出符合当下人们需求的新价值。这其中，乡村的旅游价值日益受到重视。通过乡村旅游，乡村的传统功能都具有了新的发展方向，比如农业生产走向多产业融合，乡村生活也成为乡村旅游体验与乡村旅居的重要资源，依托生态家园打造出更适宜人类居住的山水田居。传统乡村走向度假村、休闲地，这既改善了乡民的生活与居住环境，也使得乡村面向更为广大的人群，成为更多人向往的家园。

（一）景观化、体验化、休闲化的重新赋值

从旅游开发角度而言，广大乡村地区的绿水青山要想成为金山银山必须经过一种价值转换，从而实现乡村的乡土资源在城乡之间的重新配置，产生新的

---

① 张松. 作为人居形式的传统村落及其整体性保护 [J]. 城市规划学刊, 2017 (02)：44 – 49.

价值。未发展乡村旅游时绿水青山只是提供农业生产生活的生产资料——小桥、古道用来行走，流水用来浇灌，枯藤、老树用来做柴火，瘦马、黄牛用来劳作。但是一旦进入旅游的视野中来，这些要素将会产生其日常生活之外的价值，即旅游体验价值。在这种价值感召下，游客进入了，于是居住的房屋成为了民宿、厨房走向了农家乐、田野成为了风景①。通过发展乡村旅游，乡村的空气、河流、湖泊、田野、一草一木等自然资源，以及乡村的风俗民情、农耕文化、农副产品等人文资源皆可成为乡村旅游资源。

景观化是普通乡村向旅游乡村转换的重要手段。景观属性是旅游语境下乡村性的基本特质。视觉体验是旅游者最基础的审美体验，通过旅游观看形成旅游者对旅游对象的感知与判断。乡村景观是乡村区域范围内经济、文化、社会、自然等多种现象的视觉表征，包括乡村农作物、林业、养殖、生产活动、生产工具等在内的乡村生产型景观，也包括乡村聚落、民俗文化、日常生活、庆典活动、农民特质等乡村生活型景观，包括乡村地理、气象、生物等乡村生态型景观。利用多种类型农作物营造四季分明、春华秋实的自然美感，利用地方文化元素表达乡村人文风貌，突出浓郁的生活气息，利用乡村山水元素构建显山露水的生态景观②，将成为传统乡村向景观化乡村转换的重要手段。

体验化是指通过调动游客的具身实践，将乡村性内容组织成一项一项参与性活动，增强游客的感知、参与，产生更好的乡村旅游体验。比如，将观看农作物收获组织成为亲手采摘蔬果，并将其亲手采摘的蔬果进行现场加工，品尝或作为纪念品带回。通过发展乡村民宿，旅游者与乡民同吃同住，通过转换角色参与农事活动，感受乡土生活等。通过举办赛事活动，使游客融入到乡民之中去，通过协作、竞争、游戏等手段拉近与乡民的距离，感受村民的亲和力，消解城市中长期居住产生的疏离感等。

休闲化是指通过将各类乡村资源整合、组织，达到让外来者休闲放松的目的。旅游是一种与劳动、工作相对的休闲活动。即便是游客参与到田间劳

① 朱运海，曹诗图. 论乡村旅游的乡村性及其景观表达 [J]. 湖湘论坛，2020，33（06）：134 - 143.

② 陈浩，陆林，郑嬗婷. 旅游语境下的乡村性概念解析 [J]. 地理科学进展，2023，42（11）：2198 - 2212.

动中，其真正目的也是体验、是休闲，而非真正的劳作。因此，如何组织农业生产资源、生活资源，让它们往休闲化的方向上转变，让人们通过短暂的体验达到放松、愉悦的目的，是传统乡村往现代乡村转型中需要考虑的。

因此总体来看，乡村传统功能向现代功能的转换是通过对农村生产、生活和生态等要素的重新赋值实现的。通过景观化、体验化、休闲化的重新赋值，乡村的"三生"资源转换成了具有旅游特色的食住行游购娱活动，实现了乡村"三生"要素价值重估和资源优化配置①。绿水青山的价值得到提升和放大，从而成为乡村发展的宝贵资本——金山银山。

（二）农业生产的景观化、体验化与休闲化：多产业融合

农业生产作为第一产业，其产业附加值相对较低。农业产业必须寻求其他产业之间更深度的融合提升，在产业链上相互延伸整合，产业结构上优化升级，形成新的产品和业态，实现产业价值增值。在当下的乡村发展中，乡村旅游与休闲农业为农业生产重新赋能，提高其产业附加值，促进农业生产与相关产业进行融合发展，从而满足我国城乡居民不断提升的生活质量和对美好生活的追求，在绿水青山和乡村民俗中感受田间乐趣，缓解社会转型发展中的居民生活压力②。

多产业融合是对传统农村生产方式与农业资源的创新，通过打破传统农业发展方式对农村劳动力的捆绑，以高产业关联性融合不同产业形态，以农业的外核发展以服务为本质的第三产业，通过旅游连接城乡经济发展，在推动农村产业结构优化、解决农村劳动力就业以及新农村建设等方面发挥了巨大作用。如陕西袁家村通过发展民俗、美食旅游，推动传统手工业发展，增加了原料需求，反向带动第一产业的发展，形成了"三带二促一"的产业发展模式③。

---

① 朱运海，曹诗图. 论乡村旅游的乡村性及其景观表达 [J]. 湖湘论坛，2020，33（06）：134 - 143.

② 王裕光. 乡村特色休闲农业与旅游融合发展探索 [J]. 农业经济，2021（11）：26 - 27.

③ 陈浩，陆林，郑嬗婷. 旅游语境下的乡村性概念解析 [J]. 地理科学进展，2023，42（11）：2198 - 2212.

（三）生活空间的景观化、体验化与休闲化：乡村旅居

乡村具有与城市生活截然不同的生活方式，常常成为城市人体验另一种生活的出口，通过短暂的乡土体验回归人类生活本质的诗意栖居。乡村的生活空间不仅包括有形的聚落建筑本身构成的空间形态，还包含乡村聚落的社会空间和文化空间，它们共同组成了乡村聚落生活景观体系，形成了相互联系、相互渗透的有机整体，表现出不同的旅游价值①。

一方面，通过对乡村生活空间的景观化、体验化与休闲化，通过展示、表演等方式发展乡村旅游，使得旅游者进入乡村，使传统居民的生活空间成为旅游消费空间、旅游体验空间，乡村产业由传统农业产业转向以旅游接待为核心的旅游产业。另一方面，乡村旅游本质上是乡村休闲。由于城市化、现代化、科技化等的快速发展使人类失去心灵的栖息地，人们迫切需要一个缓解压力、释放身心的生活空间，乡村成为都市人向往的世外桃源，乡村旅居受到城里人青睐。传统意义上的乡村风景宜人、形神有序、节奏舒缓，有我们久违的乡音、乡俗、乡情、乡礼和乡味，有着更多诗意与温情，以及恒久的价值和传统。乡下生活安适稳定、恬淡自足、和谐相处、平实素朴，乡村生活的这种闲适性，正是当下乡村旅居者所追求的，已经成为中国未来最稀缺的旅居资源②。

（四）生态家园的景观化、体验化与休闲化：山水·田·居

随着现代化与工业化的发展，不少地区出现了生态环境日益恶化、生物多样性不断缺失的危机，乡村所富有的生态家园的价值也显得愈加珍贵。2021年10月12日，习近平总书记在出席《生物多样性公约》第十五次缔约方大会的主旨讲话中提出"山水林田湖草沙"概念，他指出，"万物各得其和以生，各得其养以成"。生物多样性使地球充满生机，也是人类生存和发展的基础。

---

① 冯淑华，方志远. 乡村聚落景观的旅游价值研究及开发模式探讨［J］. 江西社会科学，2004（12）：230－234.

② 马牧青. 乡村旅居的缘起、背景与实践［EB/OL］. https://mp.weixin.qq.com/s/l11nBuluPMd LLejSiUS_BQ. 2024－11－21.

保护生物多样性有助于维护地球家园，促进人类可持续发展①。2022 年党的二十大报告中提出了"坚持山水林田湖草沙一体化保护和系统治理"②。乡村，作为诸多物种和谐共生的生态家园，成为生态可持续发展的重要关注。乡村生态方向的发展，不只是发展以自然景观为核心吸引物的生态旅游，更是在发展的同时强调一种人类生态性居住的生存模式。乡村景观理想愿景中的"山水·田·居"模式，成为乡村生态家园进一步发展的新方向。这一模式表征的不但是自然、生产、聚落三个层面的意象要素，更是各景观要素在时间空间秩序的组织下，得妙悟而生的充满诗境的整体景观。这也是当下艺术乡建、新型乡村建设发展的必要内容。

第四节　中外乡村发展模式与旅游功能比较

一、乡村发展的演进历程

乡村发展说到底最终依托的基础是农业，农业的形态、农业的组织、农业经营导致的人地关系都决定了农村发展的最终走向。因此，了解乡村发展的模式、变化，必须首先了解农业的发展变化。

（一）传统农业

各个国家因为气候、土壤、区划等各项地理因素有所不同，种植的农作物有所不同。但是在传统农业阶段，农业发展以及由此形成的乡村发展模式却大同小异。以东亚各个国家为代表，小农经济一直是传统乡村经营的主要方向。乡村以家庭为单位，精耕细作经营田地，通过辛勤的劳动、提升耕作技术与培育良种等手段不断提升粮食作物的产量，改善家庭的收入情况。小农经济主导

---

① 新华网. 习近平在《生物多样性公约》第十五次缔约方大会领导人峰会上的主旨讲话（全文）［EB/OL］. http://www.news.cn/2021－10/12/c_1127949005.htm. 2021－10－12.

② 人民网. 坚持山水林田湖草沙一体化保护和系统治理［EB/OL］. http://theory.people.com.cn/n1/2024/0119/c40531－40162361.html. 2024－12－07.

下的乡村发展缓慢,但也形成了较为稳定的乡村社会,乡民安居乐业,民风淳朴,乡村生活时令性明显。

(二) 现代农业

由于各个国家进入现代化的时间不同步,结合各国国情,在现代农业阶段,各个国家的乡村发展形成了较为不同的表现。温铁军将现代农业分为四个发展阶段①。首先是其称为农业 1.0 版的大规模农场时代。这尤其表现为西方国家殖民时代发展出来的大规模农场。在这里,西方国家作为殖民国家,拥有着对农场的绝对所有权。其次,农业 2.0 版是产业化的农业,这意味着以工业的生产方式改造农业,在规模化和集约经营的基础上拉长产业链,形成农业的收益,也叫作设施化农业、工厂化农业或二产化农业。再次,农业 3.0 版则是把农业和第三产业结合,或叫农业三产化,发展和各地自然、社会等资源条件高度结合的多元化农业,尤其是以景观农业为基础实现休闲旅游和养生农业,从而通过农业相关资源的三产化重新定价获得高于一产农业和二产农业的收益。这就意味着把自然资源变成了景观农业资产,产生休闲价值与绿色经济的价值。最后,农业现代化的 4.0 版即社会化生态农业,是进一步借助互联网工具更大程度实现市民广泛参与,实现农业的社会化和生态化②。其实主要是三产化的农业再附加"互联网+"的工具,在促进资源节约、环境友好的"两型农业"的基础上,进一步纳入农业多功能性所内含的教育文化、历史传承等非经济功能。也同时把乡村四季景观和乡土文化,以及有机题材、本地化标志等纳入休闲旅游养生等多元开发,从而促进农村经济回嵌乡土社会、农业经济回嵌资源环境,最终达至"人类回嵌自然"的生态文明新时代。

二、国外乡村发展的典型模式与旅游功能的实现

(一) 国外乡村发展概况

从上文中现代农业发展的四个阶段来看,西方农业发展兼具农业 1.0、农

---

① 温铁军. 从农业 1.0 到农业 4.0 [J]. 中国乡村发现, 2016 (01): 20-26.
② 温铁军, 张俊娜, 邱建生, 等. 农业 1.0 到农业 4.0 的演进过程 [J]. 当代农村财经, 2016 (02): 2-6.

业 2.0、农业 3.0 三个发展方向。西方从 16 世纪始通过殖民化的手段占领了美洲、非洲、澳洲 3 个大陆。在这几个通过殖民掠夺占领的大陆上，西方宗主国推行的主要是农业 1.0 的大种植园和大农场。随着全球工业化的快速推进，不少地区的农业进入工业化的 2.0 版本，通过先进的设备机器实现规模化和集约经营。然而如今在欧美国家和日本的一些地区，二产化农业因污染问题以及食品质量问题，造成对资源环境的严重破坏，正处在退出阶段。在这样一个过程中，不少地区和国家通过发展农业三产化获得了转型，尤其是结合本地农业资源进行多元农业、休闲旅游的开发。

（二）国外乡村发展的典型模式

具体来看，国外乡村发展模式主要有以下几种类型。

1. 郊区市民农园模式

市民农园模式的发展以德国、日本为代表，主要依托城市郊区乡村土地发展休闲农业。德国的市民农园发端于 19 世纪的市民"小菜园"。1983 年，德国修订的《市民农园法》，主旨是为市民提供体验农家生活的机会，使久居都市的市民享受田园之乐，经营方向也由生产导向转向农业耕作体验与休闲度假为主，成为集生产、生活及生态"三位一体"的经营方式①。

日本郊区农业形成于 20 世纪 40~60 年代中期的战后经济高涨期，有自然景观、高品质农产品和各项体验三种基本形态，以城郊互动著称。这些郊区农业用富有诗情画意的田园风光、各具特色的设施和完善周到的服务，吸引大量的游客，为农场赢得了可观的经济收入②。20 世纪 90 年代后，在市场需求的推动下，日本郊区农业逐渐发展成为具有观光、休闲、度假、教育、体验等多功能旅游产品在内的农业发展模式。

2. 国家公园模式

国家公园模式主要在北美和澳洲的一些国家，以美国、加拿大、澳大利

---

① 吴仲广. 国外和我国台湾乡村旅游发展的成功模式及启示 [J]. 农业科技与信息，2015 (21)：57-60，62.

② 陈雪钧. 国外乡村旅游创新发展的成功经验与借鉴 [J]. 重庆交通大学学报（社会科学版），2012，12（05）：56-59.

亚、新西兰为代表。最初这种发展模式的开发是因为这些土地对于集约化农业来说毫无价值，因此国家公园被看作是通过旅游业来发展乡村经济的一种机制。由此，将大量的农业用地转化为非农用地，其中部分土地被开发为国家公园、野生动植物保护区、公众休闲游憩区，客观上推动了乡村旅游的发展①。旅游者在休闲娱乐中同时体验自然风光，达到放松心情、修身养性的目的。

3. 旅游观光模式

旅游观光模式以韩国为代表。家庭旅馆是游客在乡村的食宿之地，韩国人谓之"民泊"，亦即吃住在乡村之意。家庭旅馆通过民泊协会管理，该会承担着为开办家庭旅馆的农民服务和协调作用②。2005 年，韩国进入发达国家行列，国民旅游需求逐渐从传统观光游览型向休闲度假型转变，依托传统文化和自然生态的民俗村旅游获得发展机遇。经过数十年的发展，韩国民俗村传统建筑景观和旅游基础设施初具规模，韩国影视作品开始选择民俗村作为取景地，媒体曝光率和旅游人数逐渐增加③。

4. 度假村模式

第二次世界大战后的经济繁荣和铁路、汽车、飞机等交通工具、高速公路和乡村大批公寓、度假别墅的建成和发展，为外出旅游提供了可能和方便。在很多旅游热点地区（特别是海滨温泉、山区等），出现了各种各样的度假村和共管公寓。在美国，分时度假的模式最早从佛罗里达州开始引入，然后遍及全美各个热门度假地。目前，美国乡村旅游已经形成农业观光、森林旅游、农场度假、民俗旅游、家庭旅馆等多样化的产品体系。

5. 原真体验模式

法国在乡村产品开发方面十分重视产品的多元化、体验性和原真性。针对不同游客的需求，法国乡村旅游企业创新开发多元化的产品体系。体验性的娱乐项目和原真的乡土特色是法国乡村旅游的重要特色。游客通过参观农村的葡萄园和酿酒作坊，参与酿造葡萄酒的全过程，了解酿酒工艺、葡萄酒历史、文

---

① 莫莉秋. 国外乡村旅游发展的典型模式［J］. 人民论坛，2017（31）：202 - 203.

② 吴仲广. 国外和我国台湾乡村旅游发展的成功模式及启示［J］. 农业科技与信息，2015（21）：57 - 60，62.

③ 耿闻雷. 国外民俗村旅游发展模式对乡村振兴的启示——以韩国全州韩屋村为例［J］. 西部旅游，2022（17）：50 - 52.

化等。除此外，还可以参观法国的古城堡，学习法国的历史文化、宗教文化、建筑文化、艺术文化等①。

（三） 国外乡村旅游功能实现的主要特征

第二次世界大战以前，世界关注乡村主要是关注农业生产。之后乡村聚落与乡村休闲、乡村旅游之间的关系发生了巨大的变化。随着农业三产化的发展，在很多地区，乡村旅游与休闲娱乐从最初的被动发展到主动发展，并成为改变和塑造乡村景观和乡村社区的主要因素②。总体来看，欧美发达国家的旅游者最喜欢的旅游方式是度假。他们住在农民的家里吃着农民自产自制的新鲜食品，观赏农庄周围的自然风景和农舍，通过感受农家的生活来增加对自己的认识。其最稳定的客源主体是受教育水平较高、经济条件也很好的人。他们选择乡村度假不是为了收费低廉，而是在寻找曾经失落了的净化空间和尚存的淳厚传统文化氛围。他们参与农业劳动追求的是精神享受而不是物质享受，从而可以看出目前在发达国家，乡村旅游是一种较高层次的旅游行为③。

总结来看，国外乡村发展中旅游功能的实现主要有以下三个特征。一是以农业为基础，讲求乡村性，尤其是传统的大农场为国外乡村旅游提供重要的旅游资源。二是以项目为主题，注重品牌特色。结合本土自然地理和文化特色的产品创新是发达国家乡村旅游发展的动力源泉。区域特色是乡村旅游的核心竞争力，是形成产品差异化和独特性的关键④。如日本实行"一村一品"战略，深入挖掘不同地域乡村的特色自然资源和人文内涵，开发出独一无二的特色品牌，并对该特色品牌进行重点培育和扶持⑤。三是以休闲为主导，讲求原生性和参与性。精细化管理以及营造高质量的旅游场景和氛围是国外乡村旅游发展

---

① 陈雪钧. 国外乡村旅游创新发展的成功经验与借鉴 [J]. 重庆交通大学学报（社会科学版），2012，12 (05)：56–59.

② 冯淑华，沙润. 乡村旅游的乡村性测评模型——以江西婺源为例 [J]. 地理研究，2007 (03)：616–624.

③ 王兵. 从中外乡村旅游的现状对比看我国乡村旅游的未来 [J]. 旅游学刊，1999 (02)：38–42，79.

④ 石培华. 国外乡村旅游发展经验的启示 [J]. 新型城镇化，2023 (05)：20.

⑤ 李宇佳，刘笑冰. 结合国外经验论乡村振兴背景下中国乡村旅游产业转型升级 [J]. 农业展望，2019，15 (06)：104–107.

的重要手段。现代旅游者更愿意通过悠闲的旅游方式来放松身心，比如以体验为主的乡村休闲旅游。国外乡村旅游提供的是原汁原味的农村风貌和淳朴自然的田园生活，不仅讲求原生性，还注重游客的参与性。游客不但可以享用新鲜采摘的果蔬或酿制的美食，还可以听现场的乡村音乐，而如此具有乡土风味的全方位体验是许多城市高级餐馆无法比拟的①。

三、国内乡村发展的典型模式与旅游功能的实现

在西方推行殖民化时期，中国作为遥远的东方，乡村发展一直是以传统农业的小农经济作为主导。改革开放后，随着社会经济整体的快速变化，中国的乡村农业也逐渐实现了从传统农业到现代农业的快速转变。由于我国没有殖民的历史，我国几乎不存在农业1.0版的大农场农业，而主要呈现为传统小农经济与集约化规模化发展的二产化农业、与服务业结合的三产化农业并存的状况，当今时代中，在互联网和各类社交平台的作用下，"互联网＋"的农业4.0也在一些地区发展起来。

（一）国内乡村发展的典型模式

乡村的发展模式由其拥有的特色资源类型制约。农业资源、生活资源、生态资源等具有不同的开发转化方向。农业资源的开发可以走向农产品的深度加工、走向工业化运作延长产业链，提高收益，也可以此为依托发展休闲农业，以景观化与体验化的思路开发乡村旅游。生活类资源可以发展节庆旅游、民俗旅游等，开发特色的食宿旅游资源进行民俗观光与体验。另外，比如一些传统技艺可以走向手工艺的小商品制作，走向旅游特色小镇等。生态资源可作为休闲度假旅游的重要资源类型，进行山水田居综合体的开发。如何在几种导向性的发展模式中找到平衡点，需要根据乡村资源的具体情况、乡村建设的发展阶段找出最合适的发展方式。目前，国内的乡村发展中呈现出以下几种典型模式。

---

① 骆高远. 国外乡村旅游的发展特点［J］. 乡村振兴，2021（02）：92－93.

1. 农家乐模式

我国农家乐发源于成都周边①。成都的农家乐不是单点的开发，而是通过整体的开发形成了集群发展模式。以锦江区三圣花乡"五朵金花"为例，整个村落遵循统一管理、整体塑造的原则，通过政府投资实现基础设施改造，同时结合各个村落农业产业特色以品牌塑造形象，形成"一村一品"②。

2. 民俗村模式

我国地域广阔，各地风俗皆有不同，不仅具有较高的观赏价值，还具有多种多样的参与体验活动。通过参与民俗活动，回归乡土、回归人群，是不少游客前往民俗村的重要原因。通过挖掘特色民俗文化发展乡村旅游，已然成为我国乡村旅游目的地发展的重要途径和行业共识，实现民俗文化和旅游的深度融合也是乡村旅游目的地可持续健康发展的前提。现有的民俗村发展典范有陕西袁家村、江苏徐州马庄村、浙江金华诸葛八卦村等③。

3. 特色产业主导模式

一些乡村依托在长期发展中所积淀形成的特有资源或产业优势，逐步形成了旅游吸引力，通过旅游+产业发展模式使得乡村具有一定的旅游价值。这一类型乡村旅游目的地是实现乡村振兴战略、产业兴旺的重要体现，是乡村旅游发展的重要趋势。典型村主要有：浙江顾渚村的茶文化产业、海南儋州市木棠镇铁匠村的黄花梨手工艺品产业等④。

4. 景区化旅游模式

不少具有地方特色的乡村走向景区化经营，统一化管理面向游客收取门票，村民也成为经营者，向游客提供住宿、商品销售、餐饮接待等服务。比如西递、宏村、婺源等地都已经成为著名的旅游景区。

5. 度假旅居旅游模式

我国休闲度假村常以高档次、有特色的乡村民宿为主，配合周围自然景观

---

① 邹统钎. 中国乡村旅游发展模式研究——成都农家乐与北京民俗村的比较与对策分析 [J]. 旅游学刊, 2005（03）：63 - 68.

② 马勇, 赵蕾, 宋鸿, 等. 中国乡村旅游发展路径及模式——以成都乡村旅游发展模式为例 [J]. 经济地理, 2007（02）：336 - 339.

③④ 马斌斌, 陈兴鹏, 马凯凯, 等. 中国乡村旅游重点村空间分布、类型结构及影响因素 [J]. 经济地理, 2020, 40（07）：190 - 199.

和人文景观以及大城市周边的便利条件，兴建特色民宿集群，如德清莫干山民宿集群①。

（二）我国乡村旅游功能实现的主要特征

二十多年来，我国乡村旅游蓬勃发展，究其发展动力主要源于供需双方的需求。需求角度一方面源于城市居民为摆脱城市快节奏生活方式所带来的压力，追寻传统文化意象中的田园意境以释放自我、还原自我的内在驱动力。另一方面出于对大众旅游的替代，城市居民旅游动机逐渐由过去以风景名胜区为目的地进行大空间尺度转移的观光旅游向以乡野环境为旅游目的地进行较小空间尺度转移的休闲娱乐旅游过渡。供给方面则是国内广袤的保存相对原始与完整的乡村环境，以及浓郁的中国传统乡村文化构成了城市居民乡村旅游的资源基础，加之传统农业经济贡献的退化而急于寻找活化乡村经济的新生动力使得乡村旅游发展成为可能。供需双方所形成的合力在一定程度上促进了我国乡村旅游的快速发展②。

整体来看，国内乡村旅游经历了从较早资源特色型乡村的自发发展到乡村旅游雏形"农家乐"或"民俗村"为代表的乡村旅游发展初级阶段，再到景区化的乡村旅游的快速发展，如今逐渐走向乡村旅居的道路。其中"农家乐"为代表的发展模式及政府主导下的外来资本经营管理的景区化发展模式成为现阶段我国乡村旅游的常见形态③。未来我国乡村旅游功能的实现，总的指导思想应该是突出特色，塑造"家园"。乡村旅居无疑是当今时代我国乡村旅游发展的重要方向。我国乡村旅游功能的实现尤为注意的应该是在乡村旅游的发展中保持"乡村性"和"乡村意象"，让都市市民在乡村旅居中找到自己乐于安居于此的"第二个家"。

思考与讨论

1. 收集政府层面发布的关于乡村发展与乡村旅游相关政策，思考"乡村"

---

① 郭焕成，韩非. 中国乡村旅游发展综述 [J]. 地理科学进展，2010，29（12）：1597–1605.

②③ 尤海涛，马波，陈磊. 乡村旅游的本质回归：乡村性的认知与保护 [J]. 中国人口·资源与环境，2012，22（09）：158–162.

在国家整体发展中的地位与作用。

2. 思考当下时代的"乡村性"，给出自己的定义与标准。

3. 收集与整理当下社交媒体中乡村意象相关的内容，归纳社交媒体中乡村意象的典型特点。

4. 查找中外乡村旅游的典型案例，从旅游资源、发展模式、经营模式、未来方向几方面给出自己的剖析。

第二章

乡村旅游发展的学理基础

乡村，不只是地域空间，也是文化空间，是人类审美意识的重要发源地。乡村旅游发展以乡村审美为基础，美和审美在历史长河积淀中不断变化，中西方审美理论也出现了分化。当代审美体验嬗变也影响着乡村旅游发展的导向。乡村旅游的起源及其发展具有规律性，国内乡村旅游发展历史呈现出独特性，其发展历程和价值取向与经济社会和旅游产业发展息息相关。我国乡村旅游发展以产业扶贫的方式促进了乡村经济、社会、环境等多方面的发展，对全面脱贫目标的实现发挥了重要作用。在新时代背景下，乡村振兴对乡村旅游发展提出了新的要求，乡村旅游如何进一步在乡村振兴中发挥独特的作用具有重要的研究价值。依托新发展理念和产业融合思想，乡村旅游在创新、协调、绿色、开放、共享发展方面呈现出新的特点，乡村旅游与休闲农业、文化创意产业、非物质文化遗产融合态势明显。

第一节　乡村审美的内涵与历史积淀

一、美和审美的概念

（一）美

美是一个内涵丰富的概念，在哲学、艺术、文学等领域具有不同的解释，通常指能够使人感到心情愉悦的人或者事物。汉字中，"美"是由"羊"和"大"组成，有味道鲜美的意思，由此延伸出其他的含义。从哲学角度看，美的含义更广泛，形式上的美、科学里的真、行为里的善都包含其中。

美有 3 种形式，即生活美、自然美及艺术美①。不同形式的美都离不开人的视觉感官，并且依托于外部世界的客体。美感是人对美的感受、体验和欣赏，体现出客体契合内心的一种和谐及由此带来的愉悦感。美感与人的知觉密切相关，存在于新旧知觉交叉产生的意象和感受之中。在古希腊，柏拉图提出"美本身"的问题，即美的本质问题。从此，西方学术界几千年来一直延续着对美的本质的探讨和争论。这种情况到了 20 世纪开始转变，对美的本质的研究逐渐转变为对审美活动的研究。

（二）审美

审美，即认识美、研究美，是指对事物及艺术品之美的欣赏、品味或领会。美及审美活动是美学的研究对象。审美活动是人的认知过程，也是一种精神和文化活动，它的核心是以认知为基础而产生的审美意象及人生体验②。这一体验包含两层含义。首先，人的审美目的在于获得愉悦体验，进而提高精神境界、促进与实现人的发展。其次，审美中"审"的含义在于评判，"美"与"丑"都是人们的主观判断过程③。虽然审美脱离不了主观性，但它同时也受制于客观因素，不同时代背景下的政治、文化、观念、习俗等都对美的评价标准有很大影响。审美是一种肯定式、交流性的、以愉悦为目的的感知世界的方式，是以生命体验为基础通过全部感性能力直观感知客体，获得反思愉悦的过程。在人文主义的美学传统认知中，审美是人类自我提升的方式与手段④。审美已然成为人的完善、人的全面发展和人获得自由的手段，是人的精神活动中

① 王保忠，王保明，何平．景观资源美学评价的理论与方法［J］．应用生态学报，2006（09）：1733－1739.

② 叶朗．美在意象——美学基本原理提要［J］．北京大学学报（哲学社会科学版），2009，46（03）：11－19.

③ 曹诗图，孙天胜，周德清．旅游审美是诗意的对话——兼论中西哲学思想中的审美观［J］．旅游论坛，2011，4（02）：115－118.

④ 刘旭光．什么是"审美"——当今时代的回答［J］．首都师范大学学报（社会科学版），2018（03）：80－90.

高贵的组成部分。

（三）旅游审美

旅游审美贯穿于旅游活动的整个过程。对旅游审美的理解受制于对旅游属性的理解。旅游的经济属性表现为旅游是在异地的消费；旅游的文化属性则表现为旅游的本质是基于审美诉求的异地文化体验。王柯平认为旅游是一种综合性的审美实践①。冯乃康也认为，旅游是一种以通过获取美感享受而开展的综合性精神审美活动②。谢彦君也曾经认为旅游的本质是旅游审美愉悦的追求，后来又做了修正，将世俗愉悦追求纳入旅游追求的范畴③。从更广泛的范围看，旅游审美伴随着"旅游"概念的完善和发展，存在于较长的历史时期内。

从早期来看，"游"是中国士族对理想人生境界与审美生存方式的颖悟和畅想，以及对诗意人生由来已久的行为表达方式。从文献来看，我们的先人曾对旅游活动的本质做出了质朴的解释。《说文解字》释"游"为"旌旗之流也"，旌旗之流没有任何实用价值，它的存在只起一种装饰作用，是为了满足人们的审美需要。所以，"游"字又被引申来指称人们审美娱乐方面的活动。实质上，旅游审美的指向在于旅游者自身，它是旅游者在旅游地通过美的意象获得美的感知并形成自身美的体验。这种"美的体验"可能是压抑的释放、见识的增长，抑或是个性的张扬，在诗意行走中反观生命本质，寻找存在真实的游弋，也可能是在完成一种成长或信仰的仪式。总之，旅游审美是一种为了美的体验、生命本真及个人成长而完成旅游活动的过程④。

社会异化带来的旅游异化是客观存在的⑤。基于异化而产生的对诗意栖居的追求本质上是对生命本真的追求。旅游是连接生命与美的一种方式，旅游审美也是在行走中追求诗意栖居的一种取向。旅游的目的不仅仅在于观看和游

---

① 王柯平. 旅游审美活动论［M］. 北京：旅游教育出版社，1990：5.
② 冯乃康. 中国旅游文学论稿［M］. 北京：旅游教育出版社，1995：2.
③ 谢彦君. 基础旅游学（第3版）［M］. 北京：中国旅游出版社，2011：242－245.
④ 陶玉霞. 乡村旅游理论建构与理性批判［M］北京：中国旅游出版社，2016：7.
⑤ 曹诗图，鲁莉，荀志欣. 对旅游异化问题的反思［J］. 武汉科技大学学报（社会科学版），2008（03）：53－57.

览，更重在"离"于惯常之外的自在与洒脱，因此，旅游审美也变成了是一种生命游离在栖居之外的姿态①。旅游的功能指向个体的内在需求，它是一种行为语言，这种语言通过释放个体需求，以一种游离的方式和对特定体验的感知来表达生命的诉求。旅游是生命解放与发展诉求的仪式性符号，在异地的环境中，以主体的情感释放与个性张扬为旨归。因此，基于追求生命本真的需求，旅游审美的概念、对象及其意蕴都在发展和变化过程中②。

二、中外美学理论

（一）西方美学理论

美学（aesthetics）是一个发展中的概念，是对人类审美活动及艺术实践的概括③。美学关注由人的感知和思维活动所引出的关于美的情感和认识，因此，其本质是与审美活动及艺术实践相关的情感认知和情感活动。西方对美学理论的理解区别于传统意义上的漂亮和美丽，其发展过程可以分为古希腊罗马美学、中世纪文艺复兴美学、17～18世纪美学、德国古典美学和现代美学五个时期。随着美学的不同发展过程，逐步形成了审美意识形成、美学思想产生及美学学科建立三个阶段。西方早期审美阶段，艺术强调美（beauty）与优美（fine）的自然审美倾向，因此，艺术美与生活美具有统一性。"aesthetics"这一术语在1750年最早出现于鲍姆嘉顿的专著 Aesthetik 中，鲍姆嘉顿也被称为"美学之父"，此时，把美学看成哲学的一个组成部分④。18世纪，美学逐渐由狭义的美演变为更广泛的内容。从1756年，博克的《论崇高与美》到康德《判断力批判》与黑格尔《美学》的出版，美学不再局限于艺术范畴，对美的讨论延伸到艺术之外的广阔领域。美学的发展经历了不同的流派，从叔本华、

---

① 陶玉霞．乡村旅游需求机制与诉求异化实证研究 [J]．旅游学刊，2015，30（07）：37－48．

② 陶玉霞．乡村旅游理论建构与理性批判 [M]．北京：中国旅游出版社，2016：92．

③ Zube E. H, Simcox D. E., Law C. S. Perceptual landscape simulations: history and prospect [J]. Landscape Journal，1987，6（01）：62－80．

④ 王保忠，王保明，何平．景观资源美学评价的理论与方法 [J]．应用生态学报，2006（09）：1733－1739．

尼采的美学思想，发展为存在主义美学、现象美学和分析美学，美学思想和理论就在社会的不断进步中逐步完善，也逐渐成为专门研究美的科学。对美的标准的讨论是美学发展的标志之一，从 19 世纪起，学界关注美的客观标准，强调诸如黄金分割律、椭圆形、蛇行曲线在内的标准形状。20 世纪开始，美学从关注客观美转向研究人的审美活动。

（二）中国美学理论

中国的美学史源远流长，中国美学蕴藏在中国的传统文化之中。在儒家和道家思想中包含大量的美学思想。西方的美学强调秩序、比例和尺度，讲究大小、长短、高低的比例关系构成的"和谐"。中国的美学更强调人与自然的和谐，认为自然的、适宜的、本真的就是美的，而不刻意强调大小和比例关系。儒家思想成为中国传统美学的代表，也确立了中国美学的基本观念。在孔子的思想中，其"仁"的核心思想也是美学的代表观点。真正的美就是人与人之间有亲疏差等的互助互爱，即实现"仁"这个最高原则[1]。孔子认为君子应将其一生当作艺术品钻研、雕琢，其行为举止应合乎美的法则[2]。他把外在形式的美称为"文"，把内在道德的善称为"质"，认为文、质应该统一起来，外在形式的美可以给人感官愉悦，但只有与善统一起来才具有真正的价值。儒家文化将对自身的审美与个人"美"的道德修养结合起来，强调审美中的个人品德和社会道德。相较于儒家美学思想，道家哲学的创始人老子及道家美学的代表者庄子的思想则与儒家不同[3]。在道家看来，美存在于"道"中，世俗中的感官享受与权势欲望并不是真正的美，"仁"的道德也并非真正的美。只有同自然无为的"道"合为一体、超越人世的利害得失、在精神上不为任何外物所奴役的绝对自由的境界才是美[4]。虽然儒家和道家有诸多不同的认识，但是总的来说，中国的美学观点主张人与自然的和谐相处、人与人的和谐相处。

---

[1]　李惠，朱茜. 乡村旅游的审美透视 [J]. 青岛农业大学学报（社会科学版），2015，27（03）：34 - 37.

[2]　叶朗. 中国美学通史 1（先秦卷）[M]. 南京：江苏人民出版社，2014：164 - 183.

[3]　王柯平. 诗教的致知功能——"多识于鸟兽草木之名"疏解 [J]. 美育学刊，2016，7（02）：76 - 82.

[4]　王柯平. 艺术与社会的双重关系——西方马克思主义美学理论的现代意义 [J]. 哲学研究，2006（12）：88 - 92.

中国美学思想认为天地万物存在即是美的，人应该是顺应自然、模仿自然、从自然中获取灵感。所以，中国美学与西方美学的区别还在于"形"与"意"的区别，如果说西方的美学理论讲究的是"形"，那么中国的美学理论讲究的便是"意"。在人眼所能看到的事物中，要去体会精神与心灵方面更深层次的"意境"。

三、乡村审美与乡村旅游审美

（一）乡村审美的起源

与审美思想一致，中国乡村审美思想源远流长，最早可以追溯至先秦时代。这个时期虽然没产生系统的乡村美学思想，但其在哲学上的思考已经触及美学的核心。这一时期并没有现代意义上的旅游活动，但是朴素的乡村审美和原始形态的乡村体验已经形成了，人们出于对乡村和自然的本性追求和天然诉求所开展的活动，蕴含着精神文化的追求，也包含了对自然、人地关系、生命本真的追求。乡村审美就体现在人们朴素的乡土情结和对田园的追求中①。

早期的乡村审美是古代精英阶层对自然和乡土的朴素追求。精英阶层代表的文化与乡村之间存在着一定的距离，"城"与"乡"的差距使得乡村成为独立的审美对象，乡村审美也得以形成。考察中国乡村审美的时间源头可以追溯乡村进入审美视线，成为审美对象的渊源，但中国乡村审美在时空延伸过程中不断发展变化。对原始自然崇拜的思想和朴素的田园观在文化的驱动下不断演进，形成连续延绵的乡村审美思想。如果说人们早期的乡村审美是出于对自然与生活场景的欣赏，那么，现代乡村旅游的兴起则是一种对生命本真境界的皈依。无论这些游客是否具有自觉的意识，他们乡村旅游的行为都是一种反异化的逃离。乡村景观审美逐渐变成对人本质力量的感情显现。以中国式的悟性思维表现出有文化空间、文化符号、文化形象的美学表征②。

---

① 陶玉霞. 乡村旅游根性意涵的社会调试与价值重建研究 [J]. 人文地理, 2015, 30 (05)：117 – 125.

② 姚亦锋. 中国乡村审美空间的形成 [J]. 江苏社会科学, 2018 (02)：232 – 237.

（二）乡村旅游审美

乡村旅游审美是乡村旅游的重要内涵。当工业的发展促使人们远离乡村，作为"局外人"出于怀旧、观光等需求再反观农村景观并产生审美认知时，乡村旅游审美就开始了。从早期文人墨客的郊野春游到历代文人学士官员的踏青都是一种对乡村风物主动欣赏的文化行为。全球化市场经济消费时代大规模的商品消费改变了整体性的文化与信仰，人们开始走进乡村，追求乡土，追寻理想中"诗意的栖居"，寻求治疗现代文明创伤和重建人与自然联系的可能路径，希冀在乡村旅游中实现自然之子的身份回归，寻求精神家园所能给予的心灵慰藉，乡村旅游蓬勃发展，并成为旅游产业的重要组成部分。

乡村性是乡村旅游的吸引力来源，也是乡村旅游审美的核心诉求。乡村空间的文化表达和塑造是乡村性的表征，形成了乡村意象。人们进入乡村空间，基于对乡村景观的感知和乡村投射意象的凝视，完成对乡村空间的审美。乡村空间是乡村意境营造的载体，乡村形象是乡村意象的符号化表达。乡村在经济、文化、科技等要素发展的大背景下不断演化，随着乡村发展，乡村社会的构成要素、结构形态和功能价值都处在流动变迁之中，但是乡村旅游资源的审美要素仍然包含自然景观、生产景观、生活景观、民俗文化景观等。

（三）乡村审美体验嬗变

如前文所述，乡村审美是在不断演化的，演化的过程基于时空两个维度，因此，时空变迁构成了乡村审美嬗变的基础。工业化和现代化背景下，时空异化成为社会形态的特点，乡村审美也无法脱离社会异化的现实，在时空压缩背景下呈现出新的特点。在城市化的进程下，乡村正在成为人们逃离工作、紧张、压力的场所，乡村所代表的原始、本土文化成为人们心灵的栖息地，"乡愁""怀旧""记忆"等充满时代特性的概念不再仅仅是文学话语，还演变为了美学话语。时空压缩对乡村审美带来的影响包括两个方面：

一是中国的时空压缩与城市化进程影响着乡村审美对象的变化。时空压缩改变了人们感知世界的方式，带来的是人们对时间和空间感知的变化，这一变化着重体现为社会时空运动的加速。主观感知的时间"缩短"和空间"缩小",让人们感觉地球俨然成为"地球村"。电子网络通信的发展使得空间壁垒不断消除,由于跨越空间所花费的时间变得更少,遥远的地方变得易于到达,较长的旅程变得易于实现,人们对"地方"的认识随着交通层面的便利和新技术的发展不断重构。流动空间成为一种新的社会空间,人地关系也不再局限于原住民与地方之间,流动的人群随着汽车、高铁和飞机不断形成新的聚集点,一个又一个传统村落走进人们的视野,不断焕发生机,成为现代文明下的审美对象,也成为现代消费市场的一部分。时空压缩使得乡村更易受到现代文化的浸染,乡村审美的对象由朴素、原始、自然的风光,演变为原始与现代的交织,乡村成为人们重新思考自我存在及生命本真的场所,也为人们逃离和重塑自身提供了空间。在这种背景下,乡村不能再保持一成不变,乡村性也不再是指原始的乡村面貌,而是变成了一种建构过程。乡村变成了传统与现代时空交融的对象,乡村审美对象及审美意象在时空压缩的背景下不断被解构和重构。

二是时空压缩和城镇化直接影响了当代乡村美学的审美形式与意蕴。现代性带来的异化使得城市变成灰暗、冷漠和压抑的代名词,而乡村由于远离工业化,受现代化影响相对较小,其原始的自然风光、开阔的空间、慢节奏的生活模式和传统的生活习俗成为人们向往的生活,也被认为是适合休闲的最佳去处。但是时空压缩改变了乡村的原始面貌,关于乡村的"真实性"成为讨论的热点,何为真实的乡村也变得不确定。传统乡村美学的审美形式被不断改变,现代化带来的消费观念和审美观念不断重塑着乡村的空间和文化,使得传统乡村美学中关于空间的隐蔽状态与非理性消殒殆尽。原始、远离、安静、拙朴、韵味等立足于古典空间的审美经验逐渐消退。随着人们涌入乡村,现代性与后现代审美的观念不断往乡村渗透,传统乡村景观和现代生活方式拼贴开始成为社会审美文化的主流。时代的洪流滚滚向前,乡村也不得不融入现代发展的时空进程。现代消费观念正在重塑乡村空间的文化表征,在时空变迁下的乡村美学正由文字隽永的故乡想象转换为诗意哀怨的空间迷恋。

第二节　乡村旅游的发展历史与价值取向

一、乡村旅游发展历程

(一) 国外乡村旅游起源

从发展时间轴上看,学术界一般认为乡村旅游最早起源于 18 世纪初期的英国,并相继在法国等西方国家推广和蔓延。19 世纪 60 年代,农业与旅游全国协会在意大利成立,是世界乡村旅游发展史上的标志性事件。真正意义上的大众化乡村旅游开始于 20 世纪 60 年代初的西班牙,但是大规模的乡村旅游出现在与中国乡村旅游发端同时的 20 世纪 80 年代后期。随着旅游产业的发展,乡村旅游在世界范围内迅速蔓延,已经成为美国、德国、法国、日本等诸多国家的重要旅游形式,并且走上了规范化发展的轨道。乡村旅游成为被广泛认可的阻止农业衰退和促进农民增收的有效手段。

(二) 国内乡村旅游起源

对于我国乡村旅游的起源,有两种说法。第一种说法是,在 20 世纪 50 年代,因外事接待的需要,乡村旅游初步进入人们的视野。这种认识与对我国旅游产业的起源认识一致,都认为新中国的旅游源于外事接待之需。第二种说法是,我国乡村旅游起源于改革开放以后,因党和国家提出了建设社会主义新农村的战略部署,乡村建设进入一个新的阶段,也拉开了乡村旅游的序幕。经过对诸多文献的对比,后一种说法得到了国内学界的普遍认可。20 世纪 80 年代以后,《当前的经济形势和今后经济建设的方针》等多项有关农村建设的政策不断出台,党和国家号召全国亿万农民为建设社会主义新农村而奋斗,强调社会主义新农村建设中要首先抓好农业生产,发展农村经济。改革开放之后的经济社会迅速发展给乡村旅游发展提供了市场和环境,如深圳举办荔枝节,虽然目的在于招商引资,但客观上也成为乡村旅游发展的契机,不仅取得了较好的经济效益,也对其他地区起到了示范作用,自此之后,多地纷纷利用自身资源，开办具有特色的农村观光项目，乡村旅游正式进入人们的视野。

（三）国内乡村旅游发展阶段

中国的乡村旅游发展一般被归纳为以下几个阶段：

1. 初创阶段（20 世纪 80 年代中后期～1994 年）：农家乐兴起

新中国的乡村旅游萌芽于 20 世纪 50 年代，是当时乡村减贫和农业产业结构调整的一种重要形式，但是由于受社会经济条件限制，长期处于"初级"形态。直至 1986 年，成都市郫都区农科村"徐家大院"诞生，以"农家乐"为主要表现形式，以观光和采摘为主要内容的现代乡村旅游出现。20 世纪 80 年代，贵州、珠海白藤湖、安徽西递、北京十三陵、江苏周庄和华西村等乡村小镇，依托自身乡村资源，充分发挥农村地区特色，吸引大量游客前来观光采摘、欣赏民族风情，一系列的活动正式拉开了我国乡村旅游的序幕，也标志着我国当代乡村旅游产业的诞生，乡村旅游成为旅游产业的一部分，在农村经济、社会、文化等方面开始发挥作用。1989 年 4 月，"中国农民旅游协会"也正式更名为"中国乡村旅游协会"。中国乡村旅游协会的成立对提升产业发展水平、规范行业有序健康发展起到了重要推动作用。自 20 世纪 80 年代乡村旅游发展起来，在整个 80 年代和 90 年代，中国乡村旅游的主要内容表现为田园自然风光、农耕文化、民俗风情、农家乐食宿、农业科普教育、休闲度假等。1998 年，国家旅游局推出"华夏城乡游"，并且提出了"吃农家饭、住农家院、做农家活、看农家景、享农家乐"这一口号，自此之后，"农家乐"成为有中国特色的乡村旅游发展模式的典型代表，也是中国乡村旅游的初级表现形式。总的来讲，这一阶段乡村旅游的发展推动了乡村地区经济、社会、文化水平的全面提升，并且为乡村传统农业的结构调整提供了实践参考。

2. 全面发展阶段（1995～2006 年）：乡村假日经济

这一阶段乡村旅游的发展得益于我国假期制度的完善。自 1995 年 5 月 1 日起，我国正式实行双休日制度。1999 年又将春节、五一、十一调整为 7 天长假。随后在 2000 年，国家旅游局等部门发布《关于进一步发展假日旅游的若干意见》，明确了"黄金周"的概念，一系列的政策和举措改变了人们的工作和休闲观念，使得人们有更多的时间开展旅游活动。假期制度的完善不仅为旅游提供了时间，也改变了人们的旅游方式，大批的旅游者进入乡村，开展观光、休闲、度假活动。随着乡村旅游活动的开展，诸多问题开始显现。2002年，我国《全国工农业旅游示范点检查标准（试行）》颁布，为乡村旅游的规范化发展提供了参考，乡村旅游市场秩序和标准得以提高。乡村假日经济的发展还得益于多项政策的支持，如2004年，中共中央、国务院出台的"一号文件"《关于促进农民增加收入若干政策的意见》，从资金投入、基础设施、土地利用等方面为农村发展第三产业创造条件，乡村旅游迎来了前所未有的发展契机。2005年国家开始实行土地承包经营权流转和发展适度规模经营。2006年，我国健全了土地承包经营权流转机制，并提出了"中国乡村旅游年"，乡村旅游的产品业态和发展模式不断完善，"新农村、新旅游、新体验、新时尚"的口号也进一步突出了乡村旅游的地位和乡村旅游的全面发展。2006年8月，国家旅游局发布《关于促进农村旅游发展的指导意见》，提出乡村旅游是"以工促农，以城带乡"的重要途径。这一阶段，我国乡村旅游快速发展，释放出巨大的消费潜力，为乡村经济发展带来增益，提高了当地居民的生活水平，创造了更多的工作机会，提高了乡村就业率，乡村旅游展现出蓬勃向上的生命力。

3. 纵深发展阶段（2007～2015年）：乡村旅游富民

此阶段，中央层面加大对乡村旅游的政策扶持力度，并引领我国乡村旅游逐渐走向规范化、品质化。农业、农村和农民问题一直是我国农村发展的关键所在，国家将"三农"问题作为重中之重，围绕着新农村建设、农村经济发展、城乡统筹和农业供给侧结构性改革出台的政策不断增多，在这些政策中，与乡村旅游直接相关的政策也开始密集出现。2007年，"中国和谐城乡游"和"魅力乡村、活力城市、和谐中国"的提出带动了农村风貌大变样。2008年，每年的三次长假调整为"两长五短"模式及带薪休假制度法制化。2009年，《国务院关于加快发展旅游业的意见》提出乡村旅游富民工程。不仅如此，在2007～2010年连续四年的中央"一号文件"中，多项举措均聚焦乡村旅游，围绕着乡村旅游的定位、功能、产品做了比较详尽的阐述，不仅为乡村旅游发展提供了良好的环境，也明确了乡村旅游作为第三产业的一部分在乡村经济发展中的作用。自2011年开始，相关政策围绕着乡村旅游资源开发、乡村文化保护、旅游服务质量提升、旅游信息化建设等方面持续发力，将乡村旅游从经济发展功能拓展到乡村传统文化保护、旅游扶贫等多重功能，乡村旅游实现了多功能目标定位。

4. 提升转型阶段（2016年至今）：深化调整时期

随着精准扶贫政策的深入和乡村振兴战略的提出，乡村旅游发展进入深化调整时期。有关乡村旅游的政策也多次出现在乡村建设、旅游发展、精准扶贫的文件中。自2016年起，中央"一号文件"对乡村旅游的规划越来越完善，从资源开发、基础设施建设和环境保护逐步过渡为乡村传统文化的保护、活化与传承，这充分显示出我国乡村旅游在乡村建设中越发重要。2017年和2018年连续两年发布的《促进乡村旅游发展提质升级行动方案》，以及2018年文化和旅游部等17个部门联合印发的《关于促进乡村旅游可持续发展的指导意见》，不仅从乡村人居环境、乡村旅游配套设施、乡村旅游产品标准和服务质量等方面进行了部署，还提出要促进乡村旅游与农业、体育、文化、健康等产业融合发展。"十三五"期间，我国脱贫攻坚战取得了全面胜利，乡村旅游产业在其中做出了巨大贡献。2021年，国务院《关于"十四五"旅游业发展规划》的印发奠定了未来旅游发展的总基调，提出要加快推进乡村振兴进程。乡村旅游逐渐成为农村产业结构调整和转型升级的重要载体，乡村旅游与其他产业的融合也日益加深，在促进乡村振兴方面发挥日益重要的作用。

二、乡村旅游的价值取向

乡村旅游不仅推动了国家和地区的经济发展，提高了旅游地居民收入，在文化传承和环境改善方面也发挥了重要作用。整体而言，乡村旅游的价值体系主要表现在经济价值、生态价值、文化价值、社会价值等方面。

（一）经济价值

促进产业结构升级，助力乡村振兴。乡村旅游发展之初以农业旅游为主体，以"农家乐"为主要形式。经济发展和消费观念变化不断推动乡村旅游从农业观光转向农业体验、休闲度假、文化怀旧等方面。乡村旅游不断与其他产业融合，在产品形式、业态丰富性、服务质量等方面都表现出强劲的势头。乡村产业结构在旅游的"食住行游购娱"各个要素推动下不断变化，伴随着乡村旅游发展而来的旅游流、信息流、资金流使得乡村旅游的经济价值越发凸显。乡村旅游推进第一产业"接二连三"，构建起从简单生产到综合消费的乡村一二三产业"综合体"①。通过充分有效地开发农业资源，为旅游地居民提升收入，同时带动相关产业发展，扩大劳动就业。

乡村旅游增强了农民的主体地位。农民是乡村的主体，也是实现乡村旅游的主体。乡村旅游发展的基础是农业生产和农民生活，在此基础上才产生了农业观光景观、农耕文化体验和农村民俗体验。因此，乡村旅游是在农业生产种植基础上发展起来的现代服务业，其健康发展依赖于农业的健康发展和农民的主体地位。因此，乡村旅游不仅不会削弱农业的生产发展，还会进一步巩固农业的基础性地位和农民的主体地位②。通过引进资金、技术等大量资源，乡村得以盘活农业和生态资源，并对传统生产结构进行升级优化，农民趁势实现"就业"和"增收"极大地改善了自身财务状况和经济能力③。在乡村振兴战略背景下，乡村旅游发挥日益重要的作用，一方面通过新质生产力促进农业的供给侧结构性改革和高质量发展，巩固农业基础性地位；另一方面，乡村旅游不断带动农业、农副产品、相关服务业发展，提升农业产业附加值，为增加农民收入创造新的增长点。

（二）生态价值

乡村旅游促进了生态文明建设。自然环境和乡村生态是乡村性和乡村景观的重要组成部分，环境问题一直是影响乡村旅游发展的重要问题。乡村旅游的可持续和高质量发展都离不开良好的生态建设，因此，生态建设和环境保护一直是乡村旅游发展中的重要议题，"绿水青山"是未来乡村旅游发展的核心，

---

① 郭景福，闫晓莹. 民族地区乡村旅游助力共同富裕［J］. 中南民族大学学报（人文社会科学版），2023，43（07）：126－133.

② 蔡克信，杨红，马作珍莫. 乡村旅游：实现乡村振兴战略的一种路径选择［J］. 农村经济，2018（09）：22－27.

③ 谢志强，戚敬渊. 价值共创视角下乡村旅游产业运行逻辑与前进路向研究——以吉林省西夹荒屯为例［J］. 湖南社会科学，2024（03）：107－116.

也是保持乡村性的必然要求。以生态环境为基础的乡村性是乡村对城市居民产生吸引力的关键要素，旅游发展中的长期价值实现要求经济价值与生态价值要受到同等的重视，维护乡村的绿水青山，也有助于绿色发展和生态文明建设①。

乡村旅游提升农民的生态保护意识。乡村旅游发展伴随着主客互动的交融，在此过程中，村民意识到要更好地满足城里人回归自然、融合自然、亲近自然的需求就需要保持乡村地区良好的生态环境。乡村旅游产业发展的进程中，自然景观和生态环境始终是乡村旅游吸引力的重要内容，实践经验让村民意识到生态环境的重要性，从而提升了他们对生态环境保护的认知和认同，更加注重保护和合理开发乡村民俗文化、民族文化和古村落文化②。随着农村进入乡村振兴的新阶段，一系列政策导向都提到要促进乡村旅游发展提质升级和可持续发展，构建农村一二三产业融合发展体系，实施休闲农业和乡村旅游精品工程③。乡村旅游的价值功能由经济产业向经济、社会、环境等多方价值转变，在此过程中，作为乡村旅游的主体，农民的生态保护意识也随着乡村旅游的发展进一步提升。

（三）文化价值

乡村旅游为乡土文化的发展注入新的活力。"乡愁""怀旧"既是游客开展乡村旅游的动机，也代表着人们对故土的眷恋和对故乡文化的依恋。文化既是社会发展的根脉，也是旅游发展的灵魂。在文旅融合发展过程中，乡村文化是乡村性的重要构成要素，乡村民俗、传统村落景观、非物质文化遗产等都是乡村旅游的吸引力要素，促使乡村旅游由观光向休闲度假转变。与此同时，乡村旅游的发展有助于乡土文化的传承，实现经济振兴与文化振兴的统一。游客需求的品质化、个性化、沉浸式和体验性的增强，促使乡村旅游产品不断迭代升级，出现很多新业态，乡村文化借助创新手段不断融入产品开发，借助乡村

---

① 郭景福，闫晓莹．民族地区乡村旅游助力共同富裕［J］．中南民族大学学报（人文社会科学版），2023，43（07）：126–133．

② 孙明泉．深化乡村旅游认知的多维视角［J］．经济管理，2007（10）：75–80．

③ 程瑞芳，程钢海．乡村振兴：乡村旅游多元价值功能响应调整及开发路径［J］．河北经贸大学学报，2019，40（06）：75–81．

旅游文创产品、传统民俗表演、农耕研学体验、非物质文化遗产展演等项目，实现以文塑旅，以旅彰文。借助旅游发展，乡村传统文化在展示和游客体验中被认识、理解和传承。

乡土文化的价值重识也促进了乡村居民的文化自觉。工业化和城镇化的发展使乡村文化逐渐式微，乡村文化发展因城乡发展不均而受到制约。城乡发展不均造成乡村的文化发展空间不断被压缩，再加上由于信息化带来的外部文化的冲击，乡村文化的传承受到很大影响。通过乡村旅游中的景观规划和产品设计，将乡土文化融入景观开发、民宿设计、非物质文化遗产展示及民俗表演中，通过这种可感知性，无论城市游客还是乡村居民都对乡土文化有了全新认知①，乡土文化也因此越发受到乡村旅游开发的重视，这种方式不仅增加了对游客的宣传，也会提升居民的文化认同，帮助他们重新建立对自身文化的认知，提升他们对文化传承和发展的责任感。通过培育乡村居民的文化自觉，提升他们的文化自信，激发他们对乡村文化的热爱和保护，为乡村振兴提供文化动力。

（四）社会价值

乡村旅游发展驱动要素流动，促进社会公平。城乡要素融合的关键在于打破城乡分割格局，推动土地、劳动力、资本、技术等要素在城乡之间自由流动、最优配置。乡村旅游发展所需的人才、资金等要求需要从城市引入，会带来人力、社会资本的回流和人口主动性的回归。吸引人才回流，助力提升农村人力资本，带动村庄经济、社会和文化发展。不仅如此，乡村旅游还能吸纳女性参与到旅游服务中，增强了她们在社区的话语权和参与感。传统文化与现代消费需求之间的张力使乡村旅游变成一种文化交流的纽带，游客在体验中感受乡土文化，乡村居民也在主客互动中不断感受现代文明的冲击，城市和乡村的艺术、品位、格调、生活方式、精神气质等"无形要素"实现畅通流动②。乡村旅游一方面为游客提供"逃离"和"诗意栖居"的场所，改善现代化背景

---

① 李丽娟. 乡村旅游中"乡土性"的传承与保护［J］. 社会科学家，2021（05）：57－62.

② 孙九霞，张凌媛，罗意林. 共同富裕目标下中国乡村旅游资源开发：现状、问题与发展路径［J］. 自然资源学报，2023，38（02）：318－334.

下的城市生活焦虑，也为乡村带来了现代消费文化。乡村旅游开发为城市人和乡村人共同实现"精神富裕"创造了条件。

乡村旅游增强地方治理、维持乡村社会秩序。我国农村长期存在的"差序格局"在一定程度上也是封闭的地域和人文交往空间，乡村治理通常表现为以地缘和血缘为主要维系的村民自治格局，外界对其介入和影响有限，而产业发展带动资本、人才、管理和技术等向乡村流动和集聚打破了乡村固有封闭格局，游客与主客交流，使乡村变成了开放的空间，也为乡村居民带来了市场化、法治化的价值理念和思维模式①。乡村旅游产业发展不仅锻造了一大批乐于参与、有能力参与乡村治理的村民群体，还在乡村经济产业发展、文化教育等领域培育了一批具有示范引领作用的新乡贤不断推进乡风文明走向现代化。

第三节　乡村旅游发展与乡村振兴战略协同机制

一、乡村振兴的概念

（一）乡村振兴的时代背景

乡村发展水平高低会影响整个国家的经济发展速度和质量。以农业为主要内容的乡村发展水平如果过低，会影响第二产业和第三产业的发展，因此，乡村发展和重构一直都是西方国家关注的重要问题。乡村振兴（rural revitalization）在西方国家通常表现为乡村基础设施转变、乡村生产发展方式转变及乡村思想转变。20世纪50年代开始，西方国家的乡村振兴战略陆续出现，如1962年欧盟实施的共同农业政策（common agricultural policy，CAP）以及后来的农村发展政策（rural development policy），英国的乡村农业发展、法国的农村振兴计划、日本的村镇综合示范工程、韩国的新村运动等②。一系列实践证

---

① 谢志强，戚敬渊. 价值共创视角下乡村旅游产业运行逻辑与前进路向研究——以吉林省西夹荒屯为例［J］. 湖南社会科学，2024（3）：107－116.

② 王林龙，余洋婷，吴水荣. 国外乡村振兴发展经验与启示［J］. 世界农业，2018（12）：168－171.

明，这些政策推动了乡村建设，也对各国农业转型发展、农民生活水平提高、农村生态环境改善起到了重要作用。

中国是一个农业大国，农业农村农民问题是关系国计民生的根本性问题。进入 21 世纪以来，为破解"三农"问题，中国围绕着新农村建设、城乡融合发展、农村改革等实施了系列宏观战略，对解决"三农"问题，改善农村问题起到了重要作用，但是不可否认，在农村仍然存在一定的问题，甚至有些矛盾和问题还在加剧。随着中国特色社会主义进入新时代，中国经济发展进入新常态，城乡发展不均衡、农村发展不充分等问题日益突出，实施乡村振兴战略是解决人民日益增长的美好生活需要和不平衡不充分的发展之间的矛盾的必然要求。党的十九大报告首次明确提出"实施乡村振兴战略"，并提出了总体要求和目标任务。2017 年中央经济工作会议和中央农村工作会议进一步明确了总体思路和具体途径。习近平总书记指出，要坚持农业农村优先发展，按照产业兴旺、生态宜居、乡风文明、治理有效、生活富裕的总要求，建立健全城乡融合发展体制机制和政策体系，加快推进农业农村现代化。

（二）乡村振兴的内涵阐释

乡村振兴战略是新时代破解中国"三农"问题的行动纲领，其总要求是产业兴旺、生态宜居、乡风文明、治理有效、生活富裕。

"产业兴旺"是乡村振兴的经济基础。作为排在首位的"产业兴旺"，是实施乡村振兴战略的首要任务和工作重点，更是乡村振兴的基础和保障。产业兴旺首先是农业兴旺，只有将乡村产业做强做优，才能为乡村全面振兴提供不竭动力，并让乡村保持旺盛活力。通过构建现代农业产业体系、生产体系、经营体系来提高农业创新力和竞争力，为农村发展提供坚实的物质基础，实现由农业大国到农业强国的转变。产业兴旺不局限于农业兴旺，依托农业发展第二产业和第三产业，实现不同产业间的融合发展，最终通过产业融合实现百业兴旺。

"生态宜居"是乡村振兴的环境基础。"看得见山，望得见水，留得住乡愁"是乡村发展的基础，生态宜居一方面要使生活在当地的人感觉舒适；另一方面还要能够让自然、建筑和人都处于"舒适"的状态，实现人与自然的和谐共生。实现生态宜居的过程需要通过实施文明乡风建设工程，加强乡村基础设施建设，优化资源配置，在农村产业发展中融入绿色发展理念和低碳生活方式，从而提高乡村人居环境和生态环境整体质量。

"乡风文明"是乡村振兴的文化基础。农村包含丰富的文化内容，其中一些无法适应当代社会的主流价值观，需要被调整，对于优秀乡土文化需要继续弘扬和传承，这一过程体现在农村文明建设中。通过挖掘乡村优秀文化、推进移风易俗、培育良好乡风、塑造农民精神风貌，提高乡村社会文明程度[①]。

"治理有效"是乡村振兴的社会基础。农业生产方式、社会结构的变化在促进农业发展、农村进步、农民富裕的同时，也给乡村治理带来一些新问题。治理有效是推动乡村振兴的保障性要素，在诸因素之中起着举足轻重的作用。"治"就在于农村各组织体系的共同参与、自我管理、民主议事，需要基层组织健全自治、法治、德治相结合的乡村治理体系。

"生活富裕"是乡村振兴的民生目标。"生活富裕"直接回答了乡村振兴"为谁振兴"的问题，是乡村振兴出发点和落脚点。提高农民的收入水平，缩小城乡差距是社会建设的根本要求[②]。消除乡村贫困，在收入和社会保障方面缩小城乡差距，以基础性、普惠性、兜底性民生保障建设推动共同富裕，不断推进民生事业的优质化。同时，应当围绕农民群众最为关心、最为迫切的现实利益问题，不断提高人民群众的生活质量，使农民的获得感、幸福感和安全感更加充实。

以上五个方面构成了乡村振兴战略的"二十字"方针，也体现了乡村振兴的五大目标。各个目标所承载的任务并不是独立存在的，而是相互联系的有机体。因此，除了准确把握各个目标的具体内涵，还需要进一步梳理目标之间的内在逻辑性和关联性，建立起整体的目标实现机制，在路径设计上做到综合设计、突出重点、方法得当、有序推进。实现乡村有效振兴，整合五大目标，系统构建乡村"人""地""业"耦合格局与创新体系，科学推进乡村经济、

---

① 参见《中共中央　国务院关于实施乡村振兴战略的意见》《中华人民共和国国务院公报》，2018 年 2 月 20 日。

② 李志龙. 乡村振兴 – 乡村旅游系统耦合机制与协调发展研究——以湖南凤凰县为例 [J]. 地理研究，2019，38（03）：643 – 654.

社会、文化、教育、生态、技术系统协调与可持续发展①。

二、乡村旅游促进乡村振兴的驱动机制

如前文所述，乡村旅游具有经济、生态、文化和社会多重价值。发展乡村旅游可以促进农业发展、提升农民主体地位、改善农村生态环境、提供更多就业机会②。乡村旅游的发展对保护乡村文化，推动传统村落复兴，以及促进女性参与起到了重要作用③。乡村旅游通过为乡村经济发展提供新动能，为乡村产业结构优化调整提供新动力，为治理乡村人居环境提供新路径来促进乡村振兴。

（一）乡村旅游为乡村经济发展提供新动能

乡村旅游是关联性较强的产业，也是创新驱动产业。乡村旅游可以为乡村经济发展提供新动能。首先，乡村旅游资源具有延展性，乡村自然资源和乡村人文资源在向旅游吸引物转化的过程中是人才、技术、资金等要素投入的过程。随着新技术发展，旅游规划和项目开发中应用到越来越多的新技术，成为乡村发展的内生动力，服务于乡村产业发展。其次，乡村旅游高质量发展中以智慧旅游、数字化和信息化为手段，不断提升乡村产业智能化水平，旅游与其他产业融合过程中，不断延长产业链，拓宽产业边界，增强了农村地区的自我造血功能。以农业为基础，以旅游业为依托，以创意产业为支撑的多产业融合不仅拉长了农业的产业链，也促使农业转型升级，实现一二三产业的融合发展，同时有利于培育农产品品牌和增加农产品附加值④。最后，乡村旅游在发展过程中吸收了大量的农民就业，农民从单一农业活动转化为农业、旅游、服务等多行业活动，并且在服务过程中不断提升个人知识和能力，成为乡村产业

---

① 刘彦随. 中国新时代城乡融合与乡村振兴 [J]. 地理学报，2018，73（04）：637－650.

② 王鹏飞，王瑞璠. 行动者网络理论与农村空间商品化：以北京市麻峪房村乡村旅游为例 [J]. 地理学报，2017，72（08）：1408－1418.

③ 罗文斌，钟诚，Dallen J.，等. 乡村旅游开发中女性村官参与行为影响机理研究：以湖南省女性村官为例 [J]. 旅游学刊，2017，32（01）：54－63.

④ 张众. 乡村旅游与乡村振兴战略关联性研究 [J]. 山东社会科学，2020（01）：134－138.

的重要驱动力。农民作为旅游资源的所有者、旅游产业的经营者和劳动者，通过参与旅游经营，提供引导、接待服务，出售当地农副产品等方式从乡村旅游中获利，既能防止集体性返贫，也能解决农村地区的就业问题，带动当地经济发展。不仅如此，旅游与农业、体育、教育、创意等产业的融合过程中可以吸引相关专业的人才，具有复合知识的人才进入乡村，成为乡村发展的又一动能。

（二）乡村旅游为乡村产业结构优化调整提供新动力

产业结构优化升级是经济增长的动力之源，是实现产业兴旺的重要体现。农村产业结构合理化则表现为一定经济条件下的农业、农村工业与农村服务业的协调能力与关联水平。乡村旅游属于第三产业，相较于传统农业，乡村旅游具有资源消耗低、注重可持续发展、绿色环保等特点，特别是随着乡村旅游进入转型升级阶段，乡村旅游转向多元化、特色化、智慧化、数字化、绿色化方向。通过对当地农业资源的开发，提升了农业生产效率及附加值。乡村旅游所涵盖的领域包括饮食、住宿、出行等基本生活需求，将持续推动着第一产业、第二产业和第三产业之间的交融与创新，进而引领农村产业结构的优化升级，实现乡村产业的繁荣发展。在旅游产业关联作用的带动下，充分地利用和开发当地丰饶的农业资源，这自然促使乡村旅游辐射区的农业生产效率及附加值显著增长。同时，通过乡村旅游的发展，可以显著促进乡村交通物流、信息服务等相关产业的同步提升，优化了农村产业结构。

（三）乡村旅游为治理乡村人居环境提供新路径

独特的乡村文化景观和良好的生态环境是发展乡村旅游的基本保证。为了吸引和留住游客，为游客提供良好的体验，保持干净卫生的人居环境是乡村主体共同的责任和追求。基于服务游客需要的农村基础设施提升工程、厕所改造工程、传统村落整修工程使乡村呈现出多样化的发展趋势，农村生活污水垃圾逐渐减量化、资源化，并得以循环利用。一方面农村基础设施及公共服务水平不断提升，农村生活污水治理和生活垃圾治理都有了明显的改善，村容村貌也有了很大的提升，部分没落的乡村文化重新展现出时代风采。另一方面，乡村面貌和村民的精神文化素养也从乡村旅游中吸收养分，村民对自然的敬畏之心也得到重塑。为了满足游客亲近自然、健康饮食的消费习惯，乡村实现生态循环农业，减少化学肥料使用，主打"绿色有机食品"吸引游客。因此，乡村旅游可以实现农村人居环境整治提升与公共基础设施改善、乡村产业发展、乡风文明进步等互促互进。

三、乡村旅游促进乡村振兴的路径

乡村振兴不是单一领域振兴，而是产业、文化、生态、人才等各领域的全面振兴。乡村旅游是旅游业的一种特殊形式，乡村旅游活动的开展既具有乡村特点，又能在一定程度上促进当地社会经济发展，现已成为乡村振兴的重要抓手，不断为农业农村发展注入新动能。

（一）加强产业融合，构建乡村旅游发展产业体系

乡村振兴背景下的产业兴旺不仅仅是农业"一业兴旺"，而是一二三产业融合发展的乡村经济"百业兴旺"。乡村旅游是加快农业结构调整、延伸农业产业链、拓展农业多种功能、发展农业新型业态的有效措施。乡村旅游通过盘活整合乡村资源打造优质产业以及加强产业联动促进社会经济发展，进而实现政策的落地。乡村地区拥有丰富的农业遗产，工作方式、劳作活动等都是重要遗产，依托农耕活动和当地生态系统建立的独特农业景观既能服务农业，也能吸引外来游客，为旅游所用。此外，通过挖掘地区特色文化，放大其经济价值，实现文化的活化利用和产业化，也能吸引游客到访。为进一步实现农业农村现代化，农村产业的融合联动也已经成为新常态，"旅游＋"、农文旅三产融合等产业融合模式符合当前消费者需求，能够创造出更加多样化的产品。旅游业与乡村非物质文化遗产融合对于丰富旅游服务产品，打造地方品牌具有重要意义。随着科技进步，数字技术也能赋能乡村建设催生新业态，在"旅游＋"等产业合作基础之上再利用 VR、元宇宙等新兴科技，不仅能够扩大产品供给，也能提高游客体验感。

（二）优化利益分享机制，建立乡村旅游发展治理体系

乡村旅游的强关联性表明其在发展过程中涉及众多的利益相关者。作为乡村振兴的主要产业途径，乡村旅游不仅为乡村治理提供了新的路径，也为乡村治理水平提升提供了内在动力。以产业发展促进治理提升是建立和完善治理体系的一条重要途径，如何有效平衡乡村旅游利益相关者的主体利益，建立权力制衡、制度约束、价值认同、主体共享的"乡村旅游治理共同体"，是乡村旅游迈向互惠共生健康发展的重要路径。优化乡村旅游发展治理体系，需要分析乡村旅游产业发展的关键主体，对乡村旅游行业管理方式、经营方式，特别是利益联结机制进行优化和重构，以适应乡村治理共建共治要求。

一是优化行业管理方式。随着数字技术的发展，旅游产业呈现出数字化与智能化趋势。大数据分析、人工智能与机器学习、区块链、VA、AR、云计算、物联网等技术和设备不断进入乡村旅游项目，为游客体验提供了新场景，也为乡村旅游管理提供了有效的工具。以大数据分析技术收集游客的行为数据，如搜索历史、预订记录和用户反馈，帮助旅游企业深入理解消费者需求和市场趋势。大数据监测平台也为优化乡村旅游行业管理提供了便利，如通过移动应用提供紧急联系功能、实时安全警告和快速疏散指导，提高了旅游的安全性。

二是创新经营方式。在旅游行业，创新商业模式层出不穷，传统乡村旅游经营模式难以适应新形势下的经营需求。线上＋线下融合模式、定制化旅游服务、产业联动模式等模式不仅满足了游客日益多样化的需求，也为企业带来了新的增长点。不再依靠单一主体，转为以乡村旅游投资企业、经营企业、协会、合作社等多主体合作的组织模式促进乡村旅游的规模化发展。整合多方力量、依靠新技术带来的便利，以新平台、新媒体开展宣传营销、推进品牌建设等，促进乡村旅游经营模式的创新发展。

三是建立完善以农民为主体的多元利益联结机制。多元主体之间的利益协调关系到乡村旅游地的治理网络稳定性和有效性。在多元主体中，需要以农民主体为重点，注重农民利益的保护。支持农民参与乡村旅游开发与服务，保障农民获得旅游收入的权利，建立乡村旅游利益联结机制，不仅确保农民直接或

间接分享旅游发展红利，而且有效激发农民参与旅游经营的热情。进一步完善乡村旅游利益分配机制、权益保障机制、纠纷解决机制、股权分红机制等，关注和平衡政府、投资商、游客、村集体组织、农民等在乡村旅游发展中的利益诉求和利益关系。

（三）强化多种引导方式，建立乡村旅游生态保护体系

绿水青山就是金山银山。生态是乡村地区发展的重要优势，生态振兴是乡村振兴和生态文明建设战略的结合点，进行乡村生态建设，关乎乡村旅游的可持续发展。首先，要在规划之初，利用政策引导、调控相关规划的制定，根据当地环境承载能力，合理规划开发，以保护绿水青山为基础确定开发程度，避免水土流失、植被破坏。不能仅仅关注乡村旅游为经济规模、总量等方面带来的益处，还需要通过调查、分析乡村旅游发展对生态环境的影响，进而在项目规划时展开专业性的论证、评价。其次，减少经营过程中的环境污染，一方面要避免住宿、餐饮等企业的生活污水直接排入河道内，从而使河道、湖泊内的水体遭受污染。另一方面也要注意休闲娱乐场所的噪声问题，避免噪声影响当地居民的生活。再次，政府要通过宣传、教育的方式提高村民自然保护意识，保护乡村景观，并且通过标语、警示语等方式对游客展开宣传教育工作，从环境卫生、环境意识、野生动物保护规定、精神文明等方面提醒游客注重环境保护。最后，要通过纠正人居环境的空间错位问题，盘活闲置资源，对地区进行科学规划，构建人居环境建设新路径进而促进城乡统筹发展。

（四）强化旅游人才培育力度，完善人才保障体系

随着经济形势和社会环境的变化，旅游产业呈现出了新特点和新要求。乡村旅游发展也需要更多富有创新能力、具有综合知识、具备高素质的人才。"旅游+"的范围越来越广泛，旅游产业本身也在往纵深发展，强化旅游人才的培育对发挥乡村旅游的作用，促进乡村振兴尤为迫切。第一，完善人才培训机制。针对乡村旅游的已有从业人员，需要针对其岗位要求提升能力。构建"引入与走出"相结合的培训方式，以"线上+线下"培训相结合，以"专题培训+综合培训"为内容，促进在职人员不断提升专业工作技能，进一步发

挥原有人员最大潜能。第二，引入高素质人才。随着产业融合加深、农业功能拓展，旅游业态不断丰富，吸引外来资本的入驻，给乡村地区带来了资金和就业机会，特别是高素质人才的加入，也能促进知识的转移，提高居民素质，甚至带动居民创业。第三，加强新技术的融入。乡村旅游的发展需要与时代接轨与科技接轨，数字科技的应用发展可以提升乡村旅游的便利性和竞争力，因此需要通过进行定期培训等保障相关人员的专业性，这种和科技保持与时俱进也对乡村旅游人才的培养发展具有重要作用。第四，构建人才综合梯度。乡村旅游的发展可以通过与当地高校合作，积极鼓励具有旅游管理、乡村振兴、新技术利用等专业知识的人才下乡。吸引农村人才回流，专业人才下乡、留乡，提升本土化人才和外来人才的融合，构建乡村旅游人才生态圈。建立志愿者服务机制，发掘社会群体中的创意，广泛收集信息，促进乡村旅游的发展，从而推动乡村振兴有效实施。

第四节　乡村旅游新发展理念与多元产业融合思想

一、乡村旅游新发展理念

2015 年 10 月，习近平总书记提出了"创新、协调、绿色、开放、共享"的新发展理念，对中国社会发展产生了重要意义。新发展理念对乡村旅游有着多方面的影响，是乡村旅游高质量发展的先导。

(一) 创新发展

创新发展突出与时俱进，引领乡村旅游迈入科学高效发展轨道。乡村旅游包含乡村自然风光旅游、农庄旅游、乡村民俗旅游等多种形式，是多功能、复合型的旅游形态。同时，乡村旅游涉及农村、农业、农民多方利益，比传统的景区和景点要复杂得多。因此，乡村旅游创新发展尤为迫切。一是产品要创新。新时代背景下，旅游需求呈现出新特点，旅游消费品质化、个性化趋势越发明显。乡村旅游动机除了怀旧、乡愁、观光之外，也包含更深层次的精神需求，旅游活动集观赏、休闲、体验、教育等于一体。多重动机和个性化旅游需求对乡村旅游产品内容和层次都提出了更高的要求。所以，发展乡村旅游必须树立新的产品理念，不能局限于单一旅游业态，需要将景点观赏、生态旅游、培训体验、健身养生、农产品工坊、农耕文化等多业态联合形成产品矩阵。二是模式要创新。乡村旅游产品的不同表现形式及不同业态下的旅游项目需要采取特色化发展方式。具体来说，对于传统观光休闲旅游产品要更注重生态环境的优化和农产品的规范化标准，突出地域特色；对于传统村落要以保护为主，在保护的基础上充分挖掘传统文化；对于乡村民宿的发展，要突出特色化和品质化。三是品牌要创新。品牌是提高游客满意度和忠诚度的重要因素，乡村旅游品牌是旅游地塑造形象，提高知名度、美誉度和影响力的基石。需要以乡村独特景观符号和乡村性为基础文化符号，加强乡村旅游品牌塑造。

（二）协调发展

协调发展强调发展的整体性，要求处理好乡村旅游开发面临的各种矛盾。乡村旅游具有多种产品形式，也涉及众多利益相关者，涉及多重要素和多个主体之间的协调。乡村旅游既有自然景观，也有文化景观；既涉及生态开发又涉及环境保护；既依赖政府引导，又依赖社会参与。因此，乡村旅游不仅涉及面广，其中蕴含的问题也很复杂。乡村旅游协调发展需要做到以下几个方面：一是坚持科学规划和因地制宜相结合。"先规划、后开发，无规划、不开发"的观念应该成为乡村旅游发展的基础原则。涉及乡村旅游的项目应该首先基于实践调查，以调查研究分析乡村的自然环境和生态脆弱性，同时了解文化特色，以保持乡村性为基调，将自然开发、生态保护、文化传承、社区参与统一纳入到规划中，不能盲目照搬其他地区的项目。二是必须坚持政府主导与农民主体相结合。乡村旅游具有很强的政策导向性，其发展离不开政府的支持，通过政府招商引资吸引外来资本投入旅游项目开发。乡村旅游的另外一个重要主体是农民，农民参与乡村旅游发展并获得相应的收益是提高农民收入、解决"三农"问题的重要手段。因此，政府在加大招商引资力度，吸引社会资本的同时，也要保护农民利益。三是坚持创新发展与保护乡土文化相结合。发展乡村旅游，要充分挖掘游客需求，创新产品形式和业态布局。同时要注重本土文化保护和传承，保持文化原真性，保护文化生态，做好文化延续。

（三）绿色发展

绿色发展是以效率、和谐、持续为目标的经济增长和社会发展方式。绿色发展是生态文明建设的重要内容，也是乡村旅游发展的基本理念之一。因此，发展乡村旅游需要树立绿色发展理念，将绿色发展理念融入乡村旅游的全过程。乡村旅游的绿色发展需要景区升级、开发绿色低碳旅游产品，以及宣传引导游客使用低碳出行方式、参与光盘行动等。具体来说，一方面要坚持环境治理。构建起高效且精准的数字化监测、预警和治理体系，提高环境治理的效率和精准度。同时，利用智慧化手段提高资源利用效率也是推动乡村旅游绿色发展的重要途径。另一方面要重视生态文明教育。生态文明意识涉及游客、居民、旅游从业者等多个主体，游客离开惯常环境到了旅游地会呈现出与平常不一致的行为，表现为放松对自己的要求，如乱扔垃圾、责任心降低等，且由于旅游者生态保护意识水平参差不齐，这就要求旅游地要对游客加强生态道德教育，以标语、提示、示范等途径引导游客开展绿色消费行为。针对居民和旅游从业者，既要提升他们的生态保护意识，提升他们参与生态保护的自觉性和责任，又要引导他们树立在主客交往中的行为示范。

（四）开放发展

开放发展强调乡村旅游要转向"以国内大循环为主体、国内国际双循环相互促进"的新发展格局。坚持开放发展，拓展乡村旅游合作共赢发展空间。开放发展主要体现在三个方面，一是对城市资源开放。城市在人才、资本、技术、信息、管理等方面具有优于乡村的资源。借助城乡融合，将先进的资源引入乡村助力乡村旅游发展，为乡村旅游发展提供智力和技术保障。具体来说，政府要整合多种政策性资金，加强对乡村旅游的引导，加大对农村基础设施建设的支持力度；鼓励金融部门对乡村旅游项目给予支持；强化招商引资，吸引多种资本投向乡村旅游开发。二是要对市场主体开放。以大旅游理念扩展乡村旅游的边界，引导多种主体参与乡村旅游，丰富乡村旅游的投资、开发、管理模式。以旅游＋农业、旅游＋文化产业、旅游＋体育产业、旅游＋教育产业等促进旅游与其他产业的融合发展，发挥旅游的辐射带动作用，推动乡村旅游的开放发展、多元化发展①。三是对新技术开放。乡村旅游要积极融入数字化和数字经济的发展长河中，借助大数据、人工智能、区块链、物联网等技术加强宣传推介，实施品牌营销。充分利用大数据、AI等新技术，借助社交媒体、直播等新的营销平台，对旅游产品实现精准营销。

（五）共享发展

共享发展需要基于社会主要矛盾变化的考量，满足人民群众对美好生活的向往②。多元主体共同参与治理、共享发展成果是乡村旅游高质量发展的重要保障。坚持共享发展，才能让乡村旅游为农民创造更多福祉。实现共享发展的核心在于激发村民的内生发展动力，进而转变其对待发展的态度，为乡村旅游的高质量发展提供持续且有力的支撑。一是鼓励村民积极参与。"三农"问题的核心是农民问题，表现为农民收入低、增收难、城乡居民贫富差距大，实质表现为农民的权利得不到相应的保障。解决"三农"问题的实质是要解决农民增收、农业增长、农村稳定，是关系经济社会国计民生的大问题。乡村旅游必需要考虑农民的利益，保障农民的参与和权益。二是要拓宽农民增收渠道。毋庸置疑，促进农民增收、带动农民脱贫致富是乡村旅游发展的直接目的，目前出台的多项政策均将落脚点放在乡村旅游对农民的增收效应上，把乡村旅游作为解决"三农"问题的一个重要手段③。乡村旅游的开发始终要与农村居民最直接的利益联系在一起，要使当地农民在旅游开发中有持续增长的收益。三是完善乡村旅游的利益分配机制。如何做到利益共享是衡量乡村旅游高质量发展的重要指标，需要建立健全利益分配机制，考虑投资企业、村集体、农民等多方价值主张。

---

① 于法稳，黄鑫，岳会. 乡村旅游高质量发展：内涵特征、关键问题及对策建议［J］. 中国农村经济，2020（08）：27－39.

② 舒伯阳，蒋月华，刘娟. 新时代乡村旅游高质量发展的理论思考及实践路径［J］. 华中师范大学学报（自然科学版），2022，56（01）：73－82.

③ 刘民坤，邓小桂. 旅游驱动乡村治理：城乡要素流动视角的动力学机制分析［J/OL］. 旅游学刊，1－20［2024－11－28］.

二、乡村旅游产业融合思想

数字技术的出现导致了产业之间的交叉，为产业融合提供了可能性。产业融合最早出现在计算机、通信和广播电视等行业，这与技术发展密不可分。从更广泛的产业范围看，由于技术进步和管制放松，不同的产业会在产业边界和交叉处相互融合。产业界限变得模糊，甚至由于产业的企业间竞争关系发生变化，产业界限得以重划。产业融合发生于独立产业之间，由于产业间的相互渗透，产生交叉甚至产生新的产业。

技术革新和放松管制是产业融合的主要原因。从技术方面来说，信息技术不断发展不仅促进产业壮大，还会在行业间出现企业的兼并重组，改变产业间的已有格局，最终形成新的产业。从政府管制方面来说，经济发展和市场变化促使政府在产业管制方面逐渐放松，技术进步和市场条件的改变也会促使政府出台系列政策促进产业融合。在技术进步和管制放松的作用下，产业融合的速度不断加快。产业融合可以存在多种类型，虽然都源自技术进步，但是技术之间如果是替代作用会产生替代性融合；相反，如果技术之间是互补性作用，则会产生互补性融合。产业融合通常由外部因素激发，产业边界、市场结构开始变化，逐渐演变为两个产业的技术和产品在市场上表现出较强的关联性，并且稳定化。乡村旅游的产业融合多表现为乡村旅游与休闲农业融合、乡村旅游与文化创意产业融合、乡村旅游与非物质文化遗产融合发展等。

（一）乡村旅游与休闲农业融合发展

1. 休闲农业与乡村旅游的共同点

中国的休闲农业始于 20 世纪 80 年代，主要从欧美、日本以及中国台湾等地引入。休闲农业和乡村旅游开发模式是近年来乡村旅游发展的新趋势，它结合了农业生产与旅游休闲活动，为游客提供了体验农村生活和参与农业生产的机会①。

休闲农业与乡村旅游的共同点主要有以下三个方面：

---

① 赵文静. 乡村旅游开发模式分析及其对乡村振兴的推动研究 [J]. 中国集体经济，2024 (34)：9－12.

一是发展背景相似。相较于传统农业，休闲农业是一种新型农业经营方式，在传统农耕、农产品种植的基础上，顺应我国农业发展特征，并且随着旅游需求的产生不断演化，已经成为现阶段旅游产业发展业态下的重要形式。乡村旅游与休闲农业都是基于经济发展和消费环境变化而产生的新业态，两者融合有一个共同的背景，即乡村振兴战略的实施，两者融合发展不仅具有一定的可行性，也是实施乡村振兴战略的重要力量。

二是资源基础相似。乡村旅游与休闲农业都是在农村地区开展的以乡村独特自然环境、农业生产、农耕活动、传统村落形态等为主要资源的业态。二者为城市游客提供观光、休闲、体验、教育、度假的基础都是以传统自然和文化为基础的乡村性。休闲农业是一种新的旅游经营活动[1]，是以农业活动为基础，与现代旅游业相结合的一种高效农业[2]，它不仅是农业的新型方式，也体现了乡村旅游的本质——根植于乡村地方生活方式，充分体现了乡村旅游的乡村性特点。

三是发展功能相似。党的十九大报告提出实施乡村振兴战略后，休闲农业与乡村旅游的融合发展进入了提质阶段。《中华人民共和国国民经济和社会发展第十四个五年规划和2035年远景目标纲要》提出"壮大休闲农业、乡村旅游、民宿经济等特色产业"。《中华人民共和国乡村振兴促进法》提出"支持特色农产品优势区、现代农业产业园、农业科技园、农村创业园、休闲农业和乡村旅游重点村镇等的建设"。不同的政策都明确了休闲农业与乡村旅游发展的功能定位。在我国，农业在国民经济中始终处于重要地位，农业发展关系着"三农"问题的解决。休闲农业和乡村旅游都是既具有农业生产的功能，又具有休闲、观光、体验等功能[3]，农业也始终是乡村旅游发展的重要内容。休闲农业和乡村旅游还能促进当地农产品的销售，增加农民的收入，同时也推动了乡村旅游与当地农业生产的融合发展，实现了农业与旅游业的互利共赢。

2. 融合对策

随着消费者对旅游产品的需求层次日益提升，并且更加倾向于体验式消费模式，乡村旅游产品体系需要对标市场消费需求不断提升。常规的休闲农业观

---

① 郭焕成，韩非. 中国乡村旅游发展综述 [J]. 地理科学进展，2010, 29（12）：1597–1605.

② 郭焕成，刘军萍，王云才. 观光农业发展研究 [J]. 经济地理，2000（02）：119–124.

③ 张兰. 休闲农业与乡村旅游融合新业态 [J]. 文化产业，2024（05）：61–63.

光模式已经无法满足市场多样化需求。休闲农业与乡村旅游需要进一步融合，并且进行深度开发，针对目前两者在融合产品、融合模式等方面的问题，未来，需要做好以下几个方面：

第一，强化统筹规划。农业与旅游分属于两个部门，两者融合过程需要解决的就是不同部门之间的统筹规划问题。首先，在行政要素协同方面，农业和旅游分别属于第一产业和第三产业，地方政府需立足于区域经济整体实力，进行产业规划与布局，统筹产业发展，并根据区域经济发展情况对当地休闲农业与乡村旅游发展进行资源整合与合理配置。其次，统筹休闲农业用地与旅游用地，出台相关项目用地扶持政策，优化休闲农业用地，协调乡村旅游用地，统筹土地规划。一方面要注重积极推动休闲农业，确保旅游产业不会破坏耕地安全；另一方面也要积极推进乡村旅游项目建设，使得休闲农业与旅游产业得以协调发展。最后，统筹规划生态问题。以绿色、生态、可持续发展理念为指导，注重保护自然环境和生态系统，做到既注重农村发展的经济效益，也要保护农村的美好环境和生态资源。

第二，鼓励社区参与。不同地区乡村旅游与休闲农业发展中，农民的参与程度参差不齐，一方面由于农民受教育程度不高，很难主动融入相关项目；另一方面，缺乏引导机制和合理的利益分配机制，无法调动农民的积极性。因此，要提高社区参与度，拓展社区参与面。其一，以社区参与为动力，尊重社区意愿，拓展休闲农业产业链。鼓励农民和地方社区积极参与产品开发和运营，赋予他们更多的决策权和参与机会，这不仅能够激发其积极性，还能促进知识和技能的传承。这种参与式的发展模式有助于形成更紧密的社区联系，提高乡村的自我发展能力。其二，以税费减免、设立专项扶持基金、低息贷款等扶持政策和支持措施鼓励农民参与休闲农业和乡村旅游的项目经营。制定人才培育政策和培训体系，提升农民的经营能力。

第三，升级旅游产品。旅游产品是游客体验乡村自然风光、感受乡村文化的直接载体。休闲农业与乡村旅游的融合一方面要以资源为依托，科学定位，对传统观光农业进行升级，打造具有特色的休闲农业产品；另一方面也要打破传统，立足游客需求，发展现代旅游新业态，为游客提供创新型旅游产品。例如，休闲农业与休闲体育产业的结合，打造乡土休闲体育场所，依据当地的农业特色、地理环境等设计规划登山骑行、定向丛林越野、丛林模拟枪战等户外体育活动，从而为消费者提供更为多元化且更符合体验式消费趋势的旅游产品。

第四，注重科技创新。科技创新是驱动经济发展的新引擎，也是发展新质生产力的核心要素。休闲农业与乡村旅游资源开发应注重技术与产品创新。休闲农业和乡村旅游的受众群体是具有现代消费习惯的城镇居民，数字化和新技术发展背景下游客的信息获取、行程预订、体验反馈等渠道都发生了很大的变化。如果休闲农业仍然停留在传统的产品和营销模式上，很难与游客的需求相匹配。一方面，政府必须加强农村信息化建设，保证网络覆盖率。同时，加大职业农民的信息化培训，提升农民信息化水平，帮助农民搭建网络信息平台，满足游客信息查阅、线上预订、线上支付、线上评价的需求。另一方面，要引进先进的农业生产技术、农产品加工技术和旅游服务技术，提高产业的技术水平。

第五，加强品牌建设。有些休闲农业和乡村旅游散点分布，地处偏远，市场知名度低，游客接待量少。经营主体甚至亏损，更没有资金做品牌化建设。首先，要强化经营主体的品牌意识，政府部门加大培训和宣传，要让经营者和当地农户认识品牌建设的重要意义。其次，休闲农业产品开发要想有大的提升，文化是重要的突破口。要深入挖掘当地的历史、传统文化，并将这些文化元素融入休闲农业产品的宣传。深入挖掘能够反映地域文化特性的要素，强化民俗、民风，以特殊的文化意义打造乡村旅游的形象，提升品牌的特色，提升休闲农业和乡村旅游的整体竞争力。再次，加大品牌宣传，扩大品牌知名度。休闲农业与乡村旅游企业要采取多种渠道和手段进行品牌传播。利用互联网平台，如官方网站、社交媒体、旅游平台等进行品牌宣传和推广。通过举办各类线下活动，如旅游节、体验活动、展览展示等，吸引游客关注。还可以与其他旅游企业、景区、酒店等进行合作推广，共同扩大品牌影响力。充分利用移动信息技术，在线展示，在线交易，扩大网络宣传，注重在线评价，扩大消费者口碑宣传的效应。

（二）乡村旅游与非物质文化遗产融合发展

1. 非物质文化遗产的概念演化

非物质文化遗产（以下简称"非遗"）这一概念的形成经历了一个演化过程（见图 2 - 1）。最早出现于 1950 年日本政府在《文化财产保护法》中提出

的"无形文化财"（杨怡，2003）。自"无形文化财"之后，这一概念先后有
"民间创作""民间文化""人类口头与非物质遗产"等不同表述。2003年10
月，联合国教科文组织在《保护非物质文化遗产公约》中以"非物质文化遗
产"的新概念来代替"口头与非物质遗产"，成为应用最广泛的概念。

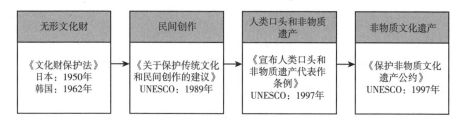

图2-1 非物质文化遗产概念演化

根据《中华人民共和国非物质遗产法》规定，沿用其中对非物质文化遗产
的界定，把非物质文化遗产的概念界定为：各族人民世代相传并视为其文化遗产
组成部分的各种传统文化表现形式，以及与传统文化表现形式相关的实物和场
所。非遗包括六项内容：（1）传统口头文学以及作为其载体的语言；（2）传
统美术、书法、音乐、舞蹈、戏剧、曲艺和杂技；（3）传统技艺、医药和历
法；（4）传统礼仪、节庆等民俗；（5）传统体育和游艺；（6）其他非遗。

2. 乡村旅游与非遗融合的内涵

文化产业与旅游产业的关联性与相融性是两者融合发展的基础，自旅游现
象产生以来，文化和旅游在不断纵深发展的同时，也不断借助对方的力量扩展
各自的影响。文化和旅游经过各自发展、自然相融的初级阶段，在国家政策和
机构改革的背景下，进入深度融合发展阶段。与旅游融合发展的文化既包括建
筑、遗迹、文物等物质文化，也包括人类优秀的艺术、文学、语言、音乐、手
工技艺等非物质文化，它们共同构成了旅游发展的产业要素。文旅融合通常被
认为是两个产业之间的融合，在政策支持、技术进步、市场需求的影响下，两
产业要素突破各自的产业边界，在技术、渠道、市场等方面交叉重组、互相渗
透形成新产品、新产业，最终形成共生体的过程。

文化和旅游发展被认为是互为因果的关系。以旅兴文，可以扩展文化产业
的市场范围；以文促旅，可以提升旅游产业内涵，延长旅游产业价值链。不仅
如此，两者融合还可以带动两产业与其他产业的融合，并且从个人层面构建个

体文化身份认同，从群体层面构建族群文化共同体。结合已有观点，我们把乡村旅游与非遗融合界定为非遗资源和乡村旅游产业在经济发展、政策支持、技术进步和市场需求的推动下互相渗透，形成新产品、新业态的过程。

非遗具有多种表现形式，也是特殊的文化资源，它代表着社会历史文化的传承与民族精神的延续。非遗旅游是文化旅游业的重要内容，非遗旅游也是乡村旅游的重要产品业态，乡村非遗展演、非遗文创、非遗街区等融合模式对展示中国乡村优秀传统文化，促进非遗传承发挥了重要作用。

3. 乡村旅游与非遗的关系

乡村旅游与非遗的关系重点在于两者之间互相影响，包括非遗给乡村旅游带来的影响和乡村旅游开发带给非遗的影响两个方面。非遗对乡村旅游的影响表现在促进经济发展、提升目的地吸引力和增强文化认同等方面。文化因素直接影响地区的经济效益和竞争力，人们越来越重视非遗，确保了人类的认同感和延续性。非遗不仅有助于为当地社区创造身份，而且还将过去、现在和未来联系起来。非遗旅游正在从初级产品向体验演进，在体验经济阶段实现其价值，非遗进入景区和旅游街区既能实现非遗保护，又能实现精准扶贫。另外，"非遗 + 旅游"的内源发展模式也能带动乡村特色业态的发展，提升居民的社区认同感和归属感①。实现文化旅游产业高质量发展需要发挥"非遗 + 旅游"的作用，以非遗提升旅游的文化内涵，可以发挥非遗在精准扶贫、乡村振兴中的能量，通过物质和非物质文化遗产可以唤起植根于旅游者的心理意象、情感能量和文化记忆，从而维护和强化道德感、归属感和认同感。

乡村旅游对非遗的影响有积极和消极两个方面。积极作用主要表现在促进非遗的复兴、保护和传承方面；消极作用表现在可能导致文化的变异或同质化。旅游有助于乡土文化的复兴，增加跨文化理解；非遗旅游促进了外来劳动力的地方身份认同，有助于促进外来人员的地方融入。整体而言，乡村旅游开发能促进非遗保护，为非遗提供经济支撑、促进文化复活、提高民族认同感、提高政府和民众的非遗保护意识等。非遗自身承载了特定的民族文化符号，而旅游场所作为传播文化的渠道媒介，两者的融合能够使非遗旅游成为一种独特

---

① 徐虹，张行发. 乡村旅游社区新内源性发展：内在逻辑、多重困境与实践探索［J］. 现代经济探讨，2022（01）：114－123.

的传播活动，彰显出仪式性、空间性、参与性等特点，在凝结文化价值、构建共通场域和连接受众情感等方面具有突出功能。

旅游对非遗的不利影响通常与非遗旅游的商品化和真实性话题相联系①，这也是在推进非遗与旅游融合，非遗进景区时要重点关注的问题。非遗的旅游化开发要以非遗的真实性为基础，但是真实性概念本身具有复杂性。真实性与商品化是非遗旅游的一体两面，具有密切的联系。然而，旅游语境下的文化改变是不可避免的，绝对的客观真实是很难达到的，但是文化商品化也并不一定导致文化和意义的丧失。无论文化怎么被开发和改变，只有游客感受到真实的文化才会带来满意的体验，非遗在旅游化过程中的真实性问题受到了重视，要防止非遗转化为旅游产品时丧失其本真性。非遗商品化并不一定导致文化和意义的丧失，关键是从中提取有价值的独特元素，融入现代生活，实现其创新发展，保证非遗的生命力。

4. 乡村旅游与非遗融合模式

乡村旅游与非遗融合具有不同的表现形式，具体可以分为非遗博物馆、传习所、非遗旅游商品、非遗展演、非遗产业园区、非遗街区、节事活动七种（见表 2 – 1）。

表 2 – 1 乡村旅游与非遗融合的典型模式

融合类型	业态模式	代表项目
静态融合模式	非遗博物馆	湖南雨花非遗馆
	非遗传习所	山东建 2000 个各级非遗传习所
	非遗旅游商品	景德镇古窑
活态融合模式	非遗展演	新疆喀什：展示古城"巴扎文化"传承民族技艺
	非遗产业园区	成都国际非遗创意产业园
综合融合模式	非遗街区	贵州丹寨：非遗主题特色小镇；山东济南：百花洲历史文化街区； 浙江绍兴：书圣故里历史街区
	节事活动	江苏南京：秦淮灯会；四川凉山：彝族火把节； 福建莆田：妈祖元宵节

---

① Ranwa R. Impact of tourism on intangible cultural heritage：Case of Kalbeliyas from Rajasthan，India [J]．Journal of Tourism and Cultural Change，2022，20（1 – 2）：20 – 36.

根据乡村旅游与非遗融合的特点，借鉴张春梅的研究①，可以将非遗与乡村旅游融合的模式划分为三类：静态融合模式、活态融合模式、综合融合模式。

（1）静态融合模式。静态融合模式相对而言，更加适于非遗资源的传承与保护，与游客的互动体验相对较少，非遗旅游商品容易过度商业化，失去产品本身的韵味，因此未来通过媒体网络平台、高新技术发展拓展与游客的互动方式，实现与社会公众的交互式融合是静态融合模式发展的方向。非遗博物馆与非遗传习所都是以陈列、展示非遗产品为主，伴有浅层次的文化学习和体验，相对而言属于较为静态的旅游开发模式。如湖南雨花非遗馆集非遗表演、展示、教学、交易于一体，为非遗博物馆模式的发展提供了很好的借鉴。非遗传习所一般由非遗传承人开班授课、展示表演、拓展市场空间，进而保护传承非遗资源。全国各省也先后建设了许多非遗传习所，如上海市宝山区大场镇依托非遗传习所，广泛开展了各种主题活动，吸引了大量游客。

（2）活态融合模式。活态融合模式加深了游客的互动参与，实现非遗文化与现代生活的融合，走出了一条非遗的活态传承和可持续发展之路。非遗展演是歌舞戏剧等非遗项目以舞台表演、现场演出等形式应用于旅游业中的一种方式。非遗展演的形式观赏性、娱乐性较强，并且往往会结合现代高科技手段，能够有效提高游客的旅游体验。无论是神话传说、文学作品等非表演性质的非遗资源还是戏曲歌舞等本身就具有表演性质的非遗项目要与旅游演艺相融合，必须经过舞台化的设计与开发，刺激游客看、听、学等多个感官体验，以活态的形式传承非遗。

（3）综合融合模式。综合融合模式是非遗与旅游融合最为紧密的一种形式，非遗充分融入旅游发展空间，成为旅游吸引物，二者融合让非遗传承保护更具活力，同时也赋予文旅业更为蓬勃的生命力。非遗街区和节事活动往往包含的非遗类型及表现形式都较为丰富，但这种融合模式强调非遗之间的协调性和互补性，能够为游客提供不同感官刺激和体验的项目。

---

① 张春梅.非物质文化遗产旅游开发模式探讨——以承德市为例［J］.江苏商论，2009（05）：64－66.

5. 非遗融入乡村旅游景区的表现

非遗进入乡村旅游景区是非遗与乡村旅游融合的一种形式。非遗与旅游融合发展是产业融合大趋势下的产物，旅游化生存已经成为延续非遗最主要的途径之一。非遗与乡村旅游景区结合是实现非遗保护和景区发展的双赢途径。非遗进景区一方面可以保护传承非遗文化；另一方面可以突破时间和空间限制，通过植入非遗展陈、演艺等产品，为游客感受非遗提供途径。景区的建设尤其是高质量景区的创建对提升旅游市场竞争力及区域经济、社会效益具有极为重要的引领作用。非遗正以多种形式融入景区，不仅打破了非遗活态传承的时间、空间束缚，也为景区挖掘当地文化、延续历史脉络提供了宝贵的资源。

非遗与乡村旅游景区结合的方式有两种：原地浓缩式和集锦荟萃式。原地浓缩式是选择一个成熟的景区或者新建一个景区，将散布在一定行政区范围内的非遗集中在一个景区，形成非遗的集中展示地。集锦荟萃式则超出了特定行政区的范围，选择各地的优秀非遗项目集中展示在一个景区内。两种方式都需要借助景区的力量，因为非遗单独开发为旅游产品通常难以形成规模效应，非遗旅游产品与成熟景区相结合，融入景区已有的自然和文化景观，可以相互促进，提升景区吸引力和非遗生命力。因此，高级别景区通常成为非遗集中分布地区。非遗旅游景区和非遗旅游小镇成为新的旅游形式。随着非遗的产业化开发，旅游景区演变成了非遗的表演场所，构成了非遗传承环境的新变化。通过旅游理念、方法和模式，借助旅游景区人数多、参与强、影响力大等优势和特点，将非遗资源融入景区开发，建立非遗项目表演基地、体验基地和研学基地，激发了非遗传承的活力和动力。

思考与讨论

1. 简述乡村旅游审美的内涵及其演化过程。
2. 简述乡村旅游发展的价值取向有哪些？
3. 简述乡村旅游如何促进乡村振兴？
4. 简述乡村旅游与非物质文化遗产融合的模式有哪些？

第三章

乡村旅游价值体系构建

本章从乡村审美意象、生态人居价值、乡愁的符号化表达以及乡村旅游的实业化与传统文化传播多个维度，系统探讨了乡村旅游价值体系的构建。乡村意象是乡村旅游审美的核心诉求；乡村形象是乡村意象的符号化表达。乡村审美意象历经不同时代的积淀与变迁，并在现代化背景下发生了内生性重构。乡村作为人们赖以生产生活的根性意象空间，其生态人居价值必然因现代乡村多元主体、生态文明建设、人居价值诉求和社会文化环境的新要求发生系统性重构。人居空间重构的迫切性，促使乡愁成为呼唤人地关系重建的普世话语，通过空间、时间和心理三个维度的符号化表达，牵系着人们浓重而悠远的还乡情怀。乡愁需要落地于让人心安静下来的身心游居新空间，农工文教旅五产融兴将是这一空间新的特征。通过旅游拓展实体经济内涵，激发实体经济活力，通联乡村百业产业网络，传承传播中华优秀传统文化，则是建成乡村新质生产力创意空间的高效途径。

第一节　乡村审美意象的变迁与重构

一、相关概念

（一）意象

意象（image/imagery）是中国美学的重要概念，最早出现在南朝梁刘勰

《文心雕龙·神思》一文中，认为审美创造的最高境界是"独照之匠，窥意象而运斤"。这里所谓"意象"，指的就是想象中的形象，由记忆表象或现有知觉形象通过赋予意蕴而生成的想象性表象。《周易》中也曾提到"言不尽意，立象以尽意"。

关于意象一词，在不同的学科中有不同的含义。

在心理学中，意象一词一般被译为表象，指有关过去的感受、知觉上的经验在心中的重现或者回忆，即从感官上所获得的关于物体的印象与图像，是一种心理意识的体现①。狭义上的意象，指在谈及所认知的客体时，人脑中所呈现的有关客体的画面及附属的具体内容，"意"可理解为人的意识或者潜意识活动，"象"则为"意"的具体表现形式。广义上的意象，则没有具体内容的画面，例如由味觉、嗅觉、触觉等感官系统对客体的综合感受，也可以是现实世界中所有的物体、行为、感情等的总称。

在文学诗作中，意象常被作为一个诗学概念来理解，常被人们解释为"是融入了主观情意的客观物象，或者是借助客观物象表现出来的主观情意"②。但是，它更突出指向诗一类的文学作品，是用语言创作出来的具有表意特征的艺术形象③。

从哲学本体意义上来讲，意象是建立在我国古代天人合一、物我同一的哲学意识基础之上，是以"意"为主导、以"象"为载体的艺术创造，是意与象、心与物、情与景的有机统一，是标示中国古代艺术形象本体和审美创造的根本范畴。它是赋予了意义和象征的物象的意涵形态。物象是美的基本载体，象是意的本体，是意的象征符号；意是物的意涵，意象的灵魂④。久而久之，意与象合二为一，意即为象，象即为意。

从艺术美学角度来看，意象是中国古代美学思想中的重要概念，也是中国传统美学的核心范畴。根据《辞海》第七版解释，意象即表象的一种，属于

---

① 韦勒克，沃伦. 文学理论［M］. 刘象愚，等译. 北京：生活·读书·新知三联书店，1984：200－209.

② 袁行霈. 中国诗歌艺术研究［M］. 北京：北京大学出版社，1987：26－30.

③ 毛宣国. 意象与形象、物象、意境——"意象"阐释的几组重要范畴的语义辨析［J］. 中国文艺评论，2022（09）：50－61.

④ 陶玉霞. 乡村旅游理论建构与理性批判［M］. 北京：中国旅游出版社，2016：90－91.

中国古代美学范畴，指主观情意和外在物象融合而蕴于胸中的心象①。意象追求的不是"象"表面的意义，而是追求隐含在"象"背后更深层的意义，是具有外延之意和丰富人们心理体验的东西，它来源于人们生活的实体镜像，是在人脑中有待于融合外化的新形象。

谈到意象，就不得不区分它与意境之间的关系，这也是常常被混淆使用的两个不同概念。在学术界，关于意象与意境之间的辨析，主要有两种看法。第一种，认为意象是构成意境的材料，它们两者之间的关系即局部与整体、材料与结构的关系②。例如，在中国传统美学诗学中，但凡谈"意象"，通常指偏重于诗歌的局部；而谈"意境"，则偏重于诗歌整体形象的塑造。另外一种说法则是从中国传统美学的审美意识和审美经验来区分二者之间的关系，认为意象与意境之间最重要的差异不是局部与整体的关系，而是象外与象内的区分，更加强调意境的"境生于象外"的超越性审美特征。

相比意象而言，意境更具有象外的审美意味，可将意境看作是在意象的基础之上向着整体化与超越化的生成③。"意象"重在"意"与"象"、主体与客体关系的把握；而"意境"作为超拔于"意象"而最富于形而上的人生体验和审美追求的一种意味性境界。意境与意象一样，都是中国哲学美学思想和艺术实践的产物，都体现了中国古代天人合一、物我同一的哲学精神。

（二）旅游审美

旅游，在中国自其诞生以来就被视为一种审美体验，诸多的文学诗作皆可证明。中国古代旅游文学最早孕育于先秦和两汉时期的经典，例如《诗经》《楚辞》《山海经》中的篇章。魏晋南北朝时期，旅游文学初具独立的文体形态，如中国现存最早的一首山水诗《观沧海》，实现了"登山观海"的旅游活动，再到后来的山水田园诗歌，旅游诗歌渐趋丰美。至唐宋元时期，旅游诗自成一派，美章妙句传颂千古，如王维的"大漠孤烟直，长河落日圆"；李白的

---

① 《辞海》第七版网络版：https：//www.cihai.com.cn/home.
② 毛宣国.意象与形象、物象、意境——"意象"阐释的几组重要范畴的语义辨析［J］.中国文艺评论，2022（09）：50-61.
③ 陈伯海.中国诗学之现代观念［M］.上海：上海古籍出版社，2006：14-17.

"飞流直下三千尺，疑是银河落九天"；范仲淹的《岳阳楼记》，更是丰富了旅游文学的内涵和形式。到了明清时期，游记文学琳琅满目，如《满井游记》《虎丘记》《天目记》等，更有被誉为我国旅游文学史上最长的一部日记体游记《徐霞客游记》，中国古代旅游文学进入大发展时期。这众多文学著作，无一不体现了古人寄情山水、追求审美愉悦的目的。

关于旅游的本质，王宁认为旅游是为了更好地回归①；沈长智认为旅游活动是一种基于自然山水审美的修身养性的活动②；谢彦君认为是追求审美愉悦与世俗愉悦③；杨振之则提出旅游的本质是寻找诗意栖居的探索④，该种说法均体现了旅游是追寻生命审美性的体验特质。可以说，审美作为一种视角、态度和思维方式，贯穿于旅游活动的始终。

旅游审美具有综合性，与其他审美活动不同，一般审美活动的审美对象都是确定的；而旅游审美的对象是一种能够审美化的普遍存在物，涉及自然美、艺术美与社会美。

（三）乡村意象

1956 年，美国经济学家、哲学家肯尼恩·E. 博尔丁在其著作（The image：Knowledge in Life and Society）中指出，意象主要来源于人们过去的经验，是由于一个人所处的不同的时间、空间、人际网络、情绪所形成的，它支配并管理着一个人的行为，而且该意象会随着经验的变化而变化，并最终趋于现实⑤。1990 年，美国著名城市规划与设计专家凯文·林奇在其著作（The Image of the City）中首次提出城市意象一词，认为道路、边界、区域、节点和标志物构成了城市意象的五要素，是这种独特的感觉形象，使城市具有"可印象性"和"可识别性"的特点⑥。熊凯认为，乡村意象也具有相应的"可印

---

① 王宁. 旅游、现代性与"好恶交织"：旅游社会学的理论探索［J］. 社会学研究，1999（06）：93 – 102.

② 沈长智. 旅游的本源涵义探析［J］. 天津商业大学学报，2009（06）：29 – 32.

③ 谢彦君. 基础旅游学（第 3 版）［M］. 北京：中国旅游出版社，2011：242 – 245.

④ 杨振之. 论旅游的本质［J］. 旅游学刊，2014，29（03）：13 – 21.

⑤ Boulding K. E. The image：Knowledge in life and society ［M］. US：University of Michigan Press，1956：6 – 7.

⑥ Lynch K. The image of the city ［M］. London：The M. I. T. Press，1990：7 – 8.

象性"和"可识别性"特点。

国内关于乡村意象的研究始于 20 世纪 90 年代，熊凯首次从城市意象的角度提出了乡村意象的内涵。自此之后，诸多学者从心理学、景观生态学、人文地理学等不同学科领域提出了对乡村意象的定义，虽有所不同，但其内涵基本一致（见表 3 – 1）。

表 3 – 1　　　　　　　　　国内学者对乡村意象的定义

年份	作者	内涵
1999	熊凯	指乡村在长期的历史发展过程中在人们头脑中所形成的"共同的心理图像"，包括乡村景观意象和文化意象①
2006	张晋萍	乡村的聚落意象、环境意象、建筑意象构成乡村景观意象的载体体系，乡村意象是人们对于乡村景观实体形象以及乡村某种文化习俗、意蕴，在经过抽象分解与加工后，在人们脑海里所形成的乡村整体印象②
2012	宋月光	指"人们在头脑中形成的对乡村共同的心理图像，它具有可识别性、象征性"③
2012	尤海涛、马波、陈磊	是集中概括反映人们对中国传统乡村的精神印象，意象一旦形成，便具有相对独立性和稳定性，并可跨越时空的界限，唤起人们情感上的共鸣，产生"归属感""认同感"等心理效应④
2014	言语家	指"乡村环境在人们认知体系中形成的意象"⑤
2018	李蒳、苏勤	是人们从想象层面理解乡村的"人"和"地"，在一定时期内形成的"共同的心理图像"⑥

资料来源：①熊凯．乡村意象与乡村旅游开发刍议［J］．桂林旅游高等专科学校学报，1999（03）：47.

②张晋萍．乡村意象概念性规划研究［D］．雅安：四川农业大学，2006.

③宋月光．基于环境心理学视角的新农村乡村意象的研究［D］．北京：北京交通大学，2012.

④尤海涛，马波，陈磊．乡村旅游的本质回归：乡村性的认知与保护［J］．中国人口资源与环境，2012，22（09）：158 – 162.

⑤言语家．乡村意象的复合认同模型［D］．北京：北京建筑大学，2014.

⑥李蒳，苏勤．国内外乡村意象研究进展［J］．云南地理环境研究，2018，30（03）：8 – 14.

费孝通在《乡土中国》一书中指出，中国的社会具有乡土性的特点，而乡土社会中的人，是离不开土地的，他们与土地相连，定居便成了常态，迁徙则是变态①。由于这种独特的社会属性和乡土情结，城市化之前的乡村物质文

---

① 费孝通．乡土中国［M］．北京：北京大学出版社，2012：1 – 2.

化生态环境成为国人认知体系中关于国家的"心理图像"。因此，陶玉霞认为，生产与生活结构的根性是乡村性的本质特征，乡村是孕育生命、文化、身份认同的根基所在，根性意象是乡村意象的本质意涵①。

随着城市化的不断发展，城市成为认知中国的中心性对象，乡村的这种"心理图像"逐渐消失。伴随着社会的不断进步、生活节奏的日益加快和旅游业的持续升温，人们对回归乡村的诉求日益增长，乡村再次进入了人们的视野，在这种背景下，乡村意象在现代旅游中得到重生，成为人们对乡村旅游审美的核心诉求。

（四）乡村旅游形象

在旅游中，乡村意象是乡村要素的符号化建构。正是在特定地域和时代乡村结构要素的基础上，乡村意象被赋予了传统审美习得的意义，获得了社会的普遍认同和接受，并被逐渐概念化为承载某种社会价值与理想的符号。乡村意象是乡村旅游审美的核心诉求，乡村空间是乡村意境营造的载体，乡村形象是乡村意象的符号化表达。

随着社会的不断发展，乡村进入了人们的审美视野，乡村意象随之诞生。而当旅游产业为满足人们旅游需求进行乡村旅游空间打造时，乡村旅游形象也随之出现。乡村旅游形象是由旅游目的地规划者、旅游媒体设计，目的地政府、居民、游客参与，在旅游审美与体验过程中逐步构建的，以乡村意象为核心吸引因素，包含资源、产品、服务、环境等各种旅游要素的目的地乡村综合旅游形象。乡村旅游形象不同于普通的乡村形象，它经过旅游经营者的规划设计或媒体的认可，成为游客接受的旅游形象，以独特的旅游吸引力为核心，由具有社会价值的乡村典型吸引要素系统构建而成②。

二、乡村意象的类型

在旅游背景下，乡村意象是乡村要素的符号化建构，其象征意义基于基本

① 陶玉霞. 乡村旅游根性意涵的社会调试与价值重建研究［J］. 人文地理，2015（05）：117-125.
② 陶玉霞. 论乡村旅游形象的结构生成及其历时性建构［J］. 北京第二外国语学院学报，2015（05）：64-72.

载体又游离于其上，生成一种概念或观念性的东西，例如庄稼不再是传统的粮食产品，而是被赋予了劳作、收获与生命成长的意义。乡村意象可以理解为人们对乡村中诸多具体可见的景观形象及乡村中历史的、约定俗成的记忆、文化意蕴等产生的主观感受和映射在心理上的积淀，能够反映乡村本质特征的总体印象①。这种意象一旦形成，便具有相对的稳定性和独立性。

在城市化、城市文明急速扩张的时代，游客对传统乡村生活加以想象，并抱有怀旧的、乡愁式的眷恋，在这种情形下，乡村便成为自然、宁静、淳朴、道德的生活方式的化身，农业劳作的艰辛、物资匮乏的困苦、剥削压迫的黑暗等等统统被过滤掉，只留下精心挑选的精致意象，这就是乡村意象的原型②。在快节奏的当代社会生活中，当人们结束忙碌的生活，内心想暂时逃离城市生活时，这种臆想的乡村意象便容易唤起人们情感上的共鸣，使得人们产生对乡村生活的向往与归属，吸引他们前往乡村进行旅游活动。正是游客对乡村的这种"共鸣和回归"行为，维持并强化了乡村意象的"可印象性"和"可识别性"。

乡村意象的内涵极为丰富，主要由乡村景观意象和乡村文化意象构成。

（一）乡村景观意象

乡村，是人类借以生存和活动的客观实体，是乡村景观意象的载体，是乡村景观意象最直接的物质基础③。乡村意象是通过具体的乡村景观来塑造的，可以说乡村景观是乡村意象的外在表现，两者密不可分。

乡村景观是指在乡村地区范围内，它的经济、社会、人文、自然等多种现象的综合表现。乡村景观意象的形成，来自当地居民和非当地居民对乡村景观的感知和认同。乡村景观环境主要包括乡村自然景观、乡村农业生产景观与乡村聚落建筑景观。

1. 乡村自然景观

乡村自然景观是指自然形成的阳光、山川、水系、湖泊、森林、草地、

---

① 张昊宇，周鹏. 乡村旅游中乡村意象的保护与再造刍议［J］. 牡丹江师范学院学报（哲学社会科学版），2012（05）：81－82，109.

② 陈建安. 以内容挖掘、文化传播重构乡村旅游意象［J］. 团结，2020（04）：34－37.

③ 吴良镛. 广义建筑学［M］. 北京：清华大学出版社，1989：180－181.

田野、花园、空气等自然环境，给人类提供了优美的视觉和精神享受，更是我们人类赖以生存的基础，具有无法效仿的独特性和垄断性的特点。这些景观展现了乡村地区丰富多样的自然景观和生态特征，反映了自然界的美丽和生命力。

正是这些独特的自然特色和美丽的景观，吸引着大量的游客前来欣赏和体验大自然的魅力，同时，也为开展休闲活动和生态旅游提供了良好的条件。

2. 乡村农业生产景观

农业生产既是乡村居民生产的主要经济活动，也是乡村景观的重要组成部分。中国地域辽阔，自然条件丰富，不同地区的农业生产技术和农耕方式各有特色，形成了东西南北各异的农业景观。例如，东部以秦岭淮河为界，分别以农耕区和农牧区为主；北方为旱地农业；南方为水田农业；西部为梯田、灌溉、农牧业等多元化农业。农田，是乡村重要的经济地域单元，由于自然资源、耕作方式、农业技术、地理位置、气候等因素差异，导致不同地域呈现出不同的农耕面貌。

同时，随着农业旅游、休闲农业和生态旅游的迅猛发展，农业景观本身已成为一种独具魅力的旅游资源，备受公众青睐。云南的红河哈尼梯田，依山而建，开作田园，层层相间，错落有致，形成了独特的林中有田、田中有树的景观；江西婺源的油菜花地，在每年的三月，漫山遍野，与白墙黛瓦的徽派民居建筑相辉映，构成一幅幅美丽的天然画卷。除此之外，还有一些农业生产劳动过程，如农作物采摘、渔民现场捕鱼、农民播种、农作物加工等劳动场景，都在吸引着无数想要逃离纷繁城市的人，寻找心灵的归宿。

3. 乡村聚落与建筑景观

乡村聚落与建筑景观指农村地区居民居住、生活、休息和进行社会活动的场所，包括乡村民居、庙宇、宗祠等其他建筑形式，以及与这些建筑物相关联的自然环境、道路、街巷等。

由于不同的地理区域、气候条件等因素，导致中国的乡村建筑景观呈现丰富多彩的特点。例如，北京的四合院、东北地区的炕、南方的天井院、山西的窑洞、云南的"一颗印"、内蒙古的蒙古包、皖南的徽派民居"青瓦白墙"、岭南地区的镬耳屋、土家吊脚楼、傣族竹楼、客家围屋等，均具有浓郁的地方特色和民族风格。这些乡村聚落建筑景观反映了当地居民的生活习惯、社会关系和文化传承，具有浓厚的历史和文化内涵。

乡村聚落建筑景观的含义不仅在于其物理形态，更重要的是它所代表的文化精神和生活理念。这些建筑往往承载着世代相传的家族情感和记忆，是乡村地区人文景观的重要组成部分。乡村聚落建筑景观的保护和传承对于维护乡村地区的文化传统、促进乡村旅游发展具有重要意义。

（二）乡村文化意象

乡村不仅具有独特的景观意象，而且还具有丰富的文化意象。乡村文化意象主要指乡村的文化环境，是蕴含在景观意象之中，并以具体的物质形式呈现出来。如果把乡村景观意象比作乡村意象的表层认识，那么文化意象就是乡村意象的深层次内涵①。乡村文化意象主要体现在农耕文化、生活形态和民风民俗三个方面。

1. 农耕文化景观

农耕文化景观是指在农村地区形成的与农耕文化相关的自然和人文景观。它是伴随着原始农业而出现的，人类社会农业最早发展的地区即成为文化源地。美国地理学家索尔认为，文化景观是指附加在自然景观上的人类活动形态。这种景观涵盖了农田、果园、蔬菜地等农业生产场景，以及与之相关的农民劳作、耕种、收获等活动。这些景观呈现出一种自然与人类劳动相融合的和谐画面，体现了农耕文化的丰富内涵和价值观念。

乡村农耕劳作形式多种多样，有刀耕火种、石器锄耕、铁犁牛耕、水车灌溉、围湖造田、采藕摘茶等，构成了特色鲜明的农耕文化景观。农耕文化景观承载着人们对土地的热爱、对劳动的尊重，体现了人类与自然和谐共生的理念，以及农耕文化在乡村社会中的传承和演变。

2. 乡村生活形态

乡村生活形态，指的是乡村地区居民的日常生活方式、社会结构和文化特征在空间上的表达，涉及乡村生活的食、住、行、游、购、娱等方方面面。在

---

① 熊凯. 乡村意象与乡村旅游开发刍议 [J]. 桂林旅游高等专科学校学报，1999（03）：47.

乡村出游预期中，乡村生活意象可能是游客脑海中最重要的图景。例如，简单的粗茶淡饭、传统的砖木结构平房、轰轰作响的拖拉机、最具人间烟火气的赶大集、村边的闲聊、农耕劳作后树荫下的小憩、翠绿的麦田、唱大戏等，都成了重要的旅游吸引物。

3. 乡村民风民俗

乡村民风民俗是指乡村地区人们世代相传的风俗习惯、传统文化和生活方式，包括各种特色饮食、传统节庆、民间艺术表演、宗教信仰、婚丧嫁娶、农事习俗等，是乡村地区文化传承和社会生活的重要组成部分。它是经过历史的沉淀延续至今的反映乡村人们生活态度、价值观念和文化品位的非物质文化习俗。

由于受到特定地域的自然因素和社会因素的影响，乡村民风民俗成为记录特定乡村区域人类活动历史和传承传统地域、民族文化的载体。在传统节日方面，中秋节吃月饼和赏月、清明节祭拜先人、端午节吃粽子和赛龙舟，壮族的三月三歌会，傣族的泼水节，蒙古族的那达慕，回族的开斋节等，以及日常地域性的庙会、赶圩等，具有浓厚的地方特色和传统魅力。此外，还有一些风俗活动，如二人转、秧歌、杂技、庙会、舞龙舞狮、皮影、剪纸、泥塑、戏曲、评书等，不仅丰富了乡村地区的文化生活，而且是传承地方文化的重要途径。

三、乡村审美意象的变迁与重构

乡村意象是乡村各要素的符号化表征，其表征意义是基于一定的载体又游离于其上，生成一种概念性或观念性的意义①。例如，在乡村旅游审美中，田地里的庄稼已不再是简单的粮食产品载体，而是象征着一年的劳动和收获，代表着丰收和希望；路边的野草象征着顽强、力争向上、破土而出的生命力量。这些表征意义并不是一开始就有的，而是在社会发展过程中，人们对乡村的审美随着生产、科技、经济、文化等的发展也处在不断的变迁之中。

---

① 陶玉霞. 乡村旅游理论建构与理性批判［M］. 北京：中国旅游出版社，2016：92 – 93.

（一）乡村审美意象的变迁

1. 传统时期

在传统时代，乡村是文人骚客审美的对象和文学作品的创作来源，也层层叠叠积淀了厚重的中国传统乡村文化意象和中国人浓重的乡土情结。在农耕社会，乡村被视为自然、朴素、宁静的象征，蕴含了生命的源泉与生机。乡村审美意象受到传统文化如中国的山水画、诗词歌赋等作品的影响，强调融于自然的和谐、恬静。对文人而言，他们对乡村意象的审美是一种对所需乡村元素的重构而成的想象图景，反映出其典型的审美取向。例如，陶渊明的"山气日夕佳，飞鸟相与还"、王维的"屋上春鸠鸣，村边杏花白"、孟浩然的"绿树村边合，青山郭外斜"等，是人们心中对传统乡村的普遍认知与诗化记忆。诗人也正是借助这些重构的乡村意象（飞鸟、春花、绿树、青山）来寄托自己的情感，表达自己对理想生活、精神家园的孜孜追求。

2. 工业化时期

伴随着 18 世纪 60 年代英国工业革命轰隆隆的机器声，乡村原有的宁静被打破。自此，乡村经济发展模式、社会结构等都发生了翻天覆地的变化。城市成为现代化、进步的象征；而乡村则被贴上愚昧、落后、野蛮的标签，逐步走向衰落。

20 世纪二三十年代，以鲁迅为代表的"乡土作家"，通过其作品《故乡》《祝福》揭示了乡村中的愚昧、野蛮、落后，这种意象在当时社会中形成了对乡村的负面认知。到了 20 世纪三四十年代，乡村意象逐步发生转变，沈从文的《边城》、汪曾祺的《河上》等作品开始描摹乡村的纯洁、美好与诗意，为乡村赋予了浪漫化与乡愁的象征意义。进入 20 世纪下半叶，乡村景观也走上了"现代化"道路，发生了翻天覆地的变化：传统的土木筋骨被钢筋、水泥、混凝土等现代技术元素所取代，多样化的乡土性被标准化的"现代性"克隆，传统乡村意象逐步淡化甚至消失。

3. 现代化时期

21 世纪伊始，随着现代化、科技化进程的发展和乡村振兴战略的实施，人们对乡村的审美意象诉求呈现出了多元化、复杂化、个性化的趋势。在旅游中，乡村意象是乡村要素的符号化构建，也是乡村旅游审美的核心诉求。为了迎合大众旅游的需求，乡村的意象元素被不断地重构，"伪乡村"形象开始被不断渲染传播，传统的乡土文化逐渐被淡化。在寻根旅游者心理中，乡村依然还是传统文化与精神传承的代表，然而乡村形象已然成为"标准化"的新乡村、新景区，乡村生活方式、景观、资源等发生了巨大变革，乡村审美意象也随之变得更加多样化。

与此同时，文学作品中出现了大量描写农村生活、乡村风景的作品，如《陌上》《他乡》《野望》"三部曲"塑造了庸常、琐碎而又不无生机与希望的乡村形象。电影界也开始关注新乡村题材，影视剧《乡村爱情》《青春作伴好还乡》《我和我的家乡》、电视节目《爸爸去哪儿》及纪录片《舌尖上的中国》和《记住乡愁》等都生动形象地刻画了一幅幅富含地域文化色彩的新时代乡村景象，展现了乡村美的多种面貌，向人们传递中华优秀传统文化的时代价值，吸引着大批的游客前去感受和体验。

不仅如此，数字化技术也为乡村发展提供了新的机遇和挑战，农村电商、农业物联网等新兴产业的发展，为乡村注入了新的活力和活力，也改变了人们对乡村的审美认知。

（二）乡村审美意象的重构

在城乡统筹发展与乡村振兴政策的背景下，城市化进程深刻影响了传统农村的景观与环境、社会结构、农业生产模式、耕作制度与生态、农民的生存状态与文化观念，人们开始走进乡村旅游中去寻找理想的"诗意的栖居"生活，寻求重建与自然的联系、恢复人类本真生活状态的途径，希冀在乡村旅游中慰藉躁动不安的心灵[1]。但是在经济利益和现代消费主义观念的驱使下，政府、开发商、游客、村民、旅游经营者等，共同选择了商业化发展道路，导致乡村的农业生产载体逐渐消失，取而代之的是审美对象和消费空间与生产角色的转换。在这样的背景下，乡村的意象和审美价值及取向都在经历一次彻底的重构。

---

[1] 陶玉霞. 乡村旅游理论建构与理性批判 [M]. 北京：中国旅游出版社，2016：29-30.

近几年来，中央"一号文件"明确提出"要增强农村发展内生动力""要增强脱贫地区和脱贫群众内生发展动力"等，这说明内生性发展才是乡村振兴的关键。完全依赖外部力量的传统外源式发展忽略了乡村发展的地方性和自主性，造成了乡村资源被外来资本掠夺、文化衰落、自主权丧失等问题，而完全依靠乡村内部力量来发展的思路使乡村发展陷入理想主义。

"新内生发展"概念由英国教授克里斯托弗雷首次提出①。该理论强调内外部资源的共同作用，将外部干预转化为内部发展和建设的动力，是一种可持续发展的理念②。随后，新内生发展理论被引入到乡村建设中，在关注乡村发展内生动力的同时，兼顾外在推动力量，有利于形成乡村发展的内外动力合力，实现可持续发展③。该理论的本质是外引与内育相结合，整合乡村资源，推动居民参与，实现社区认同，从而增强乡村内生发展动力④。

1. 外引与内育结合

改革开放以来，结合我国乡村的发展经验来看，乡村发展的外推力不仅包括乡村发展的资金和财力支持，而且更重要的是能够激发乡村发展内生动力的宏观政策和体制改革的助力⑤。在乡村审美意象重构过程中，要求外引与内育相结合。"外引"强调的是外部资源的引入和外部因素的作用，例如政府政策支持、资金投入、人才引进、技术援助等。而"内育"则强调乡村内部的资源和潜能的发掘和利用，例如土地资源、自然风光、传统工艺、人力资源、传统文化等，通过保护和传承乡村的文化遗产，提升乡村的内在吸引力。

在乡村审美意象重建的过程中，要将外部引导与内部培育相结合，意味着在发展过程中不仅要依托外部资源的支持，还要激发和发掘乡村内在的潜能和动力，使之成为发展的内生推动力量。这种新的发展模式必然引起资源利用、

①　Ray C. Neo-endogenous rural development in the EU [J]. Handbook of rural studies, 2006 (01)：278 – 291.

②　王兰. 新内生发展理论视角下的乡村振兴实践——以大兴安岭南麓集中连片特困区为例 [J]. 西北农林科技大学学报（社会科学版），2020，20（04）：65 – 74.

③　孙悦，项松林. 新内生发展理论视域下数字乡村建设：机理、困境与路径 [J]. 湖南农业大学学报（社会科学版），2023，24（06）：55 – 62.

④　张行发，徐虹. 新内源发展：乡村旅游驱动贫困村迈向共同富裕的"郝峪模式" [J]. 西北农林科技大学学报（社会科学版），2023，23（06）：94 – 103.

⑤　李培林. 乡村振兴与中国式现代化：内生动力和路径选择 [J]. 社会学研究，2023，38（06）：1 – 17，226.

居民意识、社会结构变化，从而促成乡村意象重构。

2. 整合乡村资源

首先，乡村的审美意象往往源自其独特的文化传统和历史积淀。因此，重构乡村审美意象的第一步是挖掘和保护乡村的文化资源。这包括但不限于传统建筑、民俗文化、手工艺品、传统节日等。通过深入挖掘和传承这些文化资源，可以唤起人们对于乡村传统的认同和情感共鸣，塑造积极向上的乡村形象。

其次，乡村的自然环境是其审美意象的重要组成部分。强化乡村的自然环境优势，是重构乡村审美意象的关键之一。通过打造优美的乡村风景线、建设生态农庄、开展生态旅游等方式，吸引更多的游客来到乡村。例如，一些古老的村落，像丽水百间楼、黄山宏村、福建客家土楼等，通过对这些村落的保护和开发，使其成为乡村审美意象的重要载体，为乡村的发展注入新的活力。

最后，通过对乡村的这些内部资源（例如土地资源、人力资源、文化资源等）进行整合和充分利用，最大限度地发挥乡村资源的潜力，实现资源的互补和协同效应，为乡村的发展提供持续动力，体现新时代乡村新乡土资源意象特征。

3. 推动居民参与

在传统的外源发展过程中，外来资本的逐利性在一定程度上导致乡村逐渐丧失了自主权、话语权和空间主导权，不惜以破坏乡村原有的生态环境和资源为代价来获取经济利益①。居民是乡村的建设者、受益者，他们的参与和投入对乡村的发展至关重要。在审美意象重构中，需要提高乡村居民的参与度，让居民更有话语权，真正地做乡村的主人，增强他们的参与感和归属感。

内源发展意味着地方社会的动员和参与过程，需要能够汇集多元社区利益并寻求达成目标的组织结构，实现资源的有效配置②。在乡村审美意象重构过

① 徐虹，张行发. 乡村旅游社区新内源性发展：内在逻辑、多重困境与实践探索 [J]. 现代经济探讨，2022（01）：114–123.

② 方劲. 内源性农村发展模式：实践探索、核心特征与反思拓展 [J]. 中国农业大学学报（社会科学版），2018，35（01）：24–34.

程中，强调充分利用人力资本、社会资本、自然资源等，有助于鼓励地方民众作为行动者主体参与到发展的整个过程中去，充分体现新时代乡村新乡民主体性意象特征。但是，实现真正的参与并非易事，还有很长的路要走，需要规划者、政府、技术人员、发展机构、受益人口等各利益群体来共同谋划、协商解决②。

4. 实现社区认同

社区认同是乡村发展的内在基础，只有当居民对所在社区有着高度认同感时，才能够形成一个团结和谐的社区，促进社区的发展和进步。这里的居民包括乡村原住民和外来游客（临时客居者）。

乡村本身有处理问题的内在动力，借助乡村地区的各种团体、合作社、志愿服务队等，可以有效增强居民自身的效能感以及对乡村集体的认同感①。正是这种认同感，有助于激励居民参与社区活动和构建群体身份认同，从而产生归属感促进彼此的沟通与协作。

与此同时，在现代异化的世界，人在生活、工作、消费、交往中迷失了自我；全球化多元文化的冲击，传统文化的断裂，让我们丧失了民族认同感和精神信仰，人们迫切需要回归到乡土间去寻找那些有民族自豪感和认同感的信仰与传统，寻求内心的宁静与身体上的放松②。正是这种对乡土的特有情结，体现了身处异地空间的游客对乡村社区的文化认同与自我认同。

在乡村审美意象不断重构的过程中，离不开这种社区认同感。在实现乡村振兴的过程中，可借助外部资源来弘扬乡土文化、丰富居民的精神生活，增强居民对社区的认同感和归属感；同时挖掘乡村的传统文化和历史资源，打造具有地域特色的乡村景观，展示新时代乡村新空间意象魅力，吸引外来游客，提升国人对新乡村新传统的文化认同。

乡村意象重构，并不是对传统乡村意象的全盘否定，而是要与时俱进地对其进行适当的"选择性"再造③。乡村意象重构，则主要包括两个方面：乡村

---

① 文军，陈雪婧. 国家介入与地方行动：乡村内生发展的张力及其化解 [J]. 南京农业大学学报（社会科学版），2024，24（01）：1 – 13.

② 陶玉霞. 乡村旅游理论建构与理性批判 [M]. 北京：中国旅游出版社，2016：29 – 30.

③ 周坤. "城乡统筹"与乡村旅游：乡村意象的保护与再造 [J]. 商业文化（学术版），2008（02）：189，190.

资源的现代赋值和优化。例如，乡村自然景观、居民住宅、生活设施、基础设施、农业生产设施等硬实体和乡村村风民风、传统风俗等软资源的现代优化，摒弃一些落后的迷信封建风俗与活动，实现"生态宜居、乡风文明、特色浓郁"的现代乡村意象，为乡村及乡村旅游的可持续发展提供强大的资源支持。

在乡村发展过程中，必须树立可持续发展的理念，保护乡村的原生态环境，因地制宜地打造农业生产景观，保留并挖掘乡村文化特色，注重对非物质文化景观的保护与再造，树立甚至创造鲜明的乡村意象①；同时还要注重培养乡村居民乡村重构的主动意识，赋予他们乡村重构的能力和主人翁意识，让乡民正确评价自己的文化、自主选择乡村景观和文化重构建设的发展方向，不受游客文化取向及他者意识形态的殖民②。

第二节　乡村生态人居价值的现代重建

"三农"问题是关系国计民生的根本性问题，实现全面现代化离不开农业和农村的现代化。而全面建设生态文明，同样离不开农村生态文明和乡村人居环境建设。党中央在党的十九大报告中首次提出乡村振兴战略，指出"改善乡村人居环境，建设美丽宜居乡村"已经成为实施乡村振兴战略的一项重要任务。

然而，在粗犷式发展过程中，乡村设施半城市化、乡村旅游产品同质化、缺乏文化内涵、村落空心化、乡村空间丧失传统乡村性特征、旅游乡村"飞地化"经营、乡村生态环境恶化、聚落建筑仿制化等问题频仍，乡村的生产生活、文化娱乐、邻里关系、民间信仰、身份意识、人居环境等都在旅游发展过程中发生了异质性改变，亟须在新发展洪流中进行现代重建。

---

① 张昊宇，周鹏. 乡村旅游中乡村意象的保护与再造刍议 [J]. 牡丹江师范学院学报（哲学社会科学版），2012（05）：81–82，109.
② 陶玉霞. 乡村游客文化取向与乡村重构 [J]. 浙江农业学报，2014，26（03）：830–836.

一、相关概念

（一）人居环境

人居环境学科最早起源于希腊，是以人类聚居为研究对象，探讨人与环境之间相互关系的科学①。关于人居环境的概念，最早被解释为人类住区，包括有形的住区本身、周围的自然环境、人类及其活动以及人类及其活动所构成的社会②。这一概念后来被运用到人居环境学科中。1980 年，吴良镛结合中国自身特色，建立了中国的人居环境科学，并出版了《人居环境科学导论》一书。在该书中，首次提到人居环境的概念，将其定义为"人类聚居生活的地方，与人类生存活动密切相关的地表空间，人类在大自然中赖以生存的基地，人类利用自然、改造自然的主要场所"③。

（二）乡村人居环境

在乡村振兴的背景下，越来越多的学者开始从不同学科视角切入，对乡村人居环境的含义展开研究。

从城乡规划学的角度来看，乡村人居环境是农户住宅建筑与居住环境有机结合的地表空间的总称④。从生态环境学的角度，乡村人居环境是以人地和谐、自然生态系统和谐为目的，以人为主体的复合生态系统⑤。从社会学的角度来看，乡村人居环境是具有社会属性、经济属性的以村民为主体的地域性生活共同体⑥。从风水伦理学角度来看，理想的乡村人居环境是尊重自然规律，

---

① Doxiadis C. A. Action for human settlements [J]. Ekistics, 1975：405 – 448.

② Shafer Jr E. L., Hamilton Jr J. F., Schmidt E. A. Natural landscape preferences：a predictive model [J]. Journal of Leisure Research, 1969, 1 (01)：1 – 19.

③ 吴良镛. 人居环境科学导论 [M]. 北京：中国建筑工业出版社, 2001：180 – 181.

④ 李伯华, 曾菊新, 胡娟. 乡村人居环境研究进展与展望 [J]. 地理与地理信息科学, 2008 (05)：70 – 74.

⑤ 周直, 朱未易. 人居环境研究综述 [J]. 南京社会科学, 2002 (12)：84 – 88.

⑥ 庄林政, 陈家碧, 熊春文. 疫情影响下的农业安全与乡村振兴——第四届中国农业社会学论坛观点综述 [J]. 中国农业大学学报：社会科学版, 2021, 38 (01)：50 – 59.

注意人造景观与自然环境的协调①。从形态学角度来看，乡村人居环境是人文与自然协调、生产与生活结合、物质享受与精神满足相统一②。

关于乡村人居环境的概念，学术界一直未能有一个统一的说法，多数学者是结合自身对这一概念的理解并结合乡村人居环境的特点来对其进行解释（见表3-2）。本节内容均以乡村人居环境为关键词来进行阐述。

表3-2　　　　　　　　国内学者对乡村人居环境的定义

年份	学者	内涵
1992	彭一刚	乡村人居环境指一种有别于城市环境的具有独特的自然、社会、经济、文化的动态复合系统①
2006	赵永刚、徐立敏、卢红卫	农村人居环境，是农村人口聚居生活的地方，是与农村人口生存活动密切相关的空间，是农村人口赖以生存的基地，是农村人口利用自然、改造自然的主要场所②
2006	胡伟、冯长春、陈春	乡村人居环境的内涵为人类在乡村系统背景下，在利用自然、改造自然过程中所创造出的环境，包括人类的居住、耕作、交通、文化、教育、卫生、娱乐等活动③
2008	李伯华、曾菊新、胡娟	乡村人居环境是农村人文环境、地理空间环境和自然生态环境之间的逻辑关联④
2009	彭震伟、陆嘉	农村人居环境是由农村社会环境、自然环境和人工环境共同组成的，是对农村的生态、环境、社会等各方面的综合反映，是城乡人居环境中的重要内容⑤
2022	陆璐、豆志杰	农村人居环境广义上是指农民生活环境，指人们普遍生活的自然区域，就是和人的生活息息相关的一个空间，它为自然生存提供了必要的物质基础，是人对自然界的理解、运用自然界的规律、提高自然界的主要场所；狭义上是包括自然环境系统、个人系统、社会系统、住宅体系、建筑物支撑体系在内的五大系统⑥
2022	王鑫、赵新颖、张頔、祝延立、关法春、程晓东、那伟	乡村人居环境一般是指乡村居民聚集时参与和居住、与基本生产活动相联系的生活环境，是乡村区域农民生产生活需要的物质与非物质有机结合的产物⑦

---

① 李伯华，曾菊新，胡娟. 乡村人居环境研究进展与展望 [J]. 地理与地理信息科学，2008 (05)：70-74.

② 周直，朱未易. 人居环境研究综述 [J]. 南京社会科学，2002 (12)：84-88.

年份	学者	内涵
2023	师荣光、徐季诺、马建军	乡村人居环境是人居环境在农村区域的延伸，其应该是社会、地理、生态的综合体现，三者之间又遵循一定的逻辑关系，共同构成乡村人居环境的内容，而特殊的地理空间、人文环境、自然生态和区位特征又决定了乡村人居环境涉及面广、影响因素多、脆弱性强等特点[8]。具体构成要素如图 3 - 1 所示

资料来源：①彭一刚. 传统村镇聚落景观分析 [M]. 北京：中国建筑工业出版社，1992：44 - 53.
②赵永刚，徐立敏，卢红卫. 浅谈农村人居环境建设 [J]. 安徽农业科学，2006 (24)：6580，6584.
③胡伟，冯长春，陈春. 农村人居环境优化系统研究 [J]. 城市发展研究，2006 (06)：11 - 17.
④李伯华，曾菊新，胡娟. 乡村人居环境研究进展与展望 [J]. 地理与地理信息科学，2008 (05)：70 - 74.
⑤彭震伟，陆嘉. 基于城乡统筹的农村人居环境发展 [J]. 城市规划，2009，33 (05)：66 - 68.
⑥陆璐，豆志杰. 长春市农村人居环境整治提升对策研究 [J]. 现代农业科技，2023 (01)：215 - 218.
⑦王鑫，赵新颖，张颉，祝延立，关法春，程晓东，那伟. 吉林省乡村人居环境可持续发展水平评价及优化对策研究 [J]. 东北农业科学，2022，47 (06)：141 - 146.
⑧师荣光，徐季诺，马建军. 乡村振兴战略下乡村人居环境整治的路径分析 [J]. 农业资源与环境学报，2023，40 (05)：1104 - 1110.

综上所述，不同学者对乡村人居环境的定义略有不同，但都离不开乡村自然生态环境（原生态）这一核心要素。乡村人居环境复杂，是生态、社会、地理和人文的综合体现，本节将这一概念定义为即乡村人居环境是人居环境在农村区域的延伸，是社会、地理、生态的综合体现①。

（三）乡村生态人居价值

"绿水青山就是金山银山"理念，强调了乡村生态环境的重要性，指出经济发展不能以破坏生态为代价，保护和改善生态环境本身就是发展生产力。

乡村生态人居价值强调在乡村现代化建设发展过程中保护生态环境、提升居民生活品质，促进人与自然、经济与环境、传统与现代的有机融合。其核心理念是通过可持续发展路径，将生态效益转化为经济与社会效益，实现乡村经济、社会、环境的协调发展。这一价值观念在城乡一体化过程中尤为重要，呼吁平衡生态保护与人居改善，推动乡村可持续发展。随着国家政策导向和人们

① 师荣光，徐季诺，马建军. 乡村振兴战略下乡村人居环境整治的路径分析 [J]. 农业资源与环境学报，2023，40 (05)：1104 - 1110.

对生态环境认识的不断深入，乡村的生态人居价值日益凸显其重要性，亟须在现代化发展过程中对其进行重建。

二、乡村生态人居环境的主要内容

2017 年，党的十九大报告提出乡村振兴战略来解决社会矛盾、促进中国乡村发展；2018 年，《中共中央　国务院关于实施乡村振兴战略的意见》提出要城乡深度融合，全面发展和提升乡村功能，实现产业兴旺、生态宜居、乡风文明、治理有效和生活富裕的建设目标；2021 年，《中共中央　国务院关于全面推进乡村振兴加快农业农村现代的意见》提出要开展农村人居环境整治的五年提升行动方案；2023 年，《中共中央　国务院关于做好 2023 年全面推进乡村振兴重点工作的意见》再次提出要扎实开展农村人居环境整治提升工作。由此可见，生态宜居是实现乡村生态文明建设的首要任务，通过农村景观优化、环境美化、人居环境质量改善等途径，来实现乡村振兴，并在过度城市化的形势下重新彰显乡村的特色和独特魅力。

在这样的政策背景下，全国各地在乡村人居建设中投入了巨大力量，许多新的现象也在乡村出现，城里人下乡、村里人进城、城乡兼业、城乡双栖，乡村地区出现新的乡民、新的乡业、新的乡村、新的乡愁和新的聚落形态①。因此，乡村生态人居环境建设是乡村地域系统空间重构、组织重建、产业重塑的形态表征，实现乡村振兴的重要途径。

乡村生态人居环境如何进行建设？要想回答这个问题，需从乡村生态人居环境的构成要素入手。关于它的构成要素，学者们的观点大同小异。我国著名人居环境学家吴良镛在其著作《人居环境科学导论》中，将乡村人居环境解构为乡村自然环境系统、乡村人工环境系统和乡村人文环境系统三大系统②（见图 3 - 1）。师荣光等人指出，乡村人居环境的主要构成要素包括生态环境、

---

① 黄勇，李和平，仝德，段德罡，王成，史宜，赵亮，彭震伟，刘洋，冯长春. 乡村人居空间转型与重构 ［J］. 城市规划，2024，48（01）：31-36，70.

② 吴良镛. 人居环境科学导论 ［M］. 北京：中国建筑工业出版社，2001：180-181.

社会环境和地域空间环境三部分内容①（见图3-2）。

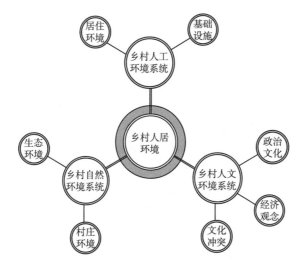

图3-1　乡村人居环境结构

资料来源：吴良镛. 人居环境科学导论［M］. 北京：中国建筑工业出版社，2001.

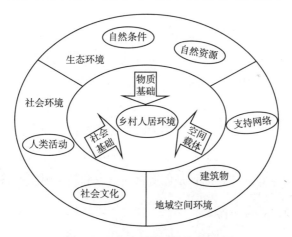

图3-2　乡村人居环境构成要素

资料来源：师荣光，徐季诺，马建军. 乡村振兴战略下乡村人居环境整治的路径分析［J］. 农业资源与环境学报，2023，40（05）：1104-1110.

---

①　师荣光，徐季诺，马建军. 乡村振兴战略下乡村人居环境整治的路径分析［J］. 农业资源与环境学报，2023，40（05）：1104-1110.

结合上述，本节内容将乡村人居环境划分为自然生态环境、地域空间环境、社会文化环境系统和多元主体环境四个构成要素，它们依附于其相应的乡村载体所传递的价值即为乡村生态人居价值。这四大要素相互作用、相互联系、相互制约、相辅相成，涉及社会、政治、经济、文化及生态等系统要素，共同构成了乡村的整体面貌和人居环境。

（一）自然生态环境

乡村的自然生态环境指的是乡村地区的水资源、土地资源、生物资源、气候资源及它们相互作用下所构成的生态系统。自然生态环境是人类赖以生存和发展的基本条件。乡村自然生态环境是乡村存在及可持续发展的物质平台和基础，也是乡村农户进行生产生活的物质基础。乡村的发展、繁荣、富裕等都离不开良好的生态环境支撑。

（二）地域空间环境

乡村地域空间环境指乡村地区的地理位置、自然地貌、空间结构及人类活动的空间分布和利用情况，反映了其独特的地理区域特征与空间布局。它不仅直接影响乡村的发展模式，还深刻塑造了居民的生活方式与习惯。乡村地表空间通常以农业为主，人口分布相较城市更为分散，构成了乡村地区的典型特征。例如，北方地区传统人居建筑多为四合院式结构，而南方则以庭院式和楼房式建筑为主，这充分体现了乡村地域空间环境的地域性特质。它不仅是乡村农户生产生活的空间载体，而且是创造物质财富和精神财富的核心区域。

（三）社会文化环境

土地是生命之本，乡村是人文之源，其核心在人与文化的共生互动。乡村人文环境以居民为主体、涵盖社会群体及其在生产生活中构建的文化体系，包括人文景观、文化习俗、社会制度、节庆活动、行为方式、思维模式与价值观念等非物质内容。这些元素共同构成乡村的社会文化环境，展现出独特的历史文化底蕴、社会风貌和精神文明。

乡村社会文化环境与自然生态环境共同构成了农户生产生活的重要外部条

件。良好的社会文化环境不仅有助于保护和传承乡村文化，还能维持社会和谐稳定，丰富村民精神生活，提升生活品质，成为推动乡村建设可持续发展的关键途径。

（四）多元主体环境

对传统乡村而言，乡村人居环境的主体是乡村居民本身，具有一定的主观能动性。而随着社会和时代的变迁，乡村的主体也呈现出多元性特点。由于城市化进程、新农村建设、城乡统筹发展、乡村振兴等的介入，乡村旅游成为乡村发展的重要途径。在乡村发展旅游的过程中，以乡村经济发展为导向，政府、旅游规划师、旅游地产商、旅游媒介、游客、旅游经营者等共同主导着乡村的发展方向，构成了现代乡村的多元性主体。在这样的背景下，多元主体环境成为乡村生态人居环境的核心动能，如何满足多元主体各自的利益需求，成为实现乡村的可持续发展与转型发展的重难点。

三、乡村生态人居环境的演变

中国是一个农业大国，"三农"问题是关系国计民生的根本性问题，而乡村人居环境是农村生态、农业生产和农民生活的基础，为人类自身和社会的发展提供了有效的生态屏障。新中国成立以来，我国城市化曲折的发展历程使乡村发展长期处于城市化的边缘。自1978年改革开放以来，我国进入了传统社会向现代社会全面转型的加速期，转型已经成为我国社会经济各方面发展的共同特征。在这一时代背景下，乡村生态人居环境也从最初的自然居住地演变为现代的生态人居环境。

随着时代的变迁和社会的发展，乡村生态人居环境也将继续不断演变，以适应社会经济发展和人民群众生活水平的不断提高。下面，从不同的发展阶段对乡村生态人居环境的演变进行详细阐述。

（一）农耕文明的兴起

在史前时期，人类是以狩猎、采集为生的游牧部落，居住在自然环境中，依靠天然居所和自然资源维持生存。随着原始农业和居所构筑的出现，人类开始在河流、湖泊等水源丰富的地区定居，开始了"游牧"生产活动。这一阶段的乡村生态人居环境主要是自然村落和农田景观的结合，人们使用自制的木棍、石制锄具等作为挖掘工具来耕种土地，依靠自然环境提供的各种资源生活，生态环境相对保持相对平衡，生产活动由"游牧"开始转向"游耕"。随着游耕的不断发展，人们开始留意、收集种子并尝试在定居区进行种植，随着时间的推移，人们对农业的相关知识逐渐增加，开始学会挑选适宜的自然环境、优选作物种子、制作高效农耕工具，开始了"定耕"生产活动，建立了原始部落。这些部落多建在大河支流、山川湖泊旁边，环境优美，资源丰富。人们依靠土地耕种养殖，与自然和谐共生。彼时的乡村生态人居环境呈现的是一派男耕女织、自给自足、山清水秀、鸟语花香、蝉鸣蛙叫的田园风光。

（二）传统农村聚落

随着农业的进一步发展，人类逐渐掌握了农作物的种植技术，例如灌溉、播种、耕作、施肥、收割等，农业生产能力大幅提升，人们开始有粮食剩余。粮食剩余为人类社会带来了巨大改变，人们开始在自然环境中建立了相对稳定的村落，形成了以耕作为主要生产方式和生产活动的聚居模式，传统农村聚落开始出现。随着时间的推移和人们对自然的认知能力的提升，传统农村聚落开始在农业生产的基础上逐步形成完善的配套生活体系，例如田地、农耕用具、水源、民居、公共设施、礼俗、祭祀、制度规范等。这时候各具区域特色的农村居民与大自然和谐相处，形成了丰富多彩的农耕文化。

（三）城乡发展不均

18世纪60年代，蒸汽机的发明引领工业革命，机器取代人力，大规模工厂生产兴起，加速城市化进程。城市逐渐成为工业与商业中心，圈地运动促使大量农民流向城市成为工人，欧美城乡社会结构发生剧变。在中国，20世纪末~21世纪初，工业革命与城市化快速推进，大批农村人口向城市转移，农村地区出现"空心化"现象，伴随人口减少、老龄化、产业结构单一等问题，乡村生态人居环境也随之发生了巨大变化。

工业革命提升了农业生产力，机械化和化学肥料的使用显著提高了农业生产效率，农产品产量大幅增加，农村经济取得了长足的发展。然而，伴随大量劳动力向工业转移，以及乡村加工业的排污问题，农村生态环境遭到破坏，农田减少、水土流失、农药过度使用及土壤污染等问题日益严重。同时，现代科技产品价格攀升，农产品价格增长有限，农业劳动力与高技术劳动力的收入差距持续扩大，加剧了城乡发展不平衡。

（四）乡村振兴的要求

随着国家乡村振兴战略的实施，乡村生态人居环境进入了新的发展阶段。乡村振兴战略已经成为当代中国解决"三农"问题的重要战略部署，旨在加强对农村经济、社会、生态环境的综合治理，促进乡村经济的转型升级，改善农民生活条件，促进农村经济的转型升级，提升乡村生态环境质量，实现城乡一体化发展。在这一背景下，乡村生态人居环境开始呈现出新的发展特点。

1. 生态环境保护与修复

乡村振兴战略提出了绿色发展理念，强调保护和修复乡村生态环境。政府加大了对农村环境污染治理的力度，推行了一系列生态工程项目和环保政策措施，包括植树造林、水土保持、农田防护林等，加强了对农村土地、水资源、生态系统的保护和修复，推动了农村生态环境的改善。

农业生产的生态化回归可以说是最为根本的着眼点，是保证国家粮食安全、生态环境宜居的基础。生态肥的高效利用、杂交技术的发展、耕作制度的科学化、耕田还林、转基因技术的安全性、绿色生产技术的推广等，标志着我国农业发展向生态循环农业转变，为乡村振兴持续注入绿色活力。农业生产的生态化回归不仅能在一定程度上可以减少农业发展所面临的生态系统约束与环境成本压力，而且更加强调生态保护与资源利用，减少环境污染和生态破坏，为乡村振兴提供了良好的生态保障。有了现代农业科技和装备支持，粮食安全和农业生产力获得有效保障，也是解决"三农"问题、实现农业强国最根本的手段。

2. 基础设施建设与公共服务提升

乡村振兴战略加大了对乡村基础设施建设和公共服务提升的投入。政府投入大量资金进行乡村基础设施建设、乡村学校质量提升、乡村图书馆建设、乡村能源设施优化、乡村医疗引进新设备、危旧房改造、乡村养老服务设施建设等，塑造了乡村新风貌，提升了乡村地区公共服务供给水平和质量，缩小了城乡差距，为乡村生态宜居、产业兴旺提供了重要保障，实现城乡一体化发展。

3. 产业发展与经济提升

乡村振兴战略通过推动农村产业转型升级，引导农村经济由传统的农业生产向现代绿色农业、农村百业、特色产业、乡村旅游等多元化发展，打造农村经济新的增长点，实现了农村产业结构的调整和优化，提高了农民的收入水平，是产业振兴战略的重要路径。

产业兴则百业兴。只有产业兴旺了，乡村各项事业发展才有坚实的物质基础。但新兴产业蓬勃发展的同时，往往伴随着负面效应，如自然资源的过度开发和自然生态环境的破坏，使得原有经济结构发生改变，对原有生活方式和文化产生冲击等。同时，由于乡村人居环境建设涉及多个部门，导致出现职能交叉、职责不明、调控机制不顺、执行力弱等问题，严重制约了对乡村人居环境的有效监管①。

此外，产业振兴的关键节点还在于农业产业链的延伸，推动农村产业的上下游衔接，形成完整的产业链条，将农产品的附加价值最大限度地留在乡村。在未来的乡村产业发展过程中，如何平衡产业发展与环境承载能力、经济增长与生态保护，将是实现可持续乡村振兴的关键。

4. 科技创新与智能化建设

科技创新与智能化建设是人才振兴的逻辑基础，对乡村劳动力提出了新要求，也对国家的乡村职业技术教育提出了新课题。在乡村职业教育方面，应加大财政支持力度，鼓励职业院校校企合作，开设符合实际需求的技术课程，培养适应新兴产业的技术人才，以适应市场需求；引进高水平的专业技术人才和教学团队，提升乡村职业技术教育的教学质量；鼓励实施对乡民的培训计划，提高其科技认知与技能水平，帮助树立终身学习的理念；鼓励、吸引农村青

---

① 师荣光，徐季诺，马建军. 乡村振兴战略下乡村人居环境整治的路径分析 [J]. 农业资源与环境学报，2023，40（05）：1104－1110.

年、精英返乡创业，培养创新型人才，推动新兴产业的崛起和发展。

此外，社会组织也在乡村振兴过程中扮演着不可或缺的角色。当前，我国农民专业合作社普遍存在规模较小、分布零散的问题，这限制了它们在市场上的竞争力和主导地位。我国可以借鉴日本、韩国以及我国台湾地区在农业协同组织模式、科技推广体系、金融服务与政府支持等方面的成功经验，提升农业合作组织的效能。例如，建立县乡级别的农业合作组织；鼓励农户与协会之间的协同合作，增强农户的风险抵御能力；构建多层次的科技推广网络与智能化推广平台，以促进农业技术的快速传播和应用；引进"农业＋协会＋金融机构"的融资模式，强化农业协会的融资能力，帮助农民降低经营风险；鼓励农业协会建立农产品线上销售渠道，拓宽市场；建立农民代表大会制度，形成农户与农业协会之间的有效沟通和双向互动机制；加强政府对农业协会智能化项目的支持等。

因此，科学建设和壮大农村专业合作组织，为乡村农业的科技创新和智能化转型提供坚实的人才支持、完善的制度保障和高效的服务体系，在推动农业发展、实现乡村振兴战略、促进农业转型升级以及推动促进乡村经济繁荣中扮演着至关重要的角色，是实现中国式农业现代化的有效途径。

5. 社会参与与文化传承

乡村振兴战略强调社会参与和文化传承在乡村发展中的重要作用，是乡村组织与文化振兴的具体实现路径。

随着乡村文化振兴战略的深入推进，乡村大舞台作为展示乡土文化和丰富村民文化生活的重要场所，已经成为美丽乡村建设一项必不可少的项目，各地文化广场、村史馆、博物馆、乡村图书馆等如雨后春笋。但是，乡村文化大舞台的形式化问题却日益突出，不少地方的文化阵地建设"变味走样"，成了应对上级检查的"面子工程"。作为文化振兴的重要阵地，乡村大舞台，应为民而建，不仅要注重"搭台"，更应重视"唱戏"。要想让乡村文化阵地在现代社会中活起来，离不开村民的普遍参与，要精心打造"一乡一特、一村一品"品牌，将村民从旁观者转变成参与者、传承者，使乡村大舞台真正成为村民的休闲娱乐、文化传播与传承的场所。

乡村生态人居环境的演变历程同人类与自然的关系不断变化的历史进程高

度契合，反映了社会经济、文化等方面的发展变化。通过对不同历史阶段的乡村生态人居环境的演变进行分析，可以更好地理解乡村发展的内在逻辑和发展趋势，为今后乡村振兴和生态文明建设提供借鉴和参考。

四、乡村生态人居价值的现代重构

在工业化、城市化、信息化的快速推进和经济体制改革大背景下，乡村这一主体获得了相对自由的发展空间，但在一味追求经济利益的驱使下，各种信息流、物质流和能量流不断入侵，造成乡村相对封闭的外围环境被打破、生态景观受到严重破坏、乡村聚落空间杂乱无序发展、乡村传统文化受到侵蚀甚至逐渐消亡、乡村地域人力资源流失、乡村衰败空废等诸多严峻问题。面对庞杂无序的障碍与问题，传统乡村生态人居环境亟须转型与重构①，逐渐成为国家和学术界思考"三农"问题的重点。国家提出的"建设社会主义新农村"战略，其本质上可以说是重构乡村生态人居环境，实现其生态人居价值的重构②。

（一）乡村主体重构

2018 年，乡村振兴战略指出"要尊重广大农民的意愿，激发广大农民积极性、主动性、创造性，激活乡村振兴内生动力"。由此可见，要想实现乡村生态人居价值的现代重建，必须坚持以人为本，聚焦村民需求，尊重村民的主体性。作为乡村生态人居环境改善的直接受益者，通过提升村民民主参与社会事务、乡村发展和法治维权意识，吸引乡村精英人士返乡参与乡村治理，激发他们自治的积极性和主动性，增强村民参与感、自豪感、归属感、文化认同感，充分发挥他们的"主人翁"作用，激活乡村的内生发展动力。

现代乡村生态人居环境具有较强的渗透性和开放性，已经成为本地居民、

---

① 李伯华，曾荣倩，刘沛林，刘一曼，窦银娣. 基于 CAS 理论的传统村落人居环境演化研究——以张谷英村为例［J］. 地理研究，2018，37（10）：1982–1996.
② 李伯华，曾菊新，胡娟. 乡村人居环境研究进展与展望［J］. 地理与地理信息科学，2008（05）：70–74.

基层政府、市场企业及社会机构等主体共同参与的重要领域，呈现出多元性主体的特点①。从新内生性发展理论的角度来看，现代乡村的多元主体环境也决定了乡村生态人居转型发展是依靠其内生动力和外来动力实现乡村优化发展的动态过程②。现代乡村的发展不能再仅仅依靠激活原有土地主人（即村民）的主体性来促进乡村生态环境发展，而是需要均衡村民、基层政府、市场企业、社会机构等各主体的利益诉求，借助并结合外来资金、技术、制度、人才等要素，来为乡村生态人居环境的发展注入新的能量。

（二）生态环境重构

乡村是以生态为基底、生产生活密切关联的地域系统。传统的乡村生态环境大多呈现空气清新、土地肥沃、树木葱郁、溪水清澈等典型的优美生态特点，具有良好的自然性和多样性。然而，进入 21 世纪以来，在城乡统筹发展政策背景下的城市化与新农村建设过程中，乡村旅游发展势头强劲，大量商业化开发建设和游客的规模化接待造成乡村自然生态环境遭受破坏，环境污染、生态失衡、掠夺式开发等问题日益严重，呈现在人们面前的是千村一面的同质化、舞台化、半城市化乡村，原有的古朴生态村落意象消亡殆尽。传统乡村的那种宁静、和谐的环境逐渐被打破，那种敬畏自然、与自然和谐相处的生态理念和文化传统逐渐被抛弃，人与自然的关系逐渐异化，人将征服自然、改造自然作为最大的道德操守来践行，从而加剧了人与自然的矛盾③。

生态兴则文明兴，生态衰则文明衰。这说明，乡村生态振兴是我国农村生态文明建设体系的重要组成部分，是新时代实施生态文明建设的有效途径④。新时代背景下，利用互联网等现代工具，农业的多功能性可以被充分展现，例如其所蕴含的教育、文化和历史传承等非经济价值，带动农村经济回嵌乡土社

① 李伯华，李雪，王莎，窦银娣. 乡村振兴视角下传统村落人居环境转型发展研究［J］. 湖南师范大学自然科学学报，2022，45（01）：1-10.
② 李伯华，曾灿，刘沛林，窦银娣. 传统村落人居环境转型发展的系统特征及动力机制研究——以江永县兰溪村为例［J］. 经济地理，2019，39（08）：153-159.
③ 梁茜. 乡村文化生态价值的现代性境遇与重建［J］. 广西民族大学学报（哲学社会科学版），2014，36（03）：62-65.
④ 张平，王曦晨. 习近平乡村生态振兴重要论述的三维解读——生成逻辑、理论内涵与实践面向［J］. 西北农林科技大学学报（社会科学版），2022，22（01）：1-7.

会、农业经济回嵌资源环境，最终达至"人类回嵌自然"的生态文明新时代①。

因此，要将生态文明建设始终放在首位，秉持"绿水青山就是金山银山"的理念，依托乡村自然资源禀赋，优化农村生态要素，统筹平衡乡村生态系统服务的多元价值，加强生态资源保护与环境污染防治力度，改善农业生产环境，发展农业低碳循环经济，促进新时代乡村生态环境价值重构。

（三）人居环境重构

在快速城市化的进程中，中国的政治经济社会发生了巨大变化，这种变化直接体现在乡村村民空间行为的变化中。与此同时，以村镇居民点为核心、以乡村人居行为的各种载体为空间组织要素、以相关基础设施为空间关联路径、以自然地理和社会文化条件为人居活动背景而构成的乡村人地关系地域系统也在不断发生演变。例如，乡村农户的居住空间、就业空间、消费空间、生产活动空间及农户社会关系空间等②。正是这种空间行为的变化导致了乡村空间秩序的变化，打破了传统乡村人居环境的平衡状态。

人居环境是我国新农村建设的重要指标，所有乡村振兴的最终目标都要落实到提高村民的生活质量上，这种提高不仅是经济上，而且包括精神上的③。经济发展是新农村建设的基础支撑，人居环境建设是新农村建设的核心目标。人居环境需要因地制宜对乡村进行规划，与当地的农业、手工业、旅游业等进行有机融合，优化乡村经济结构，从而在经济、文化、景观、生态等各层面提升乡村的宜居性。

除此之外，与村民人居环境密切相关的土地利用、交通、医疗、教育、就业、民俗、制度、组织、基础配套设施等方面，均需在现代化构建过程中实现良性改善和发展，从而促进乡村人居环境系统向新的均衡状态转变，最终实现

①　温铁军，张俊娜，邱建生，罗加玲．农业1.0到农业4.0的演进过程［J］．当代农村财经，2016（02）：2-6．

②　李伯华，曾菊新，胡娟．乡村人居环境研究进展与展望［J］．地理与地理信息科学，2008（05）：70-74．

③　肖泽忱．"美丽乡村"人居环境综合价值指标体系构建［J］．景观园林，2020（09）：14-15．

传统乡村人居环境的改造和升级，推进乡村振兴战略的深入实施，实现城乡和谐发展的目标。

（四）社会文化环境重构

从社会文化学的角度来看，乡村生态人居环境的本质是一种文化形态，是文化的具体载体，没有文化的人居环境可以说是没有了灵魂①。传统的乡村社会文化是农业文明的基因传承，是留住乡愁的重要途径和手段。

近年来，乡村经济的快速发展虽然给当地村民带来了不菲的经济收入，明显提高了其生活水平，却对乡村的社会价值规范、社会制度、权力结构、社会关系、消费观念、行为和生活方式产生了巨大影响，导致了乡村整体的社会与文化转变。个人主义与消费主义从城市向乡村蔓延，传统的道德礼制、乡规民约、风俗习惯等逐渐被淡化，人际关系不断疏远，乡村的社会文化被资本异化②。

因此，在新时期的乡村建设中，乡村的社会文化环境亟须校正。随着人口流动、土地流转、资本注入等"人—地—业"因素的转化，传统乡村社会结构正在重构③。例如，部分传统乡村因旅游开发吸引大量外来资本进入，催生加速了宗族关系解构，社会关系呈现多元化发展，社会结构从以血缘、亲缘关系为核心的集聚式社会结构逐渐转变为以地缘、业缘关系为纽带的分散式社会结构④。

在现代社会的发展过程中，传统乡村社会关系面临转型。在完善相关的社会文化制度体系，发展商业血缘关系的同时，重拾、维护传统的宗亲血缘关系，避免形成畸形的社会结构。受新文化运动和工业发展与城市化的冲击，传统的乡村文明被标签为"落后""愚昧"等成了被消灭的对象，大多数的青壮年选择离乡外出打工，传统风俗、手工艺、民间演艺被作为落后于时代

---

① 周直，朱未易. 人居环境研究综述［J］. 南京社会科学，2002（12）：84 - 88.

② 宋秋明，任高高. 文化与生态价值导向下的乡村重构［J］. 现代园艺，2024，47（05）：143 - 144，147.

③ 李伯华，李雪，王莎，窦银娣. 乡村振兴视角下传统村落人居环境转型发展研究［J］. 湖南师范大学自然科学学报，2022，45（01）：1 - 10.

④ 石亚灵，黄勇，邓良凯，蔡浩田，邱瑛. 传统聚落社会结构的空间形态表征研究——以安居镇为例［J］. 建筑学报，2019（S1）：35 - 41.

的事物被摒弃，在缺少新一代传承人的情况下，不少乡村的传统文化正在逐渐消失。

因此，那些传统的乡土文化遗产等文化宝藏，迫切需要保护和延续。在现代科学技术的辅助下，要鼓励和培养传统文化遗产传承人，借助数字化保护技术，与时俱进融入现代文娱活动和休闲生活，丰富人们的精神生活的同时，延续乡村的文化血脉，激活其焕发新的生机。

第三节　乡愁的维度与符号化表达

一、乡愁与乡村旅游

乡，指家乡，更意喻着灵魂的故乡；愁，指情感。中国是一个拥有五千年悠久历史的文明古国，更是一个拥有漫漫农耕文明的乡土大国。费孝通先生在《乡土中国》一书中曾指出，中国社会是乡土性的。换句话说，中国的众多阶层都是从农村剥离出去的，他们的行为习惯、人际关系及所具有的乡土社会的特色，构成了这些阶层甚至是中国社会的根基。

乡村中的土地，作为人类生活、生产的场所，是人类一切生产和存在的基础；而人类又依赖、利用并改造土地资源，赋予其一定的社会属性。这种长久的依存关系便养成了人们根深蒂固的亲土习性和与土地同呼吸共命运的心理结构，形成了人们对土地与自我同一的价值认知，同时也承载了人们对乡村文化的认同与期待①。乡愁的重要情感源头就来源于此，即对乡土的记忆和地方文化的认同。而乡愁，作为一种抽象的情感，它不是虚无缥缈的，必须借助客观的物化的载体来表达。这些载体可以是物质形式的故乡山水、民居建筑、祠堂、工艺品等，或是非物质形式的民风习俗、节日活动、技艺传承、家风祖训、口耳相传的故事等。

伴随着我国城镇化进程的加快和新农村建设的兴起，乡村旅游作为实现乡

---

① 陶玉霞. 乡村旅游根性意涵的社会调试与价值重建研究［J］. 人文地理，2015，30（05）：117－125.

村振兴的重要途径，也获得了快速发展。然而粗犷的模式化发展，却导致了乡村景观城市化、传统文化异化、新殖民主义、伪乡村旅游、乡村旅游空心化等现象，植根于人们脑海中的乡村记忆正在逐渐被破坏、淡化甚至消失。自2013年中央提出"让居民望得见山、看得见水、记得住乡愁"，乡愁开始引起人们的重视。而在现代社会中，人们对乡愁的表达与满足，正是通过乡村旅游来实现的，通过回归乡土故里来帮助人们远离喧嚣、远离污染和拥挤的城市生活，寻找真正意义上的心灵家园和净土。

乡愁，是铭记历史的精神坐标，任何的工业化、城镇化都不能割断乡愁。乡村现代化的步伐不可阻挡，但在其发展过程中想尽办法"留住乡愁"，延续乡村文脉，显得格外重要，恰当表达乡愁所蕴含的物质文化与精神文化正是乡村旅游实现可持续发展的根本①。从某种意义上看，乡愁正是乡村性的情感化表征，乡村旅游的发展如果脱离了"乡愁"这个内核，那么乡村旅游产品就丧失了"乡村性"的灵魂，难以触摸游客心底最柔软的温情。乡愁作为一种深植于中华民族文化底蕴的构想，是驱动游客前往乡村旅游的重要因素②。人们追寻乡愁的核心目的并不是对过往生活的简单回归，而是代表着他们对美好生活的期盼和向往，对心灵故园情感联结的修复与重建。

从本质上看，一方面，"乡愁"是对乡村传统文化的一种向往和怀念，也是乡村旅游开发的内核驱动力；另一方面，乡村旅游是留住和表达乡愁的一种有效途径，是延续乡愁的有效手段和助推力。留住乡愁，乡村旅游发展才有灵魂；通过发展乡村旅游，能更好地帮助人们"诗意地还乡"，留住乡愁。

二、乡愁的维度

乡愁，是一种普遍的人类情感，不同的国家、不同的时代、不同的民族，

---

① 张建宏，傅琴琴. 乡村旅游开发背景下乡愁文化变迁与重构研究——以浙中地区为例 [J]. 太原城市职业技术学院学报，2020（08）：39-42.

② 王欣. 乡村旅游中的乡愁文化建设 [N]. 中国旅游报，2017-01-10（03）.

都有乡愁。纵观古今文学作品，不难发现，乡愁的产生大致有以下四种情形。第一，身在异乡，处在一个异质空间，思念家乡的亲朋好友；第二，归期的不确定，导致乡愁更重；第三，有家难归，因种种原因导致不能回归故里，思乡之情心切；第四，故乡变了，再也回不去了（即记忆中的故乡）。前两种情形是说因为空间阻隔，导致人们难以回归故乡；第三种情形代表心理情感，因为不能回到家乡而导致乡愁的产生，其本质是人在心理上对家乡的文化记忆、认同、难以割舍又求之不得；第四种原因是时间流逝造成的空间异质，即人们即使回到家乡，也无法回到属于过去记忆中的故乡，是心灵故乡的被剥离和被断裂感。

因此，乡愁具有三个明显的维度，即空间维度、时间维度和心理维度。从空间维度上来看，乡愁是由此地到彼地，表现为多维的家国情结；从时间维度上来看，乡愁指的是由现在到过去，表现为日常的生活体验，涉及时间演变；从心理维度上来看，乡愁指对故乡的文化认同及自我认同，表现为主体的身份变迁，原住民—游子—新移民这一变迁主体的乡愁表现最为典型。

（一）空间维度

乡愁是人与其生长、熟悉的地方所建立起来的情感连接。乡愁的"恋地"指向特定的地方，即主体"人"生长和熟悉的地理空间，是以该空间内的任何一个元素为载体。乡愁作为主体"人"的一种主观情感，是多重主客观条件共同作用的结果。这种情感指向的来源即指主体"人"的"乡"这一地理空间。

关于乡的定义，泛指城市和乡村在内的人类物质家园、精神家园，如家乡、故乡、乡村、农村、故国等。从狭义角度来看，乡愁的"乡"主要有两层含义：一指故乡，即情感主体的出生地，是个人早期生活记忆的来源，是血亲、邻里、民风习俗等多样性地域元素的空间集合；二指乡村，即在地域上属于城市区域之外的范畴，生产方式主要以农业为主[1]。在全球化的城市化进程

---

[1] 陈浩. 城中村流动人口的乡愁建构与影响机理研究 [D]. 西安：西北大学，2019.

大背景中，当下人们受到多元文化的交流与冲突、环境变迁、功利主义、习俗异变、传统美德淡化等因素的影响，远离故土、失去故乡、漂泊在外的人们再也找不到家的方向，而乡村也成了人们"精神上的故土"。

（二）时间维度

乡愁的恋地情结，在时间维度上表现为对过去家园的怀旧和依恋。著名诗人余光中曾说，"所谓乡愁并不仅是地理的，也是历史的，并不是说回到你家乡，回到那一村一寨就可以解愁的，乡愁往往是历史的沧桑感和时间的沧桑感在其中"①。其中所指的就是乡愁的时间维度，在时间上指向过去，因离开而怀念故乡。

因此，有学者指出，乡愁也可以产生于那些未曾离开过亲人和居住地的人群，意指由于时间的流逝，"乡"发生了改变，人们因对过往的"乡"产生怀念之情②。虽然这种乡愁未曾发生地理位置上空间距离的变化，但在时空跨越上也具备了空间异质性。

可以说，乡愁在某种程度上是一种时间维度上的怀旧情感，留住乡愁，就是留住人们对过去时光的记忆。快节奏的生活、拥挤的生存空间、精神的高度紧张、空虚与恐慌感与日俱增，人们疲惫不堪，纷纷想要逃离莫名的存在状态，回归原生态的世界，寻找简单、自然、从容的生命状态，抚慰疲惫忧伤的身心。在这种情况下，人们由于怀旧情绪所产生的乡愁之"乡"，早已不是普遍意义上的过去的自然乡村，而是人们用来抵御焦虑、空虚的用以实现本真存在的回归与解放的乡思所寓之场③。

（三）心理维度

随着社会的不断发展，人们的思想观念、价值信仰、生活方式、社会关系等都发生了翻天覆地的变化。对社会而言，面临的是整个传统文明的失落；对

① 余光中. 右手写诗，左手写文 [N]. 北京青年报，2003 - 10.
② 孙璐，王江萍. 新型城乡关系下"乡愁"的空间要义 [J]. 现代城市研究，2017，32（10）：117 - 121.
③ 冀慧莹. 美丽乡村建设中乡愁的审美表征研究 [D]. 南宁：广西民族大学，2022.

个体而言，面临的是个人认同的困境，乡愁就是心理层面的具体映射①。乡愁记忆的空间维度和时间维度，是主体"人"对其所自来即生命来源的自我认知。人们在回望过去的过程中，不自觉地在反思着过去与当下、理想与现实的差距。

对个人而言，这种情感记忆，本质上是对个体心理上"根的缺失和身份认同的挣扎"。作为个体成长的故土，故乡往往承载着乡愁主体的身份认同及对故乡文化传统的认同。人们离开故乡，在新的环境中面临一系列的适应压力、失落感和彷徨感，而乡愁就夹杂在这种适应和失落感之中。适应与失落心理冲突往往通过乡愁来表达。因此，乡愁不仅是个人情愫，而且是人们基于集体价值认同、文化认同产生回溯心理的一种外在表现。

对社会而言，新时期的乡愁内涵已经上升到了对日渐没落的传统农耕文明的文化乡愁层面，表现在对农耕文明的怀念、对农村地区生活方式的向往及文化传统的重拾。传统的农耕文化经历数千年的沉淀与延续，已经深深地植入中华民族精神的基因，构建了中国人独特的文化心理和道德信仰。然而在现代工业文明的冲击下，人性发生异化、传统文化断裂、身份丧失、社会结构剧变等，引发了新时期的文化乡愁，丰富了乡愁的内涵。

人们对乡愁的追寻，不再局限于生长的地方，而是对传统文明、传统社会稳定的社会结构及其带给人的安全感、归属感的怀念①。这种乡愁不再是个人的，不仅是漂泊异乡的，不单是关于时光的，而是融时空变迁与生存疏离感交错促生的普遍的社会心理。

三、乡愁符号

（一）概念

20 世纪，德国著名哲学家卡西尔（Ernst Cassirer）提出"文化是生产符号的生命形式"的观点，即不同的文化是通过符号体系和符号规则来表达的②。

---

① 熊诗维. 当代社会的乡愁表达与意涵变迁——以纪录片《记住乡愁》为例 [D]. 武汉：武汉大学, 2020.

② Cassirer E. An essay on man: An introduction to a philosophy of human culture [M]. Germany: Felix Meiner Verlag, 1962: 71 – 93.

他认为，人类与其他动物的区别在于人类具有创造和使用符号系统的能力，并将符号系统归类为：自然符号、技术符号和文化符号。这说明，符号是一项社会创造，是高度浓缩的文化表征。人类生活在各种符号构建的意义世界，而符号是有意义的感知，意义又能用符号来表达。换句话说，符号能够用来代表任何物象。

乡愁，作为一种源于主体"人"的情感，是人类共有的文化情感和精神追求。乡愁本身是抽象的，不具体的；但是人们对乡愁的表达，需要借助客观形式的载体来展示。这种情感实体化、具体化的载体，被称为乡愁符号。

（二）乡愁符号的种类

"乡愁符号"是乡愁情怀的载体，是被人类可感知的并以客观形式存在的物化资源。因此，乡愁符号可以是乡村中的任何一个元素，例如建筑、池塘、田地、花草树木、民俗、生活习惯等，都可以承载人们心中向往的"乡愁文化"，都属于乡愁符号的范畴。

从乡村旅游发展的角度来看，乡愁的载体包括环境要素、经济要素和民生要素三大类①。乡愁所依赖的环境要素主要指原生地（即乡村）的物质及非物质环境。那么，乡愁的"乡"就是实现"愁"的物质条件和现实基础，乡村的生态环境、自然资源、乡风文化就是乡愁的环境载体。其中，生态环境、自然资源为物质载体，是乡愁的外在触发机制②；而千百年来形成的乡村生产生活方式、乡音、宗族、邻里关系等乡土记忆和地方文脉，构成了乡愁的非物质载体③。经济要素是通过解构乡愁的内在元素，从旅游者需求和旅游业供给结构、旅游客源地和旅游目的地空间结构的匹配程度出发，精准地把握乡村旅游发展的供给侧。经济要素通过经济制度、经济水平等要素特征成为激发

---

① 肖黎明，王彦君，郭瑞雅. 乡愁视域下乡村旅游高质量发展的空间差异及演变——基于黄河流域的检验 [J]. 旅游学刊，2021，36（11）：13－25.

② 王新歌，陈田，林明水，等. 国内外乡愁相关研究进展及启示 [J]. 人文地理，2018，33（05）：1－11.

③ 赵李娜. 中国乡愁文化的历史脉络与现实依归 [J]. 云南师范大学学报（哲学社会科学版），2019，51（03）：149－156.

乡愁感知的载体，是激发乡愁经济的外生动力。民生要素主要以民生为导向，从教育、社会保障、医疗、社会安全等方面，借助一定的量化指标来衡量，通过发展乡村旅游来从根本上提升人们的幸福感、获得感和安全感①。民生要素是通过职业状况、生活水平、幸福指标等要素特征成为激发乡愁感知的载体。

从农业美学的角度来看，乡愁文化体现在乡村旅游形象的结构要素载体上，主要包括自然形象、生产形象、生活形象、经济贸易形象、教育、交通等形象结构要素②。从文化的角度来看，乡愁文化的情感载体包括三个层次，即"第一层，以血缘为纽带的亲人思念；第二层，以地缘为纽带的故乡地理怀念；第三层，是对安身立命根本之历史文化的深情眷恋"③。

另外一种说法是由物质、行为、制度和精神层面构成，乡愁主体借助这四个层面通过实践与客体实现了完美融合，凸显了乡愁文化所具备的情感因素，实现了乡愁主体"人"生命需求与客观世界之间的联动④。其中，物质层面泛指各种器物，是乡愁文化的构成基础和其他载体的构成前提；行为层面泛指民风民俗、传统节庆活动、生活习惯等，是乡愁文化载体构成的实践条件；制度层面泛指由风俗习惯转变成的明文规定、制度、社会规范等，是乡愁文化载体构成的基础保障；精神层面泛指孝悌忠信礼义等精神、故事及榜样、家风祖训等体现世界观、价值观与人生观的一切精神层面要素，是乡愁文化载体构成的核心本质。

（三）乡愁符号的特征

1. 乡土性

中国社会是乡土性的，土是乡土社会关系的核心，土地是乡民的身份符

---

① 邹安全，杨威. 基于民生视角的城市居民幸福指数提升策略——以长沙市为例［J］. 中国行政管理，2012（11）：107－112.

② 陶玉霞. 乡村旅游根性意涵的社会调试与价值重建研究［J］. 人文地理，2015，30（05）：117－125.

③ 种海峰. 社会转型视域中的文化乡愁主题［J］. 武汉理工大学学报（社会科学版），2008（04）：601－605.

④ 彭佐扬. 乡愁文化理论内涵与价值梳理研究［J］. 文化学刊，2016（004）：113－118.

号，人和土地的关系构成了中国农村社会的独特结构①。冯骥才曾说，每个人心中都有一块神奇的土地——故乡，每个人把这块土地连在一起，就是祖国。故土、故乡、故人，连在一起的就是我们的历史，就是我们的根。这说明，乡愁符号来自故乡和故土，主体人的"乡愁"与乡土息息相关。

在城镇化快速发展的今天，传承和延续下来的具有乡土特色的乡村景观，最能引起人们的情感共振，激发人们在喧闹、紧张、拥挤、污染的城市生活中去追寻那藏匿于心灵深处的乡土情怀。这是一种对"根性"乡土最简单的追寻，乡村旅游就是在这样的背景下应运而生，架起了人与人之间、人与自然之间、工业文明与农耕文明之间的桥梁②。在这样的背景下，具有乡土性的乡村符号，被开发者借助于乡村特有的具象资源来构建成吸引物，吸引旅游者走向乡村，农家乐旅游就是最好的证明。这种乡土性，是乡愁符号区别于其他旅游形式的最显著特征，也是当代乡村旅游开发的核心要素。

2. 地域性

乡愁符号的形成，离不开乡村的周围环境和各种条件的影响。因此，不同的地区就有不同的乡愁符号，每个地区的乡愁符号又有独特的个性特征和文化内涵③。

我国作为农业大国，承载着几千年未间断的人类农业文明。不同的地理条件孕育了丰富多彩的乡村景观与文化特色。例如，江南水乡、草原牧区、滨海渔村等，各具独特自然资源和文化风貌。中原地区是中华文化和农耕文明的发源地，具有根源性、包容性、开放性等特点；东南地区因港口经济形成商业、江南及海洋文化；东北地区以黑土文化和多元民族文化为特色；西北地区独特的游牧文化；西南地区因地形多样呈现梯田稻作与多元交融的文化特征。这种地域特色不仅造就了多样的乡村文化，也形成了具有独特地域性的"乡愁符号"，承载着深厚的文化内涵与情感记忆。

---

① 康来云. 乡土情结与土地价值观——改革开放30年来中国农村土地的历史变迁 [J]. 河南社会科学, 2009, 17 (05)：46-48.

② 陶玉霞. 乡村旅游根性意涵的社会调试与价值重建研究 [J]. 人文地理, 2015, 30 (05)：117-125.

③ 王雪莹. 美丽乡村景观规划中"乡愁符号"的应用研究 [D]. 长沙：中南林业科技大学, 2020.

3. 多样表征性

乡愁的载体可以是乡村中的任何一个有形的或无形的元素。我国地域辽阔，民族众多。在这样的背景下，由于不同时期、不同地区、不同民族的乡愁符号呈现出多样特征。同时，在乡愁符号载体的构成方面，多种层次的表现，决定了多样化的乡愁表征。在社会的不断发展过程中，多样性的乡愁符号也会在发展过程中不断碰撞和交融，衍生出新的类型，促进乡愁符号的多元发展①。

4. 情感记忆性

乡土记忆和地方文脉是乡愁的重要情感源头，承载着个体与群体对家、对乡和对国的深切眷恋，能在历史与现实之间构建一座文化记忆的桥梁，带给人们温暖的精神慰藉。乡村中与乡愁主体生活环境息息相关的任何当地资源都能被当作乡愁符号，它们连接着过去和未来，延续当地的文脉，蕴含着现代社会人们对乡村质朴文化环境的心理渴求与皈依。这种植根到个体精神世界里的情感记忆基因，容易唤醒人们对"故乡"的情感共鸣，传递出一种集体的文化认同、文化归属与文化自信①。

5. 精神寄托性

乡愁符号作为乡愁的有效载体，种类繁多，不仅具有美学观赏价值，而且具有精神寄托价值①。对于当地村民而言，乡愁符号能够激起他们对故乡的记忆，获得精神慰藉；对于外来人游客而言，身处他乡，借助外来审视者身份来体验异地乡愁符号，激起他们对故乡的怀念，产生对当地乡愁符号的体验性认同与情感共鸣，放松身心，达到心灵治愈②。

因此，乡愁符号是一种能引发情感共鸣，产生认同感，能够寄托人们对美好生活的向往，是具有精神寄托性质的乡愁载体③。

（四）乡愁的符号化表达

乡愁作为一种内生的情感结构，它是抽象的，其表征需要投射在一定的符

---

① 刘淑兰. 文化自信视阈下乡愁重构的困境及制度设计 [J]. 科学社会主义，2018 (04)：77－81.

② 王新歌，虞虎，陈田. 旅游视角下的地域乡愁文化元素识别及维度构建 [J]. 资源科学，2019，41 (12)：2237－2247.

③ 李艳. 符号互动论下文化遗产旅游体验价值生成研究 [D]. 西安：西北大学，2019.

号上。何为表征？英国著名作家威廉姆斯指出，表征（representation）是一个符号、象征，或是一个意象、图像，或是呈现在眼前或心上的一种过程①。即表征是通过不同的方式来呈现某些事物。英国另一社会学家斯图尔特·霍尔则从文化的角度，提出"表征是在我们头脑中通过语言对各种概念的意义的生产"，并把文化定义为"共享的意义或共享的概念图"②。文化的意义是通过各种各样的语言来建构的，而语言是由各种各样的符号组成。符号之所以被创造出来，就是为了向人们传达某种意义。

在传统社会，乡愁主要通过各种文学艺术来表征，通过构成乡愁意象，慢慢内化为一种根深蒂固的民族文化心理，影响着中国人的情感和审美。在现代社会，社会结构的剧烈变动借助媒介的传播，造成了乡愁主体的扩大，使乡愁以更多元的形式得以表征③。在乡村振兴推进乡村变革引发普遍乡愁的语境中，乡愁的表征，必须通过物质的和精神的符号才能得以传递，这些符号需要凝结个体丰富的情感和意义，代表乡村的生活方式、社交以及文化习惯④。乡村作为一个地域和社会群体，拥有丰富多彩的表达符号，这些符号既是对乡村生活方式、文化传统和自然环境的象征，也是人们对乡愁、归属感和文化认同的情感表达。在乡愁的符号表达中，主要包括自然符号、生活符号和文化符号三种。

1. 自然符号

乡村的自然景观是其生态美的最直接表达，包括山川河流、森林湖泊及动植物等，同时也为人们生产生活提供丰富资源和心灵休憩之地。作为人类生产活动的基本场所，乡村生产生活自然离不开这些重要的自然资源。随着时代变迁，这种自然符号逐渐融入"人化"要素，如驯养的牲畜家禽、人工种植的农作物、人工改造的土地等，都体现当地的历史与文化。历经时代的积累、沉淀，乡村的自然符号已经不再是严格意义上的纯粹自然符号，而是人化了的自然，构

---

① Williams R. Keywords：A vocabulary of culture and society［M］. UK：Oxford university press，1975：1777 – 1779.

② Hall S. Representation：cultural representations and signifying practices［M］. New York：Sage Publications & Open University Press，1997：1 – 4.

③ 冀慧莹. 美丽乡村建设中乡愁的审美表征研究［D］. 南宁：广西民族大学，2022.

④ 洪学婷，黄震方，陈晓艳，等. 场所叙事视角下乡愁的多维解构与影响机理——基于新民谣歌词与评论的分析［J］. 地理科学，2021，41（01）：55 – 63.

成了乡村生产生活活动的重要组成部分，也成了重要的乡愁记忆与乡愁载体。

2. 生活符号

乡愁的生活符号表达传递的是人们对于乡村生活方式和传统文化活动的情感表达和认同。生活符号主要指那些在乡村日常生活中随处可见的生活物象，例如村落建筑、宗祠、寺庙、道路、戏台、手工艺品、耕作农具、田园、集市等，这些乡村意象凝结着乡村耕作文化的记忆与慢节奏的生活经验，能够帮助现代人唤起故乡的记忆与联想，引发乡愁的情感共鸣。这些符号具有独特的审美价值，代表了乡村的独特魅力和精神内涵，体现了人们对自然和美好生活的热爱与追求。通过这些乡愁生活符号，它们可以帮助人们深入了解乡村社会的价值观、生活方式和情感世界。

3. 文化符号

乡愁的文化符号是乡村传统文化的缩影，具有丰富多彩的表达方式，承载着乡村社会的独特魅力和精神风貌。它不仅包括乡村特色饮食、服饰、手工艺品等物质符号，也包括像地方方言、传统节日、民风习俗、宗教信仰、礼仪规范、民间传说、地方戏曲与歌曲等非物质文化符号，这些意象共同构成了地方乡村独特的人文风景和审美创造。

其中，物质文化符号是乡村文化的基础，是村民最为亲切的文化实体，也是游客感受异地文化的有效直观媒介。非物质文化符号是乡村文化的精髓，是乡村文化最具地方性和感染力的部分。这些独特的文化符号，记载着当地人们的情感与信仰，传承和弘扬着乡村的文化传统。只有牢牢把握这些文化符号的精髓，重构乡愁文化，强化村民的文化认同，激发乡土文化的内生动力，才能营造真正意义上的"心灵故土"，与时俱进地满足人们的文化需求。

四、乡愁内涵的变迁与重构

传统乡愁是游子对故乡和亲人的情感寄托，现代乡愁则更多体现对现实社会与过去回忆思辨的感知与体验①。现如今，随着全球化的城镇化进程，传统

---

① 彭佐扬. 乡愁文化理论内涵与价值梳理研究 [J]. 文化学刊, 2016 (004): 113 - 118.

的农耕文明被烙上"落后生产力"的烙印，农耕文化遭受空前冲击，城乡二元结构的差异驱使着乡村升级转型，但也导致"千城一面、千村一面"的同质化现象，传统乡村景象逐渐消逝，游子哀叹"故乡难觅，乡愁难觅"。在乡村现代化不可逆的背景下，将现代乡愁内涵融入乡村振兴显得尤为重要。

文化是乡村振兴的灵魂，而乡愁则是乡村文化的内核。2013年中央城镇化工作会议中，"乡愁"被首次提出作为乡村建设核心理念，赋予其时代意义，成为乡村文化振兴的重要抓手。乡愁的重构需要借助具体的乡愁符号作为依托，使其在现代语境下得以延续与表达。

新时代下乡愁内涵的重构，是对当下人们审美疲劳和城市生活异化的纠偏，是凸显重视主体情感价值诉求和重构精神家园与心灵故乡的过程，是"留住乡愁"的关键工作。在乡愁文化重构的过程中，可以从以下几个方面进行，以确保能够更好地适应当代社会的需要和人们的情感诉求。

（一）重构文化主体，激活乡村内生活力

2016年《中共中央　国务院关于落实发展新理念加快农业现代化实现全面小康目标的若干意见》提到，深入推进农村改革，增强农村发展内生动力。而农村的内生动力主体是乡村村民，他们是农村韧性发展的主要动力源泉。马克思主义认为，真正的主体是人们已接受并已内化为心中权威的意识形态[1]。

在乡村与旅游发展规划中，村民一直处于失语地位，主体意识缺乏。乡民认知、参与能力的欠缺还直接导致无意识状态的自我奴性的培育，乡民自身与乡村一起被重构和异化[2]。与此同时，在城市化浪潮的冲击下，城乡二元文化的巨大差异，使处于劣势的乡村文化不断被同化、吞噬，造成了乡村"文化自卑"现象，导致了文化认同和社会认同危机。

在经济利益的驱使下，乡村中的青壮年大多数外出务工或者到城市学习、就业，只剩一些老年人和外来"村民"留守乡村，靠经营一些"现代化"的

---

① 周书焕．现代语境下的大学生公民教育［J］．郑州航空工业管理学院学报（社会科学版），2010，29（02）：162－165．
② 陶玉霞．乡村旅游理论建构与理性批判［M］．北京：中国旅游出版社，2016：86－89．

产品来获取经济收益，导致乡村的"空心化"。如果一个乡村的传统文化、手工艺等失去新一代人的传承与延续，那么必将导致"文化空心"，进而走向消亡。如何促使当地文脉实现有效传承，增强村民这一乡村主体的文化自信，使其对乡村产生认同感和归属感，进而提升乡村及其文化的辨识度，是乡村实现可持续发展的必要保障。

乡土文化与乡村、村民密不可分，它们是一个有机的统一体。要重构乡愁，就必须唤醒乡愁文化主体对乡土文化、价值理念等的认同和自信。这是激活乡村内生活力与发展动力的关键，也是树立文化自信、继承中华民族精神命脉的有效保障。费孝通先生曾说，"文化自觉是乡土中国走向现代的路径"。那么重构村民对乡土文化的自信与认同，也是乡村走向现代化的必要路径。文化主体的文化自信，建立在认同并肯定自身的生存状态、生存空间和主体地位基础之上。

因此，重构乡愁内涵，必须留住乡村的"原住民"，激活他们的主体性、参与性与乡土自豪感，进而实现乡村文化主体重构。加强村民乡村重构意识的建设，赋予他们乡村重构的能力，为之提供乡村重构的工具和途径，是实现乡愁文化重构的重要保障。

乡村未来发展的关键问题在于如何以乡愁为纽带，建立有效的培育机制和平台，留住乡愁的"文化主体"，同时吸引乡村的原住"贤才"游子回流，教化乡民，帮助村民重新认知自我价值、重建对家乡的认同感、自豪感，提升他们认知、参与、政治、维权、文化自信等意识。同时，激活文化主体的主观能动性，参与乡村治理、造福家乡，最终提升乡民的文化自信与归属感，赋予乡愁新的时代主体性内涵。

（二）重构乡村文化核心价值，加强优秀传统保护与传承

随着全球消费时代的到来，追求经济利益最大化已然成为各行各业发展的首要目标。在经济利益的驱使下，乡村、村民和传统文化被视为现代化的他者、需要抛弃或改造的对象[①]，在改善乡村人居环境的同时，盲目照搬城

---

① 孙夏. 我国逆城市化现象研究［D］. 南京：南京大学，2014.

市发展模式，导致人们记忆中的传统乡村景观失去了原来的风貌，传统乡村文脉逐渐消失，单一化、同质化的乡村越来越多①，使得人们的乡愁无处安放。

乡愁的价值内核发轫于农耕文化，而农耕文化反映了中国劳动人民自古以来传统农业的耕作制度、生产技术及中华文明等，形成了吃苦耐劳、勤俭节约、自强不息、尊老爱幼、团结协作等社会经济活动的价值准绳，这些价值观念对维持农村的人际交往、社会稳定、人地和谐起着至关重要的约束和规范作用。然而，这些朴素美好的价值观在激烈的市场竞争中发生了明显的退化、异化，甚至荡然无存。因此，必须对传统的农耕文化传承体系加以保护和传承，重构乡村文化的核心价值，实现记住乡愁、留住乡愁。

在乡村发展过程中，要注重对传统农耕文化载体的保护与搭建。首先，对传统农耕文化要进行系统抢救与保护，可借助数字化与现代化手段（如3D、4D、VR等）来记录和传播农耕文化，与时俱进，有助于推动传统文化和现代科技的有机融合，对坚定文化自信具有历史与现实的双向合理性。

其次，在此基础上，建立相应的农耕文化教育与培训体系，以培训班、宣传等形式，将农耕知识、技艺、用具等展示并宣传给乡村年轻一代，使他们了解、学习和继承传统的农耕方式与生产生活，唤起传承农耕文化的兴趣与自豪感。

再次，抓住游客的怀旧、寻根心理，积极发展和农耕文化有关的节庆活动、手工艺体验、实景演出、文创产品开发等业态，活化乡村文化形态，营造层次丰富的文化体验等舞台性质的体验性载体，让游客有机会参与农事活动，体验和感受传统生活方式，使他们的乡愁有处可依。

最后，在延续传统农耕文化的过程中，与现代农业相结合，融入现代科技手段，以乡愁为引领，创新农产品包装，助力农产品销售，实现乡村文化振兴和产业振兴的同频同步。

在搭建这些载体的过程中，保护和传承乡村文化是前提，与时俱进是文脉的延续保障，但是要避免其出现"舞台化""庸俗化""空心化"等倾向，

---

① 刘淑兰. 文化自信视阈下乡愁重构的困境及制度设计［J］. 科学社会主义，2018（04）：77－81.

违背乡村社会发展的价值理念。这些核心价值共同构成了乡村文化的精髓，代表了乡村社区的传统、精神和生活方式，如何在社会发展的洪流中，实现对传统乡村文化核心价值的重构，对于维系乡村社会的稳定和发展具有重要意义。

（三）重构乡村文化空间，重拾乡愁记忆

乡愁是一种抽象的具体情感，它具有特定的空间指向性。乡愁符号作为乡愁的有效表达载体，包含一切与"乡"相关的元素，如家乡的一花一草、一山一水、一砖一瓦。正是这些具象的乡村符号，承载了村民的集体记忆，也是人们寻找回归、寻找自我的情感坐标。在现代化、城镇化浪潮的冲击下，传统村落正在逐渐消失，一同消失殆尽的还有它所承载的乡愁。为了更好地留住乡村记忆，一方面要保护那些传统古村落、古建筑，让传统的农耕文明有根可寻；另一方面，对乡土文化进行挖掘与整合，依托乡愁资源，构建现代空间形态的新"符号"，实现乡愁文化的空间重构。

传统古村落是农耕文明的重要载体，也是乡愁文化的有效依托。它凝结着中华民族的乡愁，是连接历史与未来的纽带。因此，保护传统建筑和古村落是重构乡愁文化空间的首要任务，是乡土文化得以延续的重要保障。在保护传统古村落与建筑的过程中，要坚持使用传统的营造法式与建造技艺，秉承修旧如旧的原则，构建与乡村自然环境和谐一致的乡村风貌。

重构乡愁认知，既要留得住乡愁的"魂"，也要留住乡愁的"形"①。这里所说的魂与形，就是乡愁文化的有形与无形载体，它们是乡村文明与乡土文化的主要依托。因此，乡村文化要想实现传承与发扬，必须依托有形的传递载体，即实现乡愁的文化空间重构。在充分挖掘、整理乡村文化资源的基础上，可借助构建乡村文化博物馆、民俗馆、体验馆、名人故居、文化遗产资料室等现代空间形态的文化创意，使乡村文化生命力得到延续，为乡村振兴和文化传承注入新的活力和动力，实现文化保护和文旅产业发展双赢。

---

① 刘淑兰. 文化自信视阈下乡愁重构的困境及制度设计［J］. 科学社会主义，2018（04）：77－81.

第四节　乡村旅游的实业化与传统文化传播

一、相关概念

（一）乡村文化

乡村旅游作为一种新兴的旅游产品，与现代都市文化形成了强烈反差，吸引着大量的城市居民前往，远离城市的喧嚣，到大自然中去愉悦、放松身心，得到回归自然的满足，归根到底在于它的传统文化和乡村性这一本质特征①。自古以来，中国就是一个农业大国，以农为本、以耕为重的农耕文化传统源远流长。而乡村携带着中国传统文化基因，是保持、传承和发扬中国传统文化的重要载体。乡村文化承载着丰富的历史传统文化，具有中国传统文化的魅力和价值，是乡村旅游存在和发展的基础，也是乡村旅游发展的原动力。

乡村文化也被称为乡土文化，学界对乡村文化的概念存在多种界定（见表3－3）。

表3－3　　　　　　　　　　国内学者对乡村文化的定义

年份	学者	内涵
1984	费孝通	乡村文化是在中国特有的文化氛围和乡村基础的共同作用下形成的，融合了大众文化的共性和乡土文化的个性①
2013	胡映兰	乡土文化是在农村长期的共同生活中所形成的独具特色且比较稳定的生活方式和观念体系，包括乡村物质文化、乡村规范文化和乡村表现文化②
2014	刘晓峰	乡土文化代表了一种社会结构的属性特征，包括空间特征、人际关系特征、个体理性特征、伦理本位特征四个方面③
2016	卢渊、李颖、宋攀	乡土文化是基于客观历史条件生成的一种文化形态，是一种沟通和传播传统知识的体系，不仅能够对中国传统文化进行继承和传播，还对农村、宗族等的发展起着维系作用④

①　陈红玲，赵迪琼. 乡村旅游发展对传统文化保护的关系探析［J］. 南宁职业技术学院学报，2011，16（06）：80－83.

续表

年份	学者	内涵
2017	赵旭东、孙笑非	乡村文化是指在乡村社会中，以农民为主体，以乡村社会的知识结构、价值观念、乡风民俗、社会心理、行为方式为主要内容，以农民的群众性文化娱乐活动为主要形式的文化类型⑤
2018	冯娇艳	将乡村文化景观分为有形的乡土景观和无形的乡土习俗⑥
2020	周琴	乡村文化是指在乡村区域的共同体中以农民为主体所创作出的物质文化和无形的思想的集合体，包含乡村物质文化、乡村地域文化、乡村制度文化、乡村精神文化四个层面⑦
2023	杜淑莹	乡村文化是一种区别于城市文化，以乡土为核心，以农业、农村、农民为叙说对象的文化形态，包含了时代农民所进行的物质改造与精神创造等内容⑧

资料来源：①费孝通. 乡土中国 [M]. 上海：三联书店，1984：1-2.

②胡映兰. 论乡土文化的变迁 [J]. 中国社会科学院研究生院学报，2013 (06)：94-101.

③刘晓峰. 我国乡土文化的特征及其转型 [J]. 理论与现代化，2014 (01)：66-71.

④卢渊，李颖，宋攀. 乡土文化在"美丽乡村"建设中的保护与传承 [J]. 西北农林科技大学学报（社会科学版），2016，16 (03)：69-74.

⑤赵旭东，孙笑非. 中国乡村文化的在生产——基于一种文化转型观念的再思考 [J]. 西北农林科技大学学报（社会科学版），2017 (01)：119-127.

⑥冯娇艳. 中国乡土文化传承与发展中的问题及对策研究 [D]. 长春：吉林大学，2018.

⑦周琴. 乡村振兴视域下县域融媒体传播乡村文化的创新路径 [D]. 成都：成都理工大学，2020.

⑧杜淑莹. 乡村振兴视域下"三农"短视频对乡村文化的传播研究——以抖音"新农人计划"为例 [D]. 南昌：江西师范大学，2023.

纵观上述各学者对乡村文化的界定，不难看出，乡村文化是植根于农村和农耕文化，具体指乡村和农耕文明相结合所形成的文化。在新时期的乡村振兴背景下的乡村文化是由中国特色社会主义文化、中华优秀传统文化和乡村文化等多元融合而成的文化，它是乡村建设的难点，同时又是乡村建设的灵魂。

（二）文旅融合

2009年8月31日，文化部、原国家旅游局《关于促进文化与旅游结合发展的指导意见》中首次提出文化与旅游关系的灵魂载体说；2018年，文化和旅游部成立，标志着我国文化产业和旅游产业融合（以下简称文旅融合）发展进入一个新阶段；2020年，党的十九届五中全会在《中共中央关于制定国民经济和社会发展的第十四个五年规划和二〇三五年远景目标的建议》中进一步明确了文旅融合的内在要求，再次凸显了文旅融合的必要性；2022 年，文化和旅游部联合其他部门制定并发布《关于推动文化产业赋能乡村振兴的意见》，明确指出要充分发挥文化的赋能作用，推动文化产业人才、资金、项目、科技等融入乡村经济社会发展、丰富乡村文化业态、保护利用人文资源和自然资源、有机融合乡村一二三产业等，有效支撑乡村文化振兴。

文化是旅游发展的底蕴，旅游是文化传播的重要途径，两者相互影响、相互促进，共同推动经济发展和社会进步。从广义上来讲，文化产业包括旅游产业；狭义上，文化产业包括博物、演艺、出版印刷、设计、手工艺品、休闲娱乐等传统文化产业，文旅融合即狭义的文化产业与旅游业的融合发展。对文旅融合的概念界定，业界主要是基于产业融合概念而进行的拓展。文旅融合是指将文化产业和旅游业相结合，使文化、旅游及其他相关要素相互渗透或重组，以逐渐扩展延伸原有产业边界及要素领域，创造出更具体验感和竞争力的产品或服务[1]。也有学者从公共服务角度出发，指出文旅融合是文化和旅游之间的两两组合发展，具体包括文化产业和旅游产业融合、文化产业和旅游公共服务融合、公共文化服务和旅游产业融合、公共文化服务和旅游公共服务等四种类型的融合发展[2]。

综合来看，文旅融合的主要特征有两点，一是两个产业的边界趋于消失；二是具备创新动态的发展过程。文旅融合强调通过产品创新、服务创新、管理创新、营销创新等手段，改变两个产业各自原本的价值创造过程，进而形成一个新的产业[3]。

二、乡村旅游实业化发展逻辑

（一）乡村旅游实业化的背景

2023 年是新冠疫情后经济恢复发展的一年，旅游业也随之强势复苏回暖，

---

① 丁利平. 文旅融合赋能乡村旅游高质量发展 [J]. 当代县域经济，2024（03）：86 – 88.

② 金武刚，赵娜，张雨晴，汪岩丹. 促进文旅融合发展的公共服务建设途径 [J]. 图书与情报，2019（04）：53 – 58.

③ 徐菲菲，剌利青，严星雨，韩磊，何云梦，钟雪晴. 中国文化产业与旅游产业融合研究述评 [J]. 旅游科学，2023，37（04）：1 – 18.

旅游消费需求强劲,个性化生态旅游时代已经到来。这一年,国务院印发了《关于释放旅游消费潜力推动旅游业高质量发展的若干措施》文件,文化和旅游部制定了《国内旅游提升计划(2023—2025年)》,强调要加大优质旅游产品和服务供给,促进旅游高质量发展和转型。习近平总书记在2023年全国两会中也发表重要讲话,强调民营经济要"调整产业结构、转换增长动力,做强实业,自觉走高质量发展道路"。乡村旅游作为我国实现乡村振兴的有效助力,走实业化转型与升级的道路势在必行。

(二)乡村旅游实业化的内涵

乡村旅游实业化,通常也被叫作乡村旅游产业化,是指乡村旅游注重通过产业链延伸拓展推进粮食蔬菜畜牧等实业性产业发展,同时强调乡村旅游注重旅游活动本身的物质、文化创造性提升与转化,延伸旅游产业链条,促进多产业融合发展,推动乡村经济转型升级,让旅游经营和旅游活动都具备创造性和实业生产色彩,获得良好的经济效益、环境效益和社会效益。

乡村旅游作为乡村发展新的经济增长点,要想实现长久的良性发展,必须与当地地方实业性产业系统链条相融合,形成完善的产业系统。旅游产业链可以延伸到任何一个与旅游相关的产业。传统的乡村旅游往往局限于景点的开发和游览,而在实业化的过程中,乡村旅游将拓展到更多的领域,包括酒店住宿、餐饮服务、文化体验、手工艺品销售等,形成一个完整的产业链条,增加了就业机会,促进了当地经济的发展。

(三)乡村旅游实业化的路径

作为旅游产业的一个重要组成部分,乡村旅游在过去的30多年间获得了飞快发展,成为促进乡村经济发展、解决农村就业和创收的有效方式之一。在此基础上,催生了借助农业、生态、自然、人文等发展起来的乡村经济新产业,为促进我国乡村经济发展、解决"三农"问题、实现乡村振兴战略提供了契机和机遇①。乡村旅游的实业化发展作为推动农村经济发展、实现乡村振兴的重要途径之一,在经济、文化、社会、环境等方面发挥了积极重要的作用。

① 王晓红. 乡村振兴战略下乡村旅游发展途径的创新研究 [J]. 中国商论, 2019 (09): 61-62.

1. 经济方面

发展乡村旅游，可以带动当地经济的发展，最直观的效益就是增加了农民的就业机会，提高了农民的经济收入，为新农村建设创造较好的经济基础。作为综合性产业，乡村旅游通过"一业带百业，一业兴而百业兴"效应，推动一二三产业协同发展，拓宽创收渠道，创造丰富的就业与创业机会，实现农村剩余劳动力就地就业，吸引农民工和精英人士回流，激活乡村发展的内生力。

此外，发展乡村旅游，有助于加快农业结构调整，推动乡村经济由传统农业向农业与非农业协同发展的多元结构转型，通过拓展农业功能和延伸产业链，促进"食住行游购娱"等核心产业与农业融合发展，实现乡村产业升级和乡村振兴，最终实现共同富裕。

2. 社会方面

乡村旅游业的发展，不仅给乡村带来了巨大的经济收益，更重要的是使得乡村基础设施建设得到了很大的改善，例如道路、治理排污、信息通信设施、卫生、休闲娱乐设施等，推动了村容村貌的改善，极大地改善了居民的居住环境，增强了居民生活品质。

乡村旅游的发展离不开当地居民的参与和支持。通过参与旅游业，可以增强乡村社会的凝聚力和居民的社区认同感与自豪感。同时，通过借助当地的旅游资源来开发旅游产品，吸引城市居民到乡村体验，还可增进城乡之间的交流与融合，有助于维持社会稳定，推动城乡一体化发展。更重要的是，通过城乡融合与交流，还能吸引城市居民、中小企业下乡，为乡村发展带来资本、人才、信息、技术、管理、物流等生产要素，借助这些外部资源将乡村发展嵌入更为广阔的社会网络之中，为乡村地区注入强劲的外部动力①。

3. 文化方面

中华民族的乡土文化在文化领域中占有重要地位，是中华民族得以繁衍发展的精神寄托和智慧结晶，物质的、非物质的乡土文化，例如民俗民情、民间传说故事、村规民约、古代建筑遗存等，都是发展乡村旅游的重要载体。乡土文化是中华民族传统文化的重要组成部分，具有独特的历史、文化和地域特

---

① 宋瑞，刘倩倩. 中国式现代化背景下的乡村旅游：功能、短板与优化路径［J］. 华中师范大学学报（自然科学版），2024，58（01）：36-45.

色。乡村旅游的实业化发展为乡村文化在游客与乡村居民之间架起了一座传播桥梁，不仅促进了文化的交流与传播，也加强了对乡村传统文化遗产的保护与利用、繁荣与创新。

4. 环境方面

乡村旅游发展，需要良好的环境基础做支撑。在当今快节奏的生活中，忙碌中的人们纷纷想逃离喧嚣、拥挤的城市，通过置身于宁静、恬美的乡村环境去体验各种农事活动来寻求身心的愉悦与放松。正是这种"愉悦与放松"，对乡村的环境卫生、景观的整洁等提出了更高的要求，进而促进农村村容村貌的改善及对原生态环境保护。

未来的乡村旅游发展的核心问题在于其可持续性与生态环境的保护，而实现可持续发展的本质途径就是本地化，并确保开发的经济力度与规模保持在环境与社会承载力之内[①]。同时，在乡村旅游实业化过程中，激励村民的"主人公"意识，促使他们自觉参与到生态环境的保护与治理中去，也能够有效地推动乡村生态文明建设。

需要注意的是，乡村旅游的发展也带来了一系列的负面影响，如乡村半城市化、产品同质化与单一化、产业结构单一、乡村实业空心化、传统文化消亡、环境污染与生态破坏等，旅游乡村的生产生活、文化娱乐、邻里关系、信仰、身份意识等都在旅游中发生了异质性改变，乡村旅游的发展方式和模式亟须进行转型升级。这对带动我国乡村文化、农业产业的融合发展，推动我国乡村经济提升、文化传承、民生、旅游产业可持续发展等问题的解决，具有举足轻重的现实意义。

三、乡村旅游与文化传播

（一）乡村传统文化的内涵与特征

中国自古以来就是一个农业大国，有着历史悠久的农耕文化。中华民族五千多年文明史的根在乡村，中华优秀的传统文化源自农耕文明。乡村作为延续

---

① Sharpley R. Rural Tourism and Sustainability—A Critique ［M］. In New Directions in Rural Tourism, Ashgate Publishing Limited：Farnham，UK，2003：38 – 53.

千年的聚落形态，保留并承载着古村落、历史遗迹、民间传说、手工艺、婚丧嫁娶、民风习俗、饮食、祭祀等乡土文化，是一种涵盖农业生产、农民生活、农村风貌的综合性文化价值体系①。乡村传统文化资源是指长期积淀在一个民族或地区的历史、文化、风俗、习惯等方面的丰富积淀，是人类智慧和创造力的结晶，具有深厚的历史积淀和独特的文化内涵。

1. 乡村传统文化的内涵

乡村传统文化产生并服务于农耕社会，是生活在一定区域内乡村民众独特的审美创造，是一种相对稳定的文化综合体，包含物质、行为、制度和精神四个文化层面②（见表3-4）。

表3-4　　　　　　　　　　　乡村传统文化的内涵

主层面	子层面	具体体现
物质	物质文化	自然山水、古建筑、民间风俗工艺、文物古迹、古街道、宗祠等
非物质	行为文化	传统耕作、传统生产技艺、乡风民俗、节日传统、仪式活动、艺术表演、民族服饰、人际沟通、行为礼仪等
	制度文化	生产生活方式、社会道德规范、乡俗村规民约、农业政策、伦理准则、土地制度等
	精神文化	孝文化、家族文化、宗教文化、婚姻伦理、邻里关系等

物质文化是指村民在长期的农业生产生活中，为满足自己的劳动实践需要与人的生存发展而创造出的一系列物质产品及相关的固态文化形态，是人们精神文化的情感寄托和载体；行为文化是一个村庄在特定地理环境等条件的影响下所表现出的明显区别于其他村庄的相对稳定和有序的非物质文化形态；制度文化是人们在长期的生存生活和社会交往活动中，基于一定价值观念所创造的一种具有强制性和稳定性的规范体系，是农村文化发展建设的关键环节；精神文化是在某一固定村落中所形成的一种精神共识，具有维系家国关系、社会关系、家族关系、邻里关系等的作用③。

---

① 宋瑞，刘倩倩. 中国式现代化背景下的乡村旅游：功能、短板与优化路径 [J]. 华中师范大学学报（自然科学版），2024，58（01）：36-45.

② 余敏. 乡村振兴战略下乡村优秀传统文化传承发展研究 [D]. 兰州：兰州理工大学，2022.

③ 辛杰. 乡村振兴战略下农村优秀传统文化传承发展路径研究 [D]. 武汉：中南财经政法大学，2021.

这些优秀的乡村传统文化构成了我国乡村各具特色的人文风景线，在历史的演进与传承中与时俱进，潜移默化地影响着人们的思想和生活，发挥其积极的价值引领和道德塑造作用。

2. 乡村传统文化的特征

任何文化的形成都有鲜明的特征，乡村传统文化也不例外。它代表着某一民族或某一特定区域民众的心理活动与意识需求，是一种符合客观实际、符合社会发展需要的大众文化，具有地域性、民族性、传承性和时代性四个特征。

（1）地域性。乡村传统文化是在特定的地域环境和人文环境背景下产生的，不同村落的文化往往带有鲜明的地方色彩和独特的地域风格，扎根于每一个村民心中。为了维护社会稳定，它的地域性特征通常会引导村民拒绝、排斥外来风俗习惯。该特征是识别某一文化所属范畴的重要标志。例如，岭南文化、齐鲁文化、西域文化、荆楚文化等形态各异的地域文化。

（2）民族性。我国又是一个多民族国家，由于地域、语言、观念等的差异性，导致我国乡村传统文化呈现"十里不同风，百里不同俗"的特点，常见的是依靠家族聚居、血缘关系维系的乡村。这种相同的种族背景、思维方式、生活习惯，能较好地维持社会稳定，进而产生了具有稳定性、民族性特征的传统文化，主要表现为各个民族相对稳定的传统节日、婚丧嫁娶等风俗习惯。

（3）传承性。文化是具有显著的传承性特征的，它在朝代更迭和政权的变迁下显示出极强的延续性和传承力。一位英国历史学家曾指出，中国传统文化是人类历史上唯一一种长期延续而从未中断的文化体系。乡村优秀的传统文化在历史的变迁中被传承下来，对人们的价值观念、生活方式、行为习惯等具有深远的影响。它是经过历史和实践检验的，留存下来的优秀文化成果，是对过去的总结、现在的传递和未来的创造。

（4）时代性。任何事物都不是一成不变的。优秀的乡村传统文化在时代的变迁中能够适应时代进步，随着时代的发展不断注入新的成分，借助主体的能动性来实现创新发展。因此，乡村传统文化的发展是一个持续性的过程，在不同的时代会被赋予不同的时代特征。

（二）乡村传统文化与乡村旅游的关系

乡村传统文化与乡村旅游两者之间存在着相互制约、相互发展、相辅相成的关系。乡村传统文化植根于乡村，有着浓厚的历史和文化积淀，是乡村旅游发展的核心资源，为乡村旅游发展提供了"灵魂"，使其富有生机和活力；乡村旅游以物质、非物质的乡村传统文化为"魂"，将质朴的乡村传统文化转化为宝贵的旅游资源，使其在旅游发展中得到活化、利用、传播与传承。

1. 传统文化是乡村旅游的核心资源

乡村文化承载着丰富的历史传统文化，具有中国传统文化的魅力和价值，是乡村旅游存在和发展的基础，也是发展乡村旅游的原动力[①]。随着我国城市化进程的加快，城市传统文化逐渐呈现衰退甚至消亡的趋势，而大部分乡村的生活环境却未发生根本性的变化，乡村的传统文化保存较好。但是乡村旅游的出现，却将城市与传统农村社区两个异质文化群串联在一起，并通过开展具体的旅游项目，让人们在同一时代背景下去体会传统文化与现代文化的差异，进而吸引人们远离城市，回归自然，到乡村地区去获取身心的放松。

因此，传统文化是乡村旅游得以存续和发展的核心资源与形式支撑，涵盖物质文化与非物质文化。如果传统文化消失了，那么没有文化的乡村旅游产业必将失去竞争力。

2. 乡村旅游是传统文化传播的最好载体

传统文化资源为乡村旅游的发展提供创新基础，乡村旅游是传统文化传播的最好载体，两者相互制约、相辅相成。乡村旅游是传统文化的一种特殊表现形式，是狭义的传统文化传承方式，是衔接现代文化生活的重要组成部分。信息革命带领世界经济飞速发展并进入一体化，使得世界文化趋于一体化，而伴随工业革命后的现代旅游业的粗犷式发展也在一定程度上扼杀了旅游目的地的传统文化。而乡村旅游，正是在人们意识到环境恶化、栖息地丧失、文化一体

---

① 陈红玲，赵迪琼. 乡村旅游发展对传统文化保护的关系探析［J］. 南宁职业技术学院学报，2011，16（06）：80-83.

化等悲剧后，开始成为城里人追求心灵慰藉、身心放松的新方向①。

随着农村生产生活水平的提高，对传统文化的回归、传承的需求日趋强烈，乡村旅游就成了满足公众文化诉求的载体②。因此，对传统文化最好的传播与传承，就是将其融合为乡村旅游产品的组成部分，对其进行挖掘、包装、宣传，提高乡村的知名度，使乡村传统文化随着乡村旅游的发展重新焕发生机；同时增强村民对当地传统文化的认同感与自豪感，而人们在乡村传统文化的传播中也获得了地区文化认同③。

（三）乡村旅游中传统文化传承面临的挑战

乡村优秀的传统文化蕴含着中国人几千年来的智慧结晶，是乡村特有的精神标识。随着文旅融合的提出和国家对传统文化的重视，乡村文化建设发展随着乡村旅游的发展如火如荼。但是，随着我国旅游产业的"商业化"过快发展，乡村旅游发展唯"经济利益"为发展准绳，忽略了对传统文化的保护与传承，导致乡村传统文化的传承与发展出现传承主体流失、区域个性符号消融、价值取向异化等问题，严重制约着乡村优秀传统文化的传承与发展。

1. 空心化现象，传承主体流失

改革开放以来，我国经济获得飞快发展，农业技术进步，农业生产效率提高，农村剩余劳动力增加，大量的中青年农民开始涌进城市，乡村民众人口流失严重，使得乡村出现空心化现象。从词源上说，"空心"是生命体走向衰亡的存在形态，而"空心化"强调生命体逐渐走向衰亡的过程④。

乡村空心化的表象不仅仅是乡村人口的外流，也包含乡村人口缺失及由此造成的乡村文明逐步终结⑤。因此，空心村的出现，使传承发展乡村传统文化

---

① 王兵. 从中外乡村旅游的现状对比看我国乡村旅游的未来［J］. 旅游学刊, 1999（02）：38 - 42, 79.

② 龚佳, 周雪. 乡村旅游功能视角下文化资源的传播与修复困境研究［J］. 农业经济, 2021（04）：70 - 71.

③ 王家洪. 传统文化与乡村旅游的互动研究［D］. 贵阳：贵州大学, 2008.

④ 马良灿, 康宇兰. 是"空心化"还是"空巢化"？——当前中国村落社会存在形态及其演化过程辨识［J］. 中国农村观察, 2022（05）：123 - 139.

⑤ 刘杰. 乡村社会"空心化"：成因、特质及社会风险——以 J 省延边朝鲜族自治州为例［J］. 人口学刊, 2014, 36（03）：85 - 94.

的主体呈现"人口空心化"发展态势。需要注意的是，由于人员减少造成的空心化并不可怕，真正可怕的是由此导致的乡村"精神与文化的空心化"，将直接导致乡村终结。

由于城市化进程的快速推进，乡村也因此变成了一个由老弱妇幼组成的空心村，直接导致作为乡村传统文化传承主体的乡村民众，在代际传承间出现了断层，使得乡村优秀的传统文化无法存续下去。例如，评书、戏曲、口技、中医等，这些依靠祖祖辈辈代际传承的非物质文化遗产，也只能逐步消亡。

此外，外来文化逐渐占为上风，个人主义思想逐渐代替传统的集体主义，人们对乡村传统文化的重视程度越来越低，民间艺人的文化地位随之降低，加上乡村经济发展不均衡，间接导致村民对本地环境及文化产生"摒弃"心理，文化认同感和内在发展驱动力不强。这在一定程度上也导致了乡村文化传承主体的流失、精英锐减，甚至离土离乡就业，使得传统乡村文化的传承陷入后继无人的窘境，直至消亡殆尽。

2. 同质化现象，区域个性符号消融

我国乡村传统文化具有显著的地域性特征，它是村民在长期的生产生活中创造、发展、传承而来的文化精华。然而在实际旅游开发过程中，为了紧跟城镇化步伐，乡村旅游产业呈现粗犷式发展，政府、开发商、投资者、旅游规划师等利益主体缺乏对当地传统文化的全面认知，唯"经济利益"为首，对一些传统民居建筑、祠堂等强改强拆，出现"千村一面"的同质化现象，原本具有地域特色的乡土文化逐渐呈现雷同化、趋同化趋势，完全丧失了其区域个性。此外，一些传统编织、雕刻、剪纸、泥塑等具有区域个性符号"费时费力"的传统手工技艺也被认为是落后的文化。更可怕的是有些地方为了吸引游客，甚至复制一些"伪"文化嫁接到该地区，完全无视其原真性，加剧了该地区传统文化的凋零趋势。

3. 价值取向功利化，传统文化受损

习近平总书记曾强调，乡村文化是中华民族文明的主体，村庄是这种文明的载体，耕读文明是我们的软实力[①]。然而，随着现代化及市场经济的发展，

---

① 张孝德. 中国乡村文明研究报告——生态文明时代中国乡村文明的复兴与使命 [J]. 经济研究参考，2013（22）.

在多元文化的冲击与融合下，乡村传统文化的核心地位受到影响、核心价值正在被"功利化"侵蚀，导致其呈现低俗化、舞台化的发展趋势，传统的乡村文化严重受损。

传统的农耕文化蕴含着中华民族对自然的敬畏、与自然和谐共生的理念，可是在乡村旅游开发过程中，乡村的自然生态景观却被过度开发，忽略了其独特的文化价值，例如传统古建筑现代化、街道城市化等。乡村旅游盲目性、粗放式、无序化的发展，为乡村带来巨大经济利益，但与此同时，也不可避免地对当地的生态环境造成了不同程度的损害，例如水体污染加剧、固体废弃物增多、植被破坏、土壤污染等。更让人惋惜的是，"勤俭节约""相邻和睦""重义轻利"等传统美德也被"功利化"所侵蚀，"金钱至上、娱乐至死、精致利己、个人主义"等思想后来居上，传统的价值观、人生观、金钱观、荣辱观等价值认同被歪曲甚至瓦解，处在土崩瓦解的边缘；超前消费成为主流，助长人们盲目消费、追求享乐之风①。

四、乡村旅游实业化与传统文化传播能效提升

随着我国经济结构改革的不断深入，各行各业在蓬勃发展的过程中也开始显露出一些弊端和发展瓶颈，促使它们考虑转型升级，乡村旅游产业也不例外。在过去的 30 多年，在城乡统筹、乡村振兴等国家政策的导向下，乡村旅游产业得到了快速发展，经济创收、脱贫致富、调整产业结构、带动相关产业发展等优势凸显，然而由于过度粗放式发展，也出现了乡村旅游同质化严重、产业结构单一、产业失衡、文化商业化、乡村空心化等负面问题，严重制约了乡村旅游产业的可持续发展。

2016 年，《中共中央 国务院关于落实新发展理念加快农业现代化实现全面小康目标的若干意见》明确提出要"增强农村发展内生动力"；2017 年《中共中央 国务院关于深入推进农业供给侧结构性改革加快培育农业农村发展新动能的若干意见》也提出要激活农业农村的内生发展动力；2021 年，我

---

① 余敏. 乡村振兴战略下乡村优秀传统文化传承发展研究［D］. 兰州：兰州理工大学，2022.

国乡村已经完成了脱贫攻坚任务，但如何巩固拓展已有的脱贫攻坚成果，防止乡村规模性返贫，使其外部扶贫逐步向内部扶贫转变，提升乡村的自主发展能力，是未来乡村发展的关键课题；2023 年，《中共中央　国务院关于做好 2023 年全面推进乡村振兴重点工作的意见》强调"增强脱贫地区和脱贫群众内生发展动力"，乡村的内生动力已经成为全面推进乡村振兴的关键环节。

如何立足乡村自身发展，借助外部资源的同时减少依赖，强化其内生动力，实现可持续发展，已经成为未来乡村旅游发展的新方向①。乡村文化与旅游经济是乡村振兴的"双重驱动力"。因此，下文结合新内源发展理论从资源、参与与认同三个方面来展开阐述"双重驱动力"的发展路径。

（一）资源：农业生产、传统文化、外部动力

1. 强化农业生产功能，打造产业链条

就乡村而言，生产是它的首要功能，生产维系着人类的生命；人们围绕生产这一目标形成了协力劳作关系，并在此基础上形成了乡村生产生活的文化心理和社会结构。可以说，乡村的生产功能是乡村的经济支柱和发展根基，任何服务业包括旅游业都不可能取代农业作为生命存在和延续根基的地位。因此，乡村旅游在实业化发展过程中，必须突出其农业生产功能，其旅游功能在任何时候都不可超越或者遮蔽乡村的生产功能。

发展乡村经济，农业生产是基础。首先要延长农业产业链，增加农业附加值。通过产业链延伸，实现农村闲置资源的价值赋能，完成农业、农村、农民的价值再造。例如，乡村休闲农业，就是典型的农旅融合，通过将乡村特色卖点（采摘、手工、农产品加工等）与城市多样化的目标群体相契合，来扩大乡村的吸引力。在这样的乡村发展背景下，游客在这里不但能体会原生态生产的伦理价值、体验参与农业生产劳作的成就感与自我生产能力的自信，而且还能实现内心根性回归的心灵启迪②。

---

① 朱娅，李明. 乡村振兴的新内源性发展模式探析［J］. 中共福建省委党校学报，2019（06）：124－130.

② 陶玉霞. 乡村旅游理论建构与理性批判［M］. 北京：中国旅游出版社，2016：150－154.

其次，延伸旅游链条，扩大纯粹以观光为主的产业发展，带动旅游产业链的延长与农村的深度融合，例如乡村文化创意、休闲体验、健康养老、教育培训等。在旅游业的带动下，一部分地区乡村旅游已经成为当地农村经济发展的支柱产业，展现出乡村旅游发展的广阔前景。从产业融合的角度来看，乡村旅游的本质是农业与旅游业之间相互延伸融合的产物，农业提供资源，旅游提供服务①。产业融合的最终目的是要实现 1 + 1 > 2，因此构建乡村旅游产业链条，是其实现可持续发展的必经之路。

2. 深入挖掘传统文化，实现文旅融合

乡村的传统文化既是保存乡村原生形态、传承延续乡村文明的主要内容，又是驱动乡村振兴的内在动力。传统文化是乡村旅游的核心资源，是乡村旅游存在和发展的基础，而乡村旅游又是传统文化传播的最好载体，两者之间有着密切的关联。如何维系乡村传统文化可持续性，是当前乡村旅游可持续发展面临的严峻挑战之一。

（1）深入挖掘传统文化。随着经济的快速发展，当今的人们渴求着归真返璞、亲近泥土之时，寻访传统文化便成了旅游者探古访幽、寻乡问根的主要动机。在现代乡村旅游发展中，需要充分挖掘乡村传统文化价值和文化资源的多元表现形式，打造特色文化品牌，借助商业化为脆弱的文化资源保护构建一道保护屏障。例如，将传统文化巧妙地融入乡村农事体验活动、乡村农耕技术展示、乡村民俗活动体验等旅游项目中去，真正地促使文化参与到乡村旅游的建设中，为游客提供一种可以感受乡村、寻找儿时记忆的体验。在开发过程中，一定要遵循文化的真实性基础，结合当地的历史基础小心求证，以优质的特色旅游产品来吸引游客，扩大并提高乡村文化的影响力，实现经济与文化的协同振兴。

（2）借助传媒力量，构建文化意象。在如今信息大爆炸的时代，海量的信息呈现多向、多样化的传播特点，因此，任何事物在人们脑海中的意象，也呈现出多样、多变、易逝的特点。自媒体的崛起，为乡村旅游的文化传播提供了新的机会，人人都可以成为内容创作者。内容创作的大众化和内容分发的精

---

① 杨阿莉. 从产业融合视角认识乡村旅游的优化升级 ［J］. 旅游学刊，2011（04）：9 - 11.

准化，使得所有乡村都有机会制造专属于自己的内容形象，并在人工智能和算法筛选的辅助下，实现了精准匹配，且在目标人群进行精准传播①。

在这种背景下，文化传播之间的竞争不再是围绕着传播渠道和播放机会，而是文化内容本身的吸引力和质量。因此，对乡村传统独特文化进行深度挖掘，是助力乡村文化传播的有效途径。每个乡村独特的文化意象，在新媒体的助力下都有机会精准地抵达每个具体的手中，并且自动地沿着人际关系和兴趣的虚拟网络扩大传播，蔓延其影响力。

（3）创新传承模式。文化复兴是文化自信的基础，要想实现传统文化复兴，就要通过恰当的方式来开发、利用、转化优秀的传统乡村文化资源，通过构建"村民＋市场"传承体系和"文化＋产业经济"融合体系，激活乡村文化活力。针对传统文化传承断层的情况，一方面可以通过挖掘农耕资源、地域文化、民间曲艺项目、传统手工艺等项目，设置"文化传承人制度"，组建有地方特色的文化人才队伍；另一方面，可以深度挖掘市场需求，探索市场化传承模式，借助旅游产业优势，对乡村文化资源进行改造，改善大众的文化体验感知；最后，结合智慧旅游、物联网等优势，创新文化产业链，提高市场认知度②。

3. 引入外部资源，外引内育结合

乡村在发展旅游过程中，由于资本、人力、知识等限制，使其不得不依赖外部资本的引入来推动自身发展。传统的"自上而下"式乡村旅游外源发展模式具有明显的逐利性，严重忽略了乡村发展的自主性，导致本土资源被掠夺，对乡村自主发展空间造成了一定程度的破坏③。因此，在未来的乡村旅游发展过程中，要以内源性发展为根本，并借助外部资源的力量，采用"外引＋内育"的方式进一步缓解乡村空心化与乡村产业发展人才不足的问题，减少对外部资源的依赖，是实现乡村可持续发展的有效途径。

外部资源主要包括资金支持、人才引进、技术合作、品牌合作、资源整合

---

① 陈建安. 以内容挖掘、文化传播重构乡村旅游意象 [J]. 团结, 2020 (04)：34 - 37.

② 高凡. 基于乡村文化复兴的旅游经济发展与乡村振兴途径 [J]. 农业经济, 2021 (09)：52 - 53.

③ 张文明, 章志敏. 资源·参与·认同：乡村振兴的内生发展逻辑与路径选择 [J]. 社会科学, 2018 (11)：75 - 85.

等内容。在吸引外部投资方面，可以借助政府来通过银行贷款、民间投资等渠道来获取资金支持；同时大力引进知名企业和龙头企业落户乡村，带动本地特色产业培育和发展，更好地发挥政府政策配套和公共服务效应。需要注意的是，在招商引资过程中，政府要加强对外来企业的监管和约束，保障社区居民在乡村发展中的话语权和主导权。

在人才引进方面，可通过引进旅游管理、旅游规划、服务管理、营销策划等专业人才，带动提升整个乡村旅游从业人员的素质和服务水平。同时，在国家政策的引导下，要充分利用"城市人才反哺下乡"政策所带来的红利，如大学生"村官"、科技特派员等。此外，通过与科研机构、高校、科技企业、品牌机构等合作，来引进先进的科学技术、管理经验，打造特色旅游品牌，扩大市场份额和营销渠道，提升知名度和影响力。

内部资源主要包括本地文化、农业特色、基础设施、本地人才等内容。要充分利用、挖掘当地的农业资源、旅游资源、文化等，在外来资本的辅助下，打造特色旅游产品和项目，提升自身的内涵和吸引力。在本地人才培养上，主要包括乡村治理人才、乡村能人、"城归"人才三类[1]。这些本地内生人才对乡村发展具有深厚的情感和丰富的经验，相对外源型人才而言，更具乡土情感和稳定性，是乡村可持续发展的内生动力[2]。对于人才结构失衡、老龄化、素质偏低等问题，外引人才恰好能弥补这方面的缺陷。因此，借助"外引＋内育"的方式，既能充分利用外部资源的优势和力量，又能保持内部资源的特色和传统，实现资源的互补和优化配置。

（二）参与：村民主体地位与社区参与

近年来，中央"一号文件"持续关注乡村发展内生问题，强调要保障农民的主体利益，增强农民积极性，鼓励农民积极参与到农业发展的产业链

---

① 韩利红．新内生发展理论与乡村人才内外联动发展模式［J］．河北学刊，2023，43（06）：187－193.

② 魏丹，张目杰，梅林．新乡贤参与乡村产业振兴的理论逻辑及耦合机制［J］．南昌大学学报（人文社会科学版），2021，52（03）：72－80.

中①。2022 年《中共中央 国务院关于做好 2022 年全面推进乡村振兴重点工作的意见》提出"支持农民直接经营或参与经营的乡村民宿、农家乐特色村（点）发展"，强调了村民参与在乡村旅游发展的重要性。

1. 保障乡村村民主体地位

村民作为乡村旅游发展的主体，应确保其主体地位，具有文化自信，认同自己的乡土文化、生活习俗等②。可通过与相关培训机构、院校合作，因地制宜地制定符合地方特色的人才培训方案，培养既懂农业生产又懂旅游的新型村民，引导他们成为乡村旅游发展的主体，激发他们参与旅游发展的自我意识和自主能力，提升自我价值③。

通过政治参与、经济联合、文化认同等手段将农民组织和动员起来，能够有效克服乡村分化的问题，进而确立村民主体地位，推动乡村振兴实践④。在新时代政府、农民、开发商、规划师等多元主体的乡村旅游参与模式下，确立科学合理的收益分配机制，重视村民的权益，显得尤为重要。在利益分配机制上，可让村民以股份形式入股，按收益分红，发展壮大农村集体经济，提高村民参与的积极性。同时，政府应提高审查标准，严格约束开发商的建设，加强监督、制定政策，合理调配资源，引导开发商良性竞争，加快乡村旅游业的发展。

2. 社区参与

大众参与不仅是一切有效的发展行动的基本条件，也是发展的目的，因为它是符合每个国家和每个社会特有环境中多种发展类型的保障⑤。当地民众和农村社区自身创造性地应对各种发展压力应该得到更多的关注，强调充分利用人力资本、社会资本、自然资源等地方资源，这有助于鼓励地方民众作为行动

① 宋金彪，徐若楠，宫心一，李元媛．乡村振兴视域下乡村旅游的新内源式发展：逻辑、困境与实践路径 [J]．山西农经，2023（23）：1-6，10．

② 王德刚．文化自信、利益均衡是确立乡村旅游伦理关系的基础 [J]．旅游学刊，2014，29（11）：9-11．

③ 宋瑞，刘倩倩．中国式现代化背景下的乡村旅游：功能、短板与优化路径 [J]．华中师范大学学报（自然科学版），2024，58（01）：36-45．

④ 谢治菊，王曦．农户是如何组织起来的——基于贵州省安顺市塘约村的分析 [J]．中央民族大学学报（哲学社会科学版），2021，48（04）：90-99．

⑤ 范如湖．内源发展作为另一种选择——可能性与障碍//黄高智．内源发展——质量方面和战略因素 [M]．北京：中国对外翻译出版公司、联合国教科文组织，1991．

者主体参与到发展的整个过程①。

乡村的内生发展是一个参与的过程，也是一种结果。村民参与是乡村旅游本土化的关键，是乡村内生发展决策、实施的基础。村民在参与的过程中会将自身转化为推动内生发展的核心力量，主要有两种实现方式：一是作为直接利益相关者进行参与，充分表达自己的诉求；二是参与发展决策过程，并能够在良好的制度环境下其发声能够产生有效影响。

（三）认同：文化认同与凝聚力

乡村旅游往往是依托乡村地区来开展的，具有明显的区域性特征。在该区域的个体和群体的身份认同是其在该地域中扎根、生活的基础条件。这种身份认同，在一定程度上也叫作区域认同。因此构建区域认同有助于构建群体身份的认同感，从而促使他们产生归属感并促进沟通与协作②。

地方认同将居民、社区凝聚起来，促进他们参与社区事务，同时还能促进形成一种群体认同感，进一步加深地方居民的社区归属感。正是这种自治力量，具有一定的号召力，能够不断地增强村民及乡村的凝聚力，促进村民之间的团结、互助与合作，形成强大的合力，为乡村的发展提供内在动能。目前，在各地的乡村地区，以兴趣、特长、需求为基础的各种兴趣团体、志愿服务队、专业合作社建立起来了，农民在这些组织中有效发挥力量并得到组织认同，增强了自身效能感以及对村集体的认同感③。总的来说，乡村旅游在发展过程中，村民与游客的参与，所传递的是他们对当地文化认同、身份认同的寻找，是一种心灵的回归。

思考与讨论

1. 请阐述乡村审美意象重构的影响因素。

---

① 方劲. 内源性农村发展模式：实践探索、核心特征与反思拓展 [J]. 中国农业大学学报（社会科学版），2018，35（01）：24－34.

② Mühlinghaus S., Wälty S. Endogenous development in Swiss mountain communities [J]. Mountain Research and Development，2001，21（03）：236－242.

③ 文军，陈雪婧. 国家介入与地方行动：乡村内生发展的张力及其化解 [J]. 南京农业大学学报（社会科学版），2024，24（01）：1－13.

2. 请论述如何实现乡愁的符号化表达与内涵重构。

3. 请论述如何实现乡村旅游的实业化。

4. 请论述传统文化与乡村旅游之间的关系。

5. 请阐述乡村旅游价值体系构建的理论逻辑。

第四章

乡村旅游产业体系构建

　　本章从乡村产业发展历史与位势变迁、大农业发展理念、农旅产业价值链、农旅融合、乡村旅游网络产业体系等多个乡村产业发展视角，系统探讨乡村旅游产业体系的构建。乡村产业发展经历不同时代的历史演进与位势变迁，在不同时期有着不同的表现。大农业发展内涵与特征必然在共同富裕推动下，实现大农业可持续，推动构建农业多元化供给、农业全产业链、农业多种功能等内涵的实现。基于产业价值链发展现状与紧迫性，促进农旅产业价值链构建，通过资源价值整合、技术双向融合、功能叠加、市场互融等手段实现农旅产业价值链。经济、社会发展推动各行各业兴旺，也促进了农业百业共生，通过与农业产业、文化产业、乡村工业、研学教育、新兴业态等融合发展，实现百业共生下农旅融合发展新格局。通过分析乡村大旅游产业网络要素、结构、影响因素等，探讨乡村大旅游网络产业价值机制，实现从链到产业网络、乡村大旅游产业网络等乡村旅游高质量发展。

第一节　中国乡村产业发展历史与位势变迁

一、乡村产业发展概况

（一）乡村产业概念

社会生产力的持续增长催生了产业，它是社会分工的直接体现，指的是从事相似经济活动的企业群体。产业涵盖了利益相关、分工不同的企业，围绕同一类型的产品进行生产、存储、销售等经济活动。将各行各业划分为不同的产业类别，反映了人类对劳动对象认识的深化与细化，同时也是为了更好地观察、分析和调控经济活动。乡村产业概念是不断发展的，与我国的农业发展实践息息相关①。目前，全球多数国家采纳了三次产业分类法，分类如下：第一产业是农业；第二产业是工业；第三产业是服务业。农业涵盖种植业、林业、畜牧业、渔业和副业；工业包括制造业、采掘业、建筑业、自来水、电力、热力、燃气的生产和供应等行业；服务业包括教育、金融、房地产、物流、租赁和商务服务、信息传输、计算机服务和软件、卫生、社会保障和社会福利、水利、环境和公共设施管理、旅游、住宿和餐饮、文化、体育和娱乐等，这些都属于第一、二产业之外的产业。从社会分类的角度来看，乡村产业不仅包括第一产业，还涉及第二、三产业的部分领域，构成了一个交叉融合的产业体系。

乡村产业是指乡村区域内构成乡村经济的各行各业，根植于乡村，以农业农村资源为依托，以农民为主体，以一二三产业融合发展为路径，地域特色鲜明、乡村价值承载、创新创业活跃、利益联结紧密的产业体系②。乡村产业的特性在于它源自并改进了传统种植业和手工艺，展现出产业链的扩展、价值链的提升以及供应链的延伸。乡村产业充分挖掘了农业的多功能性，深入开发了乡村价值，促进了乡村就业结构的改善和农民收入来源的多样化。从其涵盖的范围来看，乡村产业包括了种植业、地方特色工业、农产品加工和流通业、乡村旅游业以及乡村服务业等。其中，地方特色工业扩展了农业种类；农产品加工业提高了农业价值；乡村旅游业扩展了农业功能；而乡村服务业则丰富了乡村经济形态。乡村产业应基于城乡地域系统的不同以及乡村的多功能价值，积极寻求农业与互联网、旅游休闲、教育文化、健康养生等领域的深度融合，推动养老、养生、生态旅游等乡村经济新形态的发展。

（二）乡村产业类型

随着乡村经济的发展，乡村产业的分类亦随之演变，各个时期的分类标准

---

① 陆魏. 乡村产业的内涵解析与大都市圈乡村产业的发展路径初探 [J]. 上海城市管理, 2021 (04).

② 龚晶, 北京乡村振兴系列研究报告集 [M]. 北京：中国经济出版社, 2022.

和主题均有所差异。在农村合作化时期，鉴于乡村生产力水平尚处于较低阶段，提出了以增加粮食和棉花产量为核心，全面推进农业及副业生产的政策方针，据此将乡村产业划分为农业和副业两大类。农业主要指种植业，具体包括粮食作物、棉花以及油料作物等；副业则涵盖了除种植业之外的所有产业。乡村产业已远远超越了传统的农业、林业、畜牧业和渔业领域，乡村工业、乡村交通运输业、乡村建筑业、乡村商业及服务业亦实现了迅猛发展。

1. 三层次分类法

依据乡村产业发展的包容性关系，将产业分为三个层级。首层为种植业，涵盖粮食作物、经济作物及其他作物的培育；次层为农业，包括农、林、牧、副、渔五大农业类别；第三层级为乡村五大产业形态，具体包括农业、工业、建筑业、交通运输业和商业饮食业。

2. 三次产业分类法

在 1978 年之前，我国乡村产业分类采用苏联模式进行分类，主要分为农业、轻工业和重工业三大类。随着改革开放的推进，为了更好地适应经济和社会的迅速发展，国务院在 1985 年采纳了国际上普遍认可的三次产业分类法，对乡村产业进行了细致划分。因此，乡村产业被重新划分为第一、第二和第三产业。核心思想是将农业向二三产业延伸，通过产业融合将第二、三产业中与农业相关的生产或服务价值带回农业领域并留在农村①（见表 4 – 1）。

表 4 – 1　　　　　　　　　　　三次产业分类

产业类型	具体细分
第一产业：大农业	农业、林业、畜牧业、渔业等
第二产业：轻工业	加工业、采矿业、制造业、建筑业等
第三产业：流通业与服务业	交通运输业、商业、各种服务业、文化教育业、科研卫生及其他各项事业

3. 产业优势耦合分类法

市场在资源配置过程中发挥着决定性作用；而产业建设的优势则构成了影

① 冯贺霞，王小林，基于六次产业理论的农村产业融合发展机制研究——对新型经营主体的微观数据和案例分析［J］. 农业经济问题，2020（09）：64 – 76.

响市场决策的关键因素。基于乡村在土地交易成本低、国家农业农村政策导向、生态环境优势等条件，对乡村产业进行进一步细分，形成乡村产业的优势整合分类法。第一类是交易成本低影响的乡村主导主业，如传统重工业、传统轻工业、创意产业、生态产业；第二类是国家乡村政策影响的乡村集聚产业，如设施农业、特色农业、特色主题村镇等；第三类是生态环境优势影响的乡村新兴产业，如科技产业、创意产业、生态产业和现代服务业。

（三）乡村产业特征

1. 区域差异性

我国乡村地区幅员广大，各地的气候状况、地理特点以及生活习惯各不相同。这些地域上的不同导致了乡村产业的多样性。不同的土地孕育了不同的人民，同时也催生了具有地方特色的独特产业。一方面，由于地形、气候、人口、资源和耕作方式等方面的显著差异，不同地区的乡村产业展现出独特的特点。一些区域气候温和，另一些则较为寒冷；有的地方以平原地形为主，有的则以山地或丘陵为特色；在水资源方面，有的地区充沛，有的则稀缺；在农作物种植上，有的适宜种植小麦和玉米，有的则更适合水稻；在产业发展上，有的地区畜牧业发达，有的则以水产业为主。另一方面，多样化的地理环境与历史背景孕育了各地的乡村传统，催生了具有鲜明地域特色的乡村产业。作为由56个民族构成的国家，我国各民族在历史、文化、语言和习俗方面存在显著差异，这使得每个乡村产业都拥有其独特的文化传统和资源特色。在日常的生产和生活中，自然而然地孕育出了二人转、泼水节、火把节、牯藏节等丰富多彩的地方文化现象。同时，国家乡村政策和乡村产业资源的地域特性，促进了乡村产业的多样化发展，形成了"一地一品"或"一地多品"的产业布局，以及各种主题村、特色小镇等，这些都使得特色产业在区域发展中占据主导地位，形成了具有各自特色的产业模式。

2. 本土依赖性

产业的任何进步都需依赖于一定的资源作为基础或后盾，相较于城市产业，乡村产业对资源的依赖更为显著，这与乡村社会经济发展的实际情况紧密相关。首先，乡村产业的发展离不开自然资源环境的支持。一个地区的资源禀赋直接制约着该地区的乡村产业布局和重点发展领域的选择。乡村地区的自然环境往往具有独特的地理条件和气候特点，不同自然资源条件孕育不同的乡村产业，如山区土地资源条件限制，适宜发展茶叶、苹果等特色农产品；平原地区土地肥沃，适合发展粮食种植；交通区域较好地区，适宜发展乡村工业、乡村服务业。其次，乡村产业的发展需要国家政策的支持。由于乡村地区的基础设施建设相对滞后、人才储备不足等原因，乡村地区往往需要政府的政策扶持来推动经济发展。政策可以通过某一政策或产业引导，推动乡村经济。如各地特色小镇、"一村一品"等。再次，乡村产业发展依附于市场需求。随着城镇化进程加快，乡村地区的农产品、新业态等不断扩大。市场需求的不断变化与升级，决定了乡村产业发展的方向与结构。如近些年发展起来的乡村旅游，就是市场需求决定的结果。最后，乡村产业的投资依赖于当地政策、企业和乡民。乡村产业的发展主要依赖于当地政府、企业以及村民的投资与融资，而以本土为主的投融资模式难以吸引外部资金注入，因此面临较高的风险，极易出现资金链断裂。

3. 结构稳定性

鉴于乡村资源的局限性以及居民消费倾向的影响，乡村产业一旦确立便展现出显著的稳定性。从资源禀赋角度分析，乡村产业深植于当地自然环境、地理特色、田园风光以及悠久文化传统之中，这些资源禀赋构成了该地区乡村产业的固有优势，并在特定时期内维持其稳定性。例如，乡村旅游、休闲农业（包括采摘园、农家乐、田园综合体）、传统手工艺（如木雕、石刻、剪纸、刺绣、泥塑）以及民间表演艺术（如秧歌、舞龙、柳腔戏、安塞腰鼓）等产业形态，均是经过多年的积累和发展而形成的，它们在区域经济中具有显著的竞争优势。从消费市场来看，乡村经济成长的关键在于乡村地区生产的产品和服务是否能满足城市居民的需求。只有城市居民感到满足，才能吸引更多人到乡村消费，推动乡村经济的持续发展。从长远来看，乡村产业结构将向更高级别演进。这种演进主要表现在产业布局、产业链条等方面。在产业布局方面，随着城乡一体化的不断深入和农民生活水平的持续提升，乡村地区在保持和强化其传统特色产业的同时，乡村文化创意、乡村研学旅行、乡村健康养生、体育竞赛、人才培育等产业也在逐渐成长。在产业链条方面，乡村产业的上下游企业将进行更深层次的整合，形成从规划、设计到生产、流通直至售后服务的完整产业链，从而实现产业的集聚效应、竞争力综合提升。

4. 生产多样性

随着乡村振兴战略的深入实施和一二三产业融合发展的深入推进，我国乡村产业将迎来更加广阔的发展前景。未来，乡村产业将呈现出多元化、高端化、品牌化的发展趋势。一方面，乡村产业结构将不断优化升级，现代农业、生态农业、休闲农业等新兴产业将蓬勃发展；另一方面，乡村第二产业加速发展，农产品加工业、乡村制造业等成为乡村经济发展的重要支撑；同时，乡村第三产业快速发展壮大，乡村旅游、农村电商等新兴业态成为乡村经济发展的新动力。首先，随着现代化和工业化的迅速推进，乡村地区经历了数十年的产业积累与成长。一些乡村成功找到了适应市场需求的产业发展路径，如以水果、养殖、中药材等为主的乡村种植养殖产业；以特色乡村、特色乡镇为主的乡村工业；以风筝、木雕、剪纸等规模化生产的乡村文化产业，不断形成完整的乡村产业链。其次，在经济欠发达、工业化程度不足的乡村地区，出现了相对原始、原汁原味的乡村产业或产品，如柳编、草编、刺绣、葫芦雕刻等纯手工、个性化生产的乡村产业。最后，处于半工业化生产方式的乡村地区，逐渐扩大使用机械生产，不断提高乡村经济效率，出现农产品种植，玉器、石刻、木雕等产业，以及特色乡村工业，形成较具特色的乡村产业类型。

二、乡村产业发展历史演进与位势变迁

经过七十余载的演进，新时代我国经济社会主要矛盾已发生根本转变，城乡之间的差异引发的社会问题越发明显，乡村产业发展的需求变得更为紧迫。从衣食住行、工商经济、文化娱乐等领域全方位地展现"三百六十行"对人民生活的重要意义，在新旧行业的兴替更迭中，见证时代经济和社会生活的流变，寻觅物质变迁中不变的人文精神。

（一）乡村产业主导发展时期（1949~1978 年）

在 20 世纪 50 年代~70 年代末，农业现代化的概念刚刚兴起，我国正经

历社会主义改造和国民经济的快速恢复与增长。在这一时期，我国现代农业的发展目标和路径深受历史经验的影响，特别是以苏联模式的机械化为主导的现代农业发展策略。许多学者总结这一策略为"基于公社化，逐步实现机械化、水利化、化学化和电气化"，目的是利用机械技术取代传统的人力劳动，以提高农业生产效率。1949 年 3 月，毛泽东在党的七届二中全会的报告中强调"中国要稳步地从农业国转变为工业国"，这是新民主主义社会向社会主义社会过渡的经济基础。但由于长期战争等因素的影响，中国经济面临着百废待兴的状况，现代工业的规模和发展水平都非常有限。1949 ~ 1952 年，民族资本主义企业户数由 12.32 万户增加到 14.96 万户，职工人数由 164.38 万人增加到 205.66 万人，总产值由 68.28 亿元增加到 105.26 亿元[①]；手工业生产合作社（组）由 311 个增加到 3658 个，人员由 8.9 万人增加到 22.8 万人[②]。现代工业集中体现了大都市的先进生产力，与此同时，我国工业体系中分散的个体农业和手工业经济仍然扮演着关键角色。

农业作为国民经济的基础，其发展对于整个国家的繁荣稳定至关重要。在 1958 ~ 1960 年，由于受到"左"倾思潮的驱动，党和国家的主要领导人提出了依靠地方工业发展和大规模群众运动的策略，从而启动了"大跃进"和人民公社化运动。为了实现"大跃进"的目标，各地纷纷建立了以"小洋群"和"小土群"为标志的地方企业，包括小煤窑、小铁矿、小高炉和小水电等。到了 1959 年底，全国工业企业数量达到了 31.8 万个，其中 11.9 万个是国营企业，新增的企业主要是地方小型工业企业。总体而言，随着"三大改造"和"一五"计划的实现，我国建立了高度集中的计划经济体制，并确立了乡村产业发展的经济模式。

（二）乡村百业快速发展时期（1979 ~ 2001 年）

中国经济改革始于 1978 年，起始于农村，其核心是家庭联产承包责任制

---

① 中国社会科学院，中央档案馆 . 1949 - 1952 年中华人民共和国经济档案资料选编（工商体制卷）[M]. 北京：中国社会科学出版社，1993：729 - 732.

② 中华全国手工业合作总社，中共中央党史研究室 . 中国手工业合作化和城镇集体工业的发展（第 1 卷）[M]. 北京：中共党史出版社，1992：550 - 561.

的推广。在 1978～1984 年，重点是推广家庭联产承包责任制；而 1985～1991 年着重于农产品流通和农村非农产业体制的改革。数据显示，1978～1984 年，我国农业总产出增长率达到 42.2%，年均增长率达到 75.0%，这是我国农业增长速度最快的时期。粮食生产政策也从"以粮为纲"转变为"丰富农产品品种"。从党的十一届三中全会到 20 世纪末，一系列农业政策的连续性体现在"一化三改""农业机械化""农业商品经济"等概念上，这一时期农业现代化在目标和路径上保持了相对的一致性，基本上将现代农业定义为技术依赖的高产农业，将农业现代化等同于农业机械化。1985 年，国家将发展乡镇企业纳入"七五"计划，乡镇企业发展实现了乡镇、村、联户和家庭"四轮驱动"模式。乡镇企业在各个行业兴起，开展各种小型企业，发展商品经济，并呈现出快速增长趋势。1992 年，邓小平同志在南方谈话中指出，乡镇企业是中国特色社会主义的三大特色之一，并强调了发展乡镇企业的重要性。党的十四大将发展乡镇企业提升到促进农村经济繁荣、增加农民收入、推动农业现代化和国民经济发展的必经之路，确认了乡镇企业在国民经济和中小工业中的主导地位，乡镇企业迎来了第三次发展高潮，特别是企业销售收入的快速增长。到 2001 年，乡镇企业总数达到 2115.54 万户（其中，1994 年达到统计值中最高纪录 2494.47 万户）；总产值增加到 126046.88 亿元；企业职工数达到 13085.58 万人①。

在国家政策的精准调控下，乡村经济正经历着深刻且全面的转型升级，这一变革不仅体现在乡村生产方式的根本性转变上，更在乡村产业结构的优化升级以及新兴产业的迅猛崛起上，展现出专业化的发展趋势。这种专业化的销售模式不仅提高了农产品的市场竞争力，还为农民带来了更多的经济收益。同时，乡村电商的发展还推动了乡村信息化水平的提升，为乡村经济的现代化进程提供了有力支持。

（三）乡村产业多元化发展时期（2002～2011 年）

党的十六大报告明确指出，经济建设和改革的核心任务是进一步完善社会

---

① 农业部乡镇企业局组. 中国乡镇企业统计资料：1978－2002 年［M］. 北京：中国农业出版社，2003：3－11.

主义市场经济体制。随着我国社会主义市场经济体制的不断深化，为民营经济发展提供了有利条件。然而，农业劳动力的收入下降，对农民耕种的积极性产生了显著影响。为了应对这一问题，政府不断加强对乡村产业的支持，特别关注农业产量提升和农民收入增加。2004～2011 年，政府连续七年发布以"三农"问题为核心的中央"一号文件"。2006 年，我国彻底废除了长达两千多年的农业税，加速了"城市支援农村、工业回馈农业"的进程。2007 年，《农业专业合作社法》的颁布，标志着农民专业合作社进入快速发展阶段。截至当年年底，全国农民专业合作社数量达到 2.6 万家；两年后正式登记的数量激增至 22.77 万家。自 20 世纪 90 年代起，乡村旅游在各地逐渐兴起。据 2008 年统计，全国乡村旅游接待游客超过 4 亿人次，旅游收入超过 600 亿元，分别占全国旅游总接待人次和总收入的 23%、8%，乡村旅游已然成为乡村第三产业中的关键部分。

随着城市化与工业化的相互促进，乡村工业逐渐向城镇转移并缩小规模。尽管在地理空间上乡村工业似乎退位，但其在中国工业进程中的作用并未减弱。一方面，众多农民工涌入城市，为城市工业提供了巨量的劳动力资源。2004～2012 年，每年有超过 400 万人的农民工加入城市工作，使得农民工总数持续增长。另一方面，农民工在参与城市化和工业化的同时，也获得了相应的回报，特别是工资性收入的显著增长，已经成为农民主要的收入来源。同时，农业税的全面废除以及政府对农村投资的增加，使得乡村地区的基础设施得到了显著改善，农业得以进一步发展，农民收入有了明显提高。农村的教育、医疗和卫生条件也得到了显著的改善，农村社会保障体系开始初步建立，为乡村产业的发展提供了更优质的基础设施、资本、市场、劳动力和人才资源，为乡村产业的未来发展奠定了坚实基础。

（四）乡村产业现代化发展时期（2012 年至今）

自 2012 年党的十八大召开之后，中国特色社会主义进入了新的发展阶段。党中央对乡村产业发展给予了极大重视。2012 年，《中共中央　国务院关于加快推进农业科技创新持续增强农产品供给保障能力的若干意见》聚焦于"推动农业科技创新，持续增强农产品供给的保障能力"。接下来的年度主题依次为"快速发展现代农业，进一步激发农村发展活力""全面深化农村改革，快速发展农业现代化""加大改革创新力度，快速发展农业现代化建设""贯彻新发展理念，加速农业现代化，实现全面小康目标""深入实施农业供给侧结构性改革，加速培育农业农村发展新动能""实施乡村振兴战略""坚持农业农村优先发展，做好'三农'工作""抓好'三农'领域重点工作，确保如期实现全面小康""全面推进乡村振兴，快速发展农业农村现代化"。在近十年的中央"一号文件"中，提及最多的是"现代农业"和"农业农村现代化"。2015 年，《中共中央　国务院关于加大改革创新力度加快农业现代化建设的若干意见》首次提出了"推进乡村产业融合发展"的战略构想。2017 年，在党的十九大报告中强调了"促进农村一二三产业融合发展，支持和鼓励农民就业创业，拓宽增收渠道"的重要性。

2019 年，我国在乡村一二产业的融合上取得了显著进展，共有 8.1 万个规模以上农产品加工企业，其营业收入超过了 22 万亿元。在乡村二三产业的融合上，休闲农业的游客接待量达到了 32 亿人次，营业收入超过了 8500 亿元；农林牧渔专业及辅助性活动的产值也达到了 6500 亿元。乡村旅游作为我国乡村发展的核心产业，被认为是继家庭联产承包责任制、乡镇企业之后的第三大创新。它是一种新型的经济发展模式，将农业与旅游紧密结合，相互促进，与休闲农业、观光农业有着共同的根源。乡村旅游的兴起使得农民家庭开始拥有资产，包括不动产（如房产、汽车）、自然资源（如绿水青山）、人力资源以及组织资产（如合作组织等），并开始获得资产性收益。这不仅改善了农村居民的收入结构，也显著提高了他们的收入水平。

第二节　共同富裕视域中的大农业发展理念

一、大农业发展的内涵与特征

（一）大农业的内涵

对于什么是大农业，目前尚没有一个明确的定义，可以从大农业所具有的基本特征上来阐述它的内涵和外延。大农业本质上属于现代农业的范畴，并且具备"大"字所代表的特征。

1992年，党的十四大报告中提出了"建立大农业理念"。2010年，《中共中央　国务院关于全面推进乡村振兴加快农业农村现代化的意见》首次在国家级政策中明确提出了发展现代化大农业的目标，并强调了"支持垦区率先实现现代化大农业，打造大型农产品生产基地，促进周边农村的经济社会进步"。2015年，中央农村工作会议明确提出了"建立大农业、大食物观"，此后这一概念频繁出现在国家重要会议和文件中。2017年，中央农村工作会议强调了"树立大农业观、大食物观，从耕地、草原、森林、海洋，以及植物、动物、微生物中获取热量和蛋白质"。2022年，党的二十大报告中提出，要树立大食物观，发展设施农业，构建多元化的食物供应体系。2023年，中央农村工作会议再次强调了大农业观和大食物观的重要性，提出农林牧渔全面发展，构建多元化的食物供应体系。2024年，政府工作报告首次将大农业观纳入其中，强调必须"坚持大农业观、大食物观，确保粮食安全掌握在自己手中"。从早期的现代化大农业构想到近期的明确提出，以及从"大农业观念"到"大农业观"的演变，都展现了国家大农业发展理念的持续深化和扩展。在这一阶段，学术界对大农业观的研究主要集中在对"大农业观、大食物观"的定义解释，以及在大农业观指导下，农产品和多元化食物供应保障体系的构建等方面。大农业是践行大农业观、体现新发展理念、以提高农产品质量和效益为目标，同时注重生态环境可持续的现代农业产业发展形态。当前，我国农业正沿着"传统农业→现代化农业→现代化大农业"的逻辑逐步发展演进，加快建设和发展现代化大农业。

大农业，相较于传统农业，代表了农业生产力发展的一个更高阶段，这一阶段是通过农业现代化进程实现的现代农业。首先，现代化的农业生产物质条件，这包括利用现代生产要素对农业进行装备，以达成农业生产的机械化、电气化、自动化和农田水利化；其次，现代化的农业生产技术，即采纳先进的科学技术来强化农业，以实现农业生产的良种化、化学化、生物化和信息化；最后，现代化的农业组织管理，即运用科学的方法和方式来管理农业，以实现农业生产的专业化、社会化、区域化和企业化。从大农业与农业现代化的关系来看，两者本质上相同，但侧重点有所不同。大农业着重于一个转变过程，即从传统农业或大农业向现代农业转变；同时，大农业也着重于一个目标，即农业生产力发展到一定水平所达到的成果，代表了农业发展史上的最新阶段。

当前，大农业已经得到政府和学界的广泛关注，重点体现三个方面：一是分析大农业的概念内涵①；二是探索大农业的理论逻辑，以及如何推进农业现代化②；三是探讨大农业观、大食物观等农业发展理念对现代化大农业发展的指导意义③。综上，本书认为大农业是农业生产工具机械化、农业生产技术科学化、农业经营管理现代化、农业生产环境生态化、农业劳动者知识化，以大规模为经营基础，以大组织为经营主体，以大科技为支撑引领，以大农机为主要生产工具，以大产业为主要经营方式，以大产出为主要标志，经济效益、社会效益和生态效益紧密结合高度统一的现代农业发展模式④。"大农业"展现了其规模化的本质特点，趋向于农业现代化，其成效的评估应涵盖农业科技、农业规模化等。

（二）大农业的基本特征

1. 农业生产规模化

大农业是建立在大规模土地经营之上的现代农业。它超越了传统农业的界限，倡导粮食、经济作物和饲料的综合管理，以及农林牧渔的全面发展。此外，它还强调种植与养殖的结合，以及生产、加工和销售的无缝对接，推动一二三产业的融合。为了实现这些目标，必须广泛采用先进的农业机械，普及农业科技，优化种植和养殖品种结构，从而显著提升农业劳动生产率、土地利用率和经济效益。这一切都依赖于大面积、集中化的土地经营方式。发展现代化大农业，需要在两个方面努力：一是增加家庭农场和农户的土地经营规模；二

---

① 魏后凯. 坚持以发展现代化大农业为主攻方向 [N]. 学习时报，2023－10－20（A1）.

② 唐华俊，吴永常，陈学渊. 中国式农业农村现代化：演进特征、问题挑战与政策建议 [J]. 农业经济问题，2023（04）：4－13.

③ 刘科，黄博琛. 大食物观：超越粮食安全战略的时代价值与实践方案 [J]. 中州学刊，2023（05）：67－73.

④ 马边防，郭翔宇. 关于黑龙江省现代化大农业的理论思考和对策建议 [J]. 理论探讨，2012（01）：101－104.

是扩大连片种植的耕地面积。发展现代化大农业，就是要打破农村一二三产业相互分割的状态，构建一个农业与相关产业之间深度融合，更加多元化、综合化的农业产业体系，从而实现产业链相加、价值链相乘、供应链相通，促进农业整体规模与效益的提升。

2. 农业价值多样化

农业既承担着粮食和重要农产品保障、农产品原料供给、促进农民增收等基础功能，也具备生态涵养、文化传承、休闲体验和生物多样性保护等拓展功能。首先，要实现农产品从生产到加工再到销售的全链条整合，打造一个无缝连接的农业产业链。农产品加工要从基础加工向更精细的深加工发展，形成种养、产销、贸工农一体化的经营生产模式。其次，以粮食产业的发展为核心，构建一个全面的农业产业体系。这一体系主要包括以粮食和畜产品为核心的食品产业体系，涵盖生产、加工、销售等环节；以园艺和景观为主的农业观赏、旅游、休闲和教育的农业文化产业体系；以森林、水资源保护和资源环境可持续发展为主的农业生态产业系统。最后，实现农业生产的社会化服务，农业生产经营要形成一个较为成熟的分工协作体系，各个阶段都通过社会化服务组织提供专业服务，形成由各种农业服务组织构成的高效农业社会化服务网络。践行大农业观，发展现代化大农业，深入发掘农业农村多种功能和价值，因地制宜走差异化、多元化的农业产业化发展道路。

3. 农业资源综合化

旧有的农业思维过度依赖于土地，这导致了土地的过度利用、农业功能的单一性、农业模式的雷同、食物结构的不平衡以及居民饮食结构的不协调等问题。相比之下，大农业思维从多方面食物供应和农业多功能性的角度出发，提倡将土地、草原、森林、海洋、动植物、微生物、阳光、空气、水分等自然资源都看作是农业资源的一部分，在理念上显著拓宽了对农业资源的理解，有助于促进农业功能的拓展和农业模式创新的发展。对于我国这样一个正处于食物系统快速转型期的国家而言，为了满足人民日益增长且多样化的食物消费需求，应树立大农业的发展理念，将食物来源从传统的耕地资源扩展到整个国土资源。综合运用农业资源，增强农业生产的综合能力，达成经济效益、社会效益与生态效益的完美结合。调整和优化农业内部的产业结构、产品结构和品种结构，能够进一步提升土地的产出效率、资源的使用效率和农业劳动的生产效率，进而提高大农业的整体经济效益。

4. 农业经营智能化

大农业依托于先进的农业科学技术。首先，必须积极促进农业技术的研究、开发和应用，以增强农业科技的自主创新力量，并建立一个完善的农业科技开发与推广体系，确保在育种、栽培、养殖、土壤改良和植物保护等农业生产环节中，全面应用先进且适用的技术。其次，要大力推广现代农业管理技术，即所谓的"软技术"，以实现农业的生产、加工和销售全过程的标准化和专业化，从而提高农业在全要素下的综合竞争力。最后，重点提升农民的整体素质，包括科学文化知识和市场意识，同时加强新型农民在现代经营管理及生产技能方面的培训。当前，我国农村信息基础设施正逐步完善，农业遥感技术、农机北斗导航技术等得到广泛应用，农机装备的智能化、无人化、绿色化转型升级也在加快推进，为智慧农业、数字农业发展提供了重要保障。大农业的发展将依靠更加先进的物质装备和科学技术，实现农业生产智能化和经营管理专业化的有机统一。

5. 农业发展持续化

大农业是以比较强大的农业综合生产能力为主要标志的农业经济形态[1]，已成为农业发展的必然趋势。顺应"双碳"目标和经济社会全面绿色转型的需求，大农业在追求经济效益的同时，也兼顾农业的生态效益和可持续性。基于人与自然和谐共生的时代要求，大农业依托先进科技装备，通过转变发展模式，提升农业资源的利用效率，推动农业产业向现代化、智能化、绿色化方向发展，促进农业全产业链与生态环境的和谐共生。以实现农业生产的经济效益、社会效益和生态效益的和谐统一为目标，通过改善和优化农业的产业结构、产品结构以及品种结构，能够进一步提升土地产出效率、资源使用效率和农业劳动生产率，进而增强整体的经济效益；通过强化国家商品粮基地的建设，提升粮食的总体生产能力，保障国家粮食安全，以彰显社会效益。通过积极发展低碳、循环、生态、休闲农业，促进大农业的持续发展。

---

① 马边防，郭翔宇. 关于黑龙江省现代化大农业的理论思考和对策建议 [J]. 理论探讨，2012 (01)：101 – 104.

二、共同富裕引领大农业发展的基本路径

(一) 拓展农业空间和功能

要发展大农业，必须扩展农业生产的空间和功能，将传统的小农业以耕地经营为主、单一且平面的模式，转变为多功能、开放式、综合性的立体农业。农业生产的空间扩展迫切需要科技创新，特别是原创性和颠覆性的科技创新以及技术革命性的突破。立体农业通过多层次、多维度地利用空间资源和非传统耕地，能够推动农业空间扩展、功能增强以及模式创新，从而催生农业发展的新领域和新形态，例如海洋农业、戈壁农业、沙漠农业、设施农业、城市农业和垂直农业等，实现农业生产效率和产出的显著提升。相较于传统耕地资源，开发非传统耕地资源面临更多技术上的障碍和挑战，例如海洋农业的生境营造工程技术、垂直农业的人工光源研发技术、设施农业的连栋温室调控技术等，这些技术难题需要通过培育和发展新的生产力来克服，才能不断拓展农业技术的边界和农业生产的能力。在大农业的推进过程中，农业已从最初仅限于农产品生产的单一功能，逐渐向文化、教育、生态、康养等领域拓展，形成生态农业、休闲农业、养生农业、体验农业、观光农业、创意农业等多功能的发展模式。为了进一步拓展大农业的多功能性，必须不断引进新技术和新的生产要素，催生新型的劳动工具和劳动对象，打破农业与更多传统产业之间的界限，推动农业新领域、新功能、新模式、新业态的形成和发展。

(二) 构建大农业产业发展格局

为了促进共同富裕，加速构建纵横交错、相互融合的大农业发展格局至关重要，以达成农业深度整合与转型升级的目标。首先，大农业产业体系的持续发展需要不断培养先进的农业生产力，并推动其产业化进程。在当前实践中，中国农业已经初步构建并展现出数字农业、智慧农业等新质生产力形态，例如各地快速发展的数字农业工厂、智慧农业产业园等。未来，需进一步深化农业发展，拓展新质生产力应用范围，以此推动乡村共同富裕的成果。其次，大农业发展应致力于提高传统农业产业的质量与效率，并推动其转型升级。这需要

以培育和促进共同富裕为核心，持续强化创新成果的转化与实际应用。必须将农村、农民、农业的发展与国家政策紧密结合，通过持续的交叉、渗透与融合，有效推动传统农业产业向高端化、智能化、绿色化方向转型升级，为实现全国共同富裕目标作出贡献。最后，构建现代化的大农业体系需要以共同富裕为引领，瞄准智能农机、生物种业、农业数据产业、农作物生长算法等，构建传统产业、新兴产业、未来产业并存且高效协同的大产业格局，形成生产要素间功能适配的高效组合方式，推动农业与制造业、服务业深度融合，从而实现乡村地区经济、社会、生态的同步发展。

（三）提升农业科技创新能力

要促进大农业的进一步发展，必须将农业科技放在更加突出的位置，以实现共同富裕为目标，培育先进生产力形态，并迅速解决农业科技创新长期存在的短板。首先，要加大农业科技的投入。为突破农业科技创新，特别是关键核心技术的难题，需要将生物科技、人工智能、先进算法等现代和前沿技术更深入地融入农业，并实现与农业的深度融合，从而将这些技术转化为实际生产力。只有真正发挥创新的主导作用，有效形成和发展新质生产力，才能在农业科技的竞争中占据新的制高点，实现关键农业技术的飞跃式发展。其次，要增强大农业的创新能力。通过加强政策引导，促进一二三产业的有机整合，形成网状的产业结构，发挥产业间的协同效应和乘数效应，提升大农业的整体协同竞争力。加速农业与其他产业的跨界融合，鼓励和支持农业的多元化发展，紧密联系外部产业和资源进行整合拓展，形成具有内部协同效应的差异化新领域。最后，创新科研管理制度，激励科研主体，构建大农业科研生态系统。不仅要关注和支持农业生产相关的科研活动，还要密切关注相关领域的科研动态和成果，以及能够促进多产业相互有机融合技术的研发，形成以农业为核心，多行业参与主体相互协同的整合性科研创新体系。

（四）推进农业绿色低碳转型发展

为了实现农业绿色转型这一宏伟目标，需积极促进绿色、低碳、可持续的大农业发展。首先，大农业发展应聚焦共同富裕，强化污染治理和生态修复，逐步解决土壤和地下水污染等长期问题。由于污染治理和生态修复是一个长期过程，必须在土壤、水体、固体废物污染防治等领域不断探索前沿技术，大力发展绿色低碳先进技术，提高受污染耕地的安全利用率、矿山生态修复率、地表水优良水体比例、盐碱地综合利用水平及耕地质量，为绿色发展提供精准高效、全方位的技术支持。其次，要实现共同富裕，需转变农业生产理念，向绿色变革迈进。必须改变传统农业生产模式中的粗放式、高污染、高能耗特点，有效提升农业废弃物资源化利用率，推动施肥、用药等环节向精准化、智能化、绿色化发展，构建高效、绿色、低碳的大农业生产体系。再次，持续优化支持农业绿色低碳发展的政策体系。促进生态农业、有机农业、循环农业、低碳农业等绿色产业模式的发展壮大，打造高效生态绿色产业集群，拓展绿色、生态农产品的价值实现路径，有效提升绿色低碳农业产业在农业经济总量中的比重。最后，坚持大农业高质量发展与高质量保护并重。发展生态农业和绿色农业，提高大农业生产各环节的资源利用效率，切实保护生态环境资源，实现经济发展与生态保护的良性互动。

三、共同富裕引领大农业发展的战略举措

（一）构建农业多元供给体系

在国家政策的引导下，保障农业多元供给是大农业发展的首要任务。一方面，粮食安全是国家稳定和社会发展的基础，只有确保粮食产能稳定，才能为大农业发展提供基础条件，增强农业发展的可靠性和稳定性，为国家应对各种风险挑战提供有力支撑。另一方面，构建多元化的农业供应体系，有助于满足人民日益增长的多样化食物需求，同时拓宽获取食物的渠道和资源种类。通过开发利用各类国土资源，包括草原、森林、海洋、湖泊等，可以挖掘食物供给的巨大潜能，提高资源利用效率，从而形成与市场需求相契合、与资源环境承载力相匹配的发展格局。此外，构建多元农业供给体系还能有效缓解农业生产压力，增强农业生产的弹性和适应性，更好地应对市场波动和自然灾害等不确定性因素，进一步稳固共同富裕发展成果，提升我国农业的整体竞争力和可持续发展能力。

（二）打造农业全产业链

发展大农业，构建完整完备的农业全产业链至关重要。构建创新能力强、发展后劲足的农业全产业链是发展大农业的重要支撑和必然要求，也是推动农业高质量发展、提升农业综合效益、促进农民增收致富、助力共同富裕战略深入实施的关键举措。首先，必须促进互联网、大数据、人工智能等前沿技术与农业的深度整合，拓展农业技术的边界和产业链的延伸。其次，基于各地的资源条件、产业基础和地理位置，加速传统农业的数字化和绿色转型，发展智能农机、人工智能、数字农业、智慧农业等新兴产业，提前布局基因编辑、农作物生长算法、深海空天开发等未来产业，增强产业链供应链的韧性，构建一个互相促进、互相支持、高效协同的梯度型产业布局。最后，通过建立园区、构建链条、组建集群的方式，重点推进现代农业产业园、优势特色产业集群、农业产业强镇、现代农业全产业链标准化示范基地等产业载体的建设，加强垂直农业、海洋农业、循环农业、有机农业等农业新功能、新空间的试点建设，打造一批具有全球竞争力的现代农业发展高地，为大农业的发展提供多样化的载体。

（三）挖掘农业多种功能

从经济角度审视，随着农业与第二、三产业融合程度的加深，农产品加工业的迅猛发展，以及农村电商、休闲农业等新兴产业的崛起，极大地拓展了农产品的市场范围，提升了农产品的附加值，从而为农民带来可观的经济收益。从生态角度出发，持续加强山水林田湖草沙的综合保护与修复，提高农业的生态价值，既满足了市场对绿色、健康食品的需求，也满足了公众对美好生态环境的向往。通过发展休闲观光、生态康养等新型业态，有效拓展了农业的发展潜力，促进了农民的经济收入增长。从文化层面来看，深入探索乡村的农耕文化、民俗文化，通过文化的传承与创新吸引游客，有助于推动乡村旅游业的繁荣，进一步促进农民的经济收益，推动共同富裕。围绕农业多种功能延伸拓展农业产业链条，促进农村一二三产业深度融合发展，构建现代农业产业体系以推动大农业发展。

(四) 优化农业区域布局

在全国范围内统筹农业资源,优化农业区域布局与产业空间结构,加速构建与人口分布、自然条件、发展基础以及优势特色相适应的农业生产格局,是实现大农业发展的必然趋势。习近平总书记强调,在确保生态环境得到保护的前提下,应从耕地资源向整个国土资源拓展,根据实际情况选择种植粮食、经济作物、畜牧、渔业或林业,构建与市场需求相适应、与资源环境承载力相协调的现代农业生产结构和区域布局。鉴于我国幅员辽阔,不同地区的资源禀赋、气候条件、市场需求等存在显著差异,形成与当地环境相适应的产业空间结构。一方面,科学合理的农业区域布局与产业空间结构,能够精准定位农业产业的发展方向,明确区域农业发展的重点内容,突出地方特色、顺应发展态势,从而使得各地区能够充分利用自身优势,避免同质化竞争,实现资源的高效利用。另一方面,优化农业区域布局与产业空间结构,有助于推动涉农企业向基层延伸,辐射和带动周边产业的协同发展,形成良好的农业生态,促进农业产业的协同发展和创新升级,推动大农业向更高水平发展。

(五) 强化科技创新支撑

以实现共同富裕为目标,引领大农业发展,必须重视效率,并将科技创新置于核心地位。应加速突破农业关键核心技术,促进科技成果的转化应用,推动科技与产业发展的深度融合,以提升农业科技创新的整体效能。首先,应集中力量于生物育种、智慧农业、绿色农业等关键领域,实施农业科技关键核心技术攻关项目,加速推进农业科技的自主发展与强化。其次,针对大农业发展的需求,加速构建新质生产力。建立以需求为导向的科技成果转化机制,促进科技成果迅速转化为现实生产力。同时,依托数字技术、生物技术和生态技术,巩固农业新质生产力基础,推动农业产业向数字化和生态化转型。最后,推动科技与农业深度融合。支持农业龙头企业牵头建立农业科技创新联盟,将产学研合作全面融入农业生产经营的全链条。完善农业科技服务体系和农技推广体系,加强政府公益性农技推广队伍的建设,深入推进农业科技服务云平台的建设,提升农技推广服务的效能,促进先进适用技术的集成与落地。

（六）完善配套基础设施

为实现共同富裕并引领现代农业发展，必须以传统基础设施为基础，以新型基础设施为支撑，以及以农业基础设施为核心，持续加强现代农业基础设施建设，确保为现代农业发展提供坚实的基础保障。首先，迅速弥补农业产业基础设施的不足。针对大农业发展的需求，聚焦农业农村基础设施的薄弱环节，增加对农业农村基础设施建设的财政投入。其次，提升现有农村基础设施的水平。重点改善灌区等水利设施，完善路网结构及其配套设施，以满足产业链和供应链稳定畅通的需求。同时，加快新一轮农村电网改造，推进农村地区宽带网络和移动通信网络的升级，改善农业及相关产业的集聚发展基础条件，提升地区产业集聚承接能力，促进大农业的发展。最后，积极推进新型基础设施的建设。重点实施通信网络基础设施、新技术基础设施和算力基础设施的建设，不断加强 5G 网络在农村地区的深度覆盖，推动农村地区产业基础设施的数字化提升和传统基础设施的智能化改造，提高设施大农业的智能化管理水平和农产品加工业的智能化、自动化、精细化水平。

第三节　产业价值链理论与农旅产业价值链构建

一、产业价值链理论

（一）价值链

价值链理论最初由美国杰出学者迈克尔·波特（Michael E. Porter）于 1985 年在其著作《竞争策略》中提出。波特教授指出，企业的持续存在与成长依赖于其掌握的资源、具备的能力以及拥有的竞争优势。在波特的理论框架中，价值链包含了企业从设计研发、生产销售到宣传售后等一系列核心生产流程，并将这些流程细分为基础活动和辅助活动两大类。基础活动主要包括后勤保障、生产运营、市场营销、售后服务等环节；辅助活动涉及技术研发、基础设施建设、人力资源管理、生产物资采购与配置等方面。这两类活动虽然相互关联，但又各自具有一定的独立性，共同构成了价值链模型（见图 4-1）。

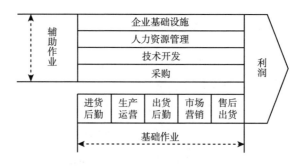

图 4 - 1   波特价值链模型

资料来源：迈克尔·波特. 竞争优势 [M]. 陈晓悦，译. 北京：华夏出版社，1997.

价值链理论主要包括以下三个核心方面：首先，它涉及企业内部各项活动之间的相互关系及其作用机制，确保材料能够依据生产需求得到及时的采购与供应，同时保持各项活动之间的协调一致；其次，它强调对企业各项活动价值的掌握与保障，以确保生产过程的顺利和有序进行；最后，企业的所有生产经营活动都应围绕价值链展开，从原材料的采购、实际的生产加工到后期的售后服务，构成价值链的组成部分。在知识经济时代，服务业经历了迅速的发展，企业内外部的联系也经历了重大变革。产业经济的快速发展对传统价值链体系提出了挑战。价值链理论通过不断地创新，推动了相关研究的快速发展，价值网、虚拟价值链以及合作竞争价值链等新概念和理论相继出现。

（二）产业链

在产业经济学领域，产业链指的是不同部门之间在时间和空间上相互作用所形成的经济结构。它包括了供需链、价值链、企业链和空间链这四个方面的概念。在经济运行过程中，这四个方面相互配合、相互连接，共同构成了产业链的框架。这些方面之间形成的"对接机制"，实际上是一种客观规律，它在无形中对产业链的发展起到了调控作用。

在《国富论》一书中，亚当·斯密提出了基于分工原则的工业生产独立性理论，这一理论构成了其产业分工理论的基础。马歇尔则进一步将分工的概念应用于企业生产，强调了生产过程中各环节间的协作，其理论被认为是产业链理论的雏形。尽管学术界对产业链理论及其含义尚未达成一致，但在核心理念上却有着共同的理解。产业链是一条连接物资供应、中间制造到最终消费各环节的链条。产业活动构成了一个生产系统，该系统融合了物流与信息流。产业链理论自提出后，迅速在多个领域得到应用，并引起了学者们的广泛关注。尽管对产业链概念的理解尚未统一，但主要的研究观点认为产业链是一个生态网络，它根据内部的分工和外部的供需关系进行扩展，可以分为垂直产业链和横向产业链。产业链是一个网络结构，在这个结构中，产业活动相互交错。产业链的目标是增强竞争力，它在经济活动中建立了经济联系。从价值链的角度来看，产业链始终贯穿于生产活动之中，内部联系和企业间的联系共同确保了产品的最终消费得以顺利实现。

（三）产业价值链

产业价值链这一概念，它基于价值链和产业链的理论，在中国学术界得到了深入研究和拓展。在产业链的架构中，该理论利用价值链的视角来分析价值创造活动及其影响因素。价值链理论着重于企业的生产活动，而产业价值链理论则将焦点放在了产业层面上更宽广的价值创造过程。通过价值链分析法，观察到产业链中产业价值链、产业链与价值链之间的互动关系。产业价值链指的是产业在满足消费者需求后所构建的价值实现链，其分析的核心在于价值方面。

构建产业价值链需要将焦点从单一企业拓展到整个产业。价值链着重于价值创造的过程，而产业价值链则强调组织职能的优化，两者从不同角度解释了价值创造的机制。产业价值链构成了产业融合的价值体系，企业的价值链则在其中扮演着价值创造的角色。产业链的价值活动并非简单组合，而是众多企业在产业链组织下进行的复杂价值创造过程。在产业价值链形成之前，各企业的价值链是独立的，它们之间的价值联系相对简单。但是，随着产业价值链的整合，企业成为产业价值链系统的一部分，企业间通过创新合作在价值链中共同创造新价值。基于理论基础，产业价值链理论得以完善，其研究范围包括了点、线、面、网的各个方面，同时涵盖了价值的生产、交换和传递等全过程。该理论体系不仅包括了产业价值链和供销链，还包含了价值系统、价值理论等与价值相关的众多研究领域。在这一理论的指导下，产业价值链体系得以进一步完善和创新。因此，产业价值链的深层含义在于价值链与产业链的整合与拓展，是在产业链前提下，通过价值链的深入研究，发掘产业链中能够产生利益的活动及其影响因素。价值链理论的核心在于公司的盈利过程；而产业价值链理论则聚焦于整个行业价值创造的过程与方法。

二、农旅产业价值链构建

(一) 农旅产业价值链特征界定

农业与旅游业融合形成了农旅产业，这对于从产业链视角探讨农旅产业的发展具有重要的意义。产业融合展现了经济发展的一种趋势，它涵盖了不同行业间的互相渗透和交叉，进而推动了产业间共同繁荣的动态发展过程。通过分析，了解到产业融合的种类因分类依据的不同而有所区别。本书参考了先前研究者关于产业融合理论的成果（见表4-2），并充分考虑了旅游业的复杂性和综合性特点，得出如下结论：从价值链的角度来看，农旅产业价值链的形成至少需要满足以下三个条件中的一个，即产业价值之间产生关联效应（包括渗透和交叉）、产业价值链通过与其他行业的结合实现扩展（包括衍生和纵向扩展）、产业价值链通过利用其他行业的发展来实现价值的提升。

表4-2　　　　　　　　　　　产业融合特征

划分依据	融合表现	代表人物
融合原因和结果	行业竞争与合作	植草益[1]
产业特征和市场需求	产业边界的淡化甚至重新划分	马健[2]
发生环节	高新技术渗透、产业延伸、产业内部重组、新产业取代传统旧产业	聂子龙、李浩[3]
产业间关系	产业渗透、产业交叉、产业重组	胡汉辉、刑华[4]
产业发展方向	横向扩展、纵向扩展、混合发展	胡永佳[5]

资料来源：①植草益. 信息通讯业的产业融合 [J]. 中国工业经济, 2001 (02)：24-27.

②马健. 产业融合理论研究评述 [J]. 经济学动态, 2002 (05)：78-81.

③聂子龙, 李浩. 产业融合中的企业战略思考 [J]. 软科学, 2003 (02)：80-83.

④胡汉辉, 邢华. 产业融合理论以及对我国发展信息产业的启示 [J]. 中国工业, 2003 (02)：23-29.

⑤胡永佳. 产业融合的经济学分析 [D]. 北京：中共中央党校, 2007.

（二）农旅产业价值链内涵解读

农业和旅游业的产业价值链彼此间产生了互动。作为社会发展中最具综合性的产业，旅游业能够与其他所有产业产生互动。根据互动的程度，农旅产业价值链可以被划分为产业渗透型和产业交叉型两种模式。产业渗透主要表现为一个产业对另一个产业的主动渗透，这通常在产业融合的初期阶段出现。产业交叉则多在产业融合之后发生，表现为一种互动式发展关系。在农旅融合过程中，旅游业边界变得模糊，在起始阶段，旅游业主动向农业渗透，将众多农业资源转化为旅游资源，从而丰富了旅游产品的种类和内涵。同时，农业通过与旅游业的结合，其产品的附加值也得到了提升，并主动向旅游业靠拢，最终实现了农业与旅游业的深度融合。

不论是农业价值链还是旅游价值链，都存在长度不够、结构单一、效益不强的问题。产业价值链的相互扩展被认为是解决这些问题的有效方法。本文根据价值链的扩展方向，将其分为横向和纵向两种形式。横向扩展表现在其他产业的参与下，原有的价值链向两端扩展，主要解决价值链长度不足的问题。以初级农产品生产为主的传统农业，随着农旅融合的发展趋势，对农产品的精细度、多样性和品质提出了更高要求，推动了农产品生产向精细化和深加工方向发展，从而延长了原有的价值链。纵向扩展则主要针对价值链的薄弱问题，例如，传统农业价值链专注于农业生产活动，通过旅游业融入，使得原有产业价值链在基础上衍生出乡村旅游、休闲农业等新价值链，从而丰富了原有农业价值链。

追求价值提升是产业发展的最终目的，这一点在农业和旅游业融合中同样成立。以传统农产品为例，它们的价值不高且价格易受季节影响，同时一些农业资源被浪费。但是，随着农业与旅游业融合，农产品的市场不再局限于农产品经销商和农贸市场，价格也有所提高。为了满足旅游业需求，那些曾经被浪费的农业资源得到了重新利用，发挥了它们潜在价值。农事生产也从单纯的劳动付出转变为创造旅游体验活动，实现了从价值投入环节向价值创造环节的转变。同时，旅游业与农业融合为旅游业本身带来了更广阔的发展空间，打破了传统旅游依赖于景区门票收入的局限，创造了更多样化的旅游产品和内容，丰富了旅游的内涵，并提升了整个产业的价值。

（三）农旅产业价值链动力分析

1. 内在动力

农业与旅游业的价值链紧密相连，主要表现在两者之间的互补性。农业以较少的投入和较短的回报周期为特点；而旅游业则需要较大的投资和较长的回报时间。农业与旅游业融合不仅促进了经济社会价值的提升，也对农业规模和产量产生了影响。在竞争与合作的过程中，为了获取更高经济收益，农业势必会促进技术与管理革新。同时，农业也为旅游业提供了更多样化的产品和资源，使得产业间的发展模式从单一企业的竞争合作转变为价值链上的协同进步，进而推动了农业与旅游业价值的相互融合。农业与旅游业生产要素的相互融合，主要体现在旅游业部门不断深入农业资源，而农业则为旅游业提供持续的支持与保障。这种融合要求农业与旅游业之间建立紧密联系的节点，通过这些节点，不同产业的生产部门才能共同构建一个完整的全价值链体系。

从价值链视角分析，农业价值链涵盖了农业生产资料配置、农事活动执行、农产品加工生产以及营销推广等关键环节。而旅游业价值链则包括了旅游项目选址、可行性研究、规划设计以及旅游产品市场推广等方面。通过观察农旅产业价值链，可以发现农业与旅游业之间存在着紧密的联系。农旅融合不仅能够相互补充，还能有效减少交易成本，提升整个产业价值。

面对产业整合趋势，单一生产模式已难以保持竞争力。主动探索农业与旅游产业融合，打造产业链条，实现多方面发展，对于开拓更宽广的发展空间和提高经济价值至关重要。从产业进步视角分析，农业与旅游业融合是社会经济发展中产业分工自然演进的结果。这种融合能有效打破两者间的界限和产业壁垒，达到双方共同利益。从市场需求的视角出发，产业融合并非单纯的产业合并，而是在现有基础上寻求更宽广的发展前景，是对原有产业功能的增强。农旅融合对于拓展产业价值链、增大市场容量、提升产业功能价值具有重大意义。

2. 外部动力

（1）政策背景。在经济发展新阶段，农村社会经济状况发生了显著变化，旧有的农业模式已无法满足社会进步的需求。近年来，在农业、农村和农民问题上政府投入不断加大，为农业持续发展提供了坚实的政策保障。同时，还提升了农村基础设施建设，改善了城乡交通、医疗保健、电力通信、文化教育等公共服务设施，这不仅推动了农业及相关产业的发展，也吸引了其他行业资本，促进了农业与其他产业的综合发展。

（2）经济背景。按照国际标准，我国已经迈入了休闲度假时代，并对休闲度假产品提出了更高标准。消费模式和种类变得越来越多元化，传统消费产品已无法满足消费者日益增长的个性化需求。农旅融合是对传统消费产品的有益补充，预计将有广阔发展空间，以满足更多消费者在物质和精神层面的需求。

（3）社会背景。科学发展观的提出，标志着经济发展模式向"资源节约型"和"环境友好型"社会的转型。农业发展必须摒弃旧有的模式，转向以节约资源和保护环境为核心的集约化发展路径；旅游业发展也需避免同质化竞争，创新管理与经营模式，丰富旅游产品种类，走内涵式发展道路。构建"两型"社会对于增强两大产业的经济利益和市场竞争力具有深远意义。

（4）技术背景。技术的广泛传播和融合是新时代产业融合的关键条件，技术融合是产业融合的关键形式和坚实后盾。目前，生物技术、现代信息技术以及国家重大科技成就取得了突破性进展，为农旅融合创造了有利条件。现代农业技术的应用有助于释放更多劳动力，转向二三产业的发展。农业技术在保证农产品产量的同时，与旅游业融合，开发出更多旅游产品，以迎合旅游者多样化的消费需求。

三、农旅产业价值链发展路径

（一）资源价值整合路径

资源整合意味着将一个行业的资源以整合形式参与进其他行业的成长。在农业与旅游业融合过程中，农业利用其生产资料、农事活动、田园风光和乡村特色等作为旅游资源，创新商业模式，拓宽产业发展的途径和范围。传统农业的商业模式相对单一，价值链呈现出简单的线性形态，生产资料主要用于农业生产，农业价值主要集中在农产品的最终销售环节，且主要以初级产品销售为主。由于自然环境和市场竞争的双重作用，农产品价格波动较大，农民的收益受到限制。农旅融合使得农田、水资源、气候条件和农田基础设施等不再仅仅是单一的农业生产资料，而是变成了高质量的旅游资源。经过精心景观设计的农田可以开展观光活动，成为观光旅游产品；农事活动与当地乡土文化相结合，发展游客体验项目，满足游客的好奇心；乡村建筑不仅是居住场所，更是地域环境对人类活动影响的集中体现，积极利用现有条件开展民宿旅游等。旅游业融入使得简单的农业生产活动转变为旅游产品，成为游客消费目标，延长了产业链，提升了产品价值。

整合农旅资源主要体现在利用农业资源促进旅游业成长，使旅游资源更加多样化。农业与旅游业以资源为基础进行融合，能够提高农业资源价值。例如，随着传统农业向现代农业演进，一些非优势区域的农业资源被搁置，传统农耕文化也面临消失的威胁。借助农旅产业发展，可以将农业资源的潜在价值转化为实际价值，使被搁置的农业资源得到再次利用，从而提高农业资源的附加值，并增强农业生产的价值创造能力。

（二）技术双向融合路径

产业融合主要体现在技术创新和新型管理方式的驱动下，其他行业的价值创造活动得以平滑地融入另一个行业，进而激发新的价值创造。持续创新是推动产业持续进步的关键动力，只有那些能够跟上时代步伐、擅长创新的行业才能保持竞争力。旅游业正经历着产业环境、基本要素、组织结构等方面的不断变化，迫切地需要创新旅游产品和商业模式，以适应日益增长的外部竞争压力；与此同时，农业生产技术与产品附加值目前较低，这对其经济持续增长构成了挑战。信息技术的迅猛发展为农业和旅游业融合带来了新机遇，技术整合有助于两大产业在资源联合、项目构建、运营管理和市场拓展等方面实现深度的融合。

此融合途径主要包含农业技术向旅游领域渗透，通过增强农业技术，开发出更多具有旅游吸引力的农事活动或产品。具体来说，农业通过运用现代先进技术，达成良种培育、技术种植、节水灌溉、病虫害控制等目标，充分展现现代农业的示范与推广作用。在有效提升农业产量和农产品附加值的同时，也提升了游览的趣味性和观赏价值。通过结合现代技术，培育出新型旅游产品和业态，这些产品虽然丧失了原有的农业价值属性，但获得了更高的旅游价值属性，不仅提升了产业价值，还丰富了游客的体验和娱乐性。例如，利用现代温室大棚技术结合现代生物技术和基因工程培育新的农作物品种，如果蔬乐园、南瓜探秘区等，通过人工干预和技术手段的结合，精心培育出形态多样、大小各异、色彩丰富的农产品。同时，充分利用微生物的分解作用，积极推动鱼菜共生、桑基鱼塘、果基鱼塘、蔗基鱼塘等农业项目建设，努力构建一种共生互利的生态系统，既满足游客的观赏需求，又积极发挥农业旅游的科普教育功能。

（三）功能叠加路径

在社会进步的进程中，各个行业都扮演着它们特有的角色和价值。产业融合不仅限于功能相似的交汇，还包括两个或更多产业在某个共同领域内共同创造出新功能价值。通过这种功能融合，产业功能得以增强和改善，从而达到功能效益的最大化，推动产业之间共同成长和互利共赢。

在国家经济社会发展中，农业起着至关重要的基础保障作用。它不仅满足人类的基本生存需求、提供必需的原材料、解决就业难题、促进社会公平和稳定，还肩负着维护文化多样性、提供教育和休闲娱乐资源的重任。在农业进步的道路上，应当努力推进现代农业、生态农业、立体农业和设施农业的健康发展，创新农业发展方式和产业职能，深入挖掘农业在文化价值和生态社会价值方面的潜力。旅游业作为一个多元化产业，同样具有提供休闲娱乐、文化教育、就业机会和社会稳定等多重功能。积极地推动农业与旅游业深度融合，不仅能够丰富游客的休闲观光体验和情感体验，还能加深对农村社会环境的认识，同时有助于在全社会范围内弘扬生态文明、创新尊重、劳动尊严、文化传承和勤劳节俭的优良传统。因此，从产业功能视角来看，推动农业与旅游业融合，是产业创新发展的新途径，也是农业与旅游业发展的高级形态。

（四）市场互融路径

作为涵盖经济和社会多个领域的综合性行业，旅游业在竞争日益激烈的市场中，其整体效益正变得越来越明显。农业发展方式的转变已超越了单纯农业生产的问题，它关系到整个经济和社会稳定发展。农业与旅游业深度融合，为农业创新开辟了新的途径，促进了农业向集约化、内涵化、产业化方向的转变，并且有效地扩展了两个行业的市场空间。

市场融合双重含义在于：一方面，农业与旅游融合能够创造新的产品，激发新的市场需求；另一方面，农业与旅游业可以共同开拓客源市场。在传统农业产业链中，从物资投入开始，经过中间生产环节，直至农产品加工，产业链较为单一，产品附加值不高。但是，农业与旅游业融合使得普通游客变成了潜在"农产品"消费者，农产品也转变成了旅游产品。以体验式农业为例，农业生产不再局限于供应农贸市场或城市居民，而是转变为接待游客，从而改变农产品的市场定位，提高其价值。发展特色农业有助于提升地区知名度，吸引大量游客，进一步扩大旅游业的客源市场。为了推动农业商品的旅游化，必须建立完善的乡村旅游产品供销体系，精心挑选具有地方特色的农产品，结合技术融合策略，促进乡村农旅产品的电子商务化，实现农产品与旅游产品的联合销售，消除两大产业消费群体的界限，实现农业与旅游业的客源共享。农村成为游客的消费场所，游客成为农产品的消费者，农业与旅游业相互促进，共同繁荣，实现价值共赢。综合来看，市场融合路径是农旅产业价值链发展的高级阶段。

四、农旅产业价值链典型模式

（一）以农业为主导的农旅产业价值链发展模式

以农业为基础的农旅产业价值链发展模式，其目的在于增强农业功能性。尽管在开发进程中，传统农业生产格局与种植方式经历了转变，但其根本的粮食生产特性并未被改变，依旧归类于农业领域。在这一进程中，旅游业作为辅助农业的角色，其终极目标是通过旅游业手段，提高农产品的品牌价值与市场认知度，进而扩展农业产业链。这种产业融合模式，是在具备一定生产能力地区，基于现有生产经营活动进行集中发展，其中旅游业投入相对较小，旅游基础设施建设相对落后，同时受到农业自身季节性波动的影响，农业价值通常高于旅游价值。

在这一模式下，农业产业链往往展现出基础的线性形态，产业活动种类不多，主要聚焦于农作物的种植和基础加工，这限制了产品附加值的提升。农业产业价值的实现主要依赖于农资研发和产品销售环节。因此，以农业为核心的农旅产业融合模式，目标是深入探索产业链各环节的价值创造潜力，加强产品研发和深加工体系的建设。借助旅游业力量，增强农产品的市场推广，提升农业产业链中某些环节的价值属性。在这一进程中，旅游业作为农业发展的宣传平台，其目的是提高地区知名度，增强产品价值属性，进而推动整个产业的发展。例如，浙江金华市沙畈乡，由于沙畈水库是金华市的饮用水源，沙畈乡被划为生态功能区。当地产业发展以农业生产为主，产品价值不高，乡村旅游开发受限，主要停留在本地游客的自然生态观光层面，开发项目主要是销售农业土特产、瓜果采摘、农业观光，开发程度相对基础。为了挖掘资源价值，沙畈乡实施了"以旅兴农"的融合发展战略，重点发展库区沿线的生态农业、生态林业、生态渔庄等旅游产业，依托"羊爸爸山里货"的品牌基础，将沙畈乡建设成为生态农产品会展中心，开发具有乡村特色的旅游纪念品，结合旅游业的发展，加强对沙畈乡农产品的营销与推广通过游客的亲身体验，提升沙畈山货的品牌价值和市场影响力，从而延伸农产品的价值链，提升农产品的价值空间。

（二）以旅游为主的农旅产业价值链发展模式

此模式专注于展示农业在旅游和服务行业中的重要性。在这一结合模式中，农业利用其主要产品、生产过程和乡村景色等资源，拓展旅游项目和内容，以迎合游客的观光欲望。此模式主要在农业活动场所进行，主要面向都市白领群体，通过深入开发农业资源的潜力，并配合科学的旅游区域规划，将乡村的日常生活方式、田园生态美景、农业活动和农业技术展示等要素融合，以满足游客对回归自然和休闲娱乐的旅游追求。在这一过程中，并非只重视旅游价值而忽略农业生产，实际上，农业生产是进行农业旅游的根本。缺少农业元素的开发，与传统旅游项目开发并无区别。

旅游业作为农旅产业价值链发展的主要推动力，展现了其在产业进步中的关键作用。这种模式在保持农业传统功能的同时，广泛结合了旅游特色，满足了游客对休闲、观光、养生等多样化需求。旅游业与农业融合，不仅丰富了旅游产品的种类和内涵，还扩展了产业价值链，进而催生了更多规模经济效益。以北京蟹岛度假村为例，其超过3300亩的广阔土地上，始终以住宿、餐饮、娱乐为依托，努力为游客打造一个亲近自然、健康生活的高品质体验。蟹岛以生态农业为基础，整合了生态种植、水产养殖、有机农业研发、农产品加工、有机产品销售、休闲度假、餐饮会议、健康养生等多种产业，形成了一个互相依赖、互相促进的循环共生体系。蟹岛专注于绿色有机食品的研发、生产、加工和销售，以休闲度假为核心，构建了一个集有机农产品种植、生物能源、田园观光等多功能于一体的综合园区。园区内所有农业活动都旨在支持旅游项目发展，致力于为游客提供绿色乡村生活体验。

（三）价值并重的农旅产业价值链发展模式

农旅产业价值链演进，本质上是为了达成互利共赢的目标。在两者结合过程中，由于地理位置、资源条件、经济发展水平和区域交通的便捷性等多种因素的作用，其发展模式展现出多元化的态势。通过资金、技术、信息、人才、物质和能量的流动，产业间相互作用，有力地推动了区域农业和旅游业的快速发展。产业价值并重的发展模式，往往出现在拥有一定农业基础和良好生态环境的特定地区，这些区域的农业和旅游业发展通常具有显著的季节性特点。

结合农旅产业价值链发展模式，目标在于整体提升这两个行业价值。农业为旅游业提供稳定的资源基础，丰富旅游体验和产品种类，深化旅游含义；同时，旅游业加入有助于提高农产品知名度，强化农产品的品牌效应，并推动区域农业基础设施的发展。在这一相互融合过程中，两个行业相互支持，互为补充，共同进步，通常在较广的区域内形成。农旅产业价值链展现出显著的季节性特点，而两个行业的有效结合能够减轻季节性波动的影响，扩展产业价值链，拓宽产业价值边界。以浙江省遂昌县为例，该地乡村旅游基于当地实际情况，以创新为驱动力，逐渐发展出特色的"遂昌模式"。该模式充分利用电子商务平台，提高当地农副产品和生态环境的知名度与美誉度，激活了更多乡村资源。坚持全域旅游发展理念，积极促进乡村景区化，推动农业与旅游业的深度融合。通过在各村落建立电子商务服务站，为农产品销售开辟新途径，当地特产如茶叶、笋干、土猪肉、番薯干等，受到消费者的热烈追捧。此外，一系列充满乡村风情的体验活动，如农家菜烹饪、传统手工弹棉花、酿酒、采摘野菜等，吸引了众多游客前来体验，乡村旅游繁荣发展为其他产业带来了"生态红利"。

第四节　百业共生的农旅融合概念架构

农旅融合作为乡村振兴的重要战略之一，其深度与广度不仅影响着农业与旅游业的协同发展，更对推动农村经济的多元化、提升农民生活质量、促进乡村文化繁荣等方面产生深远影响。在百业共生的背景下，构建一个以农业为内生价值、以旅游为附加价值、融合百业于农旅产业融合概念体系框架，对于推动农旅融合的深入发展具有重要意义。

一、农旅融合相关概念辨析

（一）农业旅游

从词源学的角度分析，农业旅游由农业与旅游两个领域构成，其前缀源自拉丁语的"agri –"或希腊语的"agro –"，其中"agri –"意指"田地"，而"agro –"意指"土壤"，两者后缀均为"tourism"。因此，实际上，农业旅游是农业和旅游的结合。从字面意义上看，它包括旅游者在农业环境中的生产活动和休闲娱乐，通常以在农场环境中度过的假期形式呈现[1]。

学术界对农业旅游的概念进行了深入探讨，认为其与农业旅游理论框架的建立紧密相连。经过对不同定义的综合分析，认识到农业旅游主要涉及地理位置、资源依托、活动内容、影响和效应等多个方面。同时，一些研究者对农业旅游的定义进行了深入探讨，提出在定义和分类农业旅游时，必须全面考虑农场、农业活动的关联性以及游客体验农业的真实性这三个核心要素。根据这些要素，将农业旅游细分为五种类型：非农场的农业旅游、农场与农业旅游的被动联系、农场与农业旅游的间接联系、农场与旅游活动的直接联系（舞台化的农业旅游）以及农场与旅游活动的直接联系（真实性的农业旅游)[2]。

---

①　Sznajder M., Przezbórska L, Scrimgeour F. Agritourism [M]. Wallingford：Cab International, 2009.

②　Phillip S., Hunter C., Blackstock K. A typology for defining agritourism [J]. Tourism Management, 2010, 31 (06)：754 – 758.

国内众多专家对农业旅游进行了细致的研究和界定，其定义通常基于需求与供给两个方面，包含三个层次：首先，从需求角度出发，农业旅游被看作为一种旅游方式，其目的在于满足游客对农业知识的探求、乡村自然环境及农民日常生活的体验需求。其次，从供给角度来说，农业旅游被界定为一种农业发展方式，它不仅能够与农业生产相结合，还能利用农业资源、乡村景色以及农民生活开展旅游商业活动。最后，强调了需求与供给的综合视角，农业旅游是一种依托农业资源的旅游活动，同时促进农业生产发展和农业传统文化保护，彰显农业的多方面功能。总之，农业旅游应从经济、环境、社会三个维度展开，是结合农业生产与休闲游憩的新兴产业，具有生态环保、社会休闲、游憩体验、教育科研、生态研学、医疗保健等功能的综合体①。

（二）农旅融合

综合相关研究成果②③，本研究对农旅融合进行了内涵界定，农旅融合是指一定区域内农业与旅游业相互渗透、融合发展的一种现象，以农业资源为基础，以旅游市场为导向，通过资源的旅游化利用和体验化设计，农业资源转变成旅游产品的一种过程。农业旅游是农业与旅游及相关产业要素融合的产物，体现了融合业态的具体形式。从宏观视角来看，随着经济的发展和社会城镇化的深入，旅游需求正变得越来越多样化和环保化。通过整合食、住、行、游、购、娱旅游六大要素并精心策划体验活动，农业资源被成功转变为旅游观光和体验的项目，这一动态的转变过程将农业资源转化为旅游资产，农产品升级为旅游商品，农业活动转变为旅游活动。其独特之处在于它催生了新的产业特性或创新的产业模式。

从狭义角度理解，农旅融合指的是农业资源的旅游化和体验化利用过程。农旅融合通常意味着这两个产业及相关领域的要素相互融合、交织或重组，进

① 梁锦梅. 试论国内农业旅游研究的进展 [J]. 五邑大学学报（社会科学版），2005，7（03）：56-59.

② 王琪延，徐玲. 基于产业关联视角的北京旅游业与农业融合研究 [J]. 旅游学刊，2013，28（08）：102-110.

③ 张英，陈俊合，熊焰. 旅游业与农业耦合关系研究及实证——以湖南省张家界市为例 [J]. 中南民族大学学报（人文社会科学版），2015，35（06）：109-113.

而催生出新的旅游体验产品和农业旅游产业的持续发展。这种融合并非仅仅是农业与旅游业的简单相加，而是资源、市场、技术、人才等要素的有机结合和相互渗透，目的是达到农业资源与旅游市场的有机结合。农旅融合的核心主体包括从事这种融合业态的企业和其他组织，如农业旅游、休闲农业、乡村旅游企业（包括旅游景区、旅游专业村、家庭农场、农民专业合作社、村集体经济组织、农业龙头企业或企业集团等）。而农旅融合的客体则是这些主体直接作用的对象或目标，即通过利用农业生产、农民生活、农村生态资源所策划和设计的旅游体验产品。农旅融合的构成要素包括企业、资金、技术、人才、产品、市场、制度等。农旅融合的类型可以分为两大类：第一类是基于特定园区或村庄的休闲农场、休闲农园、观光农园、村落景区等，这些地方有明确的界限和经营主体，且融合了特色农业资源；第二类是休闲农业区，它是由多个农业园区在特定范围内组成，形成功能多样、空间集中、产业互动的区域，例如现代农业综合区、乡村旅游集聚区、休闲农业集聚区等。

（三）农旅融合的属性分析

分析农旅融合的特性主要关注农业与旅游两大产业的界限和产业化发展。旅游产业具备综合、相关和融合的特性。农旅融合的业务领域已扩展至传统第一产业之外，包括农业观光园、休闲农区以及乡村地区的"乡村性"旅游供给。包括旅馆业、餐饮业、住宿与购物等服务业，以及工业、商业、文化、教育、体育等多个部门的业态。

农旅融合的关键点包括：一是评估该产业对现有和潜在相关从业者的吸引力。二是确定该产业的主要成功因素。农业与旅游业的竞争优势源于其核心专长的独特性（例如特色农业资源、高新农业技术等），这些难以复制、学习或购买的独特专长构成了休闲农场竞争的核心，也是其与传统景区不同的独特之处。以农产品为例，通过加工、包装、策划等环节，逐步实现"农特产品向商品、礼品、艺术品、体验品"的转变，其附加值逐渐增加。三是农业资源能够转化为旅游资源，农产品能够转变为旅游商品，农业园区能够转变为旅游景区，从而实现多元化经营，产业链得以拓展，农业旅游得以产业化。

因此，农旅融合概念的核心在于其"农业"特性，也就是农业提供核心资源，旅游开拓市场，在产业特性上展现出交叉性和双重性。它不只是旅游业的一个分支，更是农业的关键部分，本质上属于农业产业，是农业多功能性展现的重要方面。

二、百业共生的农旅融合概念体系

（一）农旅产业融合方式

农旅融合是农业领域内部或旅游行业与其他行业之间产生的互动与融合，进而催生出一种全新的产业模式。农旅融合主要是指农业与旅游业进行融合，并且与它们相互联系、相互渗透、功能互补。

旅游业体现了产业融合的特质，是国民经济中最具融合性、吸引力和推动力的行业之一。与传统行业相比，旅游业是根据游客需求定义的行业，这使得旅游业能够与众多行业自然地建立联系，几乎能与国民经济的任何行业产生互动和融合。这种融合催生了新的需求、市场、产品、技术和服务业，促进了充满活力的新业态的诞生，成为国民经济中新的生产力和增长点。例如，旅游业与第一产业的融合，产生观光农业、体验农业、生态农业和高效农业等新型产业模式。旅游业与第二产业的融合，形成工业旅游。旅游业与文化、体育、商业、教育、科技等产业的融合，形成文化游、体育游、购物游、学习游、科技游等，这不仅直接提升了旅游业务和相关产业的总体规模，而且促进了金融、交通、物流、信息、电信、咨询、保险、出版和媒体等第三产业发展。

（二）百业共生的农旅融合系统

旅游业与农业融合是产业渗透、产业交叉、产业重组的过程。2024 年《中共中央　国务院关于学习运用"千村示范、万村整治"工程经验有力有效推进乡村全面振兴的意见》指出，加快构建粮经饲统筹、农林牧渔并举、产加销贯通、农文旅融合的现代乡村产业体系，把农业建成现代化大产业。农旅融合作为一种现代乡村产业发展新模式，是农业、农村、多元主体与文旅的融合，也是城乡要素互动的桥梁和纽带，实现了"乡村产业＋城乡空间＋多元主体"的深度融合，成为促消费、扩内需、拉动经济增长和乡村全面振兴的重要力量。因此，旅游业与农业融合和旅游产业与传统产业融合方式和内涵有所不同，旅游产业与传统产业融合的方式是产业之间的融合，而旅游产业与农业融合既不是产业之间的融合也不是对等的两个对象之间的融合，它是一种新型的融合模式。旅游业与农业融合是经济、政治、文化和社会建设运行融入社会发展的一个方面，是旅游业进入农业系统的过程，在这一过程中，旅游业作为一个产业模块嵌入农业中，形成"嵌入式融合模式"。

农业与旅游业的嵌入式系统就是这样一个系统，农业作为整个系统的操作系统或处理单元，其中包含了若干嵌入式模块，如生态农业、生态工业、第三产业等的部分内容。旅游产业作为嵌入模块接入农业系统中与其他嵌入模块共同构成农旅融合的嵌入式系统（见图4-2）。

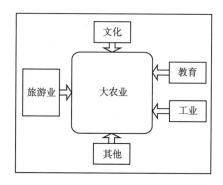

图4-2　农业与旅游业嵌入式系统

农业与旅游业嵌入式融合并非完全对等的嵌入，而是以农业为主导的，旅游产业为嵌入模块的嵌入模式，可以形容为"旅游业与农业的主辅嵌入式系统"。此融合的关键特点在于农业扮演着嵌入式系统中的主导角色，成为整个嵌入系统的核心；而旅游业则作为嵌入模块，主动地融入农业这一主系统中。旅游业的成长与运作必须顺应并适应农业的主要需求，只有这样，整个系统才能顺畅运作。反之，若旅游业无法顺应农业的系统需求，则旅游业将会受到排斥，直至脱离农业主系统。而在这样的情况下，旅游业子系统也会出现不可持续等问题，旅游业良好运行和发展也将面临困难。

（三）百业共生下农旅融合领域

1. 农业旅游

农业旅游发展是农业与旅游领域相结合的逻辑拓展，体现了两者相互依存的关系。农业发展以构建现代农业体系和可持续生产模式为核心，旨在引导社会走向持续和谐的发展道路。农业的产业拓展需求促使农业发展必须深入融合到经济、政治、文化、社会建设的各个层面和整个过程中，以实现中华民族的长远发展。作为国家重点推进的农村、农业、农民"三农"发展战略，农业建设目标是实现各行各业繁荣。推动农业发展需要社会各界、各行业、各领域的共同参与和实践，而这些实践活动开展，需要探索一套全社会共同参与、共享成果、协调发展的实践理论来指导。其中，旅游化是实现这一目标的重要途径之一。

从农业发展视角审视，旅游业兴起具有双重价值。一方面，旅游业繁荣能够将农业进展与公众福祉紧密联系起来。农业发展是一个复杂的系统性工程，它需要社会各界的共同努力和共识形成。公众是推动农业进展的关键力量。旅游业兴起为公众提供了休闲娱乐和亲近自然的机会，同时也使他们能够享受到农业进展成果。有了公众的支持和理解，农业进展才能真正实现，旅游业也才能持续而健康地发展。公众在旅游中获得的益处会促使他们更加主动地转变生产方式，并积极投身于生态环境保护之中。这样，农业进展才能得以持续，农业发展成果才能得到有效保障。另一方面，旅游业在农业进展中能够发挥其综合功能。农业不仅关注经济的增长，更重视粮食安全的保障。虽然工业是推动经济发展的强大动力，但不可忽视的是，工业发展会对生态环境造成负面影响，从而影响农业的可持续发展。在这方面，旅游业可以发挥其互补作用。作为国民经济战略性支柱产业，旅游业虽然在产值上不那么突出，但其综合拉动效应不容忽视。除了经济功能外，旅游业还体现了社会和文化等多方面的综合功能。因此，在推进农业全面进步过程中，必须明确旅游业的重要贡献和作用，并正确认识到旅游业在民生和综合功能方面的重要性。

2. 旅游农业

产业结构调整、转换与优化升级构成了 21 世纪的一项战略任务，而旅游农业则是社会发展转型的关键组成部分。从理论上看，旅游产业天然具备生态化的显著优势。作为资源节约型和环境友好型产业的代表，现代旅游业以其紧密的产业联系、庞大的产业链、高效的资源使用效率、较低的资源浪费和有限的环境污染等特征，被全球公认为"绿色产业"。与传统行业相比，旅游业不涉及生产过程，而是侧重于直接利用可再生的自然资源和文化资源，这使得旅游业在环境保护和生态文明建设方面具有最小的冲突。旅游展现了人们对更优质生活品质的向往，因此它要求环境的美化和改善。从本质上讲，旅游与环境、旅游发展与生态文明建设之间应维持和谐，以达成互利共赢的良性循环。旅游农业发展以绿色为宗旨，带动了一系列绿色农业发展，如生态种植园、有机农场和设施农业等。这些产业在为社会提供舒适、安全、有益于人体健康产品的同时，也展现了对社会和环境负责任的态度，合理利用资源，保护生态环境，体现了未来发展方向。这样发展既满足了市场需求，又对旅游产业产生了较大吸引力。

三、百业共生的农旅融合发展重点内容

（一）与农业产业深度融合

推动传统农业向更高水平的产业升级，重视生态种植与养殖的有机结合，构建以家庭农场和种粮大户为核心，由龙头企业引领的种植养殖产业综合体。促进区域生态农场发展，在高密度养殖区域实施种植与养殖相结合策略，优化种植业、畜禽养殖业及水产养殖业的产业布局，形成林果鸡、桑鸡鱼、稻鸭鱼等多样化的生态种植养殖模式。以现代农业示范区和现代农业产业园为中心，将农田建设与养殖场建设相融合，发展生态循环农业，支持种植养殖结合型循环农业试点和生态循环养殖场的建设。一方面，积极发展现代特色农业，为旅游高质量发展开辟新途径。依托林果蔬畜等特色资源，推进现代特色农业产业体系的建设，充分利用茶、花、果等农业品牌，推动食品经济、水果自由、新式茶饮等特色旅游消费热点的兴起。另一方面，培育农旅发展的新质生产力，赋能农业高质量发展。应更多地承担起拓展农业多功能性、提升农业品牌价值、激发农产品消费需求的任务，使特色农业借助旅游发展消费的"快车"，实现从"流量"到"动能"的转变。应积极利用乡村农业优势，通过旅游来拓展现代特色农业生态和文化功能、提升农业品牌的价值、激发对"土特产"的消费需求，为特色农业高质量发展培育新的动力。

（二）与文化产业深度融合

深入探究乡村文化产业的内涵，促进农业旅游与文化融合。文化产业作为第三产业的关键部分，其核心价值体现在创新与融合。乡村文化赋予指的是在文化产业的生产和提供服务过程中，融入特定的文化元素，使产品或服务具备独特的文化内涵和价值。这种文化赋予可以是地域文化、民族文化、历史文化等，也可以是企业文化、品牌文化等。通过乡村文化赋予，文化产品和服务能够更好地满足消费者的精神需求，提升文化产业的附加值和竞争力。重点实施以下策略：首先，注重"民俗＋非遗"以传承乡村特色。在不断挖掘乡村文化基础上，重点开展民俗文化体验，"非遗"文化科普，以及农特产品销售等"农文旅"活动。其次，强调"传统＋创意"以创造趣味。以乡村产业为核心，将农业与文化、艺术创意相结合，大力发展休闲农业。逐步形成包括基地种植、集约育苗、贮藏保鲜、加工打包、科普示范、休闲观光等环节的"农文旅"产业发展模式。最后，"乡村＋文体"以创造新意。将农事活动转化为体育竞技活动，举办各种农业体验活动赛事，将传统文化、体育竞技等元素融入乡村旅游中，推动"农文旅"深入发展。同时，通过品牌营销和推广，将乡村文化传递给更广泛的消费者群体，提升了乡村品牌的知名度和影响力。

（三）与乡村工业深度融合

依托乡村资源优势，深度整合农业旅游与乡村工业，不仅能够展现农产品的深度加工价值，还能进一步改善乡村环境。首先，农产品深度加工，直接关系到满足消费者的需求。衡量一个地区乡村旅游与生态农业发展水平的标准，在于游客是否愿意将当地土特产装满他们的车辆后备厢。必须通过深度加工将农产品转化为具有纪念意义的礼品，从而提升其附加值。其次，乡村传统手工业也是宝贵资源。许多传统手工艺，如特色民俗产品、油画、竹编等，不仅可以指导游客制作，也可以作为商品进行销售。例如，采摘农庄可以提供自编竹筐给游客，增强他们的参与感和体验感。最后，乡村建筑业发展趋势也值得重视。随着低碳理念的普及和乡村旅游对生态追求，生态建筑和新能源建筑在休闲农业中的重要性日益凸显。许多城市居民寻找具有乡村特色的村庄，租赁并改造房屋，保留外观的同时对内部进行现代化改造，使之成为乡村民宿，营造出休闲度假氛围。在进行乡村建筑改造过程中，必须充分顾及城市居民的心理诉求，既要维护乡村传统特色，也要融入现代化设备与功能。众多市民愿意为更优质休闲度假体验支付更高价格。传统农家院落，在确保游客基础的安全与卫生条件得到满足基础上，还需改善硬件条件，以迎合游客更高级别的需求。

（四）与研学教育深度融合

"农旅＋研学教育"是连接学校教育与校外教育的有效途径。借助丰富的农耕文化与多元的民俗文化资源，能够增进学生对祖国及其文化了解，进而增强他们的爱国情感和民族自豪感。通过精心设计课程，亦能培育学生的求知欲、创新力、实践技能、跨学科思维以及团队合作等关键青少年素质。首先，生态与自然教育方面，乡村地区所拥有的山水林田湖草等自然资源和生态环境，为生态与自然教育提供了理想的场所。其次，文化传承与保护方面，乡村地区丰富的古建筑与非物质文化遗产，为参与乡村文化传承活动，如民间艺术、传统手工艺等，提供了平台。通过这些活动，学生能够深入理解乡村文化的独特魅力，增强对乡村文化的认同与归属感，提升文化保护意识，促进乡村文化的可持续发展。再次，农业农耕创新学习方面，乡村地区是学习农业农耕技术的理想场所，有助于了解现代农业发展趋势与创新实践。一方面，学生可在职业规划上立志于农业，为农业发展贡献智慧与策略；另一方面，通过体验耕种艰辛，培养节约粮食的良好习惯。最后，野外生存训练方面，乡村地区广阔的野外环境与丰富的自然资源，为野外生存训练提供了优越条件。通过此类训练，学生能够学习野外生存技能与应急处理能力，从而提升个人综合素质与团队协作能力。

（五）与新兴业态融合

随着国家乡村振兴战略的实施，国家在政策上支持农旅融合发展模式，出现了众多农旅新业态，不断拓展农旅产业价值链。一是田园综合体，以农业为核心，结合工业、旅游、创意、地产、会展、博览、文化、商贸、娱乐、物流等众多相关及支持性产业，构建出一个多功能、综合型、具有创新力的产业综合体。二是现代农业产业园，通常具备规模化种养、"生产＋加工＋科技"结合、综合性的示范园区、政府引导和企业运作、政府认定。三是示范家庭农场，以家庭成员为主要劳动力，从事农业的规模化、集约化、商品化生产经营，是农户家庭承包经营的升级版。四是乡村振兴示范村，是在乡村振兴战略的指导下建立起来的示范村，能够展示乡村振兴的具体实践和成功经验，还能够为其他乡村提供学习和借鉴的对象。五是美丽休闲乡村，是指在一定区域内，具有独特的自然和文化资源，能够满足游客多样化休闲需求，同时具备良好的基础设施和生活环境的乡村。六是美丽宜居村庄，是指在全面推进乡村振兴的过程中，结合田园美、村庄美和生活美的特点，形成的具有特色的宜居宜业村落。七是一村一品示范村镇，是指在一定区域内，特别是行政村范围内，依据当地资源条件和市场需求，选择和发展一种或多种特色农产品或相关产业的经济实体。八是乡村度假庄园，主要依托乡村的自然环境和田园风光，提供给游客一种具有深度田园生活的体验，主要有酒庄、茶庄、休闲农庄、休闲牧场、休闲渔场、休闲林场等。此外，"农旅"融合发展模式还有果蔬采摘园、主题民宿、乡村营地、商务会所等多种模式，这些共同构成了百业兴旺下的农旅融合发展。

第五节　乡村大旅游网络产业体系的构建

一、乡村大旅游网络的内涵

旅游产业既不是一个复杂的市场也不是一个传统意义上的产业，而是一个协作进行旅游生产的网络系统[①]。乡村旅游产业集群概念突破了传统旅游产业界限，超越了单一企业或产业范畴，将具有竞争与合作关系的企业、相关机构、政府、民间组织等纳入其中。其范畴不仅涵盖了与旅游活动相关的各种产业，还包括了旅游过程中不可或缺的非商业组织和目的地居民。这些现象表

---

① Leiper N., The framework of tourism [J]. Annals of Tourism Research, 1979, 6 (04): 390 - 407.

明，乡村旅游产业的边界正趋向模糊化和无边界化，组织结构变得更加柔性化和扁平化。当前关注的焦点转向了组织间的相互联系及其产生的各种活动，分析出发点已从竞争、垄断转变为协调、合作、共赢。网络主体通过网络化相互作用，借助资源流动，形成了多维关系，其中合作与协调成为核心理念。

乡村旅游产业网络化促成了乡村旅游产业网络形成，网络内的活动主体通过相互作用和资源流动，通过协调合作来满足旅游需求，推动乡村旅游业发展。因此，本文提出，乡村大旅游产业网络构成了一个复合乡村旅游生态系统，其中乡村产业子系统作为主要推动力，生态子系统作为基础支撑，资源环境子系统作为反应机制。产业子系统作为产业生态系统中资源环境变化和生态基础变化的关键驱动力，其代谢活动直接导致资源的耗竭和污染物排放，以及由产业子系统发展引起土地使用和景观格局改变，这些都给资源环境子系统和生态子系统带来了压力。为了达成可持续发展目标，资源环境子系统和生态子系统会对产业子系统施加影响，推动其转型升级。产业系统内部子系统间的物质循环和能量流动促进了产业生态系统的持续进化。乡村大旅游产业网络参与者不仅涵盖生产商、批发商、运输商、零售商等传统角色，还扩展至政府、中介组织、教育机构和培训机构等更广泛领域。根据构成主体不同，形成了两个层次网络：一个是以乡村旅游者需求为中心，基于业务和能力分工的企业网络；另一个是包括政府、非政府组织、研究机构、旅游地居民等主体的支持性网络（见图4-3）。

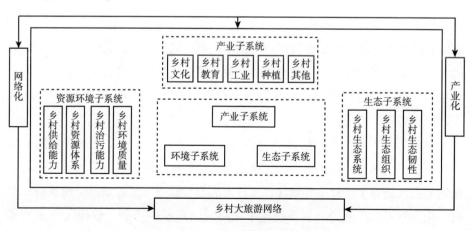

图4-3　乡村大旅游网络系统结构

二、乡村大旅游产业网络的要素和结构

（一）乡村大旅游产业网络的要素

1. 乡村旅游产业系统的层次

乡村旅游产业体系构成了一个相互依存、开放发展且具备适应性的复杂网络结构，该体系可进一步划分为四个层级。第一层次为处于核心地位的、以乡村旅游为核心业务的企业，涵盖乡村旅游接待机构、乡村旅游景区、乡村旅游餐饮等。第二层次包括在乡村旅游产业链中提供食宿、交通、游览、购物、娱乐等配套服务的企业，这些企业虽生产并销售乡村旅游相关产品和服务，但其主营业务未必限于此。第三层级涵盖了乡村旅游产业的各方利益相关者，包括那些对乡村旅游产业有所影响的个人与团体。这涵盖了乡村社区居民、与乡村旅游有关行业协会、政府机构、高等教育和研究机构、金融机构以及中介机构等。第四层级是跨越区域界限的乡村旅游产业网络体系，由众多乡村旅游目的地构成的乡村旅游空间网络体系所组成。鉴于乡村旅游产品和服务的生产和消费必须在特定地理空间内进行，因此形成了以乡村旅游目的地为核心的本地化网络和非本地化网络。

2. 乡村旅游产业网络的节点

本文在研究乡村旅游产业系统的关键节点时，参考了国际上普遍接受的旅游卫星账户（Tourism Satellite Account，TSA）分析框架。TSA 是一个用于评估旅游业经济规模和贡献的虚拟账户体系。该框架通过整合国民经济数据中分散的旅游产品生产部分，构建出全面的旅游业经济数据。这种方法使得旅游消费产生的"分散部分"产出能够从总体数据中独立出来，进而对旅游业经济状况进行更精确和全面的分析。

根据 TSA 对旅游产业统计的分析框架和方法论，在乡村旅游产业网络节点的选取上，本文将提供具有乡村旅游特色的特征产品的企业作为网络研究的关键节点，涵盖了乡村旅游景区、乡村酒店与餐饮业、乡村旅游电商平台。同时，结合知识生产理论和创新理论中常用的"高校－产业－政府"三螺旋模型，也将旅游咨询、策划、规划机构视为一类节点，纳入网络研究的范畴。因

此，本文选定的四类企业作为乡村旅游产业网络的研究节点，包括乡村酒店、乡村景区、乡村旅游电商平台和乡村旅游咨询机构。

（二）乡村大旅游产业网络的结构

构建乡村大旅游产业网络结构体系时，将致力于乡村旅游业务的企业视作网络节点，而企业间互动则构成了网络连接线。这些互动包括生产供应、竞争以及合作等多种形式。

1. 网络节点

在乡村旅游产业网络中，节点代表了产业系统的核心企业。这些企业主要提供与乡村旅游相关概念、产品和服务，以满足游客在乡村旅游中的各种需求，涵盖乡村景区的酒店、餐饮和住宿企业，乡村旅游电商平台，以及乡村旅游规划机构等。乡村旅游产业网络由众多具有异质性和多重性的节点组成。异质性体现在不同企业节点在规模、营业收入、员工数量、员工平均学历和年龄、企业成立年限、行业影响力以及企业性质等方面的差异，从而赋予了网络节点不同的能力和功能。同时，网络节点具有多重性，一个节点能够承担多种功能并实现多方面利益，既是知识接受者，也是知识整合与创新推动者，以及知识传播媒介。

2. 网络关系

乡村旅游产业网络中的关系是在概念、产品和服务创新过程中形成的。这些关系可以按照性质分为合作与竞争关系，按照强度分为强关系与弱关系，按照内容则包括生产供应关系、合作联盟关系等。网络关系的强度与创新产品提供的数量、价值以及影响范围等因素密切相关。因此，不同节点之间的网络关系呈现出多样化和非线性的相互作用。节点间网络关系导致了网络中不同节点的相互依赖性，而整个复杂网络的创新能力则依赖于节点多样性以及节点间联系的紧密程度。

（三）乡村大旅游产业网络的影响因素

1. 信息交流链

在互联网节点间传递信息过程中，尤其是乡村旅游知识传播，形成了企业间相互联系的信息交流网络，这促进了技术传播以及成果学习、模仿和创新。从产业链角度分析，供应商、客户和竞争对手是产业信息的主要来源。从外部环境影响角度来看，技术与设备的更新、政府政策与管理措施、媒体的报道与宣传以及企业所在地的文化环境，都为乡村大旅游产业的发展提供了信息来源。在企业内部环境方面，员工学习、新员工带来的知识与经验、管理者进修等，都是信息来源。通过这些信息来源的交流互动，形成了产品信息链、人员信息链、技术信息链等多种信息链。乡村大旅游产业网络中的企业能够更快速地捕捉到技术进步带来的市场机遇，并开拓及满足市场需求，从而推动整个产业的创新进程。

2. 技术传播链

在产业网络体系中，创新实现途径包括企业采纳新科技以推出新商品，或管理层和服务人员运用创新思维来开发新服务。这包括了产品创新、流程创新、设备创新、制度创新、标准创新以及商业模式创新等多个层面。地理位置相近的企业通过相互交流，业务相似的企业通过模仿、学习和竞争等方式，推动了创新方式发展，从而形成了技术引进、技术交流和技术合作等多种技术链。随着乡村旅游产业网络的扩张和增强，规模较大的企业开始构建战略联盟，大型企业通过并购活动吸收新技术，技术链的连接程度逐步提升，连接关系也从单向转变为多向。随着乡村大旅游产业网络的持续发展，产业网络在技术吸收和扩散方面的能力无法满足技术进步需求，在市场机制的调节作用下，有影响力的乡村旅游企业将与科研机构、大学等外部实体进行交流，以拓展技术链。

3. 产品开发链

在乡村大旅游产业网络体系中，鉴于游客在选择乡村旅游路线时的多样性以及出游方式不同，企业、电商、住宿业和餐饮业等围绕着不同种类的乡村旅游产品，形成了一个专业化分工与合作的产品开发链条。产品开发链条的合作模式涵盖了以下两个方面：（1）以主导企业为核心的产品合作，例如乡村景区企业主办乡村文化节，并与酒店、电商平台携手推出相应的旅游路线产品和服务；（2）中小企业之间的互补性合作。例如，在乡村旅游文化节期间，中小企业根据自己的生产能力和技术优势，推出具有地方特色的纪念产品。

4. 资金合作链

从乡村大旅游产业网络的视角分析，企业间通过持股关系形成了一条资金合作链，这种资金联结使得乡村旅游企业能够共享包括人力、财务、物资和技术在内的多种资源。除了上述促进企业间关联形成的关系链之外，影响合作因素包括网络外部因素、网络内部因素以及网络节点自身因素。在外部网络因素中，涵盖政府缺少配套的制度政策、市场环境欠佳、当地居民不给予支持等情况。至于网络内部因素，则包含行业氛围不强、创新易于被复制、缺少专业人才、同行之间合作与交流不足等问题。在网络节点，也就是企业层面，包括员工流动性高、员工缺乏动力、企业规模庞大导致组织官僚化、企业规模较小而缺乏有效的激励措施等。

三、乡村大旅游网络产业价值机制

（一）乡村大旅游产业组织结构网络化

随着智能化、信息化、数字化的不断推进，乡村旅游产业内部多样性和外部风险性均有所提升。内部多样性不仅表现在乡村旅游企业在业务方面的不同，还表现在企业所掌握的乡村资源的不同，特别是对乡村旅游品牌、乡村旅游发展经验、乡村旅游技术等无形资源的掌握上。在内部的多样性与外部的不确定性共同影响下，组织网络化成为乡村大旅游产业的必然选择，出现了多种中间型组织，如分包制（乡村旅游服务业外包，差旅管理）、集群（乡村旅游目的地集群）、战略联盟、少数持股、技术合同（特许经营）等。这些多样的准市场协调契约关系构成了一个多维向量体系，具有非一体化合作、组织间协作、超市场契约等特征，成员不仅限于某一产业，而是对乡村旅游活动的依赖程度不同，每个企业能力边界有所缩小，更加关注自身核心竞争力，而资源边界则通过产业网络得到无限扩展。从资源配置角度来看，旅游产业处于一种混合状态，既有市场，又有替代市场价格机制的科层制，同时还有介于企业与市场之间的网络组织。

（二）乡村大旅游产业价值创造网络化

在互联网时代，乡村大旅游产业依托于产业子系统、资源环境子系统、生态子系统，通过业务单元的拆分和能力要素的深化，形成了乡村大旅游产业网络系统。得益于成熟系统的支撑，乡村旅游产业与其他行业实现了深度整合，企业边界不再仅限于业务领域，而是延伸至资源和能力的层面，在更宽广的企业网络中探索和塑造更多具有乡村旅游特色的价值元素。在动态效率的推动下，乡村旅游的形式和产品持续更新，通过多元化的盈利方式拓展价值领域，打破了"旅游资源无法创造"的旧有思维。乡村体育、乡村研学游、乡村节事旅游、乡村创意旅游等多种乡村旅游形态，正是企业网络中多元素、多能力融合的产物。从价值规律的视角来看，乡村大旅游产业网络在价值创造、转移、实现三个环节中，提升了乡村旅游产业网络组织的竞争优势和关系资金的获取能力。在价值创造环节，由于更加注重体验感的获取，关键环节正从产品的销售环节转向消费环节，价值链的中间环节分别转向上下游的营销和设计环节，突出了乡村旅游产业与乡村创意产业融合的原创性和文化增值效应。在价值转移过程中，竞争优势在不同企业间发生转移，从创新能力较弱的企业向创新能力较强的企业转移，从市场认可度较低的企业向市场认可度较高的企业转移，实现了价值系统的再分配。

（三）乡村旅游企业组织形式多样化

乡村大旅游产业网络化组织形态主要表现在乡村企业组织层面，其中包括外包、公司化、集群化以及战略联盟等多样化结构。（1）小型乡村旅游企业通常由当地居民或返乡创业者依托自身资源开展旅游接待与服务，成为乡村旅游企业的中坚力量。（2）乡村旅游服务外包涉及核心企业将非核心业务委托给其他企业，通过合同形式，形成以核心企业为核心的分包网络。这种网络化组织有助于应对旅游市场需求的波动，实现核心企业与配套企业之间的纵向整合。在生产过程中，企业间既合作又竞争，共同构建起一个高效灵活的弹性生产体系。（3）大型乡村旅游企业通过集团化经营，获得规模效应、速度优势和网络经济效应，同时提升企业知名度、管理层业绩以及适应竞争环境的能力。（4）乡村旅游虚拟企业利用信息技术和通信技术的高度发展，突破了传统长期固定合作关系的限制，通过网络和信息技术实现分散的互利合作。（5）乡村旅游战略联盟由实力相近的乡村旅游企业组成，通过签订各种协议和契约，实现市场共享、资源共用等战略目标。这种联盟主要存在于乡村合作社、旅行社、酒店和航空公司之间，通过协议实现价格互惠和客源共享。（6）乡村旅游企业集群是乡村旅游产业网络空间集中的体现，直接反映目的地的竞争力。

（四）乡村旅游产业管理网络化

随着乡村旅游产业组织网络化的持续深化，乡村旅游企业越来越依赖于知识网络来获取新信息和知识，协调企业间的交易，增强信任与合作，并通过创新乡村旅游产品来获得竞争优势。知识管理无疑将成为乡村旅游产业管理的核心议题。通过知识管理，可以有效减少因人员流动导致的智力资本流失，提升工作效率和从他人处获取知识的满足感，进而激发员工提供更优质服务和作出更明智决策的动力。针对乡村旅游目的地的衰退问题，发达国家正关注乡村旅游产业网络成员间的合作创新，并采取多种措施以提高产业网络内知识交流的效率。世界旅游组织正积极致力于提升旅游产业的知识管理水平，推出了全球旅游产业青年人才培养计划，并建立了全球旅游研究机构的交流平台，以促进旅游研发及其成果的共享。可以预见，乡村旅游产业的知识共享、转移和服务创新等问题，将成为未来该领域研究的重要主题。

（五）从链到产业网络

在探讨乡村旅游发展时，无论是深入分析大农业、农旅产业价值链，还是从供应链角度进行考察，通常都局限于乡村旅游链式发展框架内。然而，乡村旅游企业之间的关系远非简单的上下游专业化分工合作（即纵向一体化关系）那么简单，它们之间实际上构成了更为复杂的网络关系。因此，从产业网络角度来分析乡村旅游发展，提供了一个更为全面和系统的视角。

在构建产业网络时，纵向与横向一体化的联系共同形成了网络架构。乡村旅游企业既是纵向一体化的关键节点，也是横向一体化的关键节点，同一个节点在不同环境下扮演着不同的角色。因此，乡村旅游成长在两个维度上得到体现。当产业网络在特定地理空间中具体化时，它表现为产业集群。产业集群不仅涵盖了地理维度概念，而且是本地化产业网络，它融合了特定地理区域的社会文化元素。产业网络在空间上分布是不均匀的，这导致了乡村旅游产业在空间上的分布也呈现出不均匀性。乡村旅游发展主要在产业网络中进行，尽管乡村旅游企业在某种程度上独立于产业网络，但乡村大旅游产业网络为乡村企业提供了成长空间，同时也对乡村企业成长方向施加了一定的限制。

思考与讨论

1. 简述什么是大农业？
2. 简述农旅融合价值链内涵。
3. 简述农旅融合价值链发展路径。
4. 简述农旅融合发展重点内容。
5. 简述乡村大旅游产业网络的要素及结构。
6. 简述乡村大旅游网络产业价值机制。

第五章

乡村旅游资源的特征与类型

　　本章从资源与旅游资源的角度出发，结合乡村旅游特性，阐明乡村旅游资源的内涵、概念及核心要素。乡村旅游资源涵盖乡村自然景观、生态环境，以及传统农业、乡土文化等体现乡村特色的多种元素，这些资源相互作用，构成了乡村旅游的独特魅力。在理解乡村旅游资源基础上，依据其本质特征划分具体类型，并进一步分析中国当前乡村旅游资源的区域差异，探讨分布特点及地理、文化、经济等多重因素对这种差异的影响，揭示区域特色对乡村旅游发展的影响。此外，针对乡村旅游目的地的成长模式与类型，本章分析其发展驱动因素，并提出基于中国乡村旅游资源区域价值框架的资源整合与价值提升策略。通过对乡村旅游资源特征与类型的系统研究，本章旨在为乡村旅游规划提供理论指导和实践建议，促进乡村旅游的区域化和特色化发展，助力乡村振兴与可持续发展目标的实现。

第一节　乡村旅游资源的特征

一、资源与旅游资源

（一）资源的概念

　　《辞海》将资源解释为：资财的来源，一般指天然的财源。联合国环境规划署对资源的定义是：所谓资源，特别是自然资源是指在一定时期、地点条件下能够产生经济价值，以提高人类当前和将来福利的自然因素和条件。这两种定义均局限于对自然资源的解释。20 世纪 90 年代，国内学术界对资源内涵进行了新的探索和解释，无论从何种角度出发，大部分学者都认同资源的来源及组成不仅是自然资源，还包括人类劳动的社会、经济、技术等因素，以及人力、人才、智力（信息、知识）等资源。据此，资源是指自然界和人类社会中可以用以创造物质财富和精神财富的具有一定量的积累的客观存在形态，是一国或者一定地区内拥有的物力、财力、人力等各种物质要素的总称。按类别划分，资源可以分为自然资源和社会资源。自然资源是指自然界直接供给的，可以供人类使用的资源，是生命和生产活动的基础，主要包括阳光、空气、水、土地、森林、草原、动物、矿藏等。①社会资源是指在社会生活中为了满足个体或群体需求而存在的，能够为社会发展和人类活动提供支持的各种资源的总称。社会资源不仅包括物质资源，还包括社会关系、信息、组织、文化等无形资源，这些资源通过社会成员之间的互动和合作得以流通与配置，对社会生产力发展、经济增长和社会进步具有重要影响。在现代社会中，各类经济或产业的发展都离不开对自然资源和社会资源的开发与利用。资源是支撑人类社会、经济和文化发展的根本力量。资源不仅是经济生产的核心要素，还在推动社会进步、增强社会稳定、促进社会公平等方面发挥着重要作用。

（二）旅游资源的认识

包括旅游资源在内的各种资源本身应是经济学术语，在经济领域以外的使用，可以理解为形象的借用，其核心内涵仍然是实现目标的"一切条件"。郭来喜认为凡是能为人们提供旅游观赏、知识乐趣、度假休闲、娱乐休息、探险猎奇、考察研究，以及人民友好往来和消磨闲暇时间的客体和劳务，都可称为旅游资源。谢彦君提出，旅游资源是指客观地存在于一定的地域空间并因其所具有的审美和愉悦价值而使旅游者为之向往的自然存在、历史文化遗产和社会

---

① 姚璐，王书华，范瑞. 资源依赖视角下金融集聚对绿色全要素生产率的影响［J］. 资源科学，2023，45（02）：308 – 321.

现象①。邢道隆则将凡是能激发旅游者旅游动机，为旅游业所利用，并由此产生经济价值的因素和条件称为旅游资源。根据《中国旅游资源普查规范》，自然界和人类社会中凡是能对旅游者产生吸引力，可以为旅游业开发利用并可产生经济效益、社会效益、环境效益的各种事物和因素都可视为旅游资源②。

分析上述对旅游资源的认识和解释，可以发现对旅游资源认识和解释主要分为两类。一类是从旅游客体既供给侧角度出发，将旅游资源定义为旅游业能够借以开展经营活动的凭借物品。另一类是从旅游主体即需求侧的旅游者角度出发，将旅游资源定义为拉动旅游者来访的吸引源，是旅游者访问活动的客体或对象。实际上，一项事物是否构成旅游资源，一个直接的评估角度就是看其是否具有吸引旅游者前来观光或者度假的潜力，即旅游吸引力是判别旅游资源的重要依据。凡是具有吸引旅游者产生出游动机与需求潜力、经过一定的开发程序即可转化为旅游吸引物的一切事物，都可视为旅游资源（Tourism Resource）③。同时，旅游资源是一个动态的概念，虽然旅游资源能够对旅游者产生吸引力，但并不是所有能吸引旅游者的资源都可以转化为旅游产品，而现阶段不能转化为旅游产品的事物和因素暂时不能被视为旅游资源。

不同于其他类型的旅游资源，乡村旅游资源具有乡村性表征的核心特征，在乡村旅游规划实践中，现行旅游资源分类与评价的国标缺乏对乡村旅游资源内涵及特性的关照及对乡村空间结构特征的兼顾，对乡村旅游资源的分类具有一定的参考意义，但是也存在适应性不足的问题。因此，在对乡村旅游和旅游资源的认知基础上，本节将对乡村旅游资源的内涵与概念、特征与类型进行综合阐释。

二、乡村旅游资源的内涵与概念

乡村旅游资源是乡村旅游发展的基础和前提，没有丰富的乡村旅游资源，

---

① 谢彦君. 基础旅游学 ［M］. 北京：中国旅游出版社，2001：100.
② 中国旅游资源普查规范 ［M］. 北京：中国旅游出版社，1992.
③ 黄潇婷，吴必虎. 旅游学概论 ［M］. 北京：中国人民大学出版社，2023：3.

乡村旅游就缺乏吸引力和竞争力。乡村旅游发展不仅可以促进乡村旅游资源的保护和合理开发，其丰富性和独特性也可以推动乡村旅游的可持续发展。乡村旅游和乡村旅游资源需要协调发展，一方面要保护好乡村自然环境和文化传统；另一方面要通过旅游活动带动乡村经济和社会进步。因此，把握和厘清乡村旅游资源的概念与内涵对于乡村旅游高效发展、科学编制乡村旅游规划和设计，都是具有非常重要意义的基础性工作。

乡村旅游资源内涵与概念的界定是以乡村旅游概念的界定为根基，以旅游资源的概念为标准。乡村旅游和乡村旅游资源在内涵与内容上具有一致性，根据学界现有的研究区别主要在于产品角度和资源学角度的不同。人们对乡村旅游概念的认知虽然角度不同，但思路都比较清晰，普遍强调乡村旅游资源的乡村性特征[①]。陶玉霞结合相关研究成果及乡村性特征的要求，将乡村旅游资源定义为处于远离都市的乡村区域空间，以乡民传统生产和乡土生活文化为吸引核心，以乡村自然生态背景、乡村生态聚落、传统农业劳作、乡村地域特色经济、传统农耕与民俗文化、乡村居民建筑与家具陈设等整体系统性的"乡村性"景观为内涵的旅游资源。乡村地域空间是承载乡村旅游资源的场所，系统性的乡村性景观是乡村旅游资源的内涵。因此，不同时具备乡村性空间特征与内涵特征的旅游资源均不属于乡村旅游资源的范畴，在此，应特别强调乡村的地域空间范畴与乡村性景观资源的统一性和整体系统性[②]。

（一）乡村旅游资源的地域空间范畴

从乡村旅游资源的地域空间范畴来看，位于乡村这个特定地域范围内的一切"乡村性"旅游资源都可以被称为乡村旅游资源，城市所没有的乡村性是乡村旅游资源的标志[③]。乡村，作为一个抽象概念，通常与"城市"相对，从经济发展、社会形态、文化内涵到生态特征等方面，都与城市的内涵与概念相对。具体来说，在产业结构上，不同于城市地区的工业、服务业及信息产业等

---

① Arie R. , Lowengart O. , Milamn A. Rural tourism in Israel: Service quality and orientation [J]. Tourism Management, 2000, 21 (05): 451 –459.

② 陶玉霞. 乡村旅游理论构建与理性批判 [M]. 北京: 中国旅游出版社, 2016: 141.

③ 张艳, 张勇. 乡村文化与乡村旅游开发 [J]. 经济地理, 2007 (03): 509 –512.

现代化产业，乡村是主要从事农、林、牧、渔、农副业的基本生产单元。此外，乡村的社会形态也相对单一，单个乡村聚落人口少，结构成分单一，聚落与聚落之间则是敞开的农业耕作区域。从文化内涵来看，城市是工业文明与现代文明的典型代表；而乡村的文化内涵则体现在保守的传统价值观、自然、纯真、"天人合一"等多元素构造的系统性的"乡村性"。在生态层面，乡村自成一个自洽、和谐的生态系统，乡村自然生态、生物系统在长久的相处中达至一种平衡、稳定的存在状态。从土地利用类型看，土地主要用于农、林、牧、渔的粗放型基础性生产，正如维伯莱所谓的乡村乃是近期尚处于粗放型土地利用状态的那些偏远地区。总之，乡村是相对于"城市"概念而言的，具有粗放的土地利用、开敞的农业生产地带、小规模斑点状分布聚落、社会结构成分单一、人口密度较低等特征。

作为实际存在的地域空间，乡村在地域分布上，是介于城市与荒野山地之间的连续体①。随着工业化、城市化和现代化进程的加速，大量非乡村性或现代性因素不同程度地向传统乡村渗透浸润，因此根据不同的乡村在传统文明与现代文明过渡区间上的定位，现有乡村旅游地可以大致分为传统乡村旅游地和现代乡村旅游地②。但无论是以乡土特色资源为导向的传统乡村旅游地还是以高标准服务为导向的现代乡村旅游地都在乡村旅游的开发、逆城市化移民潮流、新农村建设等因素的作用下，其本质发生了重要的变化。此外，随着统筹城乡发展政策、土地流转政策的实施和制度机会主义的泛滥，大量乡村人口为寻求发展捷径源源不断涌入城市，构成了城市社会的底层景观；与此同时，一些基于权利或资本优势的城市居民出于各种不同的动机入驻乡村，导致构成乡村社会的上层景观，乡村的产业结构、社会人口结构、聚落层次结构和劳动关系结构发生了一系列变化，促成了现代城乡关系的结构性演变。在传统时代城乡隔绝发展的模式中，乡村的社会结构、劳动关系和文化特征与地理区域特征紧密联系，而在当下城乡结构关系急剧演变的过程中，涌入城市的乡民和乡村度假村的建设构成"城市里的乡村"景观，移居乡村的制度机会主义者的新建设则构成了"乡村里的城市"图景，城市里孕育和

①　何景明. 国外乡村旅游研究述评 [J]. 旅游学刊, 2003, 18 (01)：76－80.
②　卢云亭. 两类乡村旅游地的分类模式及发展趋势 [J]. 旅游学刊, 2006, 21 (04)：6－8.

纳入了诸多乡村性要素，乡村里也被拼贴了诸多城市性景观。因此，在把握乡村旅游的区域空间范畴时，要考虑大尺度背景乡村性质的强弱和小尺度要素的乡村性特征。

（二）乡村性景观资源的内涵

景观是集经济、生态、文化、美学等多重价值于一体的异质性土地单元①，具有生产、调节、生境、信息功能②。乡村景观是指乡村地区人类与自然环境不断相互作用的产物，包含了与之有关的生活、生产和生态三个层面，是乡村聚落景观、生产性景观和自然生态景观的综合体，并且与乡村的社会、经济、文化、习俗、精神、审美密不可分。乡村景观具有可感知、美观性、生态性、文化性等特点，是发展乡村旅游的载体，为乡村旅游业提供必要基础，同时受到乡村旅游发展的影响与反作用③，而乡村性景观资源则是构成乡村景观的基础。

乡村性景观资源的内涵需要从资源的乡村性和旅游性两个方面来理解和把握④。乡村旅游资源的乡村性是指乡村资源的传统产业生产性、传统乡村生活性、整体系统结构的原生态性，也就是说这些景观资源必产生于乡村的生产、生活、生态等生存实践之中，并包含由此衍生出的乡村社会空间所特有的"思维方式、社会制度和行为准则"⑤。如果某个已经工业化或商业化了，或者其中某一部分比如生产方式或生活方式等已经呈现出不同于传统乡村的特征，或者在乡村的基础上已经发展成为城市性较强的小镇，那么它就不再具有乡村性，其资源要素的乡村性也会嬗变生成适应新组织的新属性。乡村旅游资源的旅游性是指在旅游开发的过程中，乡村景观性资源要素的审美与参与体验功能

---

① 肖笃宁，解伏菊，魏建兵. 景观价值与景观保护评价 [J]. 地理科学，2006（04）：4506 – 4512.

② Kienast F. , Bolliger J. , Potschin M. et al. Assessing landscape functions with broad-scale environmental data：Insights gained from a prototype development for Europe [J]. Environmental Management, 2009, 44：1099 – 1120.

③ 鲁苗. 环境美学视阈下的乡村景观评价研究 [M]. 上海：上海社会科学院出版社，2019：228 – 253.

④ 陶玉霞. 乡村旅游理论构建与理性批判 [M]. 北京：中国旅游出版社，2016：142.

⑤ Nilsson P. A. Staying farms：An ideological background [J]. Annals of Tourism Research, 2002, 29（01）：7 – 24.

被逐渐开发出来，使其逐渐兼具适宜旅游活动开展的属性。但不同于其他传统旅游景区以为游客提供非惯常体验为特征，乡村主要是作为乡村式生产生活性空间而存在，而不能成为以审美和消费功能为主的旅游空间。此外，乡村旅游目的地的核心要素在于"乡村人"及乡村文化，因为这些要素是地方感、地方依恋、原真性产生的基础①。因此，对乡村旅游资源开发，旅游产品的乡村性与旅游性的合理有效分配是基础。

三、乡村旅游资源的核心要素

据第一章，乡村旅游是指发生的乡村地区（地域空间特征）的、以"乡村性"（乡村性景观、乡村性文化以及乡村性意象）为旅游吸引物、以乡愁人群为主要客源市场的旅游活动，乡村旅游资源的核心要素则包括乡村旅游的发生空间，即作为乡村旅游发生的物理空间的"乡村"；以及生成乡村旅游"乡村性"的乡民与乡村传统。

（一）乡村是乡村旅游资源的空间载体

乡村作为原初生命诞育的载体，不仅是中国五千年农耕社会文明的载体，而且支撑着以农耕文明为根基的城市文明②。乡村是农业生产即是生命食粮生产的主要空间和载体，农业生产是与人类生命密切相关的产业，是人类生存和发展的基石，确保乡村地区的稳定和发展对于维护国家的粮食安全、对于人类的存续至关重要。乡村生活模式贴近自然，充满生机和活力，是一种让人能够衔接地气、心灵被抚慰的原生态的高质量生活方式。在乡村，人们才能够体会到人类生活的原真乐趣和永恒意义，真正体会生命的本源和归宿。乡村承载着中国五千年的传统文明，是世代中华儿女原生的家园。原初生命诞育于此，乡村携带着中华文明演化的秘密和基因，是中华文化的根基所在。中国人心底里

① 冯晶晶."乡村旅游"概念叙事：内涵演变、脉络特点及发展趋向——基于旅游人类学视角[J].西南民族大学学报（人文社会科学版），2022，43（10）：51-56.
② 陶玉霞.乡村旅游根性意涵的社会调试与价值重建研究[J].人文地理，2015，30（05）：117-125.

对乡村故园有着根性的文化心理认知，中国人生命的归宿在乡村故里……乡村，是陶渊明笔下的"暖暖远人村，依依墟里烟"的宁静祥和；是王维"空山新雨后，天气晚来秋"的清新自然；是孟浩然"开轩面场圃，把酒话桑麻"的淳朴生活；是杜甫"舍南舍北皆春水，但见群鸥日日来"的恬淡闲适；是辛弃疾"稻花香里说丰年，听取蛙声一片"的丰收喜悦；是杨万里"儿童急走追黄蝶，飞入菜花无处寻"的童趣盎然；是白居易"几处早莺争暖树，谁家新燕啄春泥"的生机勃勃。

（二）乡民与传统是乡村旅游资源的核心

从资源属性角度看，乡村是孕育生命滋养文化传统的土壤和家园，而乡民与乡村传统犹如乡村这片土壤里流动活跃的空气和水，使乡村充满生机和活力。没有乡村，乡民的生命和生活将无所依托，人类的生命将无所依托，并将失去精神的家园，人将成为无根的飘蓬。乡民是乡村的建造者，是创造乡村史的主体。没有乡民，乡村失去了它的主人，或者换了新的非乡村性（不以传统农、林、牧、渔业为生）主人，乡村也就失去了它原有的属性，不再是乡村。即黄成林所谓的没有了"三农"要素的地域空间[①]，既不是旷野，也不再是乡村。同时，乡村是文化传统孕育的土壤，乡民是文化传统的创造者和传承者；反之，特定文化传统是特定地域乡村社会的特征和标志，又是特定地域乡民的身份表征与形象内涵。丧失了文化传统的乡民就丧失了乡民的身份，褪去了特定文化传统的乡村，其属性与结构也必定要改变。乡民是乡村的主人，传统是乡村的灵魂。

从旅游角度而言，游客到访主要是通过与乡民的文化交流、参与乡民的劳作、生产与生活娱乐深入体验乡村的传统文化底蕴与生命本真状态。如果仅有较优越的自然环境、时尚游憩娱乐设施或者绿色餐饮，即使不到乡村，直接到优美的自然风景区、城市及附近高档娱乐度假俱乐部或高档饭店就可以，游客渴望的是以乡民生产生活与传统文化及民俗为基底的乡村性体验与氛围。所以说，乡村性是乡村旅游资源的核心属性，乡民与乡村传统是乡村旅游资源的核

---

① 黄成林. 乡村旅游发展若干问题研究［J］. 安徽师范大学学报（自然科学版），2006（04）：390－393.

心所在。

四、乡村旅游资源的属性与特征

(一) 乡村旅游资源的生产性与根性特征

与"城市"的经济性结构相比,乡村的主要矛盾和本质是大农业生产(包括农、林、牧、渔业),是作为人类自身再生产的基础,这一矛盾决定了乡村一切资源要素都要围绕农业生产和人类生产来结构。乡村的生产性奠定了人类生命存续的基础,任何时代,人类的生命都要依靠农业生产而延续,并在此基础上衍生了相应的乡土文化。这是一种建立在人类生存、延续与发展基础上的生产与文化,是关于生命哲学的根性生产与文化,这一"根性"就决定并形成了人们对于乡村"根性"的认同,从而乡村又成长为一种根性结构。因此,乡村旅游产业所要求的旅游性功能任何时候不能超越或遮蔽乡村的生产性和根性,大农业是乡村的经济支柱和发展根基,任何服务业包括旅游业都不可能取代农业作为生命存在和延续根基的地位。乡村地区的旅游业发展强调首先关注宜居宜产和谐田园建设和文化生态颐养功能培育,保持和继承乡村传统景观意象,避免乡村生活商品化、舞台化扭曲①。现代乡村旅游的兴起是一种对生命本真境界的皈依。无论是否具有自觉意识,游客的返乡生活与乡村游憩行为都是一种反异化的逃离。劳动观和生活观是现代社会异化最为核心的面向,乡村旅游体验是抗拒消费主义时代人性异化的有效途径。参与乡村富有创造性的生产劳动,感受乡村"根性"的召唤,体验乡村丰富充盈的生活细节,是浸润心灵、滋养精神、强健体魄、去除杂念最为有效的深度疗愈良方。

(二) 乡村旅游资源的生命性特征

从乡村自然环境与生产环境来看,更多的要素是植物和动物,以生机勃勃的生命为基底和本色,村落房舍、道路地貌都为生命的葱茏郁茂所遮蔽,在乡

---

① 陶玉霞. 乡村游客文化取向与乡村重构 [J]. 浙江农业学报,2014,26 (03):830-836.

村，人们感受最深的是生命的成长与活力。从农业生产的目的来看，人们为养育生命延续种族而勤奋劳作，这是一种与生命打交道的产业，农业是人类生命延续和发展的根基，谁真正拥有脚下的土地，谁就掌握了生命生存与绵延的控制权，掌握了文化与意识形态发展方向的话语权，谁就拥有了世间最珍贵的财富。从乡村生活本质来看，这是一种追求更高质量的生命再生产和发展的生存模式，所有相关的产业和文化与传统都围绕这一终极目的而衍生和承传，人们为了最为本真的生存与发展需要而劳作和歌唱、欢欣与悲悯，我们在乡村能够深刻体味与享受这种人类最本质简朴的生命状态。乡村的各类景观是对自然与生命的诠释，是包含自然与人文的生命体，是人们心中浓浓的乡情和邻里间的和睦，更是游子的精神家园。乡村是人们感受生命的精神寄托，让人们体悟到生命的意义往往藏于简单的日常。乡村，是一片充满生命诗意、承载人类精神的土地，一片洋溢着整个人类传统与图腾的土地。庄稼在成长，花儿在怒放，羊儿在奔跑，鸟儿在歌唱，农人在除草，儿童在玩耍……每一种生命都是乡村生命系统中美丽循环的一部分，每一个个体都与大地浑然一体同步同构，不慌不忙有条不紊地进行着生命的旅程。古老的树影在低语着过往的岁月，每一片叶子都是乡村故事的篇章，她们缓缓地在风中吟唱，流淌着生命的永恒旋律，生生不息……

（三）乡村旅游资源的生活性特征

乡村旅游资源作为根植于乡村地区的旅游资源，它在被作为乡村旅游资源进行开发之前，就已经作为乡民的生产生活空间而存在，具有自给自足性，不为旅游的发展或者消亡而存在或消亡。这也是乡村旅游资源区别于其他旅游资源的特性，即乡村旅游资源具有典型的生活性特征。在陶渊明的世界里，乡村有着自然天籁般的田园生活；在荷尔德林乡村生活的歌唱里，乡村虽然"充满劳绩，但人诗意地，栖居在这片大地上"。乡村里讷言而真诚的老汉、质朴忠实的老妇人勤谨而满足的劳作；夜幕降临，乡民围火而憩，浅浅言语，散发着芳香的泥土中弥漫着稻香、花香，是人类生命之初的味道……诗人的哲思如乡里人每日的劳作和生活一样在他的"融入"和"体验"中成为一个无尽延续的自然过程在我们眼前展开。游客通过乡村旅游体验，不断融入其所一直追寻和渴慕的简朴、热烈且真实的生命节律中。因此，Beston 认为在大地上创造性地农事劳作与对大自然的珍视和思索是"人类生活的两个最好支柱"，只有通过融入大地，辛勤劳动获得收获，成为神圣生活的合伙人与参与者，达致一种完满的平静，享受人类充实的欢乐，并"意识到大地及其诗意时，我们才堪称真正地生活"①。游客对乡村旅游的消费，其本质上是对乡村性生活的追求与渴望。

（四）乡村旅游资源的生态性特征

生态是指一切生物在整体生命系统链条中的生存状态及其与周围环境之间环环相扣的天然关系，生态主要关注人类与自然之间的相互关系。就人类的生存而言，大地万物是给予人类生命汁液滋养的慈母，上天则是规范人类行为动向的严父，由此诞生了人类对自然的崇拜、热爱与敬畏意识。乡村作为与农业生产方式相适应的农业文明的产物，对土地、水源、气候、植被等自然因素具有高度的依赖性，人类智慧与生产力必须顺应自然界的运行规律，因此养成了与自然和谐相处、天人合一的天人关系意识。乡村的生产源于生命又回归于生命的滋育，悠远的乡村构筑和发展基本上遵从顺应自然、融于自然的原则，从不曾对自然的生态平衡造成破坏，依山傍水的房屋，葱茏婆娑的庭院，硕果累累的蔬果，生机勃勃的庄稼，反而为自然增添了多彩多姿的绮丽景观。乡村资源的生态性要求乡村旅游遵循生态旅游的原则，游客与乡民一样融入乡村的生产生活与环境，把自己看作乡村景观的构成要素，将自己的行为融入生态平衡的运行，与乡村、乡民、文化、自然等各种要素密切互动，与乡村世界建立起一种全身心的交流关系，从而达致心灵的自由与生命的和谐状态。

（五）乡村旅游资源的系统性特征

传统的乡村社会，被农业生产束缚在土地上的农民世世代代维持着自然封闭的小农耕作方式，在土地上耕种各种维持生命生存和再生产的庄稼，荒地、山头、村落、庭院周边还种植着建筑房屋需要的树木以及适宜当地生长的果树，庭院里饲养着各种家禽，家里有纺纱织布的纺车和织机，村落里还有一些

---

① Beston. Herbs and the Earth ［M］. Boston：David R. Godine Publisher（second printing），2002，18：4.

简单农具和生活用具的生产铺、农副产品加工店铺等，基本上保证了村落生产生活和发展的自给自足。乡村的每个子系统的变化会影响其子系统的特性随之变化，比如土地的质量与结构变化会直接关系到人类身心的健康与否。一旦社会生活模式系统中的主体乡民脱离这一乡村系统，它就不再具有乡村生产生活的基本功能；反过来，这个系统也会排斥不具备本村落基因和基本特征的要素。同时，整个乡村作为一个整体系统需要保持与其他村落或社会单元的物质信息联系和交流，以保证它的活力和发展，比如婚姻、贸易、教育、文娱活动等功能性交流。所以乡村旅游开发要尊重乡村资源的系统性特征，关注开发规划工作对乡村每一要素系统的影响。

第二节　乡村旅游资源的类型

乡村旅游资源是在现实可行条件下，基于乡村景观形成的，能够对人们产生旅游吸引且用于旅游开发与经营活动，并产生经济、社会、环境、生态安全效益的事物和现象的总和①②③。基于"四生"空间系统认知的乡村旅游资源特性和旅游资源的类别划分，乡村旅游资源的类型可划分为乡村生命景观旅游资源、乡村生活景观旅游资源、乡村生产景观资源和乡村生态景观旅游资源，这四类旅游资源包含不同亚类旅游资源，并伴随着时间和环境的变化，会出现一定数量和空间上的动态转化。基于乡村景观识别的乡村旅游资源资源类型，按照成因控制、主体功能划分、形态划分相结合的原则，并借鉴相关乡村景观分类成果，将乡村旅游资源类型界定为 5 个主类和 17 个亚类。包括自然环境资源、传统乡村基础设施资源、传统农业系统资源、乡土聚落资源和乡土文化形态资源五个主类；气候、交通设施、田地景观等 17 个乡村旅游资源亚类④。

---

① 杨岳刚，郑国全．基于"三生"理念的乡村休闲旅游资源分类研究——以浙江省苍南县为例[J]．中国城市林业，2014，12（04）：10－13．

② 郭咏嘉．吉林省乡村旅游地演化研究：过程、格局、机制 [D]．长春：东北师范大学，2020．

③ 傅文伟．旅游资源评估与开发 [M]．杭州：杭州大学出版社，1994：29－84．

④ 陈兴，吴倩，兰伟．基于乡土景观识别的乡村旅游资源分类与评价 [J]．国土资源科技管理，2021，38（05）：52－64．

表 5 – 1 是乡村旅游资源的分类及基本类型。

表 5 – 1　　　　　　　　　乡村旅游资源分类及基本类型

主类	亚类	基本类型
乡村自然环境资源	气候	冰雪、热带气候、阳光
	地形	山地、丘陵、平原、河谷、高原、盆地、海岸和岛屿
	土壤与矿产	农用/草地/沙质/森林土壤、观光/地质景观/温泉/宝石和矿物矿产
	水体与水资源	河流、湖泊、水库、湿地、温泉、瀑布、沼泽 地下水/泉眼
	植被	森林、草地、农田、果树林、竹林、湿地、草本
	动物	家畜家禽、野生动物、水生动物、昆虫、特种养殖动物、珍稀保护动物、农田动物
传统乡村基础设施	交通设施	道路、路桥、路亭
	水利设施	生产水利、生活水利、防洪水利
传统农业系统	田地景观	水田、旱地、农业水域、草地、林地、动物群
	共生或寄生系统	植物与动物、植物与植物、动物与动物
	田地生物多样性	田地野生植物、田地野生动物、田地微生物
	传统生产技术	生产工具、生产技术、生产习俗
乡土聚落系统	村落环境	村落地理方位、村落空间形态、村落空间结构 观赏植物、守护动物
	乡土建造	建筑材料、建造工艺、建筑形态、建筑符号
	乡土建筑	乡村公共空间、住宅、坟墓、宗教建筑、宗族建筑、地表象征物、风水建筑、边界建筑、生产场所与设施
乡土文化形态	乡土物景	食物、生活用品与器具、服饰装束、日用植物、休闲娱乐用具、信仰物景、宗族物景、地权物景 交易工具、交通工具
	乡土事景	方言土语、传说与历史、戏剧与民谣、民俗与风俗、乡土行当

一、自然环境资源

(一) 气候资源

气候资源是乡村旅游发展的关键因素之一，比如，在冬季气候条件下，冰雪资源可以吸引滑雪和冰上运动爱好者；而在夏季，温暖的气候和清新的空气则为游客提供一个避暑胜地。不同的气候条件为不同的旅游体验提供了丰富的可能性，如冬季的滑雪旅游、夏季的海滨度假等。雪乡位于东北地区黑龙江省的大海林林业局双峰林场，作为著名的乡村旅游目的地，雪乡以其独特的自然资源和冬季雪景闻名，是东北乡村旅游的代表性景区。

（二）地形资源

乡村旅游资源中的地形资源是乡村旅游开发的重要条件，不仅提供了丰富的自然景观，也为户外活动和生态旅游提供了可能性。山地地形是乡村旅游中最具吸引力的资源之一，常见于山区、丘陵等地带。山地具有显著的垂直高差，适合开展登山、徒步、攀岩、滑雪等户外运动。此外，山地还拥有独特的植被和气候条件，适合开展森林浴、野生动植物观赏等生态旅游活动。山地景观如云海、日出、山峰等，具备极强的视觉冲击力，是摄影和观光旅游的热门景点。位于云南省境内的元阳梯田，是哈尼族世代开垦的山地农业景观，梯田随山势而建，层层叠叠，蔚为壮观。元阳梯田不仅展现了独特的山地农业文化，也是乡村旅游的热点。游客在此不仅可以体验梯田农耕文化、欣赏日出和云海，还可以参与当地民族节庆活动。

（三）土壤与矿产资源

土壤与矿产资源不仅为农业生产和自然景观提供了重要基础，还为乡村旅游开发提供了多样化的可能性。土壤资源在乡村旅游中扮演着关键角色，不同类型的土壤决定了乡村地区的农业类型和景观特点。乡村地区常见的农耕土壤，如黑土、黄土、红壤等，具备良好的肥力，适合种植多种农作物。这类土壤资源为农业观光、采摘体验等旅游项目提供了基础。游客可以亲身参与农耕活动，体验从播种到收获的整个过程，感受农村生活的乐趣。草地土壤常见于牧区，适合放牧活动。游客可以在草地景观中体验畜牧文化，参加骑马、放牧等活动，深入了解草原生态与牧业生产，让游客在广袤的草原上体会到"天苍苍，野茫茫，风吹草低见牛羊"的旷达与闲适。

乡村地区的矿产资源不仅为工业和经济发展提供重要支撑，还成为独特的旅游资源。矿产资源通过不同的方式融入乡村旅游，增强旅游项目的多样性。一些乡村地区保留历史采矿区，如废弃的煤矿、铁矿等。通过适当改造，这些矿区可以成为工业遗址旅游的亮点，游客可以参观采矿遗迹，了解矿工的工作与生活，甚至亲自参与一些简单的采矿体验。这类矿区旅游不仅传承了工业文化，还赋予矿产资源新的旅游价值。抚顺西露天矿是中国东北地区著名的煤矿资源地，被称为"亚洲第一大露天煤矿"。矿区关闭后，当地政府将其改造为一个集矿区遗址观光、生态恢复和文化展示为一体的旅游景区。同时，景区内设有矿业博物馆，展示矿区的发展历史和采矿技术的变迁，提供丰富的工业文化体验。

（四）水体和水资源

乡村地区的水利与水资源不仅提供丰富的自然景观，还为旅游项目开发提供多样化的可能性。乡村中的河流和溪流为旅游资源开发提供丰富的自然基础。游客可以在河流附近进行徒步、漂流、钓鱼等活动，享受水上运动带来的乐趣。此外，沿河两岸的景观也为乡村旅游中的露营、骑行等户外活动提供了理想场所。例如，桂林的漓江以其美丽的河流景观吸引着大量游客，并成为中国乡村旅游的经典案例。湖泊和水库作为静态的水体资源，为乡村旅游提供观光、休闲度假的好去处。水库作为人工水体，具有防洪、灌溉功能的同时，也常被开发为休闲娱乐场所。游客可以在水库边钓鱼、烧烤、露营，享受宁静的乡村生活。部分水库景区还通过生态保护和水上娱乐项目相结合，成为绿色旅游的典范。湿地是水陆交界的特殊生态系统，具有丰富的生物多样性，适合开展生态旅游、观鸟和自然摄影等项目。湿地不仅为动植物提供了栖息地，也是科普教育和环保宣传的重要场所。

（五）动植物资源

在乡村旅游资源中，动植物资源因其丰富的生物多样性和独特的生态系统，成为乡村生态旅游和自然体验的重要组成部分。动植物资源不仅为乡村提供了独特的自然景观，还能够结合生态保护、文化教育等旅游活动，增加旅游吸引力。乡村中的动物资源丰富多样，既包括野生动物，也包括家畜和家禽。

乡村生态系统中的野生动物，如鸟类、昆虫、两栖类和哺乳类动物等，成为生态旅游的重要吸引物。游客可以通过观鸟、野生动物观察和自然摄影等活动，亲身接触乡村中的野生动物，感受大自然的神奇。此外，部分乡村还设有野生动物保护区或自然公园，通过科普教育和野外探险活动，使游客深入了解当地的生态环境和物种保护工作。与此同时，家畜和家禽类的动物，如牛、羊、鸡、鸭等，也为乡村旅游提供了农业体验和文化教育的机会。游客可以亲身参与牧场生活，了解传统畜牧业生产方式，体验放牧、挤奶、喂养等活动，特别适合家庭和儿童游客的参与。乡村植物资源同样十分丰富，从森林、草原、湿地到果园、农田，乡村中各种类型的植物不仅构成了美丽的自然景观，还具有重要的生态和经济价值。乡村森林中的自然植被，如针叶林、阔叶林、竹林等，是乡村旅游中森林徒步、露营、森林浴等活动的理想场所。通过森林体验，游客可以享受清新的空气和宁静的环境，进行心灵的放松与康养①。

二、传统乡村基础设施资源

(一) 交通设施

在乡村旅游资源中，交通设施是至关重要的基础资源之一，它不仅影响着游客的出行便利性，也直接关系到乡村旅游的开发潜力与可持续发展。传统乡村的交通设施较为简陋，但随着乡村旅游的兴起，现代化的交通网络逐步完善，推动了乡村旅游发展。传统乡村交通设施多以乡间小道、泥土路、石板路为主，这些道路通常依山傍水，随着自然地形起伏而建，具有浓郁的乡土气息。虽然这些道路在现代交通系统中显得简陋，但它们保留了乡村原生态的特质，反映乡村与自然的和谐共生。对于游客而言，这些传统的乡村道路成为体验乡村田园风光的途径，吸引徒步、骑行等户外运动爱好者。道路沿途的自然景观、农田和村庄构成了丰富的旅游体验。随着乡村旅游的快速发展，乡村交通设施逐步现代化。政府和地方企业投入大量资金修建乡村公路、改善交通条

---

① 刘楠，魏云洁，郑姚闽，等. 北京市森林康养旅游空间适宜性评价 [J]. 地理科学进展，2023，42 (08)：1573－1586.

件，尤其是在一些知名的乡村旅游目的地，如民俗村、田园综合体等，乡村道路的铺设和扩展极大提升了游客的出行便利性。许多乡村地区通过建设通村公路、高速公路连接线等，缩短与城市和其他旅游景区的距离，推动乡村与外界的交通一体化。乡村旅游中的交通设施既承载乡村的文化与自然景观，也为游客提供便捷的出行条件。通过合理规划和现代化改造，乡村交通设施既能推动旅游的长远发展，也能保持乡村的独特魅力。

（二）水利设施

在乡村旅游资源中，水利设施不仅是农业生产的基础资源，也是独具魅力的旅游吸引物。这些设施包括灌溉系统、水库、湿地和水车等，不仅反映了乡村地区水资源的利用与管理，也为乡村旅游提供丰富的自然与文化体验。传统乡村的灌溉系统，如梯田、水渠等，是农业生产的关键，同时也是乡村旅游的亮点之一。例如，云南元阳的梯田灌溉系统不仅是一个功能性的水利设施，也是壮丽的景观，每年吸引着大量游客前来观光与摄影。游客可以通过参观梯田，了解当地农耕文化、灌溉技术以及人与自然的和谐共生关系。典型的水库景区，如浙江的千岛湖，不仅提供了秀丽的自然景观，还结合丰富的水上娱乐项目，如游船观光、钓鱼、露营等，吸引大量游客。水库景区的开发也提升了当地的基础设施，为乡村经济带来可持续增长。水车和水磨是传统乡村中常见的水利设施，它们通过水流带动机械设备完成农事任务，如磨米、灌溉等。如今，这些传统设施在很多乡村得以保留，并成为乡村旅游中的文化展示项目。游客可以通过参与体验水车或水磨的操作，了解乡村的传统生产方式和水资源利用技术，增加乡村旅游活动的互动性与文化性。

三、传统农业系统资源

（一）共生或寄生旅游资源

共生或寄生系统是乡村旅游资源中的重要组成部分，尤其在传统农业中发挥着关键作用。共生系统是指两种或多种生物在同一环境中相互依存、互惠互利的关系；而寄生系统则是指一种生物依赖另一种生物生存并对其产生影响。

乡村旅游中的共生或寄生系统不仅展现了生态的复杂性，还体现农业生产的可持续性，成为旅游者体验乡村自然与文化的重要资源。在许多乡村，稻田养鱼是典型的共生系统，在这种模式中，稻田不仅用于种植水稻，还养殖鱼类，形成水稻与鱼类之间的互利关系。鱼类在稻田中游动，可以帮助松动泥土，增加土壤通气性，同时鱼的粪便也为水稻提供了天然肥料，减少对化肥的需求。这一共生系统不仅提高了土地利用率，还为游客提供了体验农耕文化和生态农业的机会。游客可以亲身参与稻田捕鱼，体验传统的农业生产方式，感受人与自然的和谐共生。在乡村旅游中，寄生系统也有一定的应用。例如，某些植物依附在其他植物上生长，形成独特的生态景观，如寄生在树干上的藤类植物。这些寄生关系虽然没有共生系统那样的互利效果，但仍为乡村生态系统的多样性增添了独特的风貌。

（二）田地生物多样性

田地生物多样性是指在农业生产环境中存在的多种生物，包括农作物、野生植物、动物和微生物等，形成的复杂生态系统。田地生物多样性不仅为农业生产提供了生态平衡的基础，也为乡村旅游增添丰富的自然景观和互动体验。在传统农业系统中，多种作物轮作或间作，有助于保持土壤肥力，减少病虫害。这种农作物多样性为乡村旅游提供了独特的农业体验项目，如农田观光、农事体验和采摘活动。游客不仅能够观赏不同作物的生长过程，还能亲自参与农业生产，深入了解农业的多样性与生态循环。在农田环境中，除了种植的农作物，还栖息着多种野生动植物和昆虫。稻田、菜园、果园等生态系统中，常见鸟类、蛙类、昆虫和小型哺乳动物，这些生物共同构成了一个平衡的生态系统。乡村旅游中的田地观光、农业科普项目，能够让游客了解生态农业的运作原理，感受到农业生产与自然环境的紧密联系。田地生物多样性不仅是生态和农业的体现，也是乡村文化的重要部分。不同地区的田地生物多样性与当地的气候、地理和文化密切相关。

（三）传统生产技术

传统生产技术体现了乡村居民在长期农业生产过程中积累的智慧与实践经

验。它涉及古老的生产工具、独特的生产技术以及与之相关的生产习俗。在乡村旅游中，传统生产技术不仅为游客提供观光和学习的机会，也增强了文化传承和互动体验的吸引力。传统生产工具是农业生产中不可或缺的部分，如木犁、锄头、石磨、风车、水车等，这些工具通过手工或利用自然力量完成农事作业，反映乡村农耕社会的劳动方式。例如，石磨曾是乡村中常见的粮食加工工具，利用石磨碾压谷物，将其加工为面粉或大米，保留了粮食的天然风味。生产习俗是传统农业社会中不可分割的文化部分，它们往往与季节变化、丰收祈祷等活动密切相关。在稻作文化中，插秧节、收割节等活动不仅是农业生产的节点，还伴随着丰富的祭祀仪式和庆祝活动。在乡村旅游资源开发过程中，这些生产活动可以开发参与性很强的旅游项目，通过翻耕、施肥、育苗、播种、灌溉、除草、除虫、施药、修苗、间作、收割、采摘等耕作劳动的参与，让游客体会"晨兴理荒秽，带月荷锄归"的农事艰辛，体味"谁知盘中餐，粒粒皆辛苦"的节俭美德，品味"稻花香里说丰年，听取蛙声一片"那种劳动创造的喜悦和收获果实的成就，提升自己的稼穑劳动能力，体味人之为人的资格和含义，培养勤劳坚强的品格、尊重自然的理念、踏实诚信的作风，让参与者在劳动中得到锻炼和成长。

四、乡村聚落系统资源

（一）村落环境

乡村旅游资源中的村落环境展现了乡村聚落的自然与人文特点。村落环境不仅影响村民的生活方式，还构成了乡村旅游的自然与文化景观，包括村落的地理方位、空间形态、空间结构和观赏植物方面。村落地理方位是指村落在地理上的具体位置，通常依山傍水或位于河流、湖泊旁边。这样的地理位置既有利于农业生产，又形成了独特的自然景观。许多传统村落依河而建，村落居民利用水源进行灌溉和捕鱼，同时也为游客提供了水景观光的体验。

在旅游开发中，村落的地理方位也成为吸引游客的重要因素，尤其是那些风景优美的村落往往被打造为生态旅游目的地。村落空间形态指村落的整体布局和形态特征，不同的村落因地制宜，形成了条带状、棋盘状、纺锤状等多种布局形式。这些空间形态不仅展示了村落的历史和文化，还为游客提供了观赏和体验乡村生活的机会。村落空间结构则是村落内部的建筑布局和功能区划。传统村落通常有宗族聚居的特点，村落公共建筑（如祠堂、庙宇）常位于中心位置，而住宅和农业用地则依次展开。部分村落采用放射状或八卦式布局，这样的结构既能体现村落的文化内涵，也为游客提供了独特的视觉体验，尤其是那些保存完好的古村落，空间结构独特且富有历史感。观赏植物是村落环境中的自然装饰，村民常在村口、庭院或村落公共空间种植树木、花草，如槐树、银杏树、桃树等。观赏植物不仅美化环境，还具有文化象征意义，如一些树木被视为村落的守护神或风水树。游客可以通过观赏这些植物，感受村落的宁静与美丽，同时了解乡村植物的文化象征意义。

（二）乡村建造

乡村建造展示乡村传统建筑与当地自然、文化环境的深刻联系，具有独特的文化、生态和审美价值。乡村建造的核心要素包括建筑材料、建筑工艺、建筑形态和建筑符号，这些要素共同构成乡村独具特色的建筑风貌。首先，建筑材料反映乡村建造的地域性和生态适应性。传统乡村建筑多采用就地取材的方式，利用本地自然资源建造房屋，在中国南方的山区，木材和竹子是主要建材；而北方多用石材和砖瓦。这些天然材料不仅体现了建筑与环境的和谐，也为乡村建筑赋予了朴素、自然的美感。其次，建筑工艺展现了传统手工技艺的精湛与智慧。乡村建造依赖于世代相传的建筑技艺，如木工、石工、泥瓦匠等手艺。这些工艺注重细节和耐久性，例如传统木结构建筑中常见的榫卯结构，无须钉子却能够保证建筑的稳固性。建筑工艺不仅体现乡民的劳动智慧，也成为乡村文化的一部分，吸引游客体验和学习这些古老的技艺。建筑形态则是乡村建筑的外观设计和结构布局，反映当地的生活方式和环境适应性。不同地区的乡村建筑形态各具特色，如中国南方的吊脚楼、北方的四合院、内蒙古草原的蒙古包等。这些建筑形态不仅符合当地的气候和地形条件，还体现当地居民的生活习惯和文化传统。例如，吊脚楼因地势高低不平而建，既防潮又美观，成为南方山区特有的建筑景观。最后，建筑符号是乡村建造中具有象征意义的元素，往往与地方文化、宗教信仰和历史传承相关。例如，在许多村落，屋檐下雕刻的龙凤图案象征吉祥和繁荣；而祠堂、牌坊等建筑则象征着宗族的荣誉和历史。这些符号不仅是建筑装饰的一部分，更是乡村文化的重要载体，通过这些符号，游客可以了解当地的历史、宗教和社会结构等方面的特点。

（三）乡村建筑

乡村建筑是乡村旅游资源中极具文化与历史价值的部分，展现乡村社会的物质形态和精神象征。乡村建筑的多样性不仅满足乡村居民的生活需求，还体现了当地的风俗习惯、宗教信仰、社会结构等。乡村建筑资源主要包括乡村公共空间、住宅、坟墓、宗教建筑、宗族建筑、地标象征物、风水建筑、边界建筑以及生产场所与设施等。乡村公共空间是村民日常生活和社交活动的重要场所，通常包括村广场、祠堂、戏台等。这些公共空间不仅为村民提供生活与文化的互动场所，也为游客展示了乡村的社交与文化活动。在旅游开发中，这些空间常用于举行民俗表演、节庆活动，丰富旅游活动，增强了游客的参与感。

乡村住宅反映了居民的生活方式和地方特色，因地域、气候和文化的差异而呈现出多样的建筑风貌，如南方地区的吊脚楼、北方的四合院、内蒙古的蒙古包等，都是不同地区乡村住宅的典型代表。这些住宅不仅体现了乡村的建筑技术，还展现了与自然环境的互动和适应性。游客在参观这些住宅时，可以通过住宿体验、参与农家生活，深入了解当地居民的生活习惯与建筑文化。宗族建筑是乡村建筑的另一重要组成部分，主要包括祠堂、牌坊等，是方孝孺笔下"宗祠者，族之庙也。聚族而居，岁时祭祀，以追远报本，示不忘其先也。"的宗族文化和乡村地区根性特征的建筑呈现。此外，乡村的生产场所与设施，如晒坝、磨坊、鸭棚等，是村民进行农业生产和手工业劳动的场地。这些场所与设施不仅是乡村经济活动的核心，也是传统生产方式的体现。通过参观这些生产场所，游客可以了解当地的生产习俗与技术，体验农耕、手工制作等活动，感受乡村的生产文化。

五、乡土文化形态资源

（一）乡村物景

乡村物景指的是乡村地区独特的物质文化景观，涵盖乡村生活中与自然、生产、日常生活、文化信仰等相关的物质实体。这些物质不仅具有实用功能，还承载丰富的文化意义，展示乡村居民的生活方式、劳动技能和精神信仰。乡村物景的范畴非常广泛，主要包括乡村食物、生活用品、服饰装束、日用植物、休闲娱乐用具、信仰物景、宗族物景、地权物景、交易工具、交通工具等。乡村食物不仅是居民日常生活的一部分，也是乡村物景中不可或缺的内容，包括食材的生产、加工方式和传统饮食习惯，如农家菜、手工制作的面食、腌制品等，这些都反映了当地的农业结构、气候条件和文化传统。乡村生活用品和器具如陶器、木器、织物等，通常是由当地居民手工制作而成，展示了传统的工艺技艺。这些器具不仅具有实用性，还承载了乡村劳动智慧和生活美学。乡村生活中，许多植物具有特定的用途，如金银花、艾草等，它们不仅是日常生活的一部分，还是民俗文化中重要的元素，被用于祛病、驱邪、祭祀等活动。

信仰物景是与乡村居民的宗教信仰和民间信仰相关的物质形态，如土地庙、祖先牌位、家仙神像等。它们往往与乡村居民的精神信仰密切相关，是文化传统和宗教仪式的一部分。与宗族文化相关的物品，如家谱、祠堂中的牌匾等，承载了家族的历史和荣耀，是宗族成员团结和凝聚的象征。地权物景指的是与土地所有权和使用权相关的物质形态，如地契、田契等。这些物品反映乡村土地制度和生产关系。乡村物景中的交易工具如传统度量衡、集市中的买卖器具等，反映乡村经济活动的日常运作方式。乡村交通工具如牛车、木船、竹排等，不仅是乡村居民的日常出行工具，也是乡村文化的一个组成部分，展示了乡村地区的交通方式与自然环境的适应性。

（二）乡村事景

乡村事景是乡村旅游资源中极具文化和情感价值的一部分，它包括了乡村的方言土语、传说与历史、戏剧与民谣、习俗与风俗以及乡土行当等内容。这些事景不仅承载了乡村社会的传统文化，还反映乡村居民的日常生活、历史记忆和社会结构。它们为乡村旅游提供丰富的文化体验，增强游客对地方文化的认同感和参与感。方言是乡村文化的独特标志，反映当地的语言习惯和文化传统。不同的乡村地区有其特有的方言土语，这些语言形式不仅是日常交流的工具，还是当地文化的重要组成部分。许多方言中保留了丰富的词汇和表达方式，与农耕文化、宗族关系和地域特征密切相关。游客在乡村旅行中，听到本地方言不仅能增加对地方文化的亲切感，还能深入了解语言背后的风俗习惯和生活方式。方言土语的传播和讲解可以成为乡村旅游中的文化亮点，增添乡村的独特魅力。每个乡村都有独特的传说和历史故事，这些故事往往与当地的地理环境、名人事迹或宗族历史紧密相关。乡村传说如山川神话、英雄事迹、村落起源等，既是村民集体记忆的体现，也是乡村文化传承的重要载体。例如，某些村落可能有关于神仙或英雄的传说，村民通过口口相传的方式将这些故事代代相传。在乡村旅游中，游客可以通过导游或村民的讲述，了解这些有趣的传说和背后的历史渊源，感受到乡村历史的厚重与神秘。乡村的戏剧和民谣是当地文化娱乐生活的核心部分。许多乡村都有自己的传统戏剧形式，如皮影戏、花鼓戏、川剧等，这些表演形式在节庆、庙会或婚礼等重大场合上都会被展演。

乡村习俗与风俗是乡村社会结构和文化传统的重要组成部分，通常与宗教信仰、节庆仪式和农业生产有关。例如，春节拜年仪式、端午的龙舟赛、中秋祭月活动等，都是乡村中特有的风俗习惯。不同的乡村有着不同的风俗仪式，这些仪式不仅是村民的集体活动，也是表达对祖先、自然或神灵敬畏的重要方式。游客在乡村旅游中可以亲身参与这些传统节日和仪式，体验当地的独特风俗与文化，增加与乡村居民的情感共鸣。乡土行当是乡村中的传统职业，反映了乡村的经济活动和手工技艺。传统的乡土行当包括锄草匠、剃头匠、织布匠、卖货郎等，这些职业不仅满足了村民的日常生活需求，还承载了乡村手工艺的技艺传承。随着工业化的发展，许多传统乡土行当逐渐消失，但在一些乡村旅游景区，这些传统职业得以复兴，游客可以在乡村体验磨豆腐、打铁、制陶等传统手工艺，亲身感受乡村的劳动智慧和生活方式。

第三节　乡村旅游资源的区域差异

一、乡村旅游资源的区域分布

随着全球旅游业的蓬勃发展，乡村旅游作为一种独特的旅游形式，因其贴近自然、体验文化的特点而受到游客青睐。然而，由于地理、文化、经济等多重因素的影响，不同地区的乡村旅游资源表现出显著的区域差异。本节旨在探讨这些差异，并分析造成这些区域差异分布的影响因素及其对乡村旅游发展的影响。

（一）乡村旅游地发展的不平衡不充分

乡村发展不充分、城乡发展不平衡是中国现阶段社会经济发展面临的主要问题，因此乡村旅游地在发展过程中，空间上的不平衡和时间阶段上的不充分同样是常态，是乡村旅游地发展区域差异的基础。具体来说，由于地理环境制约着人类社会活动的深度、广度和速度，作为人—地关系地域系统的一个类型，乡村旅游地域系统的不平衡空间格局由自然生态环境本底结构决定，并和社会经济文化结构相互作用、相互制约①。中国乡村旅游地的发展不仅遵循自然生态环境和社会经济文化的不平衡特点，在集聚、分散的空间模式下，以乡村地域系统的分异规律为基础，在地域空间过程上表现出核心—边缘或点—轴—区的不平衡拓展过程，最后形成具有多级层次节点的复杂旅游网络，体现人地关系地域系统的复杂性②。有研究表明，西北地区乡村旅游产品依然以初级体验、观光型乡村旅游产品为主，华东地区乡村旅游发展已进入休闲度假阶段③。不充分不仅体现在不平衡发展在空间过程中阶段性的核心—边缘和点—轴—面结构演变过程，以及复杂旅游网络阶段的复杂性、多中心性和节点—边

---

① 任启平. 人地关系地域系统要素及结构研究 [M]. 北京：中国财政经济出版社，2007.

② 周晓芳，邓俊. 中国乡村旅游地不平衡不充分发展及地域系统类型划分 [J]. 地理学报，2024，79（02）：515－533.

③ 马斌斌，陈兴鹏，马凯凯，等. 中国乡村旅游重点村空间分布、类型结构及影响因素 [J]. 经济地理，2020，40（07）：190－199.

缘不同层次体现的网络结构功能复杂性，还体现在不同阶段的乡村旅游代表功能类型、产业结构变化、社会经济文化结构变化，以及城市旅游者和乡村地域系统不断耦合过程中乡村自然生态空间减少、土地利用类型和结构产生变化等。

当前中国乡村旅游地发展的不平衡和不充分特征及地域分异特点可以划分为三类，第一类是乡村旅游发达地区，即京津、珠三角和长三角三个地区，这些地区的农家乐、民宿和度假休闲地等发展较为充分且具备乡村旅居阶段的发展条件。有学者总结了两种常见的乡村旅居地发展模式；一种是依托大众旅游核心区的发展模式；一种是依托都市区的发展模式，如长三角出现多个"上海村"现象①，广东也出现中医药康养村等乡村旅居产品雏形，说明经济发达地区的乡村旅游已经进入"乡村旅居""旅游＋生活"的阶段。

第二类是乡村旅游发展中地区，即"胡焕庸线"，东南除上述三个发达地区以外的区域，这些区域的乡村旅游地域系统类型丰富，自然环境本底基础较好，但地域分异明显，在发展阶段上呈现农家乐和民宿的区域和省内局部集聚，出现"宿集"等业态，但是度假休闲乡村综合体发展不充分。第三类是乡村旅游欠发达地区，这类地区自然条件较差，地形起伏大，交通区位优势较差且经济相对落后，客源市场受限，不平衡及发展程度低。乡村旅游地发展的不平衡不充分问题本质上是由于乡村旅游资源在区域分布和利用上的不平衡所引发的，因此乡村旅游地的不平衡不充分发展反映了乡村旅游资源分布的不平衡与不充分。除资源禀赋之外，还体现经济发展、基础设施和政策支持等多个方面，导致了各地区乡村旅游发展的显著差距。目前，中国乡村旅游地的发展与开发总体上呈现"东部优于中西部、南方优于北方"的空间差异特征②。

（二）乡村旅游资源区域系统形成逻辑

中国乡村旅游资源的区域系统形成逻辑是基于不同区域资源禀赋、文化背景、经济条件和政策环境等多重因素的综合作用，形成一种差异化、系统化和

① 程豪，杨钊. 从大众旅游到乡村旅居：乡村区域旅游发展的新趋势：基于元方法的驱动力分析与旅居地假设 [J]. 地理科学，2021，41（01）：83－91.

② 李涛，王钊，陶卓民，等. 基于产业投资视角的乡村旅游发展区域差异与形成机制 [J]. 自然资源学报，2022，37（08）：2051－2064.

区域协调发展的旅游资源体系。乡村旅游资源的区域分布具有明显的多样性和差异性。中国幅员辽阔，地理环境复杂多样，从南方的山水田园到北方的广袤草原，从东部的滨海渔村到西部的高原雪山，各地的自然和人文资源独具特色。东部沿海地区的乡村旅游以海洋资源、农业观光和现代农业为主，发展速度较快；西部高原和山区则以自然风光、民族文化和传统农牧业为主要吸引点。这种多样性使得各区域的乡村旅游资源形成了各自的特点和优势，成为旅游资源系统形成的重要基础。乡村旅游资源区域系统的形成逻辑离不开对资源生态性和文化性的重视。自然生态资源，如山水、森林、草原等，提供了乡村旅游的景观基础；而文化资源，包括民俗风情、传统手工艺、历史遗迹等，则赋予了乡村旅游独特的内涵和价值。区域系统的形成需要将生态资源和文化资源有机结合，通过保护性开发和创新性利用，增强旅游吸引力，保持乡村旅游资源的可持续发展。

区域经济的发展水平直接影响乡村旅游资源的开发能力和市场竞争力。经济较发达的地区可以投入更多资金用于基础设施建设、旅游服务提升和市场推广，推动旅游资源的有效利用；而经济欠发达地区则面临资金短缺、开发滞后等问题。这种经济与旅游开发的相互作用构成了乡村旅游资源系统形成的现实基础。因此，乡村旅游资源系统的形成必须充分考虑区域经济条件，通过政府引导、社会资本投入和合作开发等方式，促进经济欠发达地区资源的有效开发和利用。

乡村旅游资源系统的形成不仅是单一区域的内部资源整合，更需要区域间的协同与资源共享。区域协同发展可以通过资源互补、市场共享、联合推广等方式，形成更具竞争力的乡村旅游产品体系。例如，长三角地区通过区域旅游一体化发展，实现了资源共享、品牌共建、市场联动的良好局面，为其他区域提供了借鉴。通过区域协同，可以打破单一区域的资源局限，形成区域性的乡村旅游资源系统。乡村旅游资源区域系统形成逻辑强调因地制宜，根据不同区域的资源特点和市场需求选择合适的开发模式和路径。山区可以发展生态旅游和户外探险；平原地区则可以农业体验和文化展示为主；沿海地区可以结合渔业和海洋文化发展特色旅游。这样的路径选择不仅能充分发挥各地资源优势，还能避免资源开发的同质化，推动乡村旅游的差异化发展。中国乡村旅游资源区域系统形成逻辑是一个多层次、多因素综合作用的过程。它不仅反映了各区域的资源禀赋和经济条件，还体现了政策引导、市场需求和区域协同的综合影响。通过因地制宜、差异化发展和可持续利用，乡村旅游资源的区域系统可以实现有效整合，推动乡村旅游的平衡、充分和高质量发展，为乡村振兴和经济转型提供重要支撑①。

二、乡村旅游资源区域差异的影响因素

（一）自然地理环境的影响

中国幅员辽阔，地形复杂多样，不同的地形类型构成了各具特色的乡村旅游资源。东部地区以平原、丘陵为主，适合发展农业观光和休闲度假旅游，如江南水乡和华北平原的田园风光；而西部地区多为高原、山地和沙漠地貌，具有壮丽的自然景观，如青藏高原的雪山和新疆的沙漠，这些区域适合发展探险、户外运动和生态旅游。这些地形上的差异直接决定了乡村旅游资源的类型和开发方向。气候条件的差异对乡村旅游资源的季节性和吸引力有直接影响。南方温暖湿润，四季分明，适合发展四季皆宜的农业体验和山水旅游，如广东的温泉旅游、广西的梯田风光；北方气候寒冷，冬季漫长，夏季较短，这使得东北的冰雪旅游和内蒙古的草原避暑旅游在特定季节具备独特的吸引力。不同的气候条件使各地乡村旅游资源在季节性上表现出显著差异，进而影响了各地旅游市场的波动性和稳定性。

（二）经济发展水平的影响

经济发展水平是影响乡村旅游资源开发和利用的重要因素。东部沿海地区经济发达，政府和私人资本充裕，能够投入大量资金用于基础设施建设、旅游服务提升和市场推广，这使得东部地区的乡村旅游资源开发速度快、质量高。上海、浙江、江苏等地的乡村旅游呈现高端化、特色化的发展态势；而中西部地区由于经济发展相对滞后，资金短缺，资源开发较为缓慢，乡村旅游资源的

---

① 孙九霞，张凌媛，罗意林．共同富裕目标下中国乡村旅游资源开发：现状、问题与发展路径［J］．自然资源学报，2023，38（02）：318 – 334.

利用效率和市场竞争力较低，难以与东部地区相比。经济发展水平还影响着乡村旅游资源开发的规模和深度。经济发达地区往往能够吸引更多社会资本投入乡村旅游，形成高质量的旅游产品和服务体系，如浙江莫干山的民宿经济和农庄体验已成为乡村旅游的典范。相反，经济欠发达地区受限于资金和技术，资源开发水平低，旅游产品同质化问题严重，缺乏吸引力。这种经济上的不均衡进一步加剧了各地乡村旅游资源开发的不平衡。

（三）文化背景的影响

中国是一个多民族、多文化的国家，各地的文化背景对乡村旅游资源的形成和吸引力有着重要影响。东部地区以汉族传统文化为主，历史悠久，文化底蕴深厚，如江南的水乡古镇、北方的皇家园林和古建筑群，这些文化资源为乡村旅游增添了丰富的历史和人文内涵。而西南和西北地区则以少数民族文化为特色，独特的民族风情、传统节庆和民俗活动，如西藏的藏传佛教文化、新疆的维吾尔族舞蹈、贵州的苗族风情，为乡村旅游资源增添了多样性和独特性。不同区域的文化背景决定了乡村旅游资源在传统与现代融合上的表现。东部发达地区的乡村旅游不仅注重传统文化的展示，还融入了现代休闲、度假和娱乐元素，如苏州的古典园林与现代民宿结合，既保留了传统风貌，又提升了现代休闲体验。而中西部地区的乡村旅游更多地保留了原生态的传统文化，但在现代化、设施化方面发展不足，这种传统与现代的融合差异影响了乡村旅游资源的吸引力和市场定位。

（四）政策支持与规划引导的影响

政府政策支持对乡村旅游资源的开发和区域差异有着直接影响。东部地区由于经济发达、政府资源丰富，乡村旅游政策更具针对性，地方政府通过资金补贴、基础设施建设和品牌推广等方式，大力支持乡村旅游发展。而中西部地区尽管国家也有政策支持，但在资金投入、政策执行和基础设施改善方面力度不足，导致这些地区的乡村旅游资源开发进展缓慢，与东部发达地区的差距不断拉大。国家的区域发展战略，如"一带一路""西部大开发""中部崛起"等，虽然旨在推动区域协调发展，但各地区由于经济基础、地理条件和执行能力的不同，导致资源开发成效各异。东部地区由于参与国际经济和市场较早，旅游资源开发已走在前列；而西部地区受限于地理位置偏远和基础设施滞后，乡村旅游资源开发的速度和质量仍较为落后。这种战略政策的区域差异在某种程度上加剧了乡村旅游发展的不平衡。

（五）交通条件的影响

交通条件是影响乡村旅游资源可达性和开发利用的重要因素。东部沿海和大城市周边地区交通网络发达，公路、铁路和航空四通八达，使得游客可以轻松到达乡村旅游目的地，这大大提高了乡村旅游资源的吸引力和市场竞争力。相反，中西部和偏远地区交通不便，特别是一些自然资源丰富但交通不发达的乡村，游客到达困难，限制了旅游资源的开发和利用，导致资源优势难以转化为市场优势。基础设施的完善度直接影响乡村旅游资源的开发质量和游客体验。发达地区投入大量资金完善旅游交通、住宿、餐饮和娱乐等设施，为游客提供便利和舒适的体验，提升了旅游资源的吸引力。而欠发达地区由于资金和技术的缺乏，交通设施建设滞后，服务配套不完善，严重影响了游客的体验感和满意度，这种差距进一步扩大了各地乡村旅游资源的竞争力差异。

（六）市场需求与消费能力的影响

各地区的市场需求和消费能力对乡村旅游资源的开发方向和规模有直接影响。东部发达地区由于居民收入高、消费能力强，对乡村旅游的需求更加多样化和个性化，推动了高端度假、精品民宿、文化体验等高附加值乡村旅游产品的开发。而中西部和农村地区，居民收入较低，消费能力有限，乡村旅游的市场需求相对单一，以低成本的观光旅游为主，难以形成高质量的旅游市场，这种市场需求的差异进一步加剧了乡村旅游资源的区域差异。大城市和城市群的辐射效应对周边乡村旅游资源的开发具有重要推动作用。以长三角、珠三角、京津冀等城市群为例，这些地区经济发达、人口密集，城市居民的休闲旅游需求旺盛，带动了周边乡村旅游资源的快速开发。而中西部偏远地区缺乏大城市的辐射带动作用，旅游市场相对封闭，发展速度较慢。这种城市群的辐射效应形成了区域内乡村旅游资源开发的梯度差异。

三、乡村旅游资源区域特色与联系

(一) 乡村旅游资源的区域分布特点

1. 东部地区：现代农业与乡村文化的结合

东部沿海地区包括天津、上海、江苏、浙江、山东、广东等省份，是中国经济最发达的区域之一，这里不仅是中国乡村旅游发展最快的地区，也是乡村旅游资源丰富且多样的区域。东部地区的乡村旅游资源以现代农业、休闲观光农业、历史文化村落、特色小镇和滨海度假为主。江南水乡的田园风光、古镇建筑、茶园和现代农业示范园区等构成了该区域的主要旅游吸引物。此外，沿海地区丰富的海洋资源，如渔村风情、海滨风光、海鲜美食等，成为滨海乡村旅游的重要组成部分。该地区经济发达，基础设施完善，乡村旅游的开发与管理水平较高。资本充足、市场机制成熟，为乡村旅游资源的开发提供了坚实的保障。

2. 中部地区：农业观光与历史文化的展示

中部地区包括河南、湖北、湖南、安徽、江西等省份，这些地区是中国农业大省，乡村旅游资源以农业观光、历史文化和红色旅游为主。中部地区是传统农耕文化的发源地，具有丰富的农业景观和深厚的历史文化资源。中部地区的乡村旅游资源包括广阔的农田、连绵的丘陵、丰富的湖泊水系、古村古镇和红色革命遗址等。安徽的宏村、西递以其徽派建筑和古村落景观闻名；湖北恩施的土家族村寨和湖南凤凰古城以民族风情和传统建筑吸引大量游客；江西井冈山、湖南韶山等红色旅游景点也为中部地区乡村旅游增添了独特的吸引力。中部地区拥有浓厚的中原文化、楚文化和湖湘文化，这些文化深深影响着该区域的乡村旅游资源开发。虽然中部地区交通条件不及东部，但近年来高速铁路和公路网的逐步完善，大大提高了游客的可达性。高铁的开通使得中部地区乡村旅游资源更易被外界发现和利用，推动了乡村旅游的发展。

3. 西部地区：自然生态与民族文化的独特体验

西部地区包括四川、重庆、贵州、云南、西藏、青海、新疆等省份。西部地区的乡村旅游资源以自然生态和民族文化为特色，广袤的土地上分布着壮丽的高山、河流、草原和沙漠，成为乡村旅游资源的瑰宝。西部地区的乡村旅游资源丰富且独具特色，以生态旅游和民族文化为主要卖点。四川的九寨沟和稻城亚丁以其绝美的自然景观吸引无数游客；云南的丽江古城、大理的白族村落、西藏的藏族文化和青藏高原的自然风光成为国际旅游的重要资源。新疆的喀纳斯、天山牧场和草原部落也因其独特的自然景观和游牧文化而闻名。西部是中国少数民族聚居地，藏族、维吾尔族、彝族、苗族、壮族等少数民族的传统文化、节庆活动、手工艺品和生活方式，为西部乡村旅游资源增添了浓厚的文化色彩。游客在这里可以体验到与内地截然不同的文化风貌和民俗风情。西部地区交通相对不便，地理条件复杂，许多优质旅游资源难以被有效利用。虽然近年来基础设施有所改善，但整体交通条件仍是制约乡村旅游发展的主要障碍。偏远乡村的交通问题亟须通过政府投入和社会资本的引入进行改善。此外，西部地区的自然资源开发需要平衡生态保护和旅游发展的关系。由于生态环境较为脆弱，部分旅游开发存在破坏自然的风险。因此，西部地区的乡村旅游强调可持续发展，推广生态旅游和社区旅游模式，鼓励游客参与环境保护活动。

4. 东北地区：森林、冰雪与边疆文化的交融

东北地区包括辽宁、吉林、黑龙江三省，这里拥有广袤的森林、丰富的冰雪资源和独特的边疆文化，是中国乡村旅游资源的重要组成部分。东北地区的乡村旅游资源主要包括森林、湿地、冰雪和满族、朝鲜族等边疆民族文化。长白山、黑龙江的五大连池、吉林的查干湖等自然景观以其独特的生态环境和季节特色吸引游客。冬季冰雪资源丰富，滑雪、冰雕、冬捕等活动使东北成为冬季旅游的热门目的地。东北地区融合了满族、朝鲜族等多元文化，传统民俗活动如满族的"萨满舞"、朝鲜族的"阿里郎"歌舞，以及东北特色的年猪宴、大秧歌、东北二人转等，为乡村旅游增添了浓郁的边疆文化特色。

5. 华南地区：热带风情与海洋文化的结合

华南地区包括广西、广东、海南等省份，这里以热带风情、海洋文化和独特的民族风俗为乡村旅游的核心资源。华南地区的乡村旅游资源以热带气候、滨海度假和少数民族文化为主。海南的热带雨林、广西的桂林山水、阳朔的田园风光和北海的滨海旅游资源构成了华南乡村旅游的主要吸引物。壮族、侗族等少数民族的传统村寨、歌舞表演、节庆活动和美食文化，成为乡村旅游的重要卖点。广西的龙胜梯田和侗族大歌、广东的客家围龙屋、海南的黎苗族文化

都展示了该地区独特的民族风情。

（二） 乡村旅游资源的区域协同发展

全域旅游，作为一种全新的旅游发展观，强调在一定的区域范围内，将旅游业作为主导产业，充分调动、统筹规划和有机整合区域内各种要素资源，推动各行业积极融入，各部门齐抓共管、全体居民共同参与，为游客提供全时空、全过程的产品体验，满足游客全方位的体验需求，进而实现旅游业的高质量发展。其中"区域"是重要的空间范畴，区域间旅游资源的协同开发对旅游业的发展具有重要的作用①。此处的区域是一个具有弹性的空间范畴，一切围绕着实现"旅游发展全域化、旅游供给品质化、旅游治理规范化和旅游效益最大化"这一目标②，根据旅游资源优势和区域发展状况，以山脉、水系等自然地理屏障或文化区、方言区等人文地理单元为单位，将形成空间边界具有一定缩放弹性、可能跨越行政区划的"旅游功能区"③。郑强羽和李亮瑶从空间积聚程度将乡村旅游地划分为优势集聚发展区、资源优势发展区和协调提升发展区④。周洁从城市群的区域联动探索全域旅游的发展新范式，突出特定区域作为"旅游功能区"，通过旅游业引导，以提升旅游产品、旅游服务、旅游体验为目标，最大化地调动区域内经济社会资源，在空间和产业层面合理高效优化配置生产要素，持续增强区域竞争能力的创新模式⑤。区域协同发展要求各地域单元和经济组分之间协同共生，自觉形成高效和高度有序化的整合机制，实现区域内各地域单元一体化发展效果⑥。根据乡村旅游资源的属性与特

---

① 周洁. 区域协调发展战略下的全域旅游——粤东城市群联动范式探索 ［J］. 社会科学家，2021 （06）：50 - 55.

② 文化和旅游部办公厅. 国家全域旅游示范区验收、认定和管理实施办法 （试行） ［EB/OL］. http：/www. gov. cn/zhengce/zhengceku/2020 - 05/08/content_5509825. htm.

③ 杨振之全域旅游代表现代旅游发展方向 ［A］. 魏成元，马勇. 全域旅游：实践探索与理论创新 ［C］. 北京：中国旅游出版社，2017：25.

④ 郑强羽，李亮瑶. 陕西省乡村旅游点空间分布及区域协同发展 ［J］. 中国农业资源与区划，2025：1 - 14.

⑤ 周洁. 区域协调发展战略下的全域旅游——粤东城市群联动范式探索 ［J］. 社会科学家，2021 （06）：50 - 55.

⑥ 侯兵，陶然. 新形势下民族文化旅游的区域协同发展研究 ［J］. 贵州民族研究，2016，37 （10）：162 - 165.

征，结合乡村旅游地的区域划分，本部分将从区域的具体区位条件，为区域的协同发展提出相应策略。

1. 优势集聚发展区

优势集聚发展区主要指乡村资源丰富的区域，通常这些乡村地区自然地理环境优越，城市中心辐射能力强，乡村旅游配套设施较为完善，整体乡村旅游产业化和规模化发展程度较高。这类区域经济发展水平较高，人口密度大，乡村旅游市场需求量大，乡村旅游产业发展速度快，如江浙地区周边的周庄、乌镇等，是优势集聚发展区的典型代表。但是，这类区域的旅游资源往往会有同质化问题，乡村旅游点的集聚分布态势造成内部恶性竞争现象突出，有待于向差异化和精品化方向优化。未来优势发展区需要深入挖掘独具特色的乡村旅游资源，因地制宜地实施乡村旅游点旅游精品工程，尤其需要重点避免同质化竞争，以乡村旅游点为核心，打造多样化的深度乡村旅游精品路线。

2. 资源优势发展区

资源优势发展区主要指乡村旅游点资源相对偏少，乡村基础设施配套不完善，道路可达性弱，乡村旅游发展整体受阻，但是双向低水平促成该区域乡村旅游点资源与旅游设施匹配度相对较好的区域。这些区域的乡村旅游点数量虽然比较少，但是乡村地域环境和文化资源非常丰富，特色鲜明，有极大的开发利用价值。因此，未来资源潜力区首先需要加强道路交通建设，完善旅游设施；并在此基础上重点挖掘乡村旅游文化，如西南地区的少数民族等，此类区域应积极建立自有乡村旅游品牌，提升品牌市场影响力和标识度，打造全方位、多层次的具有鲜明特色的乡村旅游品牌体系。此外，还可以充分利用信息科技，通过云旅游、网络直播等现代化科技对乡村旅游进行宣传和推广，打造乡村旅游点旅游网红打卡地。

3. 协调提升发展区

协调提升发展区主要指那些在空间上多与优势发展区相比邻，域内乡村旅游设施相对良好，但是乡村旅游点分布较为分散，个体化发展趋势明显的区域。未来该区域需要积极打破乡村旅游地孤立发展的现状，在县域层面整合优化市场资源，提升市场融合度，从文旅融合发展出发，将乡村、文化、产业等元素进行深度融合，此类典型代表为东北地区。

新时期下，不同乡村旅游类型的空间分布差异与乡村建设和乡村旅游发展区域定位和规划密不可分，而区域协同发展是乡村建设和乡村旅游发展的最有效途径和重要目的。因此，在发展乡村旅游过程中，各区域既要因地制宜，突出特色，也要整合资源，融合市场，促进区域协同提升。在充分考虑地域差异和乡村旅游资源禀赋的基础上，挖掘和强调品牌化发展，打造差异化多样化的乡村旅游产品。此外，需要提升各区域乡村旅游市场化运作水平，形成协同化与均等化服务体系，建立和完善规范化引导。还要注重乡村旅游点在空间功能上的互补作用，形成乡村旅游点协同发展格局，由点连线再到面，实现全域旅游发展大格局。最后，在开发利用乡村旅游资源的过程中，应该注意发展和保护的有效平衡，避免乡村旅游产业化发展带来的传承和可持续问题。

第四节　乡村旅游的目的地成长模式与类型

一、乡村旅游目的地的成长驱动因素

根据乡村旅游的概念及乡村旅游资源的核心要素不难看出乡村旅游目的地的"乡村性"是其成长与发展的核心价值理念所在，而"乡村性"在驱动乡村旅游目的地成长主要受乡村旅游乡土特色、乡村旅游发展环境、乡村旅游管理水平及乡村旅游成长能力的影响[1]。

乡村旅游目的地的乡土特色是吸引旅游者参加乡村旅游的一切有形以及无形要素的集合，是乡村旅游目的地发展的核心，它决定着乡村旅游目的地在市场上的竞争力。乡村旅游发展环境是指乡村旅游目的地发展的政治、经济、生态、文化等，良好的发展环境是乡村旅游持续发展有效支撑与外在体现。乡村旅游管理水平是乡村旅游目的地发展的机制保障，有效的乡村旅游管理水平是乡村旅游持续发展的"软件设施"，是乡村旅游发展的基础保障。乡村旅游成长能力是用来衡量乡村旅游发展的潜在能力，是指其在未来发展中的提升空

---

① 马勇，陈慧英. 乡村旅游目的地评价综合指标体系研究 [J]. 湖北大学学报（哲学社会科学版），2014，41（03）：137－142.

间。其中，乡村旅游发展环境与乡村旅游管理水平属于外显因素，乡村旅游乡土特色和乡村旅游成长能力属于内敛因素，四者同时存在，相互协调，形成一个和谐的乡村旅游目的地。在此基础上，孙九霞等则从乡村旅游资源开发对象出发，将乡村旅游目的地划分为以乡土特色资源为导向的传统乡村旅游目的地和以高标准服务为导向的现代乡村旅游目的地①，其中前者主要依靠乡村旅游乡土特色和乡村旅游发展环境，而后者则主要依靠乡村旅游的管理水平与成长能力，但这并不意味传统乡村旅游目的地的发展不需要乡村旅游管理水平与成长能力。无论是传统乡村旅游地还是现代乡村旅游地，都在适应市场需求的过程中，不断提升接待能力以满足全人群的"全需要"和多样体验。

二、乡村旅游目的地的成长模式与类型

乡村旅游的成长模式是就乡村旅游目的地的地理区位或功能特征而言，包括乡村性资源（古村落、民族村寨、特色田园村落、边贫村落）依托模式、市场依托模式、景区依托模式、基地（农业示范园、农业科普基地、农耕主题园、商务度假村、夏令营基地）依托模式等。

（一）乡村性资源依托模式

乡村性资源依托模式是一种以乡村地区独有的自然资源、文化特色和社会风貌为基础，开发旅游活动和产品的方式。这种模式强调对乡村地区独特性的保护和利用，以增强乡村旅游的吸引力和竞争力。乡村性资源依托模式的关键在于挖掘和利用乡村地区的独特性资源。这些资源主要包括具有乡村性的自然资源、文化资源和社会资源，如具有乡村特色的田园村落，具有民族特色的民族村寨，呈现乡村生活方式、社会结构和人机关系的古村落等，都为游客提供了深入了解和体验乡村社会的机会。乡村性资源依托模式是一种有效的乡村旅游发展策略，它不仅能够为游客提供独特的旅游体验，也能够促进乡村经济的发展，改善当地居民的生活水平。然而，这种模式的发展也需要注重资源的合理利

---

① 孙九霞，张凌媛，罗意林. 共同富裕目标下中国乡村旅游资源开发：现状、问题与发展路径 [J]. 自然资源学报，2023，38（02）：318-334.

用和保护，避免商业化对乡村原真性的侵蚀，确保乡村旅游的可持续发展。

（二）市场依托模式

乡村旅游成长模式中的市场依托模式是一种以市场为中心，紧密跟随消费者需求和市场趋势，以提供符合市场需求的旅游产品和服务为目标的发展战略。这种模式要求乡村旅游的开发者和运营者具备敏锐的市场洞察力和灵活的应变能力，以便及时捕捉市场信息，分析消费者行为，预测市场趋势，并据此调整和优化旅游产品和服务。市场依托模式的实施首先需要对目标市场进行深入的调研，了解消费者的旅游偏好、消费能力、文化背景等，从而确定乡村旅游的市场定位。例如，针对追求自然体验和休闲放松的消费者，可以开发以自然景观和农事体验为主的旅游产品；针对地方文化和历史感兴趣的消费者，则可以开发以文化探索和民俗体验为特色的旅游项目。在明确市场定位的基础上，乡村旅游的产品和服务开发应注重创新和差异化，以满足不同消费者群体的个性化需求，包括开发特色住宿、主题餐饮、文化体验活动、户外探险项目等，同时保证服务质量和游客体验，以建立良好的口碑和品牌形象。

（三）景区依托模式

乡村旅游成长模式的景区依托模式是一种以现有旅游景区为依托，利用其吸引力和辐射效应，带动周边乡村地区旅游发展的模式。在这种模式下，乡村地区通过与核心景区的合作，共享旅游资源，互补旅游产品，形成一体化的旅游发展格局。景区依托模式的核心优势在于能够借助知名景区的品牌效应和游客流量，为乡村地区带来直接的经济效益和市场机会。乡村地区可以提供与核心景区相辅相成的旅游产品，如特色民宿、农家乐、农事体验、民俗文化展示等，满足游客对深度游和体验游的需求。实施景区依托模式时，首先需要对周边乡村的资源进行详细调查和评估，包括自然资源、文化资源、社会资源等，以确定乡村地区在旅游发展中的定位和特色。然后，根据乡村资源的特点，开发与核心景区互补的旅游产品和服务，如提供特色餐饮、民俗体验、生态旅游等，丰富游客的旅游体验。景区依托模式还需要加强乡村地区的基础设施建设，如交通、住宿、信息服务等，提高乡村旅游的可进入性和舒适性。此外，还需要通过有效的市场营销策略，宣传乡村地区的旅游特色和优势，吸引更多游客。在景区依托模式下，乡村地区与核心景区之间应建立良好的合作关系，实现资源共享、市场共拓、品牌共建。这不仅有助于提升乡村旅游的整体竞争力，也有利于保护和传承乡村的自然和文化资源。

（四）基地依托模式

乡村旅游成长模式的基地依托模式是一种以特定农业基地或乡村区域为中心，通过整合和利用当地的农业资源、生态环境和文化特色，发展起来的旅游模式。这种模式强调以基地为依托，通过提供多样化的旅游产品和服务，吸引游客参与和体验，从而带动乡村旅游经济的发展。基地依托模式的关键在于打造具有吸引力的旅游基地，这些基地通常拥有独特的农业景观、丰富的农产品、特色的文化活动或宜人的自然环境。例如，葡萄种植基地可以围绕葡萄酒文化开发旅游产品，苹果园可以提供采摘体验，玫瑰花基地可以开展以花卉为主题的旅游活动。基地依托模式的优势在于能够充分发挥基地的资源潜力，通过旅游活动带动当地农业、手工艺、文化等相关产业的发展，促进乡村经济的多元化。

第五节　中国乡村旅游资源的区域价值框架整合

一、中国乡村旅游资源的区域划分

中国是一个地理环境多样、文化丰富的国家，乡村旅游资源的区域划分体现了这种多样性和丰富性。乡村旅游资源的区域划分可以根据自然条件、文化背景、经济发展水平等因素进行划分。

（一）自然条件

自然条件对中国乡村旅游资源的区域划分产生了深远影响。不同地区的自然景观、气候特征和生态环境为乡村旅游提供了多样化的资源基础。自然条件主要包括地形地貌、气候特征、水文条件和生物多样性等多个方面。这些自然因素不仅塑造了各地区独特的景观，也影响了当地居民的生活方式和文化发展，进而决定了乡村旅游资源的类型和分布。东部沿海地区的乡村旅游资源以海洋为特色，拥有丰富的海滨风光、海岛资源和渔业文化。这里的气候温和，四季分明，适宜海滨度假和海上娱乐活动。同时，沿海地区渔业发达，游客可以体验捕鱼、品尝海鲜等活动，感受渔家文化。南方丘陵山区以其秀美的山水景观和多样的生态环境而著称。这里的气候湿润，植被覆盖率高，适宜发展生态旅游和探险旅游。山区的梯田、茶园、竹林等农业景观，为乡村旅游提供了丰富的体验内容。西部高原山区以其壮丽的自然景观和独特的高原气候而闻名，这里的高海拔、低氧环境为登山、徒步等户外活动提供了条件。同时，高原湖泊、雪山、草原等景观具有很高的观赏价值。北方平原地区地势平坦，气候寒冷，冬季漫长。这里的乡村旅游资源以农业体验为主，如农家乐、农事体验等。春季和秋季是北方平原地区乡村旅游的旺季，游客可以参与播种、收割等农事活动，体验农村生活。冬季则可以体验冰雪旅游，如滑雪、溜冰等。东北地区的林海雪原是其乡村旅游资源的一大特色。这里的森林覆盖率高，冬季降雪量大，适宜发展森林探险和冰雪旅游。春夏季节，游客可以在森林中徒步、观鸟，感受大自然的原始魅力；冬季则可以体验滑雪、雪橇等冰雪活动。

（二）文化背景

文化背景是中国乡村旅游资源区域划分的重要影响因素。中国是一个历史悠久、文化多元的国家，不同地区的文化传统、民俗风情、历史遗迹等构成了丰富多彩的乡村旅游资源。这些文化元素不仅反映了地域特色，也成为吸引游客的独特魅力。汉族是中国最大的民族，其文化在全国各地广泛分布。汉族地区的乡村旅游资源通常以农耕文化为核心，包括传统的农业生产方式、农村生活方式、节庆活动等。例如，春节、中秋等传统节日在农村地区有着丰富的庆祝活动，成为吸引游客的重要文化体验。中国的民族地区，如藏族、蒙古族、维吾尔族、壮族等，拥有独特的民族文化和生活方式。这些地区的乡村旅游资源通常以民族风情为特色，包括民族服饰、音乐舞蹈、传统节庆、手工艺等。例如，藏族的藏历新年、蒙古族的那达慕大会、壮族的三月三等节庆活动，都是乡村旅游的重要组成部分。

（三）经济发展水平

经济文化水平是中国乡村旅游资源区域划分的重要影响因素之一，它直接关系到乡村旅游的基础设施建设、服务水平、产品开发和市场推广等多个方面。东部沿海地区经济发达，城镇化水平高，居民收入水平较高，这为乡村旅游提供了良好的市场基础。由于经济条件好，这些地区的乡村旅游基础设施完善，服务水平高，能够提供多样化的旅游产品和服务，满足不同游客需求。中部地区经济文化水平相对东部沿海地区较低，但具有丰富的农业资源和深厚的文化底蕴。乡村旅游资源以农业体验、民俗文化、历史遗迹为主。由于经济条件限制，这些地区的乡村旅游基础设施和服务水平相对较低，但这也保留了乡村旅游的原始风貌和乡土气息，吸引了追求自然和文化体验的游客。西部地区的经济文化水平相对较低，但拥有独特的自然景观和民族文化。乡村旅游资源以高原风光、民族风情、生态旅游为主。由于地理位置偏远和经济条件的限制，西部地区的乡村旅游开发程度较低，基础设施和服务水平有待提高。但随着国家对西部大开发战略的实施，西部乡村旅游的发展潜力逐渐被挖掘，成为乡村旅游的新热点。东北地区乡村旅游资源以冰雪旅游、森林旅游、农业体验为主，随着东北振兴战略的推进，乡村旅游得到了快速发展，基础设施和服务水平不断提高，成为冬季旅游和生态旅游的重要目的地。南方地区的经济文化水平较高，气候宜人，自然景观和文化资源丰富多彩。乡村旅游资源以山水风光、民族文化、农业体验为主。由于经济条件好，南方地区的乡村旅游发展迅速，基础设施和服务水平较高，能够提供高品质的旅游产品和服务。

二、中国乡村旅游资源的区域价值体现

韦文英（2012）在研究区域价值的过程中曾指出，区域的价值在于其或其某一要素对于特定主体的效用或意义，其载体是区域产品。区域产品及其功能、效用的多元性决定区域价值具有多样性，评估区域价值的过程实则是在对区域内资源品的使用权和处置权行使知情权的过程[①]。根据霍尔姆斯罗尔斯顿

---

① 韦文英. 区域价值 [M]. 北京：知识产权出版社，2012.

的《环境伦理学》，区域价值主要表现为生命支撑价值、经济价值、消遣价值、审美价值、科学价值和历史价值①。此外，区域还有维持基因多样化的价值、文化象征的价值、塑造性格的价值、多样性与统一性的价值、稳定性与自发性的价值、辩证的价值、生命的价值、宗教价值等。区域价值的多样性由市场需求的多样性决定，同时在一定程度上取决于消费主体的消费动机、所负的使命，与主体成长的文化背景、政治氛围甚至与消费者当时的心境都有直接而紧密的关联。即使是同一种区域产品，对于不同的目标市场其价值也是完全不一样的。乡村旅游资源作为乡村旅游产品开发的先决条件，其区域价值对于乡村旅游产品的开发和乡村旅游的发展具有重要的意义。

（一）生命支撑价值

生态保护运动已经使人们认识到人类及其文化发端于自然生态系统，并受到后者的某种约束。尽管人可以在重建的环境中自由选择，但不管其能力与范围多大，却没有跳出自然的"如来佛的手掌"。人们需要阳光、水分、土壤以及人类赖以生存的一切物质能量。生态系统是文化的"底基"，自然赋予物支撑着其他的一切②。而乡村自然资源则是乡村旅游生命支撑价值的根基。从东部的海岸线到西部的高原，从北方的森林到南方的水乡，中国的自然景观千差万别，各具特色。在东部沿海地区，海岸线曲折，岛屿星罗棋布，沙滩细腻柔软，海洋资源丰富，为海滨休闲、海上运动和海洋文化体验提供了优越条件。游客可以在这里享受阳光沙滩，参与冲浪、潜水等海上活动，体验海洋的无限魅力。同时，沿海地区的渔业资源丰富，为海鲜美食游、渔家文化体验提供了条件，游客可以品尝新鲜的海鲜，体验渔民的生活方式。向西进入高原地区，雪山巍峨，草原辽阔，湖泊清澈，这里的高原景观为探险旅游、生态旅游和高原文化体验提供了独特的资源。游客可以在这里进行登山、徒步、骑马等户外活动，感受高原的壮丽与神秘。在北方，森林覆盖率高，湿地资源丰富，这里的森林景观和湿地景观为野生动植物观察、森林浴、湿地探险等提供了场所。

---

① 霍尔姆斯·罗尔斯顿. 环境伦理学 [M]. 北京：中国社会科学出版社，2000.
② 韦文英. 营销导向型区域发展理论研究的逻辑起点：区域价值 [J]. 改革与战略，2005（02）：72-75.

游客可以在这里进行森林徒步、观鸟、摄影等活动，亲近自然，体验生态之美。同时，北方地区的冬季漫长，冰雪资源丰富，为冰雪旅游提供了条件，游客可以在这里体验滑雪、溜冰等冰雪活动，感受冬季的魅力。南方地区则以水乡景观著称，河流纵横，稻田连片，这里的水乡景观和稻田景观为农业观光、农事体验和水乡文化体验提供了背景。游客可以在这里乘坐乌篷船，欣赏水乡风光，体验插秧、收割等农事活动，品尝新鲜的农产品，感受水乡的宁静与和谐。中国乡村旅游的自然资源区域价值还体现在其对生态环境保护的促进作用。乡村旅游的发展强调与自然环境的和谐共生，推广生态旅游、绿色旅游的理念，提高游客和当地居民的环保意识。通过乡村旅游的推广，可以加强对自然环境的保护，维护生态平衡，保护生物多样性。

（二）经济价值

乡村山水景色可以通过吸引游客获取经济利益表明，区域拥有经济价值。获取经济价值的行为涉及有意识地改造区域内的自然事物，或整合区域的产品，并用这些再造过的事物进行交换。由于区域自然资源丰富繁多，具有多姿多彩的巨大能量，所以区域具有丰富的使用潜能，这正是区域最基本的经济价值。基于乡村旅游资源的乡村旅游是推动区域经济发展的重要力量。通过发展乡村旅游，可以带动当地的基础设施建设、盘活旅游资源、实现农民增收、促进农村发展及乡村振兴。此外，乡村旅游在促进共同富裕方面具有独特作用，它不仅能够为乡村地区带来经济收益，还能在一定程度上解决城乡发展不平衡的问题，推动社会公平。乡村旅游资源开发与共同富裕之间存在密切的联系，通过发展乡村旅游，可以增强乡村资源的价值，促进农民的共同富裕，进而实现整个社会的物质和精神双重富裕[1]。

（三）消遣价值

区域中自然与人文的万种风情给旅游休闲的人们以全新身心感受，或释放苦闷、压抑或陶冶情操。消遣价值往往在人的运动和闲暇中找到，因而充满了

---

① 明庆忠，李志飞，徐虹，等. 共同富裕目标下中国乡村旅游资源的理论认知与应用创新［J］. 自然资源学报，2023，38（02）：286－304.

人文情调，但是也并非总是如此。当人们把某些区域或压抑中的大自然理解为一片充满奇妙事件的惊奇之地和一个无奇不有的仓库，一个令人不可思议的、丰富的、进化的生态系统时，人们已经从中获得了惬意的、休闲的和具有创造性的愉悦。此时，他们更看重的可能不再是消遣本身，而是消遣所激发的创造灵感。

（四）审美价值

人们赞赏科罗拉多大峡谷的弓形风景带的理由，与赞赏萨摩亚群岛的"自由女神像"的理由是一样的：它们是优美的。要发现这种价值就把这些价值与功利应用和生命支撑价值区别开来，这就是为什么只有认识到这种区别的人才会赞美梯田、林海、农场、古村落……，他们在独特的乡村景观中发现乡村的审美价值。安徽的亳州民歌，在早期生产力水平较低的情况下，人们依靠自身的力量无法单独进行生产劳动，于是许多人分工协作，用集体的力量共同完成劳动生产任务，劳动人民在打夯时发出有节奏的呼喊声，"大伙两边排呀，一夯一夯拉地排呀！大伙打起来呀，挨着往前打呀！"劳动人民用这些劳动号子来鼓舞士气，振奋精神，达到统一步伐，协调动作的功效。现如今，随着生产力的提高和科技的发展，人们已经不需要这样的劳动号子来进行交流，但作为一种口传民间文学，亳州民歌以质朴的语言、深刻的立意，展现出当时当地百姓的生活风貌和思想感情，具有深刻的文化审美价值[1]。贵州长顺县石板村停车场将中国结惯用的"福"字换为"顺"，融合了当地"美好顺遂"的文化寓意，其以路灯形式呈现，具有服务功用，也构成了独特的乡村旅游语言景观，同时也兼具了审美价值，增加乡村旅游的趣味性，提升游客的精神满足[2]。

（五）科学价值

区域是一个由多种元素构成的综合体，其中许多从审美、消遣或支撑生命的角度看似乎并没有太大价值，甚至在普通人眼中显得毫无用处的事物，却往

---

① 王文静．亳州民歌的区域价值和传承保护策略研究［J］．淮南师范学院学报，2021，23（03）：25–29.

② 吴杨芝，周湘鄂．服务性、文化性与审美性：贵州民族地区乡村旅游语言景观构建新路［J］．贵州民族研究，2024，45（01）：135–141.

往蕴含着另一种深层次的价值——科学价值。这种科学价值在考古学、历史学、生态学等学科中尤为突出，一些废弃的古村落、遗址和荒废的建筑遗迹，虽然在普通游客的眼中可能仅仅是破败的废墟，但在科学研究者眼中，它们却是了解人类过去、揭示历史文明的重要窗口。考古学家和历史学家通过对这些古村落和遗址的实地考察、发掘和研究，可以获得大量关于过去社会结构、文化习俗、技术水平和人类生活方式的宝贵信息。这些遗址不仅是历史的沉默见证者，更是探寻古代社会运行和演变过程的钥匙。例如，乡村水利设施往往在现代社会中被视为陈旧过时的遗迹，甚至在一些人看来只是一些废弃的沟渠、老旧的堤坝或者破败的水车，似乎并没有多大价值。然而，从科学研究的角度来看，这些古老的水利工程却具有重要的历史和科学价值。它们不仅是传统农耕文明的物质载体，更是理解古代社会生产生活方式、环境治理技术和生态智慧的重要窗口。

（六）历史价值

乡村旅游资源的历史价值常常与其科学价值相融交织，形成独特的文化景观和社会记忆，成为吸引游客的重要因素。乡村地区的历史遗产、传统文化、古老建筑和民俗故事不仅是物质层面的存在，更承载着深厚的文化和教育意义，对区域的旅游吸引力提升、文化传承和社会认同起到了关键作用。这些具有历史价值的旅游资源展示了一个区域的过去，反映了该地的文化传统、社会变迁和历史记忆，为游客提供了了解和体验历史的独特途径。在徽商的崛起和其经济实力的增强极大地推动了徽州建筑业的发展，形成了今天我们所熟知的徽派建筑，青砖黛瓦、三雕丰富的西递，"中国画里乡村"的宏村。这些建筑不仅是徽商财富的象征，更是他们文化理念、审美情趣和家族观念的物化体现。徽商在经商致富之后，热衷于在家乡兴建豪宅、祠堂、书院、牌坊等建筑，通过这些建筑寄托对故土的深情和对家族荣耀的追求。徽商们在建筑设计上融入了风水布局、家族伦理和艺术装饰的讲究，每一座建筑都承载着独特的文化符号和深远的历史内涵。徽派建筑以其典雅的风格、精致的工艺和独特的布局，成为中国传统建筑的重要代表。白墙黛瓦的素雅风格不仅与周围的自然环境相得益彰，更体现了徽商追求简朴内敛的文化精神；高耸的马头墙（风火墙）不仅具有防火功能，也象征着家族的兴旺和繁荣；四水归堂的设计不仅实用，象征着"财不外流"的美好寓意，体现了徽商对风水的深刻理解。每一处砖雕、木雕和石雕都讲述着过去的故事，表达着徽商对艺术的追求和对家族荣耀的守护。徽派建筑中蕴含的这些独特设计元素，如精致的雕刻、典雅的门楼、幽深的天井以及讲究的空间布局，不仅是徽派建筑特色的彰显，更是徽商文化的浓缩体现。一砖一瓦、一室一景，都诉说着徽商辉煌的商业成就与历史脉络。

（七）文化象征价值

中国乡村旅游资源的文化传统区域价值是多维度的，它不仅体现了中国悠久的历史和丰富的民族文化，而且对促进地方经济发展、文化传承和生态保护具有深远的影响。中国是一个多民族国家，各民族都有自己独特的生活方式、宗教信仰、艺术形式和节日庆典，这些文化传统构成了乡村旅游的核心吸引力。文化传统为乡村旅游提供了丰富的内容、形式和内涵。汉族地区的农耕文化，包括传统的二十四节气、各种农事活动和节日庆典，为游客提供了深入了解中国传统农耕文明的机会。而民族地区，如藏族的藏历新年、蒙古族的那达慕大会、壮族的三月三活动等，不仅是民族传统的展现，也为游客提供了参与和体验不同文化的机会，增进了对民族文化的理解和尊重。文化传统对于促进地方经济发展具有积极作用。乡村旅游发展带动了当地农产品的销售、特色餐饮业兴起和手工艺品市场开拓，为当地居民创造了就业机会，提高了收入水平。同时，文化传统的保护和利用也能够吸引更多的游客，促进旅游业的发展，形成良性循环。文化传统在乡村旅游中的区域价值还体现在其对生态环境的保护上，许多传统文化与自然和谐共生，如传统的农耕方式、生态建筑技术等，都体现了对自然环境的尊重和保护。

然而，乡村旅游资源的文化传统区域价值的实现也面临一些挑战。随着现代化进程的加快，一些传统文化面临着消失的风险。因此，在开发乡村旅游资源时，需要注重传统文化的保护和创新，避免过度商业化，确保乡村文化传统的原真性和活力，避免游客文化及他者意识形态对乡村文化的殖民，应该让乡民站在主人翁的立场正确评价自己的文化，自主选择乡村景观和文化建设的发展方向，使乡村重构成为乡民自己的事情①。

---

① 陶玉霞. 乡村游客文化取向与乡村重构 [J]. 浙江农业学报，2014，26（03）：830－836.

三、中国乡村旅游资源的区域价值框架

（一）乡村旅游价值链逻辑

价值链（value chain）是由哈佛商学院教授迈克尔·波特（Michael E. Porter）在其 1985 年的著作《竞争优势》（*Competitive Advantage*：*Creating and Sustaining Superior Performance*）中首次提出的概念。价值链模型将企业的各种活动分为主要活动和支持活动两大类，通过分析这些活动如何创造价值，帮助企业识别出哪些环节可以提高效率或增加顾客价值，从而获得竞争优势[①]。该概念自提出就被广泛地运用到经济和商业及各层次的研究当中。

价值在旅游中至关重要，即使价值的基础哲学可能极为复杂，但从旅游目的地的角度来看可以简化为一句话：如果目的地没有为游客创造价值，就不会产生需求；如果没有为提供者创造价值，他们将退出该领域并将资源和精力投入其他地方。哈加拉尔等从目的地逻辑和供应链逻辑分析乡村康养旅游的应用与发展[②]；苏托莫等通过系统性的文献梳理分析，总结旅游价值链逻辑包括目的地逻辑、供应链逻辑、全球价值链和旅游全球价值链逻辑，并在价值链的基础上构建旅游价值网，为旅游价值链、旅游发展及规划等提供基础[③]。基于此，本节从目的地逻辑、供应链逻辑和旅游资源区域价值逻辑构架中国乡村旅游资源的区域价值网。

目的地逻辑将旅游目的地视为一个服务的组合或序列，游客可以在整个假期中享受这些服务[④]。研究目的地逻辑时，研究者通常"沿着游客的足迹"进行分析，评估其对游客的影响。那些拥有多样化且无缝连接的产品、从决策前

---

① 迈克尔·波特. 竞争优势 [M]. 北京：中信出版社，2014.

② Hjalager A. M. , Tervo-Kankare K. , Tuohino A. Tourism value chains revisited and applied to rural well-being tourism [J]. Tourism Planning & Development, 2016, 13（04）：379 – 395.

③ Sutomo Y. A. W. , Sianipar C. P. , Basu M. , Onitsuka K. , Hoshino S. Tourism value chain: synthesizing value webs to support tourism development and planning [J]. Tourism Review, 2023, 78（03）：726 – 746.

④ Weiermair K. Prospects for innovation in tourism [J]. Journal of Quality Assurance in Hospitality & Tourism, 2006, 6（03）：59 – 72.

到旅行后的服务一应俱全的目的地，被认为能够为游客创造更高的价值。目的地中多样且协调的服务不仅满足游客的全方位需求，也让旅游企业通过提供额外和全面的服务变得更加盈利。当观察游客的行为和感知时，作为一个服务系统的目的地及其整体性对游客来说是最核心的关注点。游客通常会先选择目的地，再选择具体的酒店、餐馆、主题公园或其他单个元素①。例如，游客选择婺源篁岭是为了看盛放的油菜花花海，但与此同时，他们也会想要体验具有当地特色的住宿环境，而传统的酒店则无法满足他们这一需求。目的地价值链模型显示，游客在假期中需要多种不同的服务，如旅行服务、交通、住宿、餐饮、体验和购物等。这些服务的消费通常遵循某种逻辑顺序，并贯穿整个假期。该模型表明，拥有多样化供应商的目的地能够更好地满足游客需求，从而提升旅游体验的整体价值。服务丰富且高度协调的目的地不仅能增加游客的满意度，还能为旅游企业带来更高的经济收益。

供应价值链与目的地价值链在多个方面有显著区别。供应价值链更多依赖于波特最初提出的以生产为导向的模型，描述了从产品或服务的生产到不同阶段的所有活动，在这些步骤中，物质和非物质资源被依次加入该价值链中。在每一步，产品都会新增价值。当研究这种逻辑时，研究者关注的不是游客，而是服务或产品通过生产过程的流转。但是这一过程的最终导向是为了回应消费者的需求，并且这个链条在游客的体验中通常是看不到的。比如，一家农家乐为游客提供的服务包括了从不同阶段的食材准备、装饰布置、服务流程到娱乐内容等多个元素，每一个阶段都会增值。供应链逻辑所指的视角是商业和生产逻辑，而价值链可能与游客的实际体验完全不同，供应链可能对游客来说是"隐形"的，因为它跨越了不同的行业和地区，因此从游客视角出发，他们接受到的是完整旅游产品的呈现与体验，而非过程化的旅游资源开发与旅游资源形成的流程。这种逻辑的重点在于商业模式，以及通过改进和发展产品在不同行业间如何产生价值。协调良好的供应链将在价值链中的每个步骤提升利润，并可能通过降低价格使游客受益。乡村旅游资源中较为典型的生产景观资源吸

---

① Dellaert B. G., Ettema D. F., Lindh C. Multi-faceted tourist travel decisions: a constraint-based conceptual framework to describe tourists'sequential choices of travel components [J]. Tourism Management, 1998, 19 (04): 313 – 320.

引着大批游客前来观看及体验乡村生活，游客或种植庄稼、瓜果蔬菜，或参与到农场放牧当中，当游客的旅游体验结束后，这些农产品及牛羊等又成为农产品供应链或养殖供应链的一部分。

旅游学者们在全球价值链的基础上，结合旅游行业的特征，指出旅游全球价值链旨在识别游客旅程每个阶段的关键中介，并保持对行动者/利益相关者之间关系的强烈关注①。基于区域价值链和旅游全球价值链逻辑，可以将旅游资源区域价值链逻辑理解为在特定地理区域内，从旅游产品和服务的生产到最终消费的一系列相互关联的活动和过程。这些活动和过程涉及多个行业和利益相关者，参与者共同创造和传递价值，以满足游客的需求。旅游区域价值链不仅涵盖了传统的旅游行业，如住宿、餐饮、交通和娱乐；还涉及与之相关的支持行业，如农业、手工艺品制作、文化活动以及新媒体营销等各类网络媒介等。

（二）乡村旅游资源的区域价值网

根据旅游价值链逻辑，旅游价值链旨在诱导概念之间的互补关系，从而形成一个功能性的旅游价值网，该旅游价值网的价值实现和视角涵盖范围更加广泛、也更灵活。与单一横向或者纵向的价值链逻辑不同，价值网倡导复杂的路径，这些路径将多个并行工作的价值链互联，以支持整个系统②。作为一个水平框架，目的地逻辑的范围涵盖了游客从早期到后期阶段消费旅游产品/服务的旅程。在垂直方向上，供应逻辑遵循旅游产品/服务从初始生产阶段到目的地逻辑交汇节点的流动，在该节点游客接收最终产品/服务。换句话说，以供应为中心的链描述了旅游产品/服务如何在游客的旅游旅程中到达消费者（游客）。在供应链逻辑内部，旅游资源经过多次流动和分支，形成一个多层次的收敛网络（整体旅游产品的开发或相关非物质/服务的拓展），通过这些网络系统地形成最终的旅游产品或旅游服务。然后，在最终价值形成过程中，这些旅游资源可能会从其他主要方向分叉，并与其他最终产品/服务的流向汇聚，形成

---

① Christian M. Tourism global production networks and uneven social upgrading in Kenya and Uganda [J]. Tourism Geographies, 2016, 18 (01): 38 – 58.

② Naah J. S. N. Community-level analysis of value webs of biomass-based resources: a case study among local actors in Ghana [J]. Sustainability, 2020, 12 (04): 1644.

超出封闭网络的交叉连接网。同时，这些连接点在价值链过程中充当桥梁，链接着最终产品或者服务的流向，这些流向可能在多个地区经过中转，到达目的地逻辑内的特定物理旅游阶段。因此，旅游资源价值网代表了一个多层次和交叉连接的旅游价值网络框架，涵盖了许多特定角色的利益相关者之间的连接和互动，通过为游客提供增值来获得特定行动者的经济或社会利益①②（见图 5 - 1）。

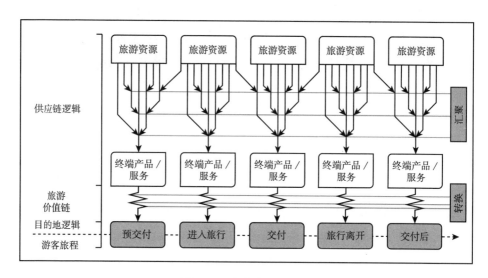

图 5 - 1　旅游资源价值网

资料来源：Sutomo Y. A. W. , Sianipar C. P. , Basu M. Onitsuka K. Hoshino S. Tourism value chain: synthesizing value webs to support tourism development and planning ［J］. Tourism Review, 2023, 78 （03）: 726 - 746.

思考与讨论

1. 结合前章乡村旅游的内涵与概念，分析与归纳某一区域乡村旅游资源的特征、类型与旅游产品开发方向。

---

① Allee V. Value network analysis and value conversion of tangible and intangible assets ［J］. Journal of Intellectual Capital. 2008, 9 （01）: 5 - 24.

② Best B. , Miller K. , Mcadam R. , Maalaoui A. Business model innovation within SPOs: exploring the antecedents and mechanisms facilitating multi-level value co-creation within a value network ［J］. Journal of Business Research, 2022, 141: 475 - 494.

2. 如何有效地在乡村旅游产品开发中突出乡村旅游资源的特性？

3. 请结合具体案例地，构建该区域的旅游资源价值网，并分析该价值网对区域经济、文化和社会发展的重要意义。

4. 思考乡民与传统作为乡村旅游资源核心要素的逻辑与理论基础。

第六章

乡村旅游产品的开发

新时代背景下创新产品形态、优化发展模式、构建系统价值框架以及借助数字技术赋能是实现乡村旅游高质量发展的必然要求。本章在首先厘清乡村旅游新业态的发展与特点基础上，分析新旅游区别于传统旅游模式的独特之处，如更注重体验性、参与性和生态性。随后总结乡村旅游产品的新内涵，强调乡村旅游产品开发不仅要满足游客对田园风光、民俗文化的期待，还应体现可持续发展的理念，促进地方社区的共同繁荣。此外，本章深入讨论乡村旅游产品的开发模式与类型，并分析不同类型的乡村旅游产品及其体系结构。为了提升乡村旅游产品的系统性和区域协同布局，本章提出了基于全域视角的产品系统区域整合框架，强调跨区域合作和资源整合，增强乡村旅游产品的吸引力和竞争力。

第一节 乡村旅游新业态与旅游产品新概念

一、乡村旅游新业态的发展与特点

（一）乡村旅游新业态概述

乡村旅游的初级业态主要以传统村镇观光、农家乐为主体，该类乡村旅游地大多是拥有本土地域特征、文化遗产价值的传统村镇，依托城市近郊的区位优势、客源市场和本地乡土生态、乡土文化、遗产要素等基础旅游资源发展乡村观光旅游，率先突破传统农业和旅游业的产业边界，创新发展乡村旅游产品和服务①。但是在经历了简短的引入和增长阶段后，逐渐呈现出同质化，竞争优势缺乏，后续驱动力不足等发展问题。随后，随着资本、人才、国际品牌等多元要素的注入，乡村民宿和乡村度假酒店逐步出现，成为乡村旅游新业态发展的重要途径。以乡村民宿或乡村度假酒店主导的嵌入型产业发展模式集成了共享时代的社会创新与创业，通过破除城乡二元隔阂，利用旅游市场化运作在乡村地区嵌入较大规模和较高质量的社会网络以增强乡村的整体竞争力，组织社会资本，唤醒乡村沉睡的资产，对乡村地区在规范、组织、学习和创新等方面具有溢出效应，从而激活乡村旅游产业发展的内生动力，对乡村旅游产业集聚以及转型升级具有重要意义②。在乡村民宿、田园综合体大量发展的基础上，更是出现了"乡村旅居""乡村疗愈"等长效性的乡村旅游业态③。

依托区位、交通、景观、生态、文化等资源本底的露营地与风景道的发展日益成为乡村旅游业态创新的重要空间载体，形成集观光、休闲、度假、体验、研学等多功能属性于一体的乡村旅游创新发展形态，实现了这一阶段乡村旅游发展瓶颈的突破。新时代背景下，田园综合体和旅游小镇等新兴高级业态的演进，以及部分传统村镇的转型升级，形成了农业、旅游、文化、科技等产业融合的多元化、综合性的产业发展模式，涵盖了乡村休闲、乡村度假、乡村旅居等不同发展阶段的演进规律，呈现出经营连锁化、产业规模化、业态多元化、需求个性化等发展趋势，其主体、理念、内容、消费、资本都与初、中级业态创新存在着质的不同，如多元化的参与主体、可持续发展与业态文化保护传承的发展理念、丰富多样的旅游体验形式、定制化的旅游产品与服务、政策资本的引导与支持等。乡村旅游通过整合挖掘乡村地方

①　陆林，李天宇，任以胜，等. 乡村旅游业态：内涵、类型与机理［J］. 华中师范大学学报（自然科学版），2022，56（01）：62–72.

②　刘传喜，唐代剑，常俊杰. 杭州乡村旅游产业集聚的时空演化与机理研究：基于社会资本视角［J］. 农业经济问题，2015，36（06）：35–43.

③　演克武，陈瑾，陈晓雪. 乡村振兴战略下田园综合体与旅居养老产业的对接融合［J］. 企业经济，2018，37（08）：152–159.

的资源特色，"并联式"集聚发展多种业态类型，在提升经济效益的基础上满足现代人对美好生活的向往，实现城乡共同参与、城市反哺乡村的创新发展。

（二）乡村旅游新业态特点

伴随乡村旅游业态创新的演化，旅游作为载体有效推动了乡村乡土生态、乡土文化等地方传统要素和资本、人才等跨区域创新要素的动态流动，要素之间的有效联结和协同互动反映了创新活动在乡村地域空间上呈现关联效应，最终以业态作为乡村地域中的表征形式和空间载体（见图6-1）。不同旅游发展阶段的乡村创新要素配置及其结构功能不同，业态创新的等级、形态及其要素作用机理有所差异。在传统农业、工业利用阶段，乡村旅游业态呈现初级阶段，旅游业态形式较为单一，多以利用地方传统要素为主，发展农家乐、乡村特色地观光等，产业布局尚未形成空间聚集，该阶段乡村旅游地的发展多依靠粗放低效的资源利用。此后，在旅游产业利用阶段，乡村旅游业态从初级向中级跃迁，生产方式向以跨地方创新要素为主导的经济形态演化，通过旅游发展强化乡村创新要素配置的内生动力，组织、协调地方和跨地方的资源和条件进行创新生产，逐步出现"要素+"的旅游形态，如采摘、体验农事等元素被添加到乡村旅游中，逐渐出现项目式体验的乡村旅游。在创新产业利用阶段，乡村旅游业态演化至高级形态，创新生产要素组织和发展的地域空间发生了显著变化，创新要素突破地理空间的限制成为乡村地域的重要组成部分，推动乡村旅游创新的生产和再生产，数字游民突破工作空间限制，涌向生态优越的乡村旅游地，"旅居""疗愈"等乡村旅游地将"生活""工作"与"旅游"空间有机结合。

二、乡村旅游产品的内涵与构成

（一）乡村旅游产品的内涵

谢彦君认为旅游产品从构成上可以分为核心旅游产品与组合旅游产品两种类型。其中，核心旅游产品包括资源依托型与资源脱离型旅游产品，是旅游产

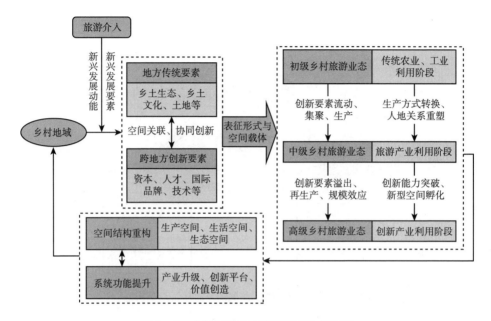

图 6 - 1　乡村旅游业态创新要素作用机理

资料来源：陈劼绮，陆林 . 乡村旅游创新的理论框架与研究展望 [J]. 地理学报，2024，79 (04)：1027 - 1044.

品的原始形态，是能够满足旅游者愉悦需要的核心吸引物的产品形态。组合旅游产品是旅游或相关企业围绕旅游资源核心价值通过多重价值追加而设计、生产或销售的产品，是旅游产品的终极形态①。王宏星、崔凤军从供给与消费域间角度入手构建了三个层次的乡村旅游产品体系，包括核心产品域、辅助产品域、扩张产品域②。陶玉霞则立足于乡村旅游的乡村性，拒绝非乡村性要素，不提倡专门的旅游体验设计活动与接待设施建设，而是靠原生态的"三农"和"三生"，让游客在乡村村民的生产生活世界中体会生命、生机和生态的真意，将乡村旅游产品的构成从"三生"角度出发，将其分为生态性产品域、生产性产品域、生活性产品域③（见图 6 - 2）。

---

①　谢彦君 . 基础旅游学（第 3 版）[M]. 北京：中国旅游出版社，2011：130 - 140.
②　王宏星，崔凤军 . 我国乡村旅游产品体系及其影响研究 [J]. 西藏大学学报，2005，20 (01)：81 - 86.
③　陶玉霞 . 乡村旅游理论构建与理性批判 [M]. 北京：中国旅游出版社，2016：167 - 169.

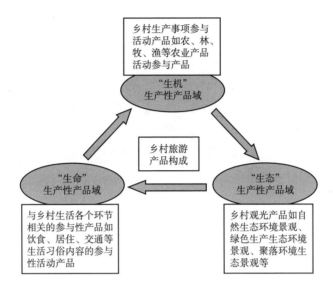

图 6-2 基于"三生"角度的乡村旅游产品构成

(二) 乡村旅游产品的类型

乡村旅游的目标顾客是城市居民,针对该顾客群体的乡村旅游产品,除了必要的旅游元素,如娱乐性、知识性、参与性等以外;还必须具备另一个特定要素,即乡村特质。旅游产品中需要体现乡村性,如乡村特有的地理环境、风土人情、地方民俗等。这些富有乡村特色的风景、传统风尚、风土人情、风味餐饮甚至仿古的民家住宿等,都是乡村旅游产品难以分割的核心内容。简言之,乡村旅游产品最大的特点是其所包含的乡村性。乡村产品设计过程中,要充分体现乡土特色,利用乡村旅游资源特有的生产性与根性、生命性、生活性、生态性和系统性特征来吸引游客,展现原生态的乡村风格。

乡村旅游产品的类型可以从资源类型和旅游者需求两个角度来划分(见表 6-1)。从资源类型来看,乡村旅游产品可以划分为自然风光、农业景观及乡村民俗和民族村寨。自然风光主要依托乡村的自然地理环境,如田野、草原、海洋、山脉、湖泊等。那些著名风景区周边地区或风景区内部地区,凭借景区的知名度和旅游设施来发展乡村旅游,增加景区的产品特色,丰富产品类型和层次,从而增加旅游景区的吸引力。农业景观主要由乡村地区具有特色的农业生产活动打造起来,如现代农业果园、暖棚、梯田、林地等。很多农业观光园、蔬菜高科技示范园、特殊品种的采摘果园等农业旅游资源，都可以开发成为特殊的乡村旅游产品，而这些独具乡村特色的农业景观对于城市居民具有较强的吸引力。

表6－1　　　　　　　　　　　乡村旅游产品类型

分类标准	具体类型
乡村旅游资源类型	自然风光、农业景观、乡村民俗和民族村寨等
乡村旅游资源游客需求	休闲娱乐产品、收获品尝产品、运动养生产品、文化观光产品、认知学习产品、复合产品及其他非典型产品

　　从旅游者的需求角度来看，乡村旅游产品可以划分为休闲娱乐产品、收获品尝产品、运动养生产品、文化观光产品、认知学习产品、复合产品及其他非典型产品。休闲娱乐产品是目前乡村旅游产品的主要类型，目的是满足城市居民在乡村环境中的休闲娱乐活动，当前主要以民宿的形式呈现，民宿经营者一般来自乡村地区，参与接待，为游客提供体验当地自然、文化与生产生活方式的家庭经营式住宿设施。收获品尝产品主要以特色餐饮美食、采摘垂钓、参与酿制等为主，如"采摘游""垂钓世界""美食村"等，依托乡村农业设施，提供农产品的收获体验活动。该类旅游产品强调旅游者的体验和参与，市场覆盖面比较大，从老年人到青年、儿童都可以找到适合自己的项目，满足亲子游、家庭游、成年子女一年老父母游等多种出游需求。

　　运动养生类产品则主要依托乡村自然地理环境，进行山野及水体运动、乡村疗养健身等，例如温泉、攀岩、爬山、漂流等，主要代表形式有"乡村运动俱乐部""温泉疗养"等。文化观光产品主要依托乡村的特色风光、农事活动或村落名胜、历史遗迹、特色文化节食、风俗习惯等，开展观光旅游，内容主要包括现代乡村观光、科技农业观光、古村落居民观光、名胜观光、参与民俗节事等。认知学习产品的形式体现在由学校或家长等安排的有目的的旅游与考察、写生、实习等，以学生远足、研学等为代表，让不同年龄段的学生通过乡村旅游获得相关的知识和技能。其中研学作为一种"旅游＋教育"的文旅新业态，逐渐显现出为乡村地区赋能的积极效应，在学生市场广受欢迎。复合产品则糅合了上述各种产品的要素，兼有几种类型的产品特性。很多资源丰富的地区往往采取这种方式全面开发资源，提供多种产品组合，满足不同市场群体的消费需求。通过集合各类产品，复合型旅游产品提高了当地乡村旅游产品的吸引力和市场覆盖面。

第二节　乡村旅游产品开发模式与类型

一、乡村旅游产品体系

现代市场学认为，一般产品由核心部分、形式内容和延伸部分三个部分构成。其中，核心部分是指产品能满足顾客需要的基本效用和利益；形式内容是指产品向市场提供的实体和劳务的外观、质量、款式、特点、商标及包装等；延伸部分是指顾客购买产品时所得到的其他利益的总和，如咨询服务、贷款、优惠条件等对顾客有吸引力的东西。在辨析各种乡村旅游定义和综合分析国内外的各类乡村旅游产品的基础上，结合现代市场学内容，王宏星、崔凤军从分析乡村旅游产品组织者和提供者的市场行为以及旅游者的消费行为入手，提出了构建乡村旅游产品体系①。结合市场营销学整体产品观念的相关理论，可将这一理论进一步理解为：从乡村旅游的接待地——乡村社区的角度看，乡村旅游具有整体产品的概念。依据乡村旅游的实际供给与需求的内容，可以将乡村旅游从产品域上划分为三个层次②。

（一）核心产品域

乡村旅游是一种以乡村特有的农业景观、农事活动和民俗文化为依托的旅游形式，"乡村性"是乡村旅游的根基。乡村旅游的核心产品区别于城市和风景名胜区的观光旅游，强调游客在乡村环境中参与和体验具有地方特色的活

---

① 王宏星，崔凤军. 我国乡村旅游产品体系及其影响研究 [J]. 西藏大学学报，2005（01）：81 - 86，90.

② 毛勇. 乡村旅游产品体系与开发 [J]. 中南民族大学学报（人文社会科学版），2009，29（02）：142 - 145.

动。依托垦殖地带的风景、乡村文化或农事活动，乡村旅游的吸引力不仅在于自然风光的赏心悦目，更在于对乡村独特文化和生活方式的深度体验。乡村旅游的吸引物是一个综合系统，包括乡村旅游产品、资源、配套设施、信息标识、营销策略以及游客本身等多个要素，它们共同构成乡村旅游的整体体验和吸引力。核心产品域是乡村旅游的灵魂所在，是乡村旅游与其他类型旅游的本质区别。核心产品域的主要内容包括乡村接待服务、乡村度假、乡村景观观光、乡村习俗文化的认识与体验以及农事活动的亲身参与。游客在核心产品域的消费过程中，可以与本土居民共享乡村文化和乡村生活，获得与都市生活完全不同的身心放松和文化体验。例如，在春季，游客可以参与乡村的插秧活动；夏季体验收割稻谷；秋季采摘果实；冬季则可观赏乡村雪景并体验酿酒、晒腊肉等传统农事活动。这些体验不仅让游客感受到大自然的四季更迭和农事的辛勤劳作，也在过程中增进对乡村文化的理解和认同。"采菊东篱下，悠然见南山"描绘了乡村生活的悠闲与自然；"绿树村边合，青山郭外斜"将乡村四周绿树环绕、青山如画的美丽景色娓娓道来；"千里莺啼绿映红，水村山郭酒旗风"的生动描述，将江南水乡春日莺啼燕舞、酒旗飘荡的娴静美好述说，这些意境与乡村旅游的核心产品域密切相关。在乡村旅游中，游客可以放慢节奏，置身于宁静的田园风光中，感受农耕生活的旷达与自适，从而获得心灵的宁静与满足。

（二）辅助产品域

辅助产品是由乡村地域的各种直接或间接从事旅游业的人员提供的产品和服务，这些产品超越了核心产品域层次的乡村旅游范畴，是在核心产品的基础上构筑的延伸产品，包括乡村风味饮食、传统工艺品、土特产品、绿色食品、民间特色活动、乡村古建筑、乡村体育健身活动等。产品目标指向的不仅是旅游者，同时还为当地居民提供服务。辅助产品不是核心要素，但可以作为乡村旅游体验的重要组成部分，并在一定条件下可以脱离核心产品而成为吸引旅游者的一种独立乡村旅游产品形式。辅助产品不仅扩大了乡村旅游核心产品的层次和内容，而且可以增加核心产品的市场吸引力，是乡村旅游不可或缺的重要产品层次，也是游客乡村旅游体验的主要载体之一。例如，绿色食品作为乡村旅游的延伸产品，是现代游客追求健康生活的重要选择。无公害蔬菜、土鸡蛋、手工豆腐等乡村绿色食品，让游客在体验乡村生活的同时，享受到绿色无污染的健康食品。这些食品不仅符合现代人对健康饮食的需求，还能够成为一种"田园到餐桌"的独特旅游体验。再如民间特色活动如婚俗表演、庙会、祭祀仪式等，这些活动生动地再现了乡村的民俗传统，具有极高的观赏性和参与性，如贵州苗年节，游客可以欣赏到热闹的苗族舞龙、斗牛等活动，体验独特的苗族风情。见于陕西、河南的社火表演，则以其浓郁的乡土气息和狂欢氛围，成为春节期间吸引游客的旅游产品之一。

（三）扩张产品域

扩张产品是乡村旅游发展到一定规模和阶段后生长出来的增值服务，指由地方政府、企业、行业协会等组织的面向乡村旅游的营销或服务网络。乡村旅游的扩张产品为核心产品和辅助产品提供服务营销和信息平台，可以解决因产品分散性而带来的营销和管理困难。在浙江省的德清县，当地政府打造"莫干山旅游网"，将景区、民宿、餐饮、娱乐等资源整合在一起，统一进行线上营销。游客通过这个平台不仅可以预订住宿和餐饮，还能查询当地活动信息和交通路线，大大提升了游客的便利性和乡村旅游的整体吸引力。通过乡村旅游网络，政府和行业协会可以为当地乡村旅游产品提供统一的促销渠道，为游客提供信息沟通平台和预订服务。福建的永泰县通过打造"永泰智慧旅游平台"，为游客提供景区导航、实时导览、票务预订等多种服务，实现游客与旅游资源的无缝对接，便利游客从旅游规划到旅游成行的整个过程，有效提高了当地的旅游吸引力。游客通过乡村旅游网络获得旅游信息、乡村旅游预订、售后延伸服务及其他增值服务，在由网络构建的虚拟空间里对乡村目的地形成初步的认知。乡村旅游扩张产品不仅为游客提供便利，还为乡村旅游从业者搭建了共享资源的平台。通过旅游网络，民宿经营者、农户、手工艺者等各类参与者可以共享市场信息、客户资源和营销渠道，从而形成一种互利共赢的局面。例如，在贵州的"多彩贵州乡村旅游平台"，多个乡村景点和商户进行联合推广，形成了"一家带多家"的效应，吸引了更多游客的目光。

在乡村旅游产品体系中，核心产品域体现乡村旅游者的基本旅游需求，也常常是乡村旅游开发的前提，辅助产品域和扩张产品域则是以提高乡村旅游吸引力和提供乡村旅游便利条件为特征，形成乡村旅游产品整体竞争优势不可或缺的部分，三个层次的产品域共同构成完整的乡村旅游产品体系（见图 6-3）。

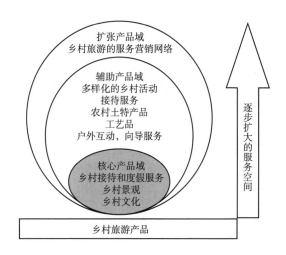

图 6-3　乡村旅游产品结构

资料来源：夏林根. 乡村旅游概论［M］. 上海：东方出版中心，2006：71-78.

二、乡村旅游产品开发类型

旅游产品提供给消费者的最终价值是旅游体验。在旅游研究领域中，体验是旅游企业或者从业者以服务为舞台、以旅游产品为道具、以消费者为中心，以体验价值为视角，创造能使消费者参与、值得消费者回忆的活动。本节从旅游体验提供的价值出发，对乡村旅游产品的开发模式和类型进行划分①。功能价值是指目的地所具有的品质及所呈现的环境，旅游者通过功能价值对目的地意象进行重构。乡村旅游产品的功能价值体现在独特的自然风光和人文景观，表现为观光、休闲、度假型旅游产品，主要体现在乡村景区、特色民宿、农家美食、休闲娱乐、交通、购物环境等的体验价值。享乐价值建立于功能价值的基础之上，包括放松、逃逸、复愈、交流四个方面的效用。乡村旅游产品的享

---

① 潘玲. 体验价值视角下乡村旅游产品开发模式——以广东省为例［J］. 农村经济与科技，2020，31（23）：106-108.

乐价值在于乡村以自然生态的景观能够让旅游者获得审美体验，同时可满足都市人回避城市喧嚣，向往安宁静谧的田园生活的需求，满足精神上的愉悦与心灵上的疗养，体现在度假、旅居和扎根型旅游产品中。此外，乡村旅游目的地体验还具有丰富的符号价值，知识获取、新鲜感、社会声望等符号意义在体验中涌现出来，符号价值丰富目的地意象的社会属性。乡村旅游产品的符号价值体现在乡村丰富的自然生产和历史内涵能够满足旅游者求新求知的心理需求，独特的乡愁和文化可以很好地满足旅游者的情感体验，体现在旅居和扎根型旅游产品中。结合乡村旅游资源的类型和特征，从体验视角出发，乡村旅游产品的开发类型可以分为观光型、休闲型、度假型、旅居型以及扎根型（见图6-4）。

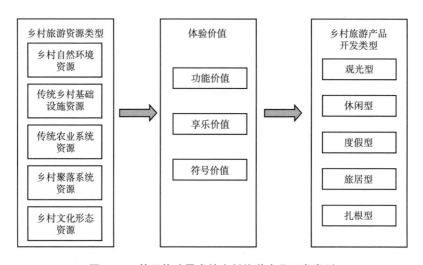

图6-4 基于体验需求的乡村旅游产品开发类型

（一）乡村自然环境资源旅游产品

乡村自然环境资源由地文景观、水文景观和生物生态景观组成，涵盖乡村所有的自然环境要素。自然景观类资源可满足功能和享乐的体验需求，要保持乡村环境的自然性、原始性，依托自然开敞空间，可开发观光、休闲型旅游产品。乡村地区的地文景观，包括山地丘陵、独峰奇石、特色地质地貌和岛屿与岸滩可开发观鸟、写生、摄影、徒步、登山等生态和体育体验活动；水文景观，包括天然湖泊、池塘湿地、人工水库、瀑布与溪流、河段、温泉与冷泉和海洋景观，可结合渔业开发多元化游乐体验，建设湿地观景长廊、水上公园、温泉小镇等设施；生物生态景观，包括森林、草地、古树名木、珍稀生物景观和鸟兽虫栖息地，可与康养、体育、艺术等行业结合，利用乡村自景观，开发疗愈花园、五感花园、森林健康步道、森林浴等生态产品。

（二）传统乡村基础设施资源旅游产品

传统乡村基础设施资源主要由乡村的交通设施和水利设施组成。传统乡村的交通设施多以乡间小道、泥土路、石板路为主。这些道路通常依山傍水，随着自然地形起伏而建，具有浓郁的乡土气息。虽然这些道路在现代交通系统中显得简陋，但它们保留了乡村原生态的特质，反映了乡村与自然的和谐共生。对于游客而言，这些传统的乡村道路成为体验乡村田园风光的途径，吸引了徒步、骑行等户外运动爱好者。该类旅游资源可以用于开发观光型和休闲型的乡村旅游产品。在乡村旅游资源中，水利设施不仅是农业和生产的基础资源，也是独具魅力的旅游吸引物，云南元阳梯田、广西龙脊梯田的水利灌溉系统不仅是一个功能性的水利设施，也是壮丽的景观，每年吸引着大量游客前来观光与摄影，也是游客了解农耕文化的重要途径。该类旅游资源满足游客的功能和符号价值体验，可用于开发休闲型、扎根型旅游产品。

（三）传统农业系统资源旅游产品

传统农业系统资源由乡村地区适宜开展的农业、林业、养殖业、加工业、服务业及交叉行业资源组成，包括农业生产地、休闲娱乐地、研学旅行地和综合开发地。传统农业系统资源满足旅游者功能、享乐和符号的体验需求，可开发休闲、度假、旅居型旅游产品。农业生产地包括农作物基地、花卉草木种植基地、水产畜牧养殖基地和加工制造基地，可开发创意旅游系列产品，如稻田创意景观种植、花卉婚庆产业、牧场体验等，拓展单一传统农业产品的体验。休闲娱乐地包括休闲农庄、乡村文创园、民宿酒店、露营地和竞技活动地，可开发休闲亲子乐园、星空营地、特色民宿、团队拓展、荒野求生中医药养生等产品。研学旅行地包括展览场馆和农事体验活动，可开发乡村艺术馆、农耕文化博物馆、民俗博物馆、主题农场、农业科技馆、农事体验、田园课堂等产品。综合开发地包括特色小镇和田园综合体，可加大相关资源整合力度，推动旅游与农业、林业、渔业有机融合，构建涵盖食、住、行、购等多要素的乡村旅游产业链。

（四）乡村聚落系统资源旅游产品

乡村聚落建筑类资源数量最多，包括宗祠建筑、岭南民居建筑和特色建筑，具有深厚的历史内涵，反映独特的岭南文化和历史时代的变迁，是引发旅游者"乡愁"主要因素。乡村聚落建筑资源可满足旅游者功能、享乐和符号的体验需求，可开发度假、旅居、扎根型旅游产品。宗祠建筑包括祠堂、祭祀场所和书院，对成规模的古建筑进行乡村图书馆、主题化博物馆式开发，通过传统建筑的设计、布局、装饰、陈设物品体现传统文化观念和审美情趣。岭南民居建筑包括传统民居群、特色街巷和名人故居，可促进老屋旧宅活化利用，创新发展民宿、研学等乡村旅游新业态，如将旧屋、旧宗祠等设施改造为特色民宿，开发研学活动、古村落寻根游、文化旅游创意产园区等产品，配套餐饮服务和休闲娱乐，吸引游客前来吃农家菜、住农家屋、享农家乐，真正体验宁静、舒适、淳朴的乡村生活。特色建筑包括宗教寺庙和乡土古建筑，可开展宗教节庆等活动吸引旅游者前往感受乡土风情。

（五）乡村文化形态资源旅游产品

乡村民俗文化类资源由乡村非物质文化、民俗与节庆和饮食与特产组成，其中有一部分以非物质形态存在，贵在传承与创新，是人们到乡村旅游体验的主要内容，产品规划设计要注重体验的原真性。乡村民俗资源可满足旅游者享乐和符号的体验需求，可开发度假、旅居、扎根型旅游产品。乡村非物质文化包括村落文化精神和非物质文化遗产，可打造乡村旅游的"沉浸式体验"，如民俗技艺＋情景化体验，可依托民间艺术和古建筑，推动乡土文化创意设计产业集聚发展，推进乡村旅游创客基地建设。民俗与节庆包括生活习俗、丰收节庆、特色节庆和宗教活动，结合民俗节庆活动，打造独特的乡土IP文化举办稻田音乐会、乡村集会、庙会、春耕野餐节等活动。饮食与特产包括特色饮食和乡土特产，创新旅游商品的研发和设计，加强对乡村旅游商品的开发和包装策划，通过打造创意农产品、耕种过程艺术化、加工过程精品化、包装品牌化、营销故事化等方式，增加农产品的特色与价值。

第三节　乡村旅游产品系统构建

乡村旅游产品系统的构建需要各子系统的配合与设计①。同时，在构建乡村旅游产品系统的过程中，应该全域统筹、整合旅游资源、创意设计旅游产品、实现产业交叉、产业融合、产业联动；打造全时化乡村旅游产品体系，提供全方位旅游服务与全链通旅游消费，实现旅游服务、旅游消费、旅游活动过程全位化；鼓励乡村居民参与旅游，"乡村创客"进入乡村，经营管理人才留在乡村，"全民化"共享共建。

一、乡村旅游产品系统构建的全域理念

孟秋莉、邓爱民基于全域旅游视域，提出旅游产品体系构建的"六化理念"：全域化、全景化、全业化、全时化、全位化和全民化②。乡村旅游产品系统构建全域化理念强调统筹管理社会经济资源，对旅游资源、相关产业、生态环境、公共服务、政策法规等进行系统性优化，实现区域资源有机整合，以旅游业带动和促进经济社会协调发展。乡村旅游产品体系的构建要体现"全域化"的理念，统筹乡村社会经济资源，优化提升乡村生态环境、公共服务、体制机制、文明素质等，实现产业共融，促进乡村全域经济社会协调发展。全景化理念指丰富的乡村旅游资源为乡村旅游地全景化打造奠定了资源基础。在全域旅游的视阈下构建乡村旅游产品体系，应转变传统的旅游资源观念，在全域空间上，把游客可能到达的场所进行整体策划设计，包括田园、山林、溪水、民俗、文化、乡村生产生活等进行全景化创意打造，在遵循乡村原有自然

---

① 林智理. 乡村旅游产品提质升级策略探析［J］. 资源开发与市场，2010，26（05）：472－474.

② 孟秋莉，邓爱民. 全域旅游视阈下乡村旅游产品体系构建［J］. 社会科学家，2016（10）：85－89.

与文化基底的基础上，构筑一个有主题、有内涵的乡村旅游共同体。

全业化主要从产业融合视角出发，提出全域旅游是以旅游业作为主导和依托产业，在产品开发上，应找准创意点，以此为基础延伸产业链，加大产业辐射面，带动多个产业共同发展，点线面共促乡村旅游经济。乡村旅游产品体系的构建应遵循多产业融合的理念，"旅游＋农业""旅游＋林业""旅游＋工业""旅游＋房地产""旅游＋商业"等从资源、技术、资金到人才各方面的融合，实现一二三产业良性互动，相关产业发展共融①。乡村旅游应构建"全时化"的旅游产品体系，在产品的开发设计上，一年四季、白天和夜晚、淡旺季，应有不同类型的旅游产品，相互交替支撑乡村旅游发展。比如花海景区，根据季节不同，种植不同种类的鲜花，白天赏花、摄影，夜晚花海露营，配之以其他休闲度假项目，以花海为核心亮点，形成"花海＋""四季花海""白＋黑"等多种不同时段的旅游产品，打造"全时化"旅游产品体系。乡村旅游产品应全方位为游客服务，从乡村民宿、乡村美食、乡村游赏到野奢度假、养生养老，应满足游客全方位旅游需求。让游客从认识乡村到向往乡村，再到乡村旅游最后发展为乡村旅居，实现旅游服务、旅游消费、旅游活动过程的"全位化"。全域旅游理念强调社区参与，共建共享。乡村居民是乡村旅游景观的缔造者，在旅游开发中最具发言权。乡村旅游开发应鼓励村民参与，从事旅游服务接待；为村民提供更多就业机会，吸引"空心村"村民回流；完善配套政策，吸引"乡村创客"以及经营管理人才进入乡村。"全民化"为乡村旅游发展提供了人才数量和质量的"双保障"，乡村旅游产品体系构建应体现"全民化"理念。

二、乡村旅游产品系统分析

基于林智理提出的乡村旅游产品提升策略，乡村旅游产品系统可以从主题选择、形象设计、项目策划、辅助设施和服务系统五大子系统进行构建与分析②。主题选择是旅游项目运营的核心和品牌运作的基础。乡村旅游产品开发

---

① 徐福英，刘涛. 产业融合视域下乡村旅游产品创新路径：价值链的解构与重构 [J]. 社会科学家，2018（04）：106-111.

② 林智理. 乡村旅游产品提质升级策略探析 [J]. 资源开发与市场，2010，26（05）：472-474.

的主题应该以挖掘当地民俗、把握当地不同的旅游资源特色为切入点①，以乡村背景为依托，科学、适当地进行旅游化包装与乡土文化的提炼和提升，使其具有主题鲜明的地域特色和文化特色，形成以"农产、乡色、民情、生态"为主题的卖点，充分展现农耕文化、乡土特色、民俗风情，让城里人在节假日到乡村来，深入农户，深入田间地头，重温父辈旅程，追忆童年往事，体验清静质朴的农家本色。在主题选择过程中，尤其对生态文化、乡村民俗文化以及农耕文化、地区文化进行深度挖掘，从中探寻出乡村发展的文脉、生活习惯的演变、民俗风情的沿革，挖掘其特色魅力及表现形式，在保护的前提下开发出具有浓郁乡土气息的产品，展示乡村旅游的独特吸引力。主题的选择是乡村旅游产品核心产品域的设计与选择，对乡村旅游的成功与否起着至关重要的作用。

犹如传统景区的形象要求，乡村旅游地也要重视形象设计。在遵循地脉、文脉、市场感应以及竞争替代四个要素分析的基础上，应重点突出塑造乡村旅游地的"家""土""和"的形象特点。"家"形象——农民成旅游者的家人、农家是旅游者的第二个家、农田是旅游者的家园、农产品是旅游者带回家的礼物，为城市居民提供亲情服务，享受清洁、安逸、舒适的家园。"土"形象——围绕城市居民回归自然、返璞归真的需求，塑造带有浓郁乡土气息的旅游形象，展示农民生活中最为土气的物品和活动场景，达到"土气而不俗气"氛围。"和"形象——乡村朴实、简陋的建筑保持了与环境的真实接触，延绵着人与环境和谐的连续性，体现了"天人合一"的意象与境界，同时包含乡村安详、宁静、和谐的氛围，最终形成清晰的乡村旅游形象，使旅游者从情感认知度上升为美誉度，从而产生旅游动机。

项目是旅游活动的载体。在主题明确的前提下，不断挖掘和创新乡村旅游游憩项目来充实乡村旅游内涵，并进行乡村旅游项目的景观设计。乡村旅游项目应从多角度、深层次进行策划与设计，追求农味、乡韵、野趣。从项目文化角度看，对现有的各种资源进行深度的文化发展和整合，其核心就是要把自然景观资源变成文化景观，凸显文化内涵。从项目内容角度看，根据各乡村的实

---

① 吴惠敏. 安徽乡村旅游深度发展的文化促进 [J]. 江淮论坛，2009（02）：173–179.

际情况，把农事、农活、农俗、农产品与满足游客回归自然、休闲度假结合起来，打造丰富多彩的乡村旅游项目，让游客有吃、有玩、有乐、有知，摆脱"几间房子、几张桌子、吃吃饭、喝喝茶、钓钓鱼"的简单经营项目。

旅游服务辅助设施是游客顺利完成旅游活动所需要的重要设施。乡村旅游辅助设施包括引导服务系统（指示牌、地图、路标、标识，等等）应尽量与环境协调融洽；景区休憩与服务系统（山门、停车场、道路系统、交通工具、休憩节点、服务设施、其他功能性建筑）应与核心吸引物的景观特色相互协调，起到引景与提升的效果；生活设施系统（通路、通水、通邮、通电、通广播电视，安全、卫生等）应在数量和档次上达到和满足游客的基本要求。旅游服务系统是指规范管理中的旅游服务"软件"质量系统，包括服务态度、服务效率、服务档次、服务内容及礼貌礼仪等方面，倡导服务新理念，开展定制化服务，即诚信服务、快乐服务、细节服务、交互服务、超值服务，让旅游者参与服务的生产过程，使旅游者的个性需求得到满足。

三、乡村旅游产品创新发展

（一）全域整合乡村旅游资源、深化旅游产品组合设计

全面整合乡村自然资源、人文资源和社会资源等一切可被利用并能够对旅游者产生吸引力的要素，开发复合交叉型的旅游产品，深化产品组合设计，从内部产品组合到与外部组合，真正实现多产融合、乡村旅游产品的多元化发展。目前我国乡村旅游产品过于倚重田园观光类和农事活动参与类，产品组合内外均有限，可以通过"乡村观光＋度假""乡村观光＋商务会议""乡村商务＋会展""乡村康体＋运动冒险""乡村观光＋乡村体验""乡村体验＋修学教育""乡村观光＋技能培训"等"1＋1""1＋2"甚至"1＋3"的产品组合，使乡村旅游产品形成单一主题产品，或者多重主题、一主一辅、一主二辅等复合型产品。另外，需要注重乡村旅游产品与外部其他旅游产品的组合主要是指区域间合作与联动。我国的乡村旅游尚处于发展阶段，乡村还远未成为大众旅游者的主要目的地或最优选择地之一，很多地方的乡村旅游都是在大城市周边（郊区）或著名旅游景区外围发展起来的，或者说这些地方乡村旅游的

发展仍然在一定程度上依赖于大城市或著名景区的强大吸引作用。鉴于此，乡村旅游的发展应注重与城市及风景名胜的区域合作和联动。对于城市郊区型乡村旅游地，应充分利用大城市的吸引效应，与城市旅游产品组合成"城市—乡村旅游"复合型产品；对于景区型乡村旅游地，则应依托景区，与景区旅游产品组合成"景区—乡村旅游"复合型产品，使乡村旅游尽可能成为城市或景区旅游中的辅助产品，从而扩大游客范围。

（二）加大乡民要素参与、实现价值共创

全域旅游理念下的乡村居民要素是乡村旅游产品的重要组成部分，乡民与乡村传统是乡村旅游资源中的核心要素，强调将旅游目的地居民的交流语言、生活态度、行为方式、文化取向等纳入产品创新设计中，不断开发乡村生活体验型产品。传统的乡村旅游产品中，当地居民是服务者身份，居民与游客间的联系以服务为连接点。而全域旅游视角下的乡村居民参与，是把居民的生活方式等作为产品的一部分，通过游客与居民短时间的"共同生活"，让游客体验乡村特有的生活性，真正展现乡村旅游的魅力之根。可采取"一对一"的游客对居民的旅游产品模式，一家接待一个旅游者或一个旅游团体，既可以拓宽游客对乡村旅游的体验，又可以有效实现乡民增收，有效实现多参与主题的价值共创。旅游者和居民同吃同住同干活，比如参与下地锄草、喂鸡养鸭等农活，参加乡村居民的人情往来活动，全程体验乡村生活的方方面面，使乡村旅游不再是简单的一顿饭、一场观光，而是体验鲜活的乡村生活场景，是孟浩然笔下"开轩面场圃，把酒话桑麻"，是王维笔下"田夫荷锄立，相见语依依"，亦是范成大笔下"昼出耘田夜绩麻，村庄儿女各当家"的乡村图景。

（三）打造时时、处处可旅游的全时空体验型旅游产品

以往以农业为主的观光游览和农事活动体验型产品具有较强的季节限制性且此类活动项目多在白天开展，夜间休闲产品较少。因此，要结合乡村旅游目的地的文化特色，开发人文类型的旅游产品，使旅游者感受到乡土文化的魅力，以减轻自然旅游产品类型带来的季节性波动。如乡村定期举办的集市贸易活动，居民通过摆摊来售卖商品，既是对中国传统商业文化的一种继承，也为

乡村居民提供便利和创造相互交流的机会。以新鲜无污染的农产品等吸引游客，让游客体验有特色的乡村集市，这人来人往、熙熙攘攘的乡村集市散发出来的"生活气息"与"接地气"也正是当下被物质文化、消费主意冲击的青年游客所追求和渴望的精神家园。此外，乡村的节庆活动，如篝火晚会、除夕活动、舞龙舞狮等，都把地域文化、民俗注入了旅游活动，使旅游者可以全天候进行旅游活动。同时，要打破地域限制，统筹乡村旅游资源，设计全域范围的旅游产品，在整个乡村全面开展旅游活动，实现处处可旅游。

第四节　乡村旅游产品数字赋能

一、数字技术赋能乡村旅游发展现状

乡村旅游是推动农村产业升级实现经济转型的重要抓手，为乡村产业兴旺、农民就业增收做出了重要贡献。近年来，国家陆续出台了一系列政策，支撑保障乡村旅游发展，且随着人们健康生活意识的觉醒，淳朴自然、生态优美的乡村比以往任何时候都更具吸引力，乡村旅游市场将保持良好的增长势头。尽管乡村旅游发展具有诸多优势和潜力，但也面临着一些挑战和难题，为充分发挥乡村旅游对乡村经济的助推作用，探索乡村旅游高质量发展的举措与路径尤为重要。行业发展实践已经证实，数字技术与旅游产业的深度融合，能够为旅游业注入新的活力，是提高旅游发展韧性和应对风险的重要手段，成为旅游产业发展新支撑。这种融合发展也为乡村旅游的高质量发展提供了新的思路和方向，数字技术与乡村旅游的深度融合，将能重构乡村旅游生态，提升乡村经济的活力和竞争力，最终带来更广阔的发展空间①。新时代的大众旅游，游客需求趋于多元化、个性化和融合化，数字技术在驱动旅游产品升级方面发挥着重要的作用。智慧旅游作为数字技术在旅游业的应用窗口，在促进广告宣传、优化供求交易效率、促进优质供给发展等方面作出了贡献；通过增加体验方

---

① 李文雯. 数字经济赋能乡村旅游高质量发展：动力机制与路径研究［J］. 对外经贸，2024（02）：78－81，157.

式，有助于改善交易效果，从而对优质发展的需求端起到明显的推动作用①。数字化时代，随着商业模式的不断变革，乡村旅游也迎来了新的发展时期。数字赋能将减少城乡不平衡，为乡村旅游发展提供新动能。

在基础设施建设与市场联通方面，智慧交通、智慧照明、智慧水电能源系统以及宽带通信和移动互联网等内容的建设，有利于提高乡村旅游目的地的可达性和信息网络基础设施的全覆盖与普及化，推进城乡在基础设施、教育和其他公共服务方面的均衡发展②。在文化传承与生态保护方面，乡村数字博物馆、虚拟现实、增强现实等技术的应用有助于乡村旅游目的地实现文化遗产的保护、传承与活化，使乡村旅游焕发新的生机③。在人才回流方面，伴随着互联网技术快速发展和农村基础设施的不断完善，物联网、"云计算"、大数据等技术被运用到乡村生产生活的各个环节，乡村的数字经济和旅游产业得到了进一步的发展。通过数字赋能，让更多的人才、人力资源和资本回流乡村，不断激发乡村的内生活力，让乡村不再"空心"，更成为旅游创业和各类人才成就事业的舞台，为乡村旅游发展提供新路径。

数字赋能将不断推进商业模式创新，为乡村旅游经济提供新方案。数字赋能促进了一二三产业的深度融合，新业态不断出现，孕育出新的商业模式。产业融合不仅推动农业供给侧的结构性改革，也催生出农村电商、网商经纪人、物流配送队伍等新业态新岗位。这些业态和商业模式，如农村电子商务（产品的网络直销等）、"三农"网红、智慧农业等不仅推动农业产业结构的转型，也在不断改变着乡村的生活和生产模式，更塑造地方旅游品牌，并有效带动不同类型旅游的发展。数字赋能催生新的乡村旅游形式。传统的乡村旅游主要是体现在观光、吃喝等，随着数字化的发展，定制化、个性化、差异化的旅游产品不断地出现，并利用互联网消除信息不对称等矛盾，让旅游消费在时空中的资源错配得以有效纠正。数字赋能将有效推进乡村"绿水青山"转化为"金

---

①　殷明. 科技赋能视角下乡村旅游产品开发研究［J］. 智慧农业导刊，2023，3（13）：116 - 119.

②　陈劼绮，陆林. 乡村旅游创新的理论框架与研究展望［J］. 地理学报，2024，79（04）：1027 - 1044.

③　殷浩栋，霍鹏，汪三贵. 农业农村数字化转型：现实表征、影响机理与推进策略［J］. 改革，2020（12）：48 - 56.

山银山"。

二、数字技术驱动旅游产品开发与发展

随着数字经济的不断发展与深化，乡村旅游产品设计与推广中线上线下融合度不足、产品定位不明确等问题不断涌现，并从一定程度上限制了乡村旅游的进一步发展①。为最大限度地发挥数字技术赋能乡村旅游产品的开发与发展，需要从数字技术赋能的基础、支撑、主体和内容四个方面来实现②。通过数字技术赋能，基于乡村旅游资源的乡村旅游产品设计可以更加有效地实现产品创新，通过信息获取，社交媒体倾听游客诉求，在相同的旅游路线上推出不同价格层次、服务体验有别的差异化旅游产品，让不同层次、不同需求的消费者得到不同的旅游体验，也为旅游产品推广的精细化奠定基础③。在支撑方面，数字技术赋能乡村旅游产品发展主要体现在通过数字技术和数据赋予行动主体参与活动、处理事务、获取资源、控制生活和融入社会的能力，激发他们内在的自我效能感和内生动力，使之达到更好的生活状态④。

通过数字技术，旅游活动的多元参与主体从旅游前到旅游中再到旅游后的产品设计与推广、产品体验和产品评价都可以得到高效的把控。在主体方面，主要体现在数字技术对主体参与、连通与互动动态过程的助力。通过数字技术，如区块链技术、大数据技术、云计算技术、人工智能技术、物联网技术和虚拟现实技术，旅游产品开发的各参与主体的互动、资源整合可以更加高效而具体。内容开发与发展主要体现在资源、要素、业态、市场和价值几个方面，通过数字技术赋能，乡村旅游资源得以多维开发，增加数字要素，呈现新的业态形式，推动乡村旅游资源和旅游市场的有机交互重叠，促进二者市场深度融合，进而推动乡村旅游产业链和价值链的重构与优化，最终实现乡村旅游产业

---

① 田瑞. 数字经济背景下旅游产品设计和推广研究 [J]. 经济师, 2022 (06)：147-148.

② 郑倩倩, 唐承财, 张瑛. 数字赋能乡村文旅深度融合的过程与机制——以浙江省五四村为例 [J]. 地理科学进展, 2024, 43 (10)：1956-1973.

③ 于超, 杨梦丽. 关于在线评论信息助力辽宁省旅游产品设计的研究 [J]. 辽宁经济, 2022 (03)：88-91.

④ 刘英基, 邹秉坤, 韩元军, 等. 数字经济赋能文旅融合高质量发展：机理、渠道与经验证据 [J]. 旅游学刊, 2023, 38 (05)：28-41.

价值的深度融合与共创。

三、数字技术赋能乡村旅游产品高质量发展的实现路径

（一）消费升级：满足游客多元需求

在科学技术日新月异的时代，消费者所渴求的乡村旅游体验将更加注重品质和多元化的消费体验，而不是传统意义上的观光和简单的度假游玩。人们改变了消费观，普遍表示自己更接受与自然有关的旅游产品，而且希望自己能够安全、健康地出行。换言之，人们的消费强调的是自身内在成长和家庭关系，数字化消费、文明消费、理性消费的呼声越来越高，这是旅游产品多元化的必然选择。因此，科技赋能下的乡村旅游应是将展示、传播、营销、管理、服务和应急整合为业务流程一体的功能化平台，不仅面向旅游客户提供在线咨询、线上预退订等基础性服务，更应针对乡村旅游六要素开发高层级、高质量的信息功能。依托科技手段，从不同维度实现乡村旅游高质量发展，确保所开发出来的旅游产品具有个性化、创新性的特征，这样才能充分满足消费者的旅游诉求。

（二）优化供给：提升旅游企业技术供给和竞争力

加强高新技术在乡村旅游企业的不断深入运用，在高新技术发展背景下，全面完善企业技术供给，提升当今乡村旅游企业的竞争力。目前，高科技乡村旅游产品存在诸多不足。因此企业要建立"三新"观，即新的要素观、生产观及发展观。具体而言，就是要主动学习供应链转型、生产数字化、理念共享和智能管理方面的知识和理念；重新配置资源，基于数字技术完成全局元素的连接；新理念基于融合发展的高科技发展理念，借助网络新媒体平台和先进的数字信息技术，为游客打造具有吸引力的 IP，开发独特的乡村文化资源。在人工智能、区块链、物联网、云计算、大数据及 LBS 互联等数字技术的支撑下切实改善旅游企业管理水平，这样才能发挥海量数据和信息对农村旅游企业发展决策的作用和价值。不仅如此，还要积极优化产品供给体系，旅游产品的开发要尽快全面加大技术供给力度，在科技赋能的背景下，丰富旅游村产品开

发场景，并使之渗透率得以提升。

（三）资源配置：全面均衡要素以增强产业发展后劲

当前，乡村旅游沉浸式体验—空间创新，利用高科技综合平衡时空要素，如此才能有效助力乡村旅游产业的发展。众所周知，目前的乡村旅游产品一般不会出现在科技空间，在实体空间较为常见，而且白天产品多，晚上产品相对少，晚上产品多，成本高。数字空间，科技支撑，比如光、影视。以此为基础，空间要素可以从几个方面进行平衡：山村与平原村落、东南西北分区、物理空间与虚拟空间；在时间上，可以从昼夜、淡旺季、高度集中和预约等方面来平衡要素。乡村特色旅游资源的时空融合、传播营销、特色展示，再配合高科技系统，这样既能拉近消费者旅游场景、旅游产品间的距离，也能使得政府、行业感受到乡村文化的魅力。企业在开发和发展乡村旅游及相关产品时要灵活运用高科技技术，发挥高科技和相关利益要素的作用，为乡村旅游的高质量发展保驾护航。

第五节 乡村旅游产品的地域整合

一、乡村旅游产品的地域分布差异

乡村旅游产品的地域分布差异显著，主要受地形地貌、自然资源、文化传统、经济发展水平和交通便利程度等因素的影响。例如，郑群明等研究发现，中国的国家森林乡村主要分布在自然环境和社会经济条件有利的地区，如平原丘陵地区、河网密布地区、森林覆盖率高的地区，以及人口稠密、经济发达、交通便利的地区①。此外，沈士琨等人的研究指出，江苏省乡村旅游地具有"沿路傍水""环城近景"的分布特征，且 100 万城镇人口是乡村旅游地集聚

---

① 郑群明，田甜，杨小亚．中国国家森林乡村的空间分布特征及其影响因素［J］．中国生态旅游，2021，11（03）：441－454．

发展的门槛①。中国乡村旅游行业发展趋势分析指出，乡村旅游的区域分布存在不均衡性，如浙江、江苏等地的乡村旅游重点村数量较多。同时，不同地区的乡村旅游消费水平也存在差异，多数用户的消费集中在日均300～900元，但也有一定比例的用户消费在900元以上或300元以下，反映出不同地区乡村旅游产品的价格和消费水平存在差异。共同富裕视域下，乡村旅游发展的区域不平衡性是一个重要议题。研究显示，乡村综合发展水平的区域差异显著，呈现自东向西递减的规律，乡村地域类型可以划分为不同的区域，各区域的发展途径需根据其特点来确定。这表明在推动乡村旅游发展的过程中，需要考虑不同地域的特性和需求，采取差异化的策略，以实现更加平衡和可持续的发展。

二、乡村旅游产品地域整合的内涵

（一）空间整合

以依托乡村旅游地为核心，把重点及优势旅游资源及社会经济条件，在一定地域范围内组成一个有机综合体，成为一个完整的旅游产品，在市场上整体销售。旅游资源的空间整合就是地域上的整合，整合的核心就是依托乡村旅游地，把相对分散的景区、景点连接为一个整体。此外，由于乡村旅游者的所处地域和环境不同，其行为与日常生活表现大相径庭，可以利用日常居住地与乡村旅游目的地空间上的错位，引发旅游者的深层次体验。例如，对于学生群体而言，乡村现实课堂与书本课堂相比，自然要有趣得多，从而可以激发对知识的获取激情。

（二）时间整合

以游览线为神经，把重点景区、景点等要素连在一起，形成一个活力有机体。游览顺序和过程本身就是一个时间流程，也是旅游产品的生产过程。并由

---

① 沈士琨，史春云，张大园，等.江苏省乡村旅游地空间分布及其影响因素研究［J］.中国生态旅游，2021，11（03）：455－467.

此产生一日游、二日游及多日游等时间不等的路线。在乡村生态体验旅游中，可以将时间要素置入更替或流转的情境之中，对旅游者的旅游体验进行改造。如将乡村环境改造成不同历史时期、不同地域背景之下的风情，让体验者在情感抒怀的同时对于地域乡村有理性、全面的认识；还可以将自然地貌中的水、土壤、农作物、动植物等要素与地理变迁过程相对比，使旅游者在感性体验的同时，对地域生态环境的成长知识有更为深刻的了解①。

（三）角色塑造

在乡村旅游的体验中，可以将旅游者纳入特定主题的旅游表演中，并形成相应的对等角色关系，用乡村生态环境所提供的资源进行整合，旅游者不但要进行感性的体验，还要通过角色的扮演进入理性的感知。不同主题的角色创造，可以使旅游者实现其行为与环境的互动，最终形成旅游者的理性认知体验。与此相似，阿德勒在其著作《作为表演艺术的旅游》一书中将旅游描述为"表演艺术"，他认为旅游表演的基本构成要素是空间、时间以及旅游者在其间穿梭的步调和意图②。乡村旅游产品系统构建起的旅游地域空间则是乡村旅游者的"表演区域"，该表演区域由乡村旅游的物态要素和意态因素在时空的双重维度上，或单一或整合地呈现，称为旅游表演的舞台③。

（四）元素融合

从微观上看，在乡村旅游者的体验过程中，必须融合各方面要素，包括旅游者的教育知识理念与教育文化体验的融入，产生旅游行为与旅游环境的不平衡性，在变化的体验状态下，旅游者通过与乡村旅游主题的融合实践，可以最终达到和谐一致。从宏观上来说，乡村旅游在游线安排上不仅要把自然旅游资源与人文旅游资源有机结合，把历史文化与现代景观有机结合，把精品景观与一般景观结合，还要符合游客的心理需求及精神需求，游线安排还要把旅游六

① 陈兴中，郑柳青．论乐山市旅游资源和旅游产品整合［J］．乐山师范学院学报，2008，23（12）：72-75．

② Adler J. Travel as performed art［J］. American Journal of Sociology, 1989（94）：1366-1391.

③ 谢彦君．旅游体验研究——一种现象学的视角［M］．北京：中国旅游出版社，2017：163-165．

要素在游程中的合理结合，形成一个整体产品。

三、乡村旅游产品地域整合的实现路径

乡村旅游产品地域整合是一个多维度、多层次的系统工程，涉及经济、社会、文化、生态等多个方面。基于全域旅游视阈，乡村旅游产品的地域整合需要从全生态、全链条、全体验、全层次、全精品和全低碳的"产品观"出发，实现旅游产品的地域整合①。

（一）现有乡村旅游资源的区域价值网构建

乡村旅游资源的区域价值网构建是指通过整合区域内分散的乡村旅游资源，如自然景观、人文历史、民俗文化等，形成一个相互关联、协同运作的价值网络。这一过程不仅强调各地区资源本身的优化配置，还重视不同利益相关者之间的合作与互动，包括当地政府、旅游企业、居民和游客等，旨在创造更大的经济和社会效益。乡村旅游资源的地域整合是构建价值网的基础，需要对各区域内现有的乡村旅游资源进行全面评估，识别出具有开发潜力的核心景区和特色项目。从整个中国的宏观尺度上看，中国乡村旅游资源的地域整合主要是乡村旅游发达区、发展区与欠发达区的过渡与整合。将各区域内独特的农业景观、传统手工艺或者历史悠久的文化遗迹按照相应的标准进行梳理与归类，确定区域内的核心区、多核心区节点及外围辐射环，并通过合理科学的旅游线路规划，将它们有机串联②。

（二）乡村旅游线路的优化整合

通过精心设计旅游线路，可以将地域内分散的自然景观、人文历史遗迹、民俗文化活动等旅游资源有效地串联起来，形成一条或多条具有连贯性

---

① 孟秋莉，邓爱民. 全域旅游视阈下乡村旅游产品体系构建 [J]. 社会科学家，2016 (10)：85 - 89.

② 陈兴中，郑柳青. 论乐山市旅游资源和旅游产品整合 [J]. 乐山师范学院学报，2008，23 (12)：72 - 75.

和主题性的游览路线。这种地域空间上的整合不仅增强了游客体验的完整性和深度，也促进了不同景点之间的协同发展。例如，将传统村落、农业园区、手工艺作坊等特色点位组合成"乡村文化遗产之旅"，既保护了地方文化，又创造了新的经济增长点。此外，在旅游线的优化整合上，时间维度的设计与创新对于旅游产品的地域整合也起着至关重要的作用。在规划旅游线路时，考虑加入时间元素，如季节变化、节庆活动等，使每条线路都拥有独特的"生命周期"。这样不仅可以延长游客停留时间，增加消费机会，还能根据不同时段调整服务内容，提供更加个性化的旅游体验。比如，在春季组织"花海观赏季"，秋季推出"丰收采摘节"等活动，让游客感受到乡村四季的不同魅力。

（三）规划引领与政策支持

制定全面的乡村旅游发展规划，明确发展目标、定位和发展策略，在一定区域内协调各方资源，有序指导差别化开发，避免乡村旅游产品同质化。此外，根据地理环境、交通条件等因素合理安排旅游项目的分布，形成科学的空间布局，引领乡村旅游产品的地域整合，在靠近城市的乡村地区重点发展休闲度假型产品；而在远离城市但自然风光优美的地方，则可以打造生态探险类旅游线路，强调地域特色，实现最优布局。加强对生态环境保护的要求，防止过度开发带来的负面影响，保证区域乡村旅游业的可持续发展，实现乡村旅游产品的全低碳发展。

（四）多层次协作

多层次协作是促进乡村旅游产品地域整合的关键因素之一，它通过政府、企业、社区居民及游客等不同层面的共同努力，构建了一个协同发展的生态系统。这种协作不仅有助于优化资源配置，提升旅游产品的质量和吸引力，还能确保旅游业的可持续发展。此外，不同地域间从省域、市域甚至县域间开展合作，实现旅游产品的互补性与多样性，形成旅游产品系统，提升各地域旅游产品的综合竞争力。

思考与讨论

1. 乡村旅游开发与建设过程中所打造的公共服务空间，会对当地村民产生哪些影响？

2. 从体验价值的角度出发，谈谈你对乡村旅游产品的开发模式和具体类型的理解。

3. 请结合具体案例，分析数字技术驱动乡村旅游产品开发的过程机制与实现路径。

4. 结合乡村旅游产品开发的市场导向原则和 STP 理论，说明乡村旅游开发"适销对路"的重要意义。

第七章

乡村旅游经营与发展模式

本章内容包括乡村旅游产业发展模式的内涵与演化、乡村旅游经营模式、新内生发展理论与乡村旅游发展要素内生化、乡村旅游新内生发展模式、乡村旅游内生发展的政策与组织保障五个部分。本章首先对乡村旅游产业发展模式的内涵与发展模式深度解析，界定乡村旅游产业及相关概念，通过梳理乡村旅游经营模式，包括农户自主经营、公司＋农户等多种模式，揭示不同经营模式下的运作机制与特点。随后分析在乡村旅游资源要素内生化条件下，我国乡村旅游新内生发展的路径及未来趋势，探讨新内生发展理论为乡村旅游发展提供的新视角及其发展要素内生化的实践应用。最后，通过对乡村旅游内生发展政策框架与组织保障机制的全面梳理，为乡村旅游的可持续发展提供有力支撑。

第一节 乡村旅游产业发展模式的内涵与演化

一、乡村旅游产业

（一）乡村旅游产业概念

从产业经营角度来看，乡村旅游是旅游产业的重要组成部分，乡村地域通过高效整合农村社会资源，推动具有地域标识的旅游产业发展①，进而提升农

---

① Pouta E., Ovaskainen V. Assessing the recreational demand for agricultural land in Finland [J]. Agricultural and Food Science, 2008, 15 (04): 375–387.

村居民的物质与精神生活品质，加速乡村经济与文化的全面振兴。随着乡村旅游产业在规模、资本投入及影响力层面的持续增强，其已超越传统"农村旅游"范畴，转变为新农村建设、劳动力转移及扶贫旅游开发的新动力。因此，乡村旅游产业可被定义为，企业依据乡村旅游市场需求变迁，通过要素优化组合所构建的特定经营模式。

乡村旅游产业的发展需聚焦于四大核心要点：一是确认其根植并活跃于乡村地域；二是明确企业经营主体在乡村旅游产业中的主导地位；三是强调乡村旅游业态需随市场需求波动而灵活调整；四是指出乡村旅游产业依赖于乡村内部资源的深度挖掘及资源间的协同整合。伴随着时代演进，经济繁荣与民众收入水平的提升，乡村旅游消费需求正在经历深刻变革。多样化、差异化的旅游需求促使乡村旅游开发要素得以全面发掘与高效运用。同时，旅游消费需求的增长也为乡村带来了新的发展机遇。乡村既有资源与外来资源的有机融合，催生了多元化、多层次的乡村旅游业态格局[①]。

（二）乡村旅游产业特征

乡村旅游产业展现出一般产业具有的复合性、演进性等基本特性。鉴于乡村旅游活动根植于乡村地域，主要依托乡村独有的自然资源与人文底蕴，且以城市居民为其主要客源，因此表现出鲜明的资源依托性和市场导向性。同时，乡村旅游产业强调对自然与人文生态的保护，秉持可持续发展理念。因此，乡村旅游业态呈现出要素性、市场经济性、演进性、复合性、可持续性、参与性等多元特征。

1. 要素性

乡村地区的自然与人文资源构成了乡村旅游的核心要素，是产业形成与发展的基石。初级阶段，乡村旅游主要依托乡村独特的自然与人文、物质与非物质资源；而高级化进程中，则需引入外部资本、人才、信息、技术与管理等要素，彰显出乡村旅游产业显著的要素集成特征。

---

① 陆林，李天宇，任以胜，等.乡村旅游业态：内涵、类型与机理［J］.华中师范大学学报（自然科学版），2022，56（01）：62–72，82.

2. 市场经济性

乡村旅游以城市居民为核心市场，市场需求不仅影响乡村旅游要素的供给与组合方式，还决定业态类型与发展路径。乡村旅游产业以满足城市居民需求为导向，通过吸引游客、提供服务与产品，促进经济收益增长，并带动农业、手工业、交通等相关产业协同发展，为当地居民创造更多就业与创业机会，显著提升其生活质量。因此，乡村旅游产业具备强烈的市场经济导向性。

3. 演进性

乡村旅游产业随着市场需求与要素供给的变化而不断演进。市场需求作为动态升级的过程，促使乡村旅游发展要素由单一向多元融合，要素构成与组合方式的日益多样化、复杂化，不断推动着业态转型升级。乡村旅游产业由此实现从初级到高级、从简单到复杂的持续演化。

4. 复合性

乡村旅游产业的复合性体现在发展要素的复合与需求的多样性上。乡村旅游产业不仅提供观光服务，还融合了休闲度假、农事体验、文化娱乐等多重功能，这种复合性增强了乡村旅游的吸引力与竞争力，满足了不同游客的多样化需求与期望，使乡村旅游更具市场吸引力。

5. 可持续性

乡村旅游产业强调对自然环境和人文资源的保护，通过合理规划、科学管理和有效保护，确保乡村旅游产业的长期稳定发展。为实现可持续发展，乡村旅游产业不仅要注重自然环境和人文资源的保护，还需要注重社区参与和利益共享。乡村社区作为乡村旅游的重要组成部分，当地居民参与是乡村旅游产业可持续发展、铸就多方共赢局面的核心。此外，乡村旅游产业应注重文化传承和创新发展，保持其独特性和吸引力。

6. 参与性

乡村旅游产业的参与性是指游客与乡村社区之间在旅游活动中形成的深度互动与融合。游客通过亲身体验农耕文化、融入乡村生活及进行文化交流，获得丰富的旅行体验；而乡村社区则通过提供旅游服务、保护与传承乡土文化及改善基础设施，带动乡村居民积极参与到乡村旅游的发展建设中。这种广泛的参与性不仅推动了乡村经济的蓬勃发展，促进了乡村文化的传承与弘扬，还增强了乡村社区的社会凝聚力，为乡村的全面振兴注入新的活力。

（三）乡村旅游产业类型

乡村旅游产业类型目前学术界没有统一的界定，鉴于乡村旅游业态在要素构成、组合方式、组合主体、空间形态及旅游需求等方面存在的差异，本书借鉴陆林等[①] 2022 年提出的分类框架，将乡村旅游业态细分为农家乐、乡村民宿、乡村精品酒店、露营地与风景道、传统村镇、田园综合体、旅游小镇等类型。

1. 农家乐

农家乐通常被视作乡村旅游的初级形态，它以农民家庭为基本接待单元，依托田园风光、自然生态、农村文化及农民生活等资源，提供以农业体验为特色的餐饮、住宿及参与性活动[②]。农家乐不仅反映了乡村旅游从观光向休闲层次的转变，还常常围绕城市周边的景区或凭借自身独特的环境、物产及民俗特色，打造出多样化的旅游产品。

2. 乡村民宿

"民宿"源自日本的 Minshuku，原意与英美的 "Bed & Breakfast" 相似，指的是提供住宿及早餐服务的家庭式旅馆。乡村民宿通常利用村民自有住宅、村集体房产或其他设施，由民宿主人亲自接待，使游客能够体验当地自然环境、特色文化及生活方式[③]。

乡村民宿的兴起标志着乡村旅游从农家乐模式向更高层次转型，这一过程不仅坚守并弘扬了乡村的生态基底与文化底蕴，还有效融合了资本投入、土地资源优化及现代化管理等多元要素，极大地丰富了乡村旅游的发展内涵，促进了业态的整体升级与结构重构，使得乡村旅游的发展要素更加复杂多元，要素间的互动融合模式也趋于复杂化。进一步而言，乡村民宿在经营主体构成上相较于传统农家乐发生了显著变化。除了乡村家庭及个体经营者的持续参与外，

---

① 陆林，李天宇，任以胜，等．乡村旅游业态：内涵、类型与机理［J］．华中师范大学学报（自然科学版），2022，56（01）：62-72，82.

② DB/T 2617-2006，农家乐旅游服务质量等级划分［S］．上海：上海市质量技术监督局，2006.

③ GB/T 39000-2020，乡村民宿服务质量规范［S］．北京：中国标准出版社，2020.

乡村民宿的要素整合与运营还吸纳了外来投资主体与中小型企业的力量，它们通过房屋租赁、合作经营等多元化方式深度介入民宿产业，为乡村民宿的发展注入了新的活力。这些外来力量携带着资本、先进管理理念及市场信息等关键资源，与乡村既有的自然资源、文化遗产、土地及建筑资源等深度融合，创造出一种全新的、更具竞争力的乡村民宿旅游模式。该模式已成为我国乡村旅游领域的重要组成部分与基础发展层次，充分展现了乡村旅游业态的多元化发展趋势与广阔的发展前景。

3. 乡村精品酒店

精品酒店作为一类文化内涵深厚、品质卓越且运营专业的小型高端旅游住宿设施，象征着乡村旅游正逐步迈向规范化、精品化及国际化的崭新阶段[①]。这些特色鲜明、规模适中、服务上乘的乡村精品酒店，已成为乡村旅游转型升级过程中的核心业态，深深植根于乡村地域，并逐渐演化成一种新兴的生产生活方式，对乡村旅游的发展起到了关键的支撑作用。它们的出现，标志着乡村旅游已步入度假体验的高级层次，其旅游发展要素的构成在保留乡村原有的生态优势、文化底蕴及土地资源等内生特质的同时，也广泛吸纳了资本深化、人才集聚、信息流通、技术创新、专业运营及品牌构建等外部驱动因素，使得各要素间的组合模式更加复杂且多元化。

乡村精品酒店的经营模式显著区别于以往农家乐、乡村民宿等由个体或小企业主导的分散经营方式。其更多地依托品牌化企业的力量，这些企业凭借成熟的运营框架与管理体系，对发展要素进行高效整合与利用，不仅提升了服务品质与顾客体验，也引领了乡村旅游向更高层次、更专业化方向的发展，是乡村旅游产业高级化的具体体现。

4. 露营地与风景道

露营地的发展模式，依据其主导因素的不同，可以分为景区依托型、交通驱动型、休闲度假型和项目辅助型四大类别。其中，（1）景区依托型露营地紧密围绕乡村自然生态等关键资源，往往选址在 3A 级及以上旅游景区内部或其周边地带，以景区现有的游客资源为基础，承担并拓展旅游景区的部分服务

---

① LB/T 066-2017，精品旅游饭店［S］. 北京：中国标准出版社，2017.

功能，实现服务链条的延伸。（2）交通导向型露营地则以其独特的交通区位优势为主导，沿着区域交通网络骨架布局，旨在为过往游客提供加水、加油、充电等必需服务，满足其旅途中的即时需求。（3）休闲度假型露营地则侧重于利用丰富的生态资源作为发展引擎，选址于面积广阔、环境幽雅且地形平坦的区域，旨在提供休闲娱乐与度假体验为一体的综合服务。（4）项目配套型露营地则紧密围绕节事活动及季节性旅游项目展开，为这些特定活动提供必要的配套设施与延伸服务，促进活动的圆满举办与游客体验的深化。

风景道作为连接乡村内外的重要线性交通与旅游空间，不仅承载着乡村与乡村、乡村与城镇之间的互联互通功能，更是乡村旅游业态的关键展示窗口与载体。风景道系政府主导规划建设的特殊道路类型，其设计巧妙融合了交通通行、景观观赏、遗产保护及游憩休闲等多重功能，构成了乡村旅游中不可或缺的"线性"业态。风景道的演进深深嵌入乡村的自然景观、文化传统等多样要素之中，其构成要素的组合机制复杂且多变，常由风景道沿途的居民及企业协同推进。自驾旅游的迅速崛起，构成了风景道发展的关键推动力量，它不仅增强了风景道的旅游特性和功能，还促进了沿线居民对旅游资源的深入挖掘与创新整合，从而驱动风景道向一种新型的乡村旅游模式转型与升级。

5. 传统村镇旅游

传统村镇旅游依托其珍稀的遗产资源，通过简单整合便能促进乡村观光旅游业的发展。向游客开放村民私有的古宅院落，供其探访与观赏，构成了传统村镇旅游开发的核心内容①，而这些经营活动通常由乡村居民或村委会等个体及基层组织承担。值得注意的是，传统村镇旅游基于宝贵的历史文化遗产，是一种根植于乡村的遗产旅游形式，代表了高质量的乡村旅游业态。由于其强大的旅游吸引力，至今仍是乡村旅游的主要类型之一。在传统村镇旅游演进的过程中，部分村镇通过与外部资本、设计理念、管理经验及专业人才等要素的有效融合，实现了对乡村旅游资源的创新性运用，吸引了乡村民宿、精品酒店等旅游业态的集聚，进而发展成为旅游小镇，促进了乡村旅游产业的空间集聚与转型升级。

---

① 卢松，陆林，徐著：我国传统村镇旅游研究进展 [J]. 人文地理，2005，20（05）：70 – 73.

6. 田园综合体

田园综合体这一概念，最初由张诚于 2012 年创新性提出，并在其著作《田园综合体模式深度剖析》中进行了详尽阐述与模型构建。张诚先生倡导以"休闲观光"为驱动力，引领"城乡融合"的新型城镇化路径。同时，他通过"无锡田园东方"——作为无锡市阳山区首个田园综合体实践案例，进行了深入的实证分析。当前，田园综合体作为官方术语，正式确立于 2017 年的《中共中央 国务院关于深入推进农业供给侧结构性改革加快培育农业农村发展新动能的若干意见》之中，该文件明确了其三大核心要素：首先，要确立农民合作社作为田园综合体建设的主导力量；其次，确保广大农村居民能够广泛参与并共享发展成果；最后，田园综合体需融合循环农业、创意农业、农业观光等多元化经营模式于一体①。

田园综合体作为现代农业、休闲旅游与田园社区深度融合的创新产物，代表了一种新型乡村发展要素综合运用的业态模式，同时也是乡村旅游多元化业态在空间布局上的优化组合。基于各异的发展要素与特色，田园综合体能够进一步细化为休闲农业体验型、农业科技探索型、乡村电商联动型以及乡村创新创业基地型等多种发展模式，每种模式均致力于推动乡村经济向多元化、可持续的方向迈进。

7. 旅游小镇

小城镇扮演着乡村与城市间衔接的重要角色，相较于城市，其乡村特质更为凸显，特征包括较高的农村人口与集体土地占比、庞大的非正式经济体系及独栋住宅的普及。在旅游维度上，小城镇的自然与人文景观与乡村紧密相连，具备天然的乡村联系，因此，旅游小镇的研究被视为乡村旅游研究领域的拓展，并被归入乡村旅游业态之中。尽管目前对旅游小镇尚无统一定义，但学界普遍认同其为主导产业为旅游休闲的小城镇②。

相较于农家乐、乡村民宿及精品酒店等点状分布的乡村旅游形态，旅游小

---

① 中共中央 国务院关于深入推进农业供给侧结构性改革加快培育农业农村发展新动能的若干意见 [N]. 人民日报，2017 – 02 – 06.

② 刘德云. 参与型旅游小镇规划模式研究——以金门金湖镇为例 [J]. 旅游学刊，2008（09）：73 –79.

镇实现了旅游景区、休闲产业集聚区与新型城镇化区域的深度融合，构成了乡村旅游的"综合集群区"，即乡村旅游活动在地理空间上的高密度集聚。依据发展要素的不同组合方式，旅游小镇可进一步划分为资源导向型、产业支撑型、集散服务型及城郊结合型等多种类型。尤为值得关注的是，各类旅游小镇间展现出显著的互动融合特征，相互补充，共同推动乡村旅游产业的全面进步与蓬勃发展。

二、乡村旅游产业发展模式

（一）乡村旅游发展模式的概念

乡村旅游发展模式是指在特定时期内，为实现乡村旅游可持续发展而采取的一系列战略规划、资源配置和运营管理的总体思路和行动方案。发展模式不仅包括了对乡村旅游资源的开发和利用，还涵盖了社区参与、环境保护、市场开拓等多个方面的内容。乡村旅游发展模式的目标是在尊重和保护当地自然环境与文化遗产的基础上，通过旅游活动带动地方经济的增长和社会进步。

国内外已有大量文献从多角度、多层次研究乡村旅游发展模式，目前国外学者对乡村旅游发展模式的研究较为成熟。霍尔和沙普尔斯[①]认为，乡村旅游的发展需要有长远的战略规划，包括明确市场定位、设定发展目标以及制定实施步骤。战略规划应当考虑当地资源的特点和优势，确保旅游活动与自然环境和谐共生。布哈利斯和劳[②]指出，有效的资源整合是乡村旅游成功的关键。这包括了将自然资源、文化资源和社会资源有机结合起来，形成具有竞争力的旅游产品和服务。芬内尔[③]强调，社区居民的积极参与对于乡村旅游的发展至关

---

① Hal C. M. , Sharples L. Rural tourism and community resilience: A case study from New Zealand [J]. Current Issues in Tourism, 2020, 23 (12): 1379 – 1392.

② Buhalis D. , Law R. Smart tourism: Foundations and developments [J]. Annals of Tourism Research, 2018, 70: 20 – 34.

③ Fennell D. A. Ecotourism and rural development: Synergies and conflicts [J]. Journal of Ecotourism, 2019, 18 (01): 1 – 15.

重要。通过让当地社区参与到旅游项目的规划和实施过程中，不仅可以增加就业机会，还能促进社区凝聚力的提升。国内学者魏小安[①]认为，政府政策的支持对于乡村旅游的发展具有决定性的作用。政府可以通过提供财政补贴、税收优惠等方式来激励乡村旅游项目的开展。胡鞍钢[②]认为，乡村旅游不仅是经济活动，更是文化传承的平台。通过乡村旅游，可以有效地保护和传承当地的历史文化遗产。

（二）乡村旅游发展模式的类型

1. 国外乡村旅游发展模式

乡村旅游作为一种关键的旅游形式及外汇创收途径，在发达国家已从早期的单一观光型农业园区，进化为涵盖观光、休闲、疗养、度假及教育功能的多元化、多功能、多层次乡村旅游体系，产生了显著的生态、经济与社会效益[③]，并形成了各具国别与地域特色的乡村旅游发展模式。本部分聚焦于乡村旅游的组织方式与开发模式，对国外乡村旅游的发展模式进行系统性梳理。

在组织方式上，国外乡村旅游主要展现为政府主导型、农户主导型及混合型三种模式。（1）政府主导型模式，以韩国、日本为例，旨在促进农村与农业发展，通过立法与激励政策实施管理。（2）农户主导型模式则多见于欧洲，特别是英国与法国，该模式赋予大型农场主决策与经营权，凸显农户的主动性，政府与企业不占主导地位。（3）混合型模式进一步细化为"政府＋企业"与"政府＋行业协会＋企业＋农户"两类。前者以英国为代表，融合政府与私营企业，实现经营权与监管权的分离；后者作为前者的演进，以美国、爱尔兰、法国为典型，尽管政府管理职能随非政府组织与行业协会的兴起而有所减弱，但对市场秩序的监管能力却得到增强。在此模式中，旅游行业协会作为政府、企业、农户及消费者间的纽带，承担着服务、咨询、协调、监管及公证的职能。

在开发模式上，国外乡村旅游主要包括农场观光型、农产品购物型、民宿

---

① 魏小安. 乡村旅游的可持续发展路径研究 [J]. 旅游学刊，2020，35（04）：56－63.

② 胡鞍钢. 乡村旅游与乡村振兴战略 [J]. 经济研究，2021，36（05）：78－85.

③ 韩笑. 国内外乡村旅游开发模式对比研究 [J]. 改革与战略，2011，27（09）：184－186.

度假型、儿童教育型、科学普及型及休闲度假型等类型。总体而言，国外乡村旅游起步较早，发展模式相对成熟，特别是在政策法规制定、服务理念贯彻以及基础设施建设等方面展现出了较高的水平。其中，美国、日本及欧洲的发展模式尤为突出（见表7-1）。

表7-1　　　　　　　　　　国外乡村旅游典型发展模式

国家或地区	典型模式	主要内容
美国	农场观光型	乡村观光农业集观光旅游与农业知识科普于一体。游客既能欣赏乡村农业景观、参观农产品生产过程，了解农作物种类与耕种方式，在观景中接受农业科普教育
	产品购物型	能购买新鲜瓜果、蔬菜及自制农副产品，还可参与农产品展览、垂钓比赛等季节性特色活动
日本	乡村民宿型	日本民宿产业起源于白马山麓与伊豆地区，以海滨、乡村风光文化为特色，建设休闲项目，融入温泉，给顾客别样乡村食宿体验
	儿童教育型	日本学校重视儿童农业知识培养，推行研学与农业体验结合模式，每年近400万中小学生参与乡村修学旅行，借此传授知识，促农业经济发展
欧洲	科学教育型	欧洲科技助力农业发展，借高科技与科普，将乡村旅游打造成集教育、科普、文化、经济等多功能于一体的产业，与日美教育型乡村旅游相仿
	休闲度假型	依托森林、湖泊等周边景观建设度假区，各国旅游协会还定期举办啤酒节、葡萄酒节等地域、民族特色节日活动，吸引乡村游客

2. 我国乡村旅游发展模式

国内目前已有大量文献从多角度、多层次研究乡村旅游发展模式，然而学术界对于发展模式的分类未有统一的界定。

根据旅游内容的差异，以黄进为代表的部分学者认为中国目前的乡村旅游主要有四种模式：乡村田园风光模式、地域风情文化模式、旅游农业开发模式、民居住宿旅游模式①。在此基础上，郭焕城、韩非丰富了乡村旅游的发展模式，提出中国乡村旅游发展主要有田园农业旅游模式、民俗风情旅游模式、

① 黄进. 乡村旅游的市场需求初探 [J]. 桂林旅游高等专科学校学报，2002，13（03）：84-87.

农家乐旅游模式、村落乡镇旅游模式、休闲度假旅游模式、科普教育旅游模式、回归自然旅游模式等七种模式①。

根据依托对象的不同，马勇等选取成都乡村旅游作为典型案例分析，系统性归纳了乡村旅游的多种发展模式，包括村落集群型、特色农业园林依托型、庭院度假景区结合型以及古街民俗小城镇型②。针对中国乡村旅游的独特性及当前发展状况，有学者进一步将开发模式细分为四大类别：都市近郊型、景区融合型、村镇特色型、产业园区型（见表7－2）③。

表7－2 基于依托对象的乡村旅游发展模式

依托模式	主要内容	依托城市	案例
都市型	其发展动力主要是特色、安静和优美的自然环境，有靠近大中型城市的地理优势。其旅游产品主要销售对象集中在大中型城区内部	大中城市	北京门头沟
景区型	此类型是景区伴生物，源于景区与社区互动。部分国内景区偏远，附近缺基础设施，居民借此参与旅游服务，增加农户收入	旅游景区	西双版纳
村镇型	此模式是乡村旅游的基本模式，融合旅游与乡村社会。传统村落展现乡村文化，其多彩文化、特色建筑及淳朴民风增强乡村旅游吸引力	地方村镇	凤凰古城
园区型	由地方政府或行业组织建立，融合食宿、观光等多功能，对改革农村结构、扶贫致富及乡村全面振兴有重要作用	特色园区	湖南博盛生态园

根据利益相关者的组织方式，郑群明等认为可将乡村旅游的发展模式分为：（1）"企业＋农户"合作模式，农户直接投身乡村旅游开发，不仅拓宽收入来源，还丰富了旅游体验；而旅游企业则负责规范农户的接待服务，防止无序竞争损害游客利益。（2）"企业＋社区＋农户"联动模式，在"企业＋农

---

① 郭焕成，韩非. 中国乡村旅游发展综述［J］. 地理科学进展，2010，29（12）：1597－1605.

② 马勇，赵蕾，宋鸿，等. 中国乡村旅游发展路径及模式——以成都乡村旅游发展模式为例［J］. 经济地理，2007（02）：336－339.

③ 宋明轩，谢春山. 国内外乡村旅游发展理念、历程和模式比较分析［J］. 沈阳农业大学学报（社会科学版），2019，21（04）：385－391.

户"基础上增设社区作为桥梁,企业先与社区建立合作关系,再由社区动员农户参与,企业负责制定标准并对农户进行培训。(3)"政府 + 企业 + 农旅协会 + 旅行社"综合模式,政府负责基础设施规划与环境优化;乡村旅游企业承担经营管理与市场运作;农旅协会协调企业与农户利益,组织村民提供服务;旅行社则负责市场拓展与客源组织,此范式充分发挥了旅游产业链各节点的协同效应。(4)股份制经营模式,国家、集体与农户将旅游资源、技术等资本化,形成股本,收益按股份与劳动贡献分配,实行股份合作制管理,该范式融合了居民的责任、权利与利益,激励居民参与生态保护,确保乡村旅游的可持续发展。(5)"农户 + 农户"互助模式,由少数农户率先开发乡村旅游,带动其他农户跟进,此范式风险较低,居民参与度高,民俗保持完好,深受游客青睐,但受限于管理水平和资金投入,难以形成大规模的旅游产业①。

三、乡村旅游产业融合发展的演化路径

(一)产业内部融合

近年来,我国旅游业展现出了内部结构优化升级的明显趋势,具体表现为产业内部的深度融合发展。这一现象体现在投资者不断向旅游产业链的纵深领域拓展,通过实施多元化战略,强化产业链内部各要素的紧密联系与协同效应。乡村旅游亦可借鉴此模式,通过内部整合策略,在合理规划的空间框架内,将分散的乡村资源整合为大型乡村旅游区域,实现优势互补,进而提升整体市场竞争力。

(二)产业外部融合

产业外部跨界融合不仅要求具备高效的协调机制,还依赖于不同旅游产业间的差异性来作为融合的基石。然而,现实中,由于业务冲突及规划差异,产业内部的深度融合往往受到限制,相比之下,产业外部的融合则更为普遍。本书将外部融合细化为资源共享型融合、市场共建型融合、技术驱动型融合与功能创新型融合四类。

---

① 郑群明,钟林生.参与式乡村旅游开发模式探讨 [J]. 旅游学刊,2004,19(04):33 – 37.

1. 资源共享型融合

此模式着重于一二产业向旅游资源的转化过程。从乡村旅游的视角来看，工业生产、农业生产、林业、渔业等活动均可转化为别具一格的旅游资源。在这一模式下，新兴的旅游业态不断涌现，与传统的自然景观观光游形成鲜明对比，每一种新业态都深刻展现了其原生行业的独特魅力与价值。

2. 市场共建型融合

与资源共享型融合不同，市场协同型融合更侧重于从市场需求端出发，针对不同细分市场的多样化需求，整合多元产业及其产品至一个综合性市场平台，以实现与消费者需求的精准对接。例如，地产融合旅游、旅游综合开发项目及创意文化导向的旅游新形态等产品的涌现，正是市场细分策略下产业间合作创新的结果，这些创新催生了新的旅游服务模式，有效回应了消费者日益多元化的需求。

3. 技术驱动型融合

技术创新不仅优化了旅游服务流程，还催生了新的旅游体验方式，为产业融合提供了强大的技术支持。数字化对乡村旅游业的可持续发展具有重要作用，游客将参与产业的价值创造和价值获取过程。数字技术将乡村旅游企业、游客、服务商三者聚合在旅游产业平台，形成价值生态系统，创造载体价值来源。

4. 功能创新型融合

随着消费者观念的变化及闲暇时间的增多，旅游的功能日益丰富。在我国，老龄化问题促使乡村旅游向养老、康体等功能拓展，形成了基于功能创新的融合模式。此类融合需紧密贴合社会发展趋势，挖掘乡村旅游的新价值点，吸引特定消费群体。乡村旅游产业的外部融合主要聚焦于乡村旅游与其他产业间的交互，借助多样化的融合模式与创新策略，不仅催生了新的价值增长点，还极大地丰富了旅游的形式与内容。从价值创造过程来看，这一过程可划分为前期规划、中期实施与后期优化三个阶段，具体细节如图7-1所示。

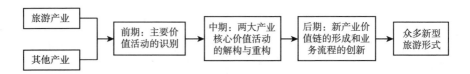

图7-1 新型旅游产业发展过程

第二节　乡村旅游经营模式

乡村旅游经营模式也称乡村旅游产业组织模式，是指产业经营主体组织结构方式、主体间竞合关系及其内部运营机制的模式。乡村旅游管理模式则是指乡村旅游发展与经营中参与管理监督的主体及其采用的权力结构模式①。乡村旅游的快速发展驱动各种乡村旅游经济实体也相继建立起来，形成了乡村旅游产业组织形态。建立合理的乡村旅游产业组织有利于乡村旅游实体之间良性竞争、分工和合作，对于发挥经济实体的作用、推动乡村旅游经济的发展具有重要意义。

根据第一小节基于相关利益者的乡村旅游组织模式研究，综合其他学者提出的乡村旅游经营模式，可以对我国乡村旅游各种经营模式概念及其优缺点进行如下归纳和总结。

一、农户自主经营或分散经营模式

（一）概念

在农家乐乡村旅游发展的初级阶段，大多数农户不倾向于将资本或土地资源委托给旅游公司运营，而是倾向于自我决定经营管理模式，避免采取代理或租赁的合作方式。他们的实践方式体现为以家庭为基本单位，自发启动旅游服务活动，涵盖游客的衣、食、住、行需求，通过个体经营达到一定规模，但倾向于保持独立运营，不与其他农户合作，以此确保所有权与经营权的高度统一，有效规避潜在纠纷。

农家乐旅游展现出以下核心特性：首要的是，其发展要素集中于大城市近郊的地理优势，并结合乡村的自然风光、民俗风情等生态与文化资源，这些要素具有鲜明的本土特色，且整合方式相对简单。其次，从要素整合的主体来

---

① 陶玉霞. 乡村旅游理论建构与理性批判 ［M］. 北京：中国旅游出版社，2016：183 - 193.

看，农家乐旅游主要由乡村家庭等小型经营者主导，他们对乡村旅游资源进行初步开发与利用。最后，从空间布局来看，农家乐旅游呈现出点状散布的特点，尚未在空间上实现有效集聚①。

（二）优缺点

1. 优点

农户基于经济利益的驱动，自发投身于旅游服务业，极大地激发了个体经营者的管理与运营活力。农户致力于提升服务质量，不断优化产品组合，以期获取更高的经济效益，这一过程间接促进了旅游服务质量的全面提升，并有效减少了与外界的潜在冲突。此外，乡村旅游经营者深刻认识到乡村环境是其业务发展的基石，因此对家乡环境倍加珍视，这不仅推动了当地生态环境的保护，还有助于本地特色乡村文化的弘扬与传承。

2. 缺点

鉴于相似的乡村背景，旅游产品呈现出高度的同质化特征，缺乏差异性。随着农户经营者的数量激增，市场竞争越发激烈，部分经营者采取不当手段，如争夺客源、低价倾销等，严重扰乱了乡村旅游的市场秩序。受限于农户的文化素养、思维定式及视野局限，他们往往缺乏扩大投资、升级产品的意愿，导致乡村旅游产品文化内涵浅薄，内容单调，难以满足游客日益增长的多元化需求，逐渐被市场边缘化。当前以农家乐为主的乡村旅游发展模式面临着规模小、经营分散、实力薄弱等问题，正逐步向新型发展模式转型。

二、“公司 + 农户”模式

（一）概念

在我国乡村旅游蓬勃发展的背景下，“公司 + 农户”模式应运而生。该模式借助实体机构的引领与整合，吸纳众多分散的乡村旅游从业者参与运营与管理，

---

① 陆林，李天宇，任以胜，等. 乡村旅游业态：内涵、类型与机理 [J]. 华中师范大学学报（自然科学版），2022，56（01）：62 - 72，82.

有效盘活农户闲置的土地资源、农舍及剩余劳动力，精心策划多样化的农事体验活动，向游客全方位展示乡村旅游的独特魅力。通常，乡村旅游从业者会与一些经济实力雄厚的实体（例如旅游企业）、专业技术协会或科研机构等建立合作，依托这些机构的资金支持、技术革新及人力资源，共同推动乡村旅游的繁荣发展。农户与实体机构之间基于合同协议，明确分工，农户专注于旅游服务的具体实施，而实体机构则负责维护市场的稳定与吸引客源，双方协同合作，形成合力。

（二）优缺点

1. 优点

通过公司的集中规划与监管，"公司＋农户"模式充分利用了农户丰富的劳动力资源，实现了村民的就近就业，同时借助公司深厚的旅游开发经验、资金运作能力及人才储备，有效突破了乡村旅游经营规模受限的瓶颈，规避了农户小规模、非规范经营的弊端，实现了资源的优化配置与优势互补。此外，该模式还注重规范农户的旅游接待流程，持续提升服务质量，为乡村旅游的健康稳定发展奠定了坚实基础。

"七彩阜宁"国家农业公园紧扣"水、花、稻、蔬"四大主题，借助"公司＋农户"模式，搭建起农旅深度融合的新型产业架构。当地政府携手企业组建专业旅游开发公司，专职负责园区整体规划、运营管控与市场拓展，保障项目稳步推进、持续繁荣。农户积极响应，通过土地流转、合作经营等途径，将土地及各类资源融入公园蓝图。他们不仅供应特色农产品，还投身旅游服务，共享发展红利。

开发公司遵循公园统一规划，在园内精细划分出多类功能区，像集综合服务、农业科技展示、农耕文化呈现于一体的"欢乐水乡"农业旅游中心区，以及晋升为盐城药用花卉全产业链标杆的"四季花海"主题花卉产业区。凭借引入中国台湾等地花卉企业，成功塑造四季缤纷的花卉观赏胜地，这一变革催生了花卉产业链的多元化共生格局。凭借这一创新模式，"七彩阜宁"农业公园有力助推当地农业进阶，农产品附加值显著提升。旅游业的兴盛吸引海量游客，为农户开拓增收渠道、创造海量就业契机，加速农村经济转型，提升区域文化魅力与知名度，为乡村振兴注入澎湃动力。

2. 缺点

乡村旅游经营者的能力水平存在显著差异，这不仅在经营管理环节增加了成本负担，还偶发导致农户违约情况，对公司的日常运营构成了一定程度的干扰。此外，公司在经营管理中占据主导地位，各项标准的制定均出自公司之手，农户在合作中往往处于被动地位，导致经济收益大多被公司所攫取并分配①，进而难以有效保障农户的合法权益，进一步激化了农户的违约倾向。

三、"公司 + 社区 + 农户"模式

（一）概念

该经营管理模式是在前一模式的基础上进行的创新与优化。具体来说，社区在此模式中作为乡村旅游协会或旅游专业合作社的代表组织，实行一户一代表制度，代表相当于旅游董事会的成员。社区的主要职责是统筹管理村内所有与旅游相关的事务，如人员培训、考核、财务审计以及人事安排等。公司则是指村办企业，专门负责具体的旅游业务，通常由协会委托管理，涵盖基础设施建设、市场营销、社会监督等方面。农户根据公司安排参与工作，并按期进行业绩结算。

其核心特点是：三方之间的权责分配清晰，利益分配合理。社区负责对村内旅游活动进行整体规划与指导；公司则专注于旅游营销推广；农户主要负责提供接待和服务。三方在责任、权力与利益上的划分明确，既确保了乡村旅游的高质量发展，又保障了农户的经济利益。陕西省袁家村、成都市锦江区三圣花乡、河南省辉县市万仙山景区（以郭亮村为主）以及河南省栾川县重渡沟村均采用了这一管理模式。

地处关中平原的陕西袁家村，仅62户人家，却凭借乡村旅游走出乡村振兴新路，堪称典范。村里成立专业旅游开发公司，依据"关中民俗"特色，全盘操持乡村旅游的规划、开发、运营与管理事宜，打造出一系列特色旅游产品。社区领导积极投身其中，发挥引领作用，携手村民共奔富裕。村民们则通过参与旅游开发、提供服务，共享发展硕果。

袁家村深度整合丰富的民俗文化与农业资源，聚力打造极具地方标识的乡

---

① 陶玉霞. 乡村旅游理论建构与理性批判［M］. 北京：中国旅游出版社，2016：183 - 193.

村旅游品牌。经多年发展，目前是国家 4A 级旅游景区，还揽下"中国十大最美乡村""中国十佳小康村"等诸多荣誉，经济效益显著。村民收入大幅攀升，还带动周边经济，形成辐射效应。同时，乡村旅游也促进了当地文化传承，村民文化素养得以提升。

袁家村"公司+社区+农户"的经营模式，借由成立公司、发挥领导作用、整合资源与塑造品牌等举措，实现了乡村旅游可持续发展，推动村民共同富裕。

（二）优缺点

1. 优点

农户、公司与社区的联合开发模式是对先前模式的优化升级，实现了三者间的优势互补，构建了一个利益共享的责任体系，确保了各参与方根据其职责实现利益的均衡分配。在此框架下，村办企业专注于管理与营销职能，不直接参与接待和服务工作，而具体的服务提供则由业户承担，这一安排有效保障了业户的经营收益①。此外，该模式完全由本地居民参与，共同的利益驱动使他们更加珍视本地的生存与发展环境，致力于挖掘、整合及利用当地独特的乡土资源。通过旅游开发，这些资源被转化为旅游优势，参与者们共同承担风险、分享利益，实现了互利共赢的局面。

2. 缺点

即便此模式有所改进，实际运行仍出现问题。当下游客需求越发多元个性，迫切要求乡村旅游产品更新迭代。然而，村办企业资金有限，束缚旅游产品结构优化，难以满足游客需求，农户利益随之受损，引发农户对公司的不满，导致双方合作根基动摇。

四、"政府+公司+农村旅游协会+旅行社"模式

（一）概念

乡村旅游业的快速发展，得益于其综合性特征所涵盖的众多利益相关方。

---

① 韩劼. 我国乡村旅游产业组织模式分类与比较［J］. 商业文化（学术版），2009（10）：147.

要实现乡村旅游的有序发展与高效运营，关键在于如何促进各方的协调合作，并确保责任与利益的合理分配。在外部驱动因素的推动下，多利益主体模式逐渐成为乡村旅游管理的主流趋势。

"四位一体"模式是政府、旅游公司、农村旅游协会与旅行社密切协作的典型代表，体现了多方利益主体的共同参与。在这一模式中，政府负责乡村旅游的总体规划及基础设施建设，为旅游业发展创造良好的环境；乡村旅游公司则承担经营管理和市场运作的核心任务；农民旅游协会不仅组织农户参与民间艺术表演、导游服务、手工艺品制作及提供住宿和餐饮服务，还负责传统民居的保护和修缮，并协调公司与农户之间的利益分配；旅行社则专注于拓展市场和组织游客。

这种模式较适用于经济落后的地区，在基础设施薄弱、农民旅游意识较低的情况下，外部力量的介入显得尤为重要。在政府主导下，"公司＋农户"合作模式可以快速推动乡村旅游的蓬勃发展。随着产业规模的不断扩大，这些地区有望逐步建立起成熟的旅游发展体系。

（二）优缺点

1. 优点

多元化利益主体参与的模式有效整合了旅游产业链各节点的优质资源，显著增强了市场的灵活性与适应性。借助科学的利益协调机制，该模式促进了农村产业结构的优化升级，为旅游业的长期稳定发展构建了坚实的基础。特别是在经济发展相对滞后、市场体系有待完善的地区，该模式不仅成为推动地方经济增长的有效措施，更是促进当地脱贫致富、提升民众生活水平的关键路径。

西江千户苗寨坐落于贵州省黔东南苗族侗族自治州雷山县境内的雷公山脚下，由一连串十多个自然村寨紧密相连而构成，被誉为全球最大的苗族聚居村落。这里完好地保存了苗族丰富的原生态文化。自 2008 年开发以来，在党委政府引领下，依托丰厚民族文化遗产，聚焦转化创新，十余年间，西江苗寨从贫困传统村落华丽变身，成为知名乡村旅游胜地，"西江模式"堪称典范。

政府精心规划，指明方向，大力投资改善村寨交通、水电、通信等基建，为旅游发展夯实基础，还出台税收减免、资金扶持等优惠政策，吸引各方参与。2009 年成立的国有独资贵州西江千户苗寨文旅公司，担起景区日常运营管理重任，涵盖门票、维护、服务等工作，融合苗族文化推出歌舞表演、银饰制作体验、服饰租赁等多样产品，丰富游客体验。

当地旅游协会积极组织村民，提供民宿、餐饮、导游服务，守护传承苗族文化，通过组织活动与培训，提升村民文化素养与服务水平。旅行社也与苗寨携手，将其纳入旅游线路，合力开发新品、新线，满足游客多元需求。该模式整合各方优势资源，推动西江苗寨可持续发展，助力村民共富，为各地乡村旅游提供有益借鉴。

2. 缺点

在旅游开发进程中，为确保多方利益的均衡，往往难以避免会出现过度开发以及商业化倾向加剧的现象，这进而可能引发生态环境的退化以及原始民俗风情的扭曲，使得乡村旅游逐渐偏离了乡村意象与特色。

五、个体农庄模式

（一）概念

个体农庄模式适用于具备较强开拓能力和一定种植规模的农业个体经营者，它作为一种相对自主的乡村旅游经营方式而兴起。此类经营者将现代农业管理理念、先进技术以及金融资源融入自有农场、牧场、果园及花园等，实施功能升级，开发出多样化的旅游产品，并在农庄内部独立承担旅游接待与服务职责。个体农庄的成长，有效吸纳了周边众多闲置劳动力，它们通过手工艺创作、文化表演、服务提供及农产品生产等形式融入旅游业，形成了由点及面的辐射带动效应。

（二）优缺点

1. 优点

相较于多元利益主体共同参与的模式，个体农庄以其农户自主经营、高度独立的特点脱颖而出。该模式源于具有一定规模的农业个体经营，无须庞大的初期资金投入，从而降低了市场准入壁垒。农庄通过整合农户的闲散劳动力和资本资源，专注于旅游接待与服务，实现了集体经济效益的提升与农户收入的增加，展现出较高的投资效益。此外，该模式还促进了当地劳动力的多元化就业，涵盖生产、手工艺、旅游服务等多个领域，有效缓解了就业难题，提高了农户的经济收益。

2. 缺点

个体农庄因自主经营、农户自主管理，暴露出诸多短板。一方面，管理水平与知识技能欠缺，易给景区运营、游客体验造成负面影响；另一方面，受资金、技术掣肘，投资乏力，难以推动大规模改造升级，不利于乡村旅游长远发展。相较其他模式，个体农庄规模偏小，难具规模效应与竞争优势，对游客、投资者吸引力不足。农户独自担资金风险，经济压力陡增。且因资金、技术局限，旅游产品单一，多为观光、采摘、垂钓等，高品位、多样化产品稀缺，难契合游客多元需求。

鉴于此，个体农庄亟待转型，应主动与政府、企业、旅行社携手，积极招商引资，拓宽资金渠道；借鉴现代工业经营管理模式运作，强化农户专业技能与管理培训，引入先进技术设备，广纳人才，合理规划利用土地，以此突破困境，迈向可持续发展之路。

六、整体租赁模式

（一）概念

在乡村旅游开发过程中，采用单一企业运营模式意味着将特定的旅游景区或项目交由单一企业负责经营。整体租赁模式的核心在于充分发挥企业在资本、市场营销、运营和管理等方面的专业优势，以加速乡村旅游产品的市场占有率，这一模式并非将景区完全交由企业管理，而是仅转让经营权。政府仍在景区规划、环境保护等方面承担重要责任，并且当地社区也参与其中，形成多方协作的管理模式。实际上，政府和社区将其相对薄弱的领域交由具有优势的企业来负责，以实现资源互补，推动乡村旅游景区的可持续发展。

能够承担景区经营租赁的企业通常具备雄厚的资金实力，能够进行大规模的投资开发。加上企业在运营、管理和营销等方面的专业能力，能够更高效地进行景区的管理与推广，从而提升乡村旅游景区的市场竞争力。在这一模式下，企业与景区内农户之间的合作遵循统一管理模式。由于这些区域内的农户数量相对较少，企业通过统一经营，不仅解决了农户的就业问题，还提高了其收入水平，保证了乡村旅游的有序发展。而企业与景区外农户的合作则依赖于市场机制，农户为企业提供所需的原材料和劳动力，企业的增长推动了农户经济收入的提高，并有效缓解了就业压力。

（二）优缺点

1. 优点

整体租赁模式实现了乡村旅游资源的所有权与经营权的分离，经营权集中于单一企业或组织。这种整合方式优化了资源配置与管理，避免了分散经营引发的资源浪费与管理低效。同时，集中管理确保了旅游项目的品质统一，提升了游客满意度。此外，整体租赁模式能吸引更多社会资本投资，加速乡村旅游产业的发展。企业通过租赁获得稳定的经营权与收益权，更有动力投入资金进行乡村旅游项目的开发与建设。这不仅提升了项目的品质与规模，还促进了当地经济的发展与就业的增长。

2. 缺点

此模式导致企业长期独占并控制旅游景区的经营权，在追求投资回报的同时，可能使景区经营过度倾向于市场化。其关键在于如何妥善平衡经营开发与资源保护的关系，若处理不当，容易引发负面外部效应，对当地资源造成损害。因此，政府监管的角色显得尤为关键。政府应当给予企业必要的支持，包括基础设施建设、市场营销策略制定等方面的协助，同时加强对企业经营行为的监督，确保当地资源得到有效保护，从而实现乡村旅游业的可持续健康发展。

第三节　新内生发展理论与乡村旅游发展要素内生化

一、新内生发展理论

现代社会发展理论经历了一个"外发—内生—新内生"持续复杂转换的

观念演进，每一阶段都曾出现过一些颇为典型的发展模式，并对乡村发展产生了深远的社会影响。

（一）外生发展模式

外生式发展模式（exogenous development model）认为，乡村发展的核心特征在于其依赖性，这种依赖性主要体现在技术、文化及经济层面对城市地区的深度依附。外部因素被视为乡村变革的主要驱动力，乡村的繁荣发展往往依赖于城市地区的政策引导和国家层面的宏观支持。

自 20 世纪下半叶起，随着工业化与城市化的加速推进，后发现代化国家的社会资源与人口等关键经济要素持续向城市集中，导致了"城市密集化"与"乡村稀疏化"的显著趋势①，在此背景下，乡村地区不可避免地遭遇了空心化与边缘化的挑战。为了应对乡村发展的持续衰退，后发现代化国家普遍采取了外源驱动的发展模式，试图通过引入外部资源来激发乡村的发展活力。外生发展理论进一步强调，乡村社会的依赖性特质要求通过自上而下的资源配置、治理优化与干预措施，以改善其发展环境，并与内生发展理念相融合，旨在缩小城乡之间的发展差距②。以日本为例，自 20 世纪 60 年代以来，政府持续推动乡村工业化进程，主要通过促进乡村地区非农产业的发展，特别是工业领域的壮大，逐步增加了乡村居民从事非农产业的比例，并显著提升了乡村经济中非农产业的贡献率③。

（二）内生发展理论

20 世纪 80 年代，西方学界提出了农村内生发展理论，这一理论的兴起是对外生发展模式未能惠及农村地区且暴露出诸多问题的反思。外生发展侧重于规模经济效益与活动集中，加速了城市的工业化进程，而在此过

---

① 田毅鹏. 地域社会学：何以可能？何以可为？——以战后日本城乡"过密—过疏"问题研究为中心［J］. 社会学研究，2012，27（05）：184.

② 孙悦，项松林. 新内生发展理论视域下数字乡村建设：机理、困境与路径［J］. 湖南农业大学学报（社会科学版）2023，24（06）：55−62.

③ 田毅鹏. 东亚乡村振兴的社会政策路向——以战后日本乡村振兴政策为例［J］. 学习与探索，2021，307（02）：23.

程中，农村地区被定位为提供低成本食品的供应地，因此逐渐边缘化。此模式在农村区域引发了两大发展困境：一是形成了依赖性的发展路径，高度依赖于持续性的补贴以及远离本土的机构与董事会的政策导向；二是产生了畸形的发展模式，仅侧重于推动特定部门、选定定居点及某类企业的成长，忽略了农村生活的多元非经济面①。因此，随着农民在乡村治理中的参与度下降，以及乡村发展利益被外部力量所侵蚀等现象的出现，外生发展模式的负面外溢效应越发显著，在此背景下，内生发展模式作为一种替代方案应运而生②。

内生发展模式（endogenous growth model）作为西方宏观经济理论的一个流派，兴起于 20 世纪 80 年代中期，其核心观点在于经济增长的关键驱动力源自内部技术进步。这一理论是对外生发展模式的批判性反思，指出外生模式一旦失去外部资源的支持，乡村发展便难以维系。内生发展理论不仅聚焦于乡村产业的兴盛，更强调乡村社会、环境与经济的综合性、区域性发展，倡导通过乡村社区自主引领的、自下而上的参与式路径来促进乡村的全面繁荣③。

与外生发展模式对资源的过度开采不同，内生发展在守护生态环境、维系文化传统的同时，注重增强民众参与度与维护社会秩序，追求多元化的发展内涵，是一种旨在实现可持续性的发展模式④。内生型发展策略能够汇聚乡村内部的产业经济活动、空间规划以及社会管理等多维度资源，深度发掘并有效运用本土优势，从而激活乡村经济，促进乡村的整体性进步。鉴于此，乡村的内生发展动力已成为引领乡村实现有效转型与发展的关键驱动力⑤。

尽管外生与内生发展模式都分别提出各自的理论命题，但二者也共同面临

---

①　Peter N. Endogenous Regional Development［M］. Edward Elgar Publishing Limited，2011：61.

②　张奇男，董芹芹. 新内生发展模式下乡村体育发展：理论溯源、价值意蕴与行动策略［J］. 天津体育学院学报，2024（02）：197 - 203.

③　乔鑫，李京生，刘丽. 乡村振兴的网络途径及其实践探索［J］. 城市发展研究，2018（04）：15 - 23.

④　龙花楼，李婷婷，邹健. 我国乡村转型发展动力机制与优化对策的典型分析［J］. 经济地理，2011（12）：2080 - 2085.

⑤　Ray C. Neo-endogenous rural development in the EU［M］//The Handbook of Rural Studies. London：SAGE Publications Ltd，2006.

诸多可行性与限制性的理论困局，由此引发关于对新内生发展理论的探讨与研究。

（三）新内生发展理论

在特定历史阶段，外生及内生发展模式均显著影响了乡村社会的发展轨迹，但随着乡村社会结构的日益复杂化，两者在实践中逐渐显现出各自的局限性。

步入 21 世纪初叶，经济全球化的浪潮席卷全球，资本、市场及技术等结构性要素的影响范围持续扩展，乡村地区亦被不可避免地纳入这一全球化进程之中。在此背景下，单纯聚焦于乡村内部的内生发展理念被视为一种理想化的"乌托邦"构想[①]，经济全球化促使生产资源在城乡间自由流动，地方发展难以完全摆脱外部环境的制约，农村与城市始终并存且相互影响[②]。部分乡村尝试实施自下而上的内生发展策略，却仍面临参与度低及地方自治受限等问题，这促使学术界开始重新审视"外生"与"内生"发展模式的二元对立，并呼吁探索超越传统范畴的新内生发展模式。

2001 年，英国学者克里斯托弗·雷（Christopher Ray）基于对欧盟 LEADER5 项目的考察，提出了"新内生性发展"理论，该理论打破了传统内生发展仅侧重于内部资源、忽视外部融合的局限。新内生发展模式不仅立足于地方特色，还展现出强烈的外向融合倾向，其核心在于地方与更广泛政治体系、商业网络、自然生态等外部环境的互动[③]。基于此，雷进一步阐释，新型内生发展的实现依赖于内在潜能与外在机遇的双重驱动，具体包括：激发地方自主性、高层政府的策略性引导与支持，以及中层资源（如非政府组织）的积极参与与协调。这三个维度的相互协同与整合，是任何地区成功实践新内生发展

---

① 田毅鹏. 地域社会学：何以可能？何以可为？——以战后日本城乡"过密—过疏"问题研究为中心 [J]. 社会学研究，2012，27（05）：184.

② 孙悦，项松林. 新内生发展理论视域下数字乡村建设：机理、困境与路径 [J]. 湖南农业大学学报（社会科学版），2023，24（06）：55-62.

③ 乔鑫，李京生，刘丽. 乡村振兴的网络途径及其实践探索 [J]. 城市发展研究，2018（04）：15-23.

模式的必要条件①。

　　新内生发展概念的提出并不是提供了一种新的发展模式，而是倡导一种思考农村发展路径、深入理解地方动态运作机制的新视角，更加注重农村地区发展的多元化与差异化策略，而非简单套用类型化的模式框架②。在阐述这一理念的过程中，它既保留了传统内生发展强调本土资源利用与自我强化的精髓，又在此基础上进行了拓展，如强调社会创新与网络构建的重要性，以拓宽资源获取渠道，包括非本土资源的有效整合③；同时，也高度重视外来移民所带来的多元文化、专业技能及知识创新等宝贵资源④。综上所述，新型内生性成长不仅为农村发展提供了更为丰富的理论阐释框架，也开辟了多样化的实践探索路径。

　　新内生发展理论倡导乡村发展须基于本土资源，涵盖自然资源、人力资本、文化遗产和社会资本等。该理论强调本土居民在多领域的参与和领导，以及与城市、其他地区和国际市场的动态互动，以促进资源优化和效率提升。新内生发展理论并不否定外部因素的影响，而是积极倡导构建协作框架，旨在最大化本土资源的潜能并合理吸纳外部资源，以促进乡村的全方位及可持续发展。通过政策的综合协调，该理论力求在经济、社会、文化及生态等多个维度上实现乡村的繁荣。因此，新内生发展理论被视为一种融合了内生与外生发展优势的新路径，它构建了一个复杂网络体系，既促进内部资源的活化，又强化与外部资源的互动。

　　新内生发展理论对传统内生与外生发展观念进行了深刻反思，摒弃了单一和排他的依赖观念，将外部驱动力转化为内部增长力，展现了一种面向未来的可持续发展哲学。鉴于此，它对于我国乡村振兴战略的实施亦具有宝贵的启示作用（见表7-3）。

---

① 龙花楼，李婷婷，邹健. 我国乡村转型发展动力机制与优化对策的典型分析 [J]. 经济地理，2011，31（12）：2080-2085.

② 张文明，章志敏. 资源·参与·认同：乡村振兴的内生发展逻辑与路径选择 [J]. 社会科学，2018（11）：75-85.

③ 田毅鹏. 地域社会学：何以可能？何以可为？——以战后日本城乡"过密—过疏"问题研究为中心 [J]. 社会学研究，2012，27（05）：184.

④ 孙悦，项松林. 新内生发展理论视域下数字乡村建设：机理、困境与路径 [J]. 湖南农业大学学报（社会科学版），2023，24（06）：55-62.

表 7－3   外生、内生与新内生发展的概念区别

项目	外生发展	内生发展	新内生发展
关键原则	规模、集聚经济	以地方资源实现可持续发展	以地方资源价值最大形成地方资产的竞争力
动力机制	外源式	内源、外源式	上下联动、内外共生
功能	资源、物质基础	多样化的服务经济	多样化的产品与服务经济；城乡互为依存
重点	现代化建设	能力建设	赋权、增值、创新

（四）新内生发展理论在乡村旅游领域的应用

1. 新内生性发展理论在中国乡村发展中的引入

传统的乡村发展模式主要基于外生经济增长模型，而新内生式发展不排斥外部因素的重要作用，但更强调内生因素的作用[①]。外源式发展模式在一定程度上控制了乡村经济的发展，对乡村的文化、生态环境、价值观念等都造成了一定的负面影响。当前的乡村振兴战略聚焦于乡村的全面振兴，具体涵盖组织建设、产业升级、文化传承、生态保护以及人才培育这五大核心领域，从系统角度来推动中国乡村的全面振兴，完全依靠外源式推动一定程度上会失去乡村发展的自主性，难以确保农民真正受益，从而难以实现乡村全面振兴。从政策层面的引入来看，2016 年《中共中央　国务院关于落实发展新理念加快农业现代化实现全面小康目标的若干意见》和 2017 年《中共中央　国务院关于深入推进农业供给侧结构性改革加快培育农业农村发展新动能的若干意见》也关注到乡村的内源性发展，强调激活农业农村的内生发展动力，在推进乡村振兴的过程中，着重保障农民的主体地位，倡导发展具有较长产业链条、提高农民参与度及广泛受益范围的产业项目，旨在将更多就业机会赋予农民，切实维护农民权益，确保发展红利最大限度地留存于乡村内部。从理论探讨的角度来看，乡村振兴亦着重于促进乡村本土化进程，增强乡村的自我发展能力，以期

---

① 方劲. 内源性农村发展模式：实践探索、核心特征与反思拓展 [J]. 中国农业大学学报（社会科学版），2018，35（01）：24－34.

重振乡村的生机与活力①。可见，内源性发展与中国乡村振兴的匹配性逐渐得到共识，也有诸多学者将新内源性发展引入到乡村的理论研究中去，包括社会力量推动乡村新内源性发展②、贫困社区的新内源性发展等。新内生性发展理论与当下中国乡村振兴的理念不谋而合，与乡村产业兴旺、可持续生计等都具有较强的理论逻辑关联性和实际可操作性。

2. 新内生式发展理论与乡村旅游发展的理论共鸣

内生式发展理论初衷在于解决欠发达区域发展难题，已广泛应用于欧洲乡村，现扩展至贫困乡村。当前中国乡村发展任务艰巨，"绿水青山就是金山银山"的发展理念也将贯穿乡村发展的始终。从区域整体来看，乡村发展面临内生动力不足、空心化、老龄化、相对贫困及治理体系不完善等问题，但当下中国乡村的发展与战略选择仍然是在宏观政策的倾斜和资金推动下寻找未来的发展出路。中国乡村虽已实现绝对贫困的消除，但相对贫困问题依旧突出。在从绝对贫困向相对贫困的过渡中，乡村发展面临由依赖外部援助向增强内生动力的转变，任务复杂且广泛。乡村旅游可持续发展的研究重点应从外部资源整合转向内部资源优化，以提升乡村自主发展能力，强化内聚力和共生力，实现从脱贫到振兴的跨越。同时，乡村发展须强化本土性与社区参与，展现地域文化特色，构建自我发展机制，并根据发展阶段调整策略。外来资本主导的乡村旅游开发易引发矛盾，不利于缓解相对贫困和实现可持续生计。因此，乡村旅游与新内生发展理论的研究目标高度一致。

二、乡村旅游发展要素内生化

在后扶贫时代，乡村旅游成为推动乡村振兴的核心动力，关键在于培育乡村的内生增长潜能，这是一种确保持续脱贫的能力。虽然通过应对外源性致贫因素能在一定程度上缓解深度贫困状况，但要从根本上破解深度贫困难题却非

---

① 孙九霞，黄凯洁，王学基. 基于地方实践的旅游发展与乡村振兴：逻辑与案例 [J]. 旅游学刊，2020，35（03）：39 - 49.

② 李怀瑞，邓国胜. 社会力量参与乡村振兴的新内源发展路径研究——基于四个个案的比较 [J]. 中国行政管理，2021（05）：15 - 22.

易事。而乡村脱贫人口的内生增长能力，则是打破"能力赤字—贫困固化"这一低水平循环的关键所在①。

乡村振兴的核心理念与内生增长能力在本质上具有高度的契合性。首先，乡村振兴的实现必须依托本土特色，充分挖掘地方资源，激发内生动力以获取可持续的经济收益，同时确保这些收益能够惠及当地居民，最终实现真正的价值创造。这与内生发展理论强调的自我驱动、资源利用和本地化发展的思想高度一致。其次，内生增长理论十分重视生态环境的保护，正如习近平总书记所指出的"绿水青山就是金山银山"，强调只有在保护生态环境的前提下，才能为未来的发展奠定坚实的资本基础，并为后代留下一条可持续发展的道路。乡村振兴战略同样注重生态的可持续性，这一理念与内生增长的核心思想高度契合②。另外，内生增长能力并不排斥外部支持，而是强调内外部力量的结合与相互作用，主张灵活应变，并从动态视角来审视内外因素对乡村内生增长的影响。尽管内外部力量都至关重要，但若外部支持未能与本地的内生发展动力有效结合，则难以保持长期而稳定的增长势头③。虽然脱贫人口普遍需要物质财富的积累，但提升其利用资源创造财富的能力才是根本，唯有如此，才能激发其内生动力，培育出持久的增长潜力，最终实现乡村的自主发展与可持续繁荣。

因此，乡村旅游在从带动脱贫向助推振兴转变的过程中，必须直面过渡期的内生化挑战，乡村旅游发展要素的内生化可体现在以下四个维度。

（一）地方资源

乡村旅游的独特性在于它不可复制的乡村性和历史性，因而要立足于本地生态资源特色，深度挖掘传统文化，维护管理好传统建筑的历史风貌，突出乡村旅游地的独特吸引力。根据旅游资源的结构、组合方式，综合国内外学者观

① 李小云. 冲破"贫困陷阱"深度贫困地区的脱贫攻坚 [J]. 人民论坛学术前沿, 2018（14）：6 - 13.

② 杨永伟, 陆汉文. 贫困人口内生动力缺乏的类型学考察 [J]. 中国农业大学学报（社会科学版）, 2019, 36（06）：128 - 136.

③ 宋潇玉, 宋子千. 对后脱贫时代乡村旅游政策创新的思考 [J]. 旅游学刊, 2021, 36（04）：10 - 12.

点，乡村旅游资源大致可以分为田园景观、聚落景观、建筑景观、农耕文化、民俗文化旅游资源五大类①。

乡村地区蕴藏着丰富的旅游资源，特别是那些具有地方特色的建筑和民间手工技艺等非物质文化遗产，为乡村旅游增添了多样化的元素，与旅游市场所追求的体验性、差异性和独特性相融合，推动了个性化旅游产品和特色旅游目的地的多元化发展。然而，在开发这些乡村旅游资源时，也面临着诸多挑战，如地域广阔导致的管理难度加大、资源保护任务繁重，以及民俗禁忌带来的限制等，这些都增加了开发过程的复杂性。总体而言，乡村旅游的开发是一个耗时长久、需要多方协同、涉及范围广泛且对成果质量有着高要求的系统工程，其发展的关键在于前期的资源深度挖掘与科学合理的规划布局。

乡村旅游新内生性发展需整合乡村资源，打造多样旅游产品以吸引游客，尤其要发现和保留乡村旅游资源的乡村性特征，这是中国乡村旅游发展的核心精髓，也是解决乡村旅游产品供需矛盾的关键。乡村特性源于当地人、土地与自然环境的和谐共生，体现生态与人文的统一。乡村的外部价值体系与内部社会功能共同构成其价值双翼，需维持平衡以确保整体价值，实现乡村旅游可持续发展与乡村振兴相互促进的关键在于尊重和维护乡村原有价值体系与社会功能，并推动自我革新与升级。精准对接市场需求，依托乡村旅游魅力，可促进乡村经济多元化发展，增强乡村文化传承与保护。

地方资源与地脉、人脉相关，涵盖自然与人文资源。挖掘地方资源应秉持整体资源观，整合自然与社会属性，利用地方社会资本和文化资本并转化为经济资本。地方资源的价值重估可避免内部竞争，形成旅游目的比较优势②。乡村旅游资源要素内生化的核心是依托特有旅游资源，保留乡村原味，彰显独特魅力，同时深入挖掘文化精髓、风俗民情等旅游元素，提升乡村旅游层次与内涵，让游客形成独特形象识别，增强乡村旅游资源吸引力和竞争力。

（二）地方认同

1999 年克里斯托弗·雷提出"领土—文化认同"概念。这个概念中的

---

① 柯婧. 福建和平古镇乡村旅游内生式发展研究 [D]. 南宁：广西大学，2018.

② 范莉娜，敖青青. 乡村旅游从带动脱贫转为助推振兴的制约因素、关键与要素：一个内生的视角 [J]. 多彩贵州文化学刊，2022 (00)：213 – 225.

"领土"和"文化"是以地方历史、文化及一系列文化表征为基础且相互关联的两个基本点，领土赋予文化以根基，文化赋予领土以边界①。这一观念不仅帮助地方居民确立了社会身份，还深化了他们对于广义"家园"的认知与归属感。地方文化认同作为维系村民团结的根基与和谐相处的灵魂，对于重拾乡村文化、重塑乡村文化自信具有至关重要的作用。作为构建地方文化自信和实现地方发展的基石，地方文化认同是新内生式发展核心理念的重要展现。习近平总书记指出，乡村振兴不仅要注重物质层面的建设，更要注重精神层面的塑造。

在乡村旅游驱动乡村振兴的背景下，"领土—文化认同"作为内生性要素，发挥着多重作用。它激发了居民对地方的记忆与归属感，为脱贫人口构建了心理联结，促进了情感共鸣，助力实现共同愿景，鼓舞居民齐心协力参与旅游产业。此外，还为有形的地方增添了无形的意义，为物理空间中的乡村注入了精神的"灵魂"。同时，地方文化认同吸引了人口回流，为乡村振兴提供了强大的人口动力。

（三）跨文化适应

乡村旅游活动推动跨文化适应的生成，这一过程呈现出持续且动态演变的特性。在此框架内，个体在与外来旅游者的直接交流中，无形中扮演了文化中介的角色，促进了文化间的转换与融合，实现了一定程度上的文化互译。相较于旅游者，作为东道主的乡村居民被赋予了更高的期望，需主动调整自身以适应多元文化的交汇与碰撞，共同分享现代化与全球化所带来的发展机遇。

随着全球环境的快速变迁，传统的乡村元素正经历着深刻的转型与重构，这一过程不仅丰富了文化生态的多样性，也对乡村居民的心理与社会适应能力构成了挑战。对于众多乡村旅游地村民而言，社会文化适应过程中伴随的不适感与挫败体验，实则是其面对外部环境变化时，内部心理调适与成长机制的外在表现②。具备高水平的跨文化适应能力，能够使乡村脱贫人口在新生活环境

---

① Ray C. Endogenous Development in the era of Reflexive Modernity [J]. Journal of Rural Studies, 1999, 15 (03): 257 – 267.

② Brody E. B. Migration and adaptation: the nature of the problem [J]. American Behavioral Scientist, 1969, 13 (01): 5 – 13.

中体验到更为深刻的满足与幸福感，促进文化自信的强化，巩固乡村作为文化展示与交流平台的重要地位。

在此背景下，乡村旅游的角色已从单纯的扶贫手段转变为推动乡村振兴的核心动力与关键要素，这要求从更为深入的内生视角审视村民群体的作用与贡献。他们不仅是旅游活动的积极参与者，更是构成乡村旅游核心吸引力的关键要素，其提供的丰富旅游体验为乡村经济的多元化发展提供了有力支撑。因此，我们需要更加关注并动态评估参与者的跨文化适应能力，通过旅游活动这一桥梁，将乡土文化的精髓与现代社会的元素进行有机融合，在当代社会背景下进行文化的调适、创新与重构，旨在恢复并彰显乡土文化的独特价值与本真内涵，最终实现乡土文化自信的全面增强与提升。

（四）村民参与

参与是新内生发展理论的核心要素，同时也是脱贫攻坚与乡村振兴之间的重要桥梁与动力源泉。地方村民是否广泛实践并积极参与各项政策，成为脱贫攻坚与乡村振兴有效衔接的核心环节①。赋予村民话语权与决策权，能激发他们更积极地投身于乡村发展，而乡村的发展又能为村民创造价值，尤其是经济价值。增强村民对本土文化的认知，也是一个以地方需求为导向的自我发展进程。乡村脱贫人口通过产业参与来满足自身利益，同时影响决策过程，个体在参与中更成为推动乡村内生发展的核心驱动力。

在城乡发展从城市带动、城乡融合向乡村主体转变的过程中，内生性机制的构建与完善已成为这三个阶段演进的主要推动力②。特别是在从"外推式"向"内生式"模式转变，以及从"融合"迈向"共同体"目标导向的演进中，参与的程度深刻反映了乡村主体性发展的本质需求与内在逻辑③。因此，新内生发展模式要求激活乡村旅游的发展活力，使村民成为乡村旅游的经营主体、

---

① 慕良泽，王颖. 新内生发展视阈下脱贫攻坚与乡村振兴的衔接［J］. 山西农业大学学报（社会科学版），2021，20（02）：43－50.

② 王留鑫，赵一夫. 基于城乡融合视角的乡村振兴实现路径［J］. 宁夏社会科学，2022（01）：97－102.

③ 绿色发展战略研究院. "村BA"，观察中国式现代化实践的一个窗口［EB/OL］，https：//mp. weixin. qq. com/s/FxMbzHT6kt2AGEP2Sggt-Q. 2023－02－06.

积极参与者、重要贡献者及最终受益者。

三、内生发展在乡村旅游中的应用

震泽镇，作为苏州市吴江区的重要旅游乡镇，其旅游业发展主要依托震泽古镇，然而乡村旅游开发相对滞后，面临与苏南地区普遍相似的资源、开发基础及发展模式问题。尤为突出的是，以"丝绸文化"为特色的乡村旅游资源开发滞后，成为制约其发展的关键。本案例深入探讨了震泽镇乡村文化旅游资源的形成过程，指出蚕桑文化与丝绸文化生产主体的变迁是导致资源开发困难的核心因素。随着传统农业生产方式向工业生产的转变，乡村常住人口减少，空心化加剧，进一步加剧了文化旅游资源的流失。

1. 震泽镇乡村旅游发展现状与挑战

震泽镇地处苏浙交界，传统农业生产以种桑养蚕、水稻种植及渔业捕捞为主，但当前已转向纺织、印染、彩钢板、木业家具等工业生产为主，导致农村常住人口逐年减少，传统生产方式逐渐消失。尽管农业户籍人口占比近70%，但从事农业工作的人口仅占15%，表明其乡村性趋弱。经济结构上，第二产业占据主导地位（59%）；第三产业次之（38%）；第一产业仅占3%，反映出经济结构的显著转型。尽管居民收入二三产业发展持续增长，但传统乡村生产方式的改变已成为不争的事实。

2. 对传统内生式发展模式的反思

传统乡村旅游内生式发展模式强调以当地社区居民为旅游开发经营主体，促进居民参与旅游发展。然而，在新发展时期，该模式逐渐暴露出缺陷，如社区居民流失、乡村空心化及代际知识传递脱节等问题。尽管内生式发展模式对保持乡村地区文化持续性和推动文化旅游开发具有重要意义，但面对现实挑战，其可行性受到质疑，凸显了理论与实践脱节的问题。

3. 震泽镇乡村旅游内生发展主体培育与创新

针对上述挑战，震泽镇主动寻求创新性发展策略，依据"复兴蚕丝古镇、构建科技新城、打造田园风光乡村"的愿景规划，尤其着重于推进"丝绸特色小镇"的打造，并成功跻身首批中国特色小镇行列。该镇通过扶持丝绸产业内的领军企业，诸如太湖雪等被誉为"五朵金花"，推行了"企业联结农户"的合作模式，旨在复兴传统的桑蚕种养业。政府、企业与农户三方合作，形成"政府＋公司＋乡村"的内生发展模式，推动一二三产业融合发展，带动乡村旅游及丝绸文化复兴。

震泽镇通过创新内生式发展模式，有效应对了乡村空心化、资源流失等挑战，实现了乡村文化旅游资源的有效开发与利用。这一模式不仅促进了乡村经济的多元化发展，也为其他地区提供了可借鉴的范例，对探索"新苏南"发展模式具有重要意义[①]。

第四节　乡村旅游新内生性发展模式

一、新内生性模式下乡村旅游发展的价值意蕴

自20世纪70年代以来，内生式发展逐渐成为乡村旅游发展的初期模式，并在学术界获得认可。然而，由于企业或本地居民往往过于追求短期经济效益，导致乡村旅游资源配置不合理、协调机制不健全等问题。因此，新内生式发展模式被认为是解决这些矛盾、实现乡村可持续发展的关键。

在乡村振兴战略中提出的"二十字"方针，体现了乡村全面发展的目标。作为实现乡村振兴的重要途径，乡村旅游能够为其发展注入强大动力。新内生式发展模式在乡村振兴政策的背景下，强调乡村旅游产业、生态、组织、文化和人才的协同发展，为新时期的乡村发展指明了方向。

（一）升级乡村旅游产业结构，助推产业兴旺

乡村特有的文化和自然资源是新内生发展的核心要素，将其与旅游结合可形成文旅融合、农旅融合等多种发展模式。这种结合不仅促进了乡村与外部的互动，还推动了乡村旅游产业的扩展与发展。同时，通过引进具有地方特色的

---

① 金晶. 乡村旅游地内生式发展模式研究［D］. 南京：南京农业大学，2017.

项目或庆典活动，可以进一步发挥旅游产业在乡村经济中的引领作用。借助区域品牌的影响力，实现多产业融合，通过外部支持激发内生发展动力，推动乡村产业结构的升级与优化，促进产业的繁荣与协调发展。

（二）提升乡村旅游，促进乡风文明

新内生发展强调"能力本位"和"社区为本"的价值理念，这不仅是激发地方行动者内生动力的源泉，也是推动乡村文化振兴和乡风文明建设的重要力量。乡村文化的传承需要加强公共文化服务建设，重点向乡村地区倾斜公共文化资源，丰富农村文化生活。一些地方通过与企业合作，活化当地的戏曲、民俗、美食等文化元素，推动其产业化，打造具有地域特色的文化旅游精品，形成具有独特文化韵味的经济模式。此外，还可以通过发展农村手工业、乡村文创等项目，提升传统村落的文化价值，使农业遗迹和文物古迹焕发活力，为文旅产业的品牌内涵和文化价值增添新意[①]。

（三）推动乡村旅游依法治理，实现治理有效

与传统的乡村发展理论不同，新内生发展理论从更为批判的视角出发，审视乡村权力结构中的权力分配、不同主体在特定空间内的互动模式，以及社会资本在乡村发展中的影响力。这一理论强调通过依法治理和合理分配资源，以实现乡村治理的有效性，推动乡村的全面振兴。乡村旅游治理作为推动乡村治理效率提升的关键动力，要求全面提升乡村旅游的法治实施水平，并加大对乡村旅游法治框架构建的重视，这既是对国家治理体系和治理能力现代化要求的积极响应，也是新时代乡村旅游治理体系构建的本质要求[②]。

在此基础上，各地方政府与村民委员会需严格遵循现有的旅游发展指导方针，既要凭借自身的行政执法权限，积极构建与其他执法机构相协调的执法与监管机制，严格遵循乡村旅游执法流程；也要针对乡村旅游的特性和规律，实施多样化、丰富内容及多层次的旅游执法与服务检查，从而确保乡村旅游管理

---

① 宁阳：焕发乡村文明新气象［N］. 人民日报，2022-07-05（05）.
② 吕钶. 乡村振兴战略下农村体育治理的实践逻辑与因应策略［J］. 北京体育大学学报，2022，45（02）：64-73.

法治化，有效推进乡村旅游治理目标的实现。

（四）培育乡村旅游消费业态，实现共同富裕

新内生发展模式下，"社区主导"的理念凸显了乡村居民作为发展主体的核心地位，认为激发乡村的内生增长潜力是破解乡村全面振兴挑战的关键。乡村居民作为发展的核心驱动力，提升其收入水平与生活品质，实现脱贫致富与生活富裕，是乡村振兴战略的初衷。乡村居民对于美好生活的深切渴望与期盼，以及乡村振兴战略的根本目的，均聚焦于实现生活富裕。一方面，随着民众物质文化需求与美好生活追求的日益增长，参与旅游消费的需求与模式趋向多元化。因此，发展乡村旅游消费的新形态，激发乡村旅游消费市场的活力，对于促进城乡旅游产业与消费的均衡发展具有重要意义。另一方面，消费与产业之间存在着密切的共生关系，它们互为条件且相互塑造，消费作为乡村旅游产业发展的先决条件，是推动乡村消费增长、扩大内需及实现乡村振兴的关键策略。

二、乡村旅游新内生发展模式面临的困境

（一）乡村旅游发展难以完全脱离外生模式

在探索乡村旅游的发展路径中，我国涌现了多种模式，其中外源式发展模式占据了一席之地。然而，外源式发展模式亦伴随着一些问题，特别是当外部力量的引入过于急促时，往往会破坏乡村原有的风貌，给乡村的持续进步带来阻碍。众多乡村旅游地区因面临资金匮乏、人才流失、交通闭塞、管理滞后及基础设施薄弱等客观难题，难以依靠自身力量有效开发和利用旅游资源①。因此，这些地区不得不采取引入外来资本的策略来开发资源，导致乡村旅游的发展在短期内难以完全摆脱对外源模式的依赖。

（二）采用新内生式发展模式有一定困难

新内生式发展模式作为乡村发展的新路径，强调内外部资源的协同作用，

---

① 徐虹，张行发. 乡村旅游社区新内源性发展：内在逻辑、多重困境与实践探索 [J]. 现代经济探讨，2022（01）：114－123.

旨在挖掘和利用乡村的内在资源，通过引入外部力量激发乡村的内生动力。这一模式与传统观念不同，面对外部因素时，并非简单排斥，而是在乡村内部资源的基础上，借助外部资源激活内部潜力，实现两者的良性互动与协调发展，从而推动乡村的可持续发展。当前，乡村旅游面临资金短缺、劳动力外流和交通不便等挑战，发展进程较慢。引入外来资本已成为必要的选择，但同时也伴随一些问题。

1. 外来资本对本地自主发展的冲击

外来企业的进入在一定程度上限制了乡村自主发展的空间。尽管外资通过开发旅游资源提供了就业机会，促进了经济增长，但由于村民管理能力和专业素养有限，他们多从事低薪、无决策权的工作，难以参与乡村未来的规划与发展。此外，部分企业为了吸引游客进行大规模建设，可能会扰乱乡村原有的发展规划。

2. 企业和村民的关系微妙

外来资本虽然为村民创造了就业机会，但也影响了他们的积极性。政府在招商引资时，由于缺乏有效的约束与引导政策，导致企业主导的旅游业发展往往快速但缺乏规划。资源整合和利用不够合理，政府、开发商与村民之间的关系逐渐紧张，难以形成合力推动乡村建设，这为乡村旅游业的健康发展带来了挑战。在新内生式发展模式下，如何科学规划资源、激发村民积极性、实现政府、企业和农民的共赢，成为亟须解决的关键问题。

三、乡村旅游新内生性发展模式构建

（一）文献回顾与评析

随着乡村振兴战略的全面推进，新内生发展理论运用更为广泛，关于新内生发展模式的研究目前没有统一的科学界定。国内学者张行发、徐虹从新内生性发展理论视角探索山东省中郝峪村乡村旅游发展驱动乡村共同富裕的过程与机制，提炼出返乡创业者与乡村在地精英的内外联动在乡村旅游发展和实现共同富裕中的作用①；岳晓文旭等人通过对浙江省鲁家村、何斯路村和陕西省袁

---

① 张行发，徐虹. 新内源发展：乡村旅游驱动贫困村迈向共同富裕的"郝峪模式"[J]. 西北农林科技大学学报（社会科学版），2023，23（06）：94–103.

家村进行多案例比较研究，梳理了基于赋权理论的中国乡村新内源发展机制：第一，推动乡村全面振兴需要政府对乡村组织和农民财产权利进一步赋权；第二，发挥内生动力、提升自我发展能力的关键是社会资本和文化资本的充分运用，需要继续鼓励乡贤返乡和挖掘乡村本土文化；第三，探索统合乡村内外主体的利益联结、乡村治理等地方制度，以制度创新促进乡村新内生发展①。王兰综合大兴安岭南麓片区的脱贫攻坚成功经验，总结出乡村新内生发展的核心是认同、赋权、创新与合作②。张文明、章志敏则认为，资源、参与和认同是推动农村实现内生发展的关键要素③。基于新内生式发展的理论和实践基础，结合乡村旅游现有实践，高翠翠构建了一个"精英带动—增权赋能—合作共享"的乡村旅游新内生发展框架（见图7–2)④。

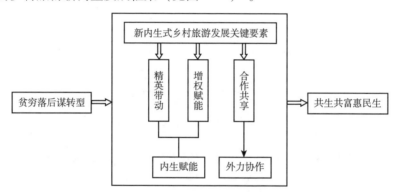

图7–2　新内生式乡村旅游发展分析框架

柯婧综合国内外内生式发展案例，深入探讨了乡村旅游内生式发展模式的本质，指出其核心在于合理利用本地资源，关注村民福祉，并充分发挥地方组织的协调功能。她提出，构建乡村旅游产业链、完善配套服务、促进人才创新、打造品牌价值链是推进这一模式的基本路径，旨在优化居住环境，倡导人

① 岳晓文旭，王晓飞，韩旭东，等．赋权实践如何促进乡村新内源发展——基于赋权理论的多案例分析［J］．中国农村经济，2022（05）：36–54.

② 王兰．新内生发展理论视角下的乡村振兴实践——以大兴安岭南麓集中连片特困区为例［J］．西北农林科技大学学报（社会科学版），2020，20（04）：65–74.

③ 张文明，章志敏．资源·参与·认同：乡村振兴的内生发展逻辑与路径选择［J］．社会科学，2018（11）：75–85.

④ 高翠翠．新内生理论视域下乡村旅游发展策略研究——以晋城市皇城村为例［J］．长治学院学报，2024，41（02）：46–51.

与自然和谐共生的理念，从而实现经济、社会、生态利益的全面共享。在此基础上，柯婧构建了乡村旅游内生发展模型（见图7-3），该模型以乡村旅游资源为基石，以当地居民或社区组织为主体，辅以其他利益相关者的支持，构建一个多方协同的平台，确保利益分配的均衡性，让每一股内生力量都能从乡村旅游的发展中获益，最终达成综合效益的广泛共享①。

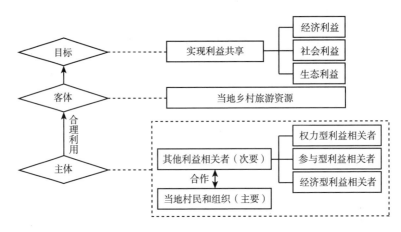

图7-3 乡村旅游内生式发展模型

新内生发展理论认为留住、提升主体的能力和摆脱被动、依赖性的发展状态，是乡村发展实现创新、开发和创造性的关键，前提和最终目的是地方居民获益②，且在实现过程中二者相互兼顾。以高质量发展为目标导向，从新内生发展理论的视角出发，按照发展次序构建"激活内生发展动力—提升内生发展能力—内外协同发展创新"的乡村旅游新内生发展整体逻辑框架。三者的关系为：激活内生发展动力是提升内生发展能力和巩固内生发展成果的基础，提升内生发展能力是激活内生发展动力的核心目标，内外协同发展创新是提升内生发展能力的有力保障。解构整体逻辑框架时，借鉴张文明等提出的"资源、参与和认同"三个核心要素及王兰提出的"认同、赋权、创新与合作"的逻辑，本章节总结乡村旅游新内生性发展的五个核心要素为"资源、认同、

---

① 柯婧. 福建和平古镇乡村旅游内生式发展研究 [D]. 南宁：广西大学，2018.
② 张文明，章志敏. 资源·参与·认同：乡村振兴的内生发展逻辑与路径选择 [J]. 社会科学，2018（11）：75-85.

赋权、创新与合作"①。

（二）乡村旅游新内生性发展模式实践逻辑

1. 发展基础—资源

"资源"涵盖乡村旅游地内外部资源，是激发内生发展动力的关键要素，包括自然地理、文化传统、人力与物质及社会资本等内部资源，以及政府制度、金融资金等外部资源②。乡村旅游资源作为核心载体，其决定旅游吸引力的构建，缺之则难引游客、无法催生市场需求，制约旅游业发展。乡村旅游资源吸引力受地理位置、交通、客源地市场、服务质量等影响，无论外界条件如何变化，旅游资源是其吸引力的根本和基础。

乡村旅游地内部资源明确是内生动力激活的必要条件，依能否人为变动分为两类资源，其中，乡村文化与自然资源等乡土要素依本地环境开发，是提升该地吸引力的关键，挖掘本土文化民俗等软环境能为其旅游发展增添附加值，此为激活内生动力的必要之举。

新内生发展理论视内部资源为主体发展之"根"；外部资源为"养分"，外部资源包括有形的资源供给主体及其供给的无形资源要素。乡村旅游新内生发展模式重在优化配置内部资源及发展外围特色项目，以提升参与性、创新、文化体验和游客为中心，利用周边空间资源促进协同发展，形成环线布局与互补产品形态，构建成熟旅游区域。具体可借文旅、农旅融合升级传统旅游服务，打造产业生态系统；乡村环境营造应维育生态风貌，倡导慢生活；产品创新聚焦亲子等旅游产品；文化挖掘重乡村建筑等保护传承，推动文化延续发展。

2. 发展前提—认同

乡村的"地域—文化"认同由归属感、农民身份的确认、乡土文化的理解、乡土社会的情感联结以及对乡村未来的期许共同构成。这种认同不仅是

---

① 王兰. 新内生发展理论视角下的乡村振兴实践——以大兴安岭南麓集中连片特困区为例［J］. 西北农林科技大学学报（社会科学版），2020，20（04）：65－74.

② 夏雯雯，马红坤，乔翠霞. 新内生发展理论下家庭农场内生发展的机理与路径［J］. 宁夏社会科学，2022（02）：124－132.

凝聚乡村发展主体的关键动力，也为激发共同奋斗的心理起点提供支持。通过认同感的激发，村民的主体意识被唤醒，进而促使他们积极参与乡村建设的管理和监督。同时，认同还能够吸引外部力量返乡，增加乡村的人力资本，并促使社会对乡村的关注与认可，形成共同的心理基础，推动乡村振兴。因此，"地域—文化"认同既是乡村脱贫的内生动力，也是乡村可持续发展的基石[①]。

随着城镇化进程加速，乡村地区普遍面临贫困和衰退。经济不发达、人口稀疏的村庄，由于公共服务设施的缺乏，企业活力受限，导致就业机会减少，乡村人口外流和老龄化加剧，形成恶性循环[②]。要打破这一循环，推动乡村脱贫和振兴，首先需要保障传统村落的存在，并确保这些村落能够继续承载居民。因此，当前乡村急需解决的核心问题是如何有序地吸引缺失的主体（人）回归[③]。

文化认同是乡村团结与和谐的基础。加强乡村文化认同，不仅有助于恢复乡村传统文化，还能重塑乡村文化自信，对乡村振兴至关重要。作为地方文化自信和发展的基石，文化认同是新内生式发展理念的重要体现。习近平总书记强调，乡村振兴应注重文化与经济的双重提升，而乡村旅游作为这一进程的重要途径，不仅能促进农民收入的增加和经济繁荣，还能增强村民的文化认同感，进一步重拾乡村文化自信。

3. 发展关键—赋权

强化地域与文化认同虽有助于吸引并留住乡村发展的核心力量，然而，仅凭此尚不足以确保村民真正占据主体地位。在当前的乡村旅游推进过程中，本应由村民参与决策的基础设施建设、产业项目规划等，却常被政府部门所主导。要实现脱贫致富与乡村的全面振兴，关键在于激发农民的积极性，并在此基础上实施赋权。

赋权（empowerment）概念最早源于 20 世纪 70 年代，由美国哥伦比亚大

---

① 王兰. 新内生发展理论视角下的乡村振兴实践——以大兴安岭南麓集中连片特困区为例 [J]. 西北农林科技大学学报（社会科学版），2020，20（04）：65–74.

② 经济合作与发展组织，新农村范式：政策与治理 [M]. 陈强，徐瑞祥，译. 上海：同济大学出版社，2011：12–21.

③ 罗康智，郑茂刚. 论乡村振兴主体的缺失与回归 [J]. 原生态民族文化学刊，2018，10（04）：91–97.

学的所罗门学者提出，旨在提升美国非洲裔黑人的自我能力。随后，该概念被广泛应用于社会工作领域，旨在缓解弱势群体的无权感，并逐渐发展为赋权理论（empowerment theory）。这一理论强调，个人福祉与社会政治环境紧密相关，尤其注重决策机会对提高生活质量和促进社区活力的关键作用，即使决策过程中可能出现错误，仍有助于增强个体的赋权感。赋权不仅关注最终结果，还注重过程，过程包括获得控制权、资源和对社会环境的深刻理解，从而帮助个体成为独立的决策者和问题解决者①。

赋权对我国乡村发展意义重大，能增强个体自我发展与改变能力、提升乡村社会组织参与及社区决策能力，为乡村振兴提供政策保障。在乡村旅游中，赋权着重保障村民多方面权利，激发村民内部能力潜力，调动其积极性与创造性，转化为乡村发展动力。但当前我国乡村面临权利界定、能力储备、参与程度等问题，制约村民主体性发挥。为此，需激发村民内在自觉，通过系统培训提升其自主意识与能力，为乡村旅游注入内生动力，推动以参与为核心的发展模式，实现确权、赋能与参与有机结合。

新内生发展理论视域下内在动力提升的关键在于充分发挥"人的供给"对产业发展的驱动作用。乡村旅游新内生动力研究逐步深化为在政策环境系统作用下、内外资源结合发展过程中，作为发展主体的乡村群众已成为积极参与旅游发展的内驱力②。

4. 发展灵魂—创新

乡村发展创新应将国家整体规划和地方自主探索结合起来，充分发挥农民的主体地位，整合乡村内外各种资源和发展动力，在制度、组织、业态和技术方面创新。

（1）制度创新。制度创新构成乡村旅游创新的顶层架构与逻辑基点，体现于乡村旅游标准化管理及规模化运营中的规范范式，涵盖土地、产业、人才、治理等正式制度以及宗族、文化、风俗等非正式制度，对保障乡村旅游市

①　Zimmerman M. A. Empowerment theory：Psychological，organizational and community levels of analysis［M］. Handbook of community psychology. Boston，MA：Springer US，2000：43 - 63.

②　闫宇，汪江华，张玉坤. 新内生式发展理论对我国乡村振兴的启示与拓展研究［J］. 城市发展研究，2021，28（07）：19 - 23.

场交易与组织运行、平衡创新发展和经济社会效益意义重大，是推动乡村旅游业态创新的关键赋能要素①。

土地作为乡村旅游开发的基础要素，其供给政策创新是乡村旅游制度创新的重要部分②。国家为推动旅游业高质量发展、提升用地效率与集约化水平，出台系列政策，包括落实旅游重点新增建设用地、利用未利用地和废弃地开发旅游项目、执行用地分类管理以及推动多元化建设用地供给等。此外，乡村旅游制度创新还涉及乡村基础设施与人居环境改善、人才培养机制构建、从业人员培训强化、质量监管体系建立、市场准入制度优化以及治理体系完善等举措，旨在促进乡村旅游与多产业融合，拓展产业链、价值链和创新链，充分发挥政府在乡村旅游创新发展中的多元作用，提供全方位制度保障③。

（2）组织创新。组织创新是乡村旅游创新的关键支撑，关乎乡村旅游核心竞争力提升、可持续发展及有效创新。组织作为特定环境中依规则结合以达成目标、具备功能的社会实体，是人类活动高效开展的基础，也是乡村旅游业态创新的依托④。

乡村旅游兴起重构了乡村组织架构与运行模式，这一革新为旅游产业发展注入动力。在治理体系层面，跨部门协同机制强化横向协作、优化纵向权力，如"一肩挑"等党政联动策略保障旅游项目高效实施⑤。

其次，依据乡村旅游地条件形成多元组织模式创新，如"公司＋家庭农场"等联结模式⑥。乡村旅游合作社依据自愿互利原则依托本地资源成立，能促进乡村社会网络构建、聚合内外资源。同时，乡村旅游管理组织体系创新意义重大，如乡村旅游行业协会、旅游志愿者团体等新形态，在解决从业者困

---

① 刘守英，王一鸽. 从乡土中国到城乡中国：中国转型的乡村变迁视角 [J]. 管理世界，2018，34（10）：128 – 146.

② 龙花楼，张英男，屠爽爽. 论土地整治与乡村振兴 [J]. 地理学报，2018，73（10）：1837 – 1849.

③ 陈劭绮，陆林. 乡村旅游创新的理论框架与研究展望 [J]. 地理学报，2024，79（04）：1027 – 1044.

④ Robbins S. P. , Coulter M. , DeCenzo D. A. Fundamentals of Management：Management Myths Debunked [M]. London：Pearson，2017.

⑤ 张高军，易小力. 有限政府与无限政府：乡村振兴中的基层政府行为研究 [J]. 中国农村观察，2019（05）：32 – 52.

⑥ 蔡海龙. 农业产业化经营组织形式及其创新路径 [J]. 中国农村经济，2013（11）：4 – 11.

难、维护经营环境、规范从业者行为及提升管理水平等方面发挥积极价值，共同支撑乡村旅游可持续发展。

（3）业态创新。乡村旅游的业态创新是其发展的核心体现与物质载体，经历了从初级向中高级的演变（见图7-4），形成多业态"并联共生"的格局，摆脱传统被动模式，开创资源利用新范式，成为弱资源乡村旅游转型的关键。对于资源稀缺的乡村，业态创新亦推动旅游高质量发展。早期，乡村旅游以村镇观光和农家乐为主，融合农业与旅游业，打造初级业态，但存在同质化与动力不足问题。之后，乡村民宿和度假酒店借助资本、人才等兴起，突破瓶颈，通过市场化运作融入乡村，激发文化、组织与社会资本活力，推动乡村旅游集聚与升级①。

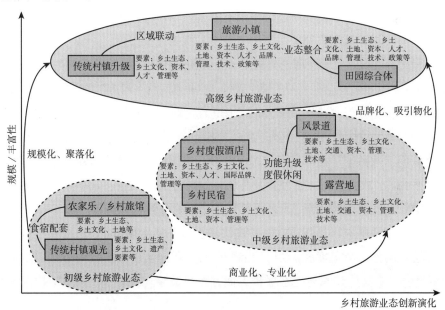

图7-4　乡村旅游业态创新演化

资料来源：陈劼绮，陆林.乡村旅游创新的理论框架与研究展望［J］.地理学报，2024，79（04）：1027-1044.

---

① 刘传喜，唐代剑，常俊杰.杭州乡村旅游产业集聚的时空演化与机理研究：基于社会资本视角［J］.农业经济问题，2015，36（06）：35-43，110-111.

消费升级与需求多元促使露营地、风景道等新兴空间载体崛起，推动乡村旅游进阶发展①。田园综合体、旅游小镇等高级业态涌现，传统村镇也通过转型升级，展现出产业融合多元模式，契合现代经营潮流，较传统业态实现质的突破。乡村旅游经资源整合与业态汇聚，提升效益，满足美好生活向往，促进城乡互动发展。

业态创新是一个动态演变进程，有力促进乡土生态文化等地方要素与资本人才等跨地区要素的交汇流通与协同合作，凸显创新活动在乡村地域的空间联动效能。在乡村旅游发展的各阶段，创新要素的配置组合、结构功能以及业态创新的层级和形态各有不同。从农业、工业开发利用逐步转向旅游产业开发，再到创新产业拓展，其生产方式渐向服务业经济形态过渡，创新要素的地域覆盖范围显著拓展，驱动乡村新经济形态的生成与传播，重塑乡村生产、生活与生态空间布局，推动人地关系深度变革与系统多元发展。

因此，在新内生发展理论架构下，业态创新作为乡村旅游实践的独特范式，不但是乡村经济转型与振兴的关键突破口，也是新时代乡村旅游创新发展的重要研究焦点，为突破城乡分隔、兴旺乡村市场、促进业态升级提供了双向环境助力。

（4）技术创新。技术创新是乡村旅游创新的核心驱动与关键突破点。伴随互联网、大数据等前沿信息技术深度融入旅游业，为中小微企业搭建起跨界创新平台②，成为乡村旅游创新及高质量发展的关键力量，筑牢乡村旅游资源转化与产业发展的技术根基③，深刻变革着乡村旅游创新路径。

在基础设施与市场联通方面，智慧交通等系统及网络普及，提升乡村旅游的可达性与网络覆盖度④，乡村数字平台借互联网实现虚实空间对接，激发市场活力⑤。在文化传承与生态保护方面，乡村数字博物馆及 VR/AR 技术助力

① 鄢方卫，杨效忠，吕陈玲．全域旅游背景下旅游廊道的发展特征及影响研究［J］．旅游学刊，2017，32（11）：95－104.

② 洪银兴，任保平．数字经济与实体经济深度融合的内涵和途径［J］．中国工业经济，2023（02）：5－16.

③ 银元．乡村旅游数字化发展：动力机制、逻辑维度与矛盾纾解［J］．西安财经大学学报，2023，36（01）：29－40.

④ 曾亿武，宋逸香，林夏珍，等．中国数字乡村建设若干问题刍议［J］．中国农村经济，2021（04）：21－35.

⑤ 陈伟光，裴丹，钟列炀．数字经济助推全国统一大市场建设的理论逻辑、治理难题与应对策略［J］．改革，2022（12）：44－56.

文化遗产的保护利用①。同时，可再生能源应用与生态监测体系推动绿色发展。在旅游营销与乡村治理方面，智能管理系统等丰富旅游供给，新媒体与数字技术融合促进营销升级，大数据技术优化乡村旅游治理与安全保障。数字经济还推动旅游者消费需求升级，智能民宿、智慧导游等创新服务及 VR/AR 技术营造沉浸式体验，为游客呈现便捷、安全且个性化的旅游体验。

5. 发展保障—合作

合作作为新内生发展理论的核心特质，明显区别于传统的内、外生理论框架，在乡村旅游赋能乡村振兴的进程中占据了举足轻重的地位，它是构建认同、实施赋权及激发创新不可或缺的基石，贯穿于整个过程的始终。该理论聚焦于本土资源的发掘与民众参与度的提升，同时积极吸纳外部市场、机构及网络资源的优势，将其转化为推动内部发展的强大引擎。这一融合内外动力的新内生发展思路，与党的十九大报告中提出的"共建共治共享"社会治理理念不谋而合。在充分尊重村民作为发展主体的前提下，该理念有效动员政府、市场及社会各界力量积极参与到乡村建设的伟大事业中，既体现了全社会对于守护美丽乡村的共同追求，也塑造了乡村建设中"责任共担、协同并进"的良好生态，确保乡村的价值与发展成果能够广泛惠及全社会成员②。

乡村旅游的高质量发展要求不同环境下的各部门、各地区以及各类社会力量深化彼此间的合作伙伴关系，建立长效合作机制，并借助网络平台等手段强化区域协作。乡村发展具有显著的多层次性与多标量性特征③，其涵盖机构整合以及城乡经济纽带连接等多个维度。在当今信息时代，互联网的影响力不容小觑，其能够搭建智慧旅游发展架构，促进知识交流共享，进而推动乡村旅游发展模式的创新变革。

本书围绕"激活内生发展动力—提升内生发展能力—内外协同发展创新"的逻辑主线，形成了"资源—认同—赋权—创新—合作"五个核心要素组成的内生动力模型。内生动力模型具体表述为：乡村旅游地以与周边外部资源的有机融合激

---

① 殷浩栋，霍鹏，汪三贵. 农业农村数字化转型：现实表征、影响机理与推进策略 [J]. 改革，2020 (12)：48 – 56.

② 黎昕. 关于新时代社会治理创新的若干思考 [J]. 东南学术，2018 (05)：124 – 131.

③ Gkartzios M., Scott M. Placing Housing in Rural Development: Exogenous, Endogenous and Neo-endogenous Approaches [J]. Sociologia Ruralis, 2014, 54 (03)：241 – 265.

活内生发展动力，以"认同"行为为前提，"赋权"为纽带，形成"创新—合作"的良性循环，持续提升人力资本、物质资本等内生发展能力，通过强化政府、企业部门、消费者等外部利益相关主体对自身的认同感来巩固内生发展成果。

第五节　乡村旅游内生发展的政策与组织保障

一、乡村旅游内生发展政策

从党的十九大提出"实施乡村振兴战略"到党的二十大强调"全面推进乡村振兴"，中国式现代化的"三农"道路在新时代新征程发生重大转变，需增强乡村自主发展能力与构建外部联动格局。一方面，历史遗留的城市偏向型重工业发展战略，使乡村发展不足、城乡失衡、收入低、就业压力大[1]；另一方面，农户对农地的生计与情感依赖，导致农村生计资本结构和方式问题，易因内源动力不足引发生计脆弱性与返贫危机。在此背景下，全面振兴乡村、培育乡村新动能迫在眉睫。

乡村旅游是连接脱贫攻坚成果巩固与乡村振兴战略的桥梁，亦是推动共同富裕、加速乡村复兴的关键选项，因其能将外部资源转化为内部驱动力而备受中央政府瞩目。从《乡村振兴战略规划（2018—2022年）》到《中共中央　国务院关于做好2023年全面推进乡村振兴重点工作的意见》，再到《关于促进乡村旅游可持续发展的指导意见》，均将乡村旅游纳入战略蓝图，并作出详细部署。当前，我国乡村旅游蓬勃发展，年增长率超过20%，成为乡村振兴的新引擎，然而，将政策红利转化为实践动能仍面临挑战。

2020年12月16日，《中共中央　国务院关于实现巩固拓展脱贫攻坚成果与乡村振兴有效衔接的指导意见》从官方、市场及民众三大维度，阐述了如何充分发挥民众的主体作用及激发其内在动力的策略与措施[2]，政策法规逐步

---

① 陈斌开，林毅夫. 发展战略、城市化与中国城乡收入差距 [J]. 中国社会科学，2013 (04)：81 - 102，206.

② 新华社. 中共中央　国务院关于实现巩固拓展脱贫攻坚成果同乡村振兴有效衔接的意见 [EB/OL]. http//www. gov. cn/zhengce/2021 - 03/22/content_5594969htm，2021 - 03 - 22.

将内生型增长理念与乡村旅游业紧密结合。2021 年 4 月 29 日,《中华人民共和国乡村振兴促进法》正式颁布,其中第五十九条明确规定,各级政府须采取有效措施,提升脱贫地区的自我发展动能①。自探寻至法规制定,再到实际推行,内生成长的内在意蕴与理论体系,逐渐为我国乡村旅游业赋能,稳固脱贫成效,并为乡村振兴贡献更为周密、科学且强劲的思考路径与引领方向。

2024 年,中央顶层文件再次将全面乡村振兴视为新时代新征程上"三农"领域的核心任务,聚焦于提高乡村治理效能,致力于勾勒出一幅宜居住、宜发展、和谐美丽的乡村新图景②,乡村旅游业的管理受到空前的关注。高效的管理构成乡村振兴的基石,依托乡村游憩区的精细化治理,推动乡村旅游的健康发展,已成为乡村振兴过程中不容忽视的课题。在当下从脱贫攻坚决胜迈向乡村振兴的关键转型期,乡村内部驱动力匮乏,使得乡村旅游的自主推进与持续成长动力缺失,这一现象影响了宜居宜业且和谐美好的乡村构建,以及中国乡村旅游业的优质升级。鉴于此,发展乡村旅游的新型内生增长模式、激发乡村内在发展活力,已然上升为国家当前聚焦的核心议题。

二、乡村旅游内生发展的组织保障

(一)增强制度保障机制

地方政府应积极担负起引导、支持和市场监管的职责,依据地方特色和实际条件,创新管理模式,既要发挥引导作用,又要确保监管职能的有效实施。在乡村旅游的发展过程中,政府应赋予地方及农户更多的自主管理权限,鼓励农户自主决策或与外部力量合作,共同参与民宿的改造、日常运营和管理工作,从而激发农户参与乡村旅游共建的积极性,并确保其能够共享发展成果。

---

① 新华社. 中华人民共和国乡村振兴促进法 [EB/OL]. https://baijiahao.baidu.com/s? id = 1698385904854571283&wfr = spider&for = pc, 2021 - 04 - 29.

② 黄祖辉. 准确把握中国乡村振兴战略 [J]. 中国农村经济, 2018 (04): 2 - 12.

此外，地方政府还应深入探索乡村旅游产业的监管与评估机制，对涉及乡村旅游项目开发的企业进行全面评估，包括企业资质、设计方案和建设效果等方面。在这一过程中，可以适度提高非股东村民在旅游项目中的收益份额，或者加强对非股东村民经营管理能力的培训，以提高他们的参与意愿、学习动力、盈利能力和经营管理水平。通过体制和机制的创新，为实现新内生式发展的顺利推进注入强劲动力。

（二）拓宽多方合作机制

1. 村民参与

乡村旅游向新内生式发展的过程离不开本地村民的积极参与，这亟须唤醒村民的自我意识并提升其能力。实践增能赋权的核心在于重构乡土文化的认同感，确保村民的参与权利，激发其内在发展潜力，并确立其在发展中的主体地位。为达成此目标，应采取多元化的增权策略，涵盖经济赋权、心理赋权、信息赋权及教育赋权等多个维度。同时，持续加大对旅游教育的投入，并开展乡土文化知识培训，以此增强村民参与乡村旅游发展的综合能力，确保他们在决策制定、项目建设、运营管理及监督评估等关键环节发挥核心作用。

在乡村旅游开发中，需平衡外来资本与在地居民权利，确保资源所有者——在地居民拥有决策权和参与权，以处理短期与长期利益的关系，实现资源与权力的匹配。同时，乡村振兴需保护村民利益整体性，构建合理公平的利益联结机制，让当地居民积极参与乡村发展，贡献其独特的发展智慧。发展的最终利益要落在村民身上，才有内源性发展动力，可持续生计才能实现，从而较好地解决因资本入驻乡村引发的多元矛盾冲突①。

2. 多方联动

外来资本的涌入对传统本土自主发展模式构成挑战，对当地规划与生态环境造成破坏，而企业所获取的利益未能惠及村民，进而削弱了村民的积极性。政府监管的缺失导致了旅游业的无序扩张，资源整合与规划进程受阻，村民、开发商与政府之间的关系趋于紧张，这对乡村旅游的健康发展构成了威胁。为

---

① 徐虹，张行发. 乡村旅游社区新内源性发展：内在逻辑、多重困境与实践探索［J］. 现代经济探讨，2022（01）：114–123.

应对这一挑战，亟须构建一个能够整合村民、开发商与政府意见的沟通平台，强化三方交流，深入理解村民的期望，整合各方意见以指导决策制定。村民应被鼓励培养积极参与的意识，主动参与到规划建设中，为乡村旅游的发展贡献智慧。开发商则需采取适度且合理的开发策略，避免对乡村的自然环境与人文风貌造成破坏。政府则需提升审批标准，严格监管开发商的行为，加强政策引导，推动良性竞争，加速乡村旅游的健康发展。

村企间的互动被视为推动乡村旅游协调发展的关键动力，双方需秉持合作共享的原则，共同构建新的发展格局，充分发挥企业的积极作用，创新管理模式，以优化利益分配结构①。另外，乡村旅游发展需顺应时代潮流，随机应变，以转型发展迎合新的发展趋势。通过采取村企合作、村村合作，发挥各自优势，互惠共享，塑造共生共富良好发展格局，实现乡村振兴与乡村共同富裕目标。

（三）完善人才保障机制

1. 精英带动

在地乡村精英是推动本村乡村旅游发展的关键初始动力。乡村旅游的成功需要充分发挥体制内精英的引领作用，因此，建立常态化的精英吸纳机制并创造良好的成长环境至关重要。一方面，社会各界应当充分认识到乡村精英在乡村旅游发展中的积极作用，承认其合法地位，营造有利于乡村精英成长的环境，并鼓励更多精英参与乡村旅游的发展，注重精英培育、秩序重构与乡村复兴②。另一方面，政府应改善晋升渠道，建立完善的村干部选举机制，将体制外的乡村精英吸纳到党组织和村委会中，通过体制内的方式让他们参与决策，为乡村旅游发展提供策略和支持。

2. 返乡就业者带动

在乡村振兴的进程中，返乡创业者扮演着驱动核心的角色。受惠于政策鼓励与深厚的乡土情感，这些创业者选择回归故里，他们因自幼成长于乡村，故

---

① 李元元，曹聪敏. "借力式发展"：资本下乡背景下村企互动的均衡样态及其实现机制——基于鲁西南L村的案例研究［J］. 陕西师范大学学报（哲学社会科学版），2023，52（03）：122－133.

② 沈费伟，刘祖云. 精英培育、秩序重构与乡村复兴［J］. 人文杂志，2017（03）：120－128.

对当地社会的人情世故与隐性规范有着深刻的认知。尽管在资本规模上，返乡精英可能无法与外来雄厚资本相抗衡，但他们凭借与生俱来的乡土归属感、对乡村运作机制的透彻理解、与村民间建立的无缝沟通渠道，以及深植心底的家乡发展愿景，在追求发展时更倾向于促进社区的和谐共存，而非单纯追求经济利益的最大化。返乡群体的介入，促使乡村旅游从无序竞争转变为村民集体持股的公司化运营模式，标志着乡村旅游迈入了新型内生性发展路径。这一转变不仅增强了村民的参与能力，实现了利益分配的均衡化，还有效激活了村内资源，规避了因血缘关系导致的不平等现象，解决了初期存在的村民信任缺失难题①。

3. 完善人才保障制度

村委会在人才工作上应聚焦旅游领域，采取一系列措施促进乡村旅游发展。首先，要重视本土人才的培养与使用，优先录用本地居民，并通过出台相关政策吸引外出人才回流。其次，建立完善的就业薪资保障制度，设立最低薪资标准，确保从事旅游扶贫工作的人员能够获得合理报酬。最后，政府可通过资金和政策支持，推出人才召回举措，给予回乡人才减税、发放津贴等帮助。

对于现有的组织管理人才，村委会应开展旅游专业知识、技能和扶贫相关的培训，特别是如何将旅游活动与扶贫工作有机结合。同时，鼓励当地大学生报考旅游专业，并通过制定定向培养计划，吸引毕业生回乡投身旅游扶贫事业。为了进一步提升乡村旅游的专业性，还应引进外部的旅游、服务、策划及经营管理人才，并与高等院校合作，打通人才输送渠道，确保人才的长期稳定供给。

（四）推进本土资源保护与优化机制

在乡村旅游的开发进程中，应着重于既有资源的优化配置，规避外源性大规模拆建行为，深入挖掘资源内在价值，充分利用原生生态与本土化元素，守护地方文化脉络，促进乡村产业向生态化转型。同时，从文化层面出发，需着重保护与弘扬乡土性特质，特别是家训的延续、农耕文明的传承、乡风民俗等乡村优秀传统文化。面对外来资本的涌入，维护本土文化特色对于乡村旅游的

---

① 徐虹，张行发. 乡村旅游社区新内源性发展：内在逻辑、多重困境与实践探索 [J]. 现代经济探讨，2022（01）：114 – 123.

可持续发展具有决定性意义。因此，需强化宣传，营造浓郁的乡土文化氛围，增强文化自信，在坚守本土文化底蕴的基础上，积极吸纳外来文化的精髓，探索新的发展路径。此外，要避免"模式化"思维，正视文化差异，既不盲目守旧、全面排斥外来文化，也不自卑自弃、无条件接纳外来文化，而应秉持"取其精华，去其糟粕"的原则，增强本土文化的魅力，推动乡村文化实现创新发展。

思考与讨论

1. 请阐述乡村旅游产业发展模式的内涵，并举例说明其演化路径。

2. 比较乡村旅游经营模式，分析每个模式的优缺点。

3. 结合实例，谈谈新内生发展理论在乡村旅游中的应用，以及如何实现乡村旅游发展要素内生化。

4. 思考乡村旅游新内生发展模式面临的困境，并提出你认为可行的解决办法。

5. 从政策与组织保障角度出发，论述如何促进乡村旅游内生发展，试列举两项具体政策举措。

第八章

乡村旅游新营销

本章节深入探讨了乡村旅游新营销的多个维度，包括数字时代与新营销的结合、旅游传播在中国传统文化复兴中的作用、乡村意象的现代重构与跨文化传播、乡村旅游创意营销的数字化转型，以及乡村旅游形象的重塑与数字传播五部分的内容。市场营销理论从 4P ~ 4I 的演进推动了营销实践从 1.0 ~ 4.0 的发展。数字时代背景下，乡村旅游营销需顺应新营销的核心价值，进行数字营销的创新实践。旅游传播对挖掘和传播乡村旅游中的传统文化资源至关重要，需通过创新宣传方式以促进传统文化的活态传承与创新发展。乡村意象的现代重构关注乡村文化空间的重塑和乡村文化生态的现代治理转型，通过历史景观的现代解读、自然美学的现代演绎、现代乡愁体验的创新设计等促进乡村文化的全球传播和文化共同繁荣。乡村旅游创意营销数字化是传统营销转型的现实诉求，也是破解供需矛盾的必要之举，通过构建产品研发模式、加强人才培养、融合多媒体渠道，驱动乡村旅游高质量发展。旅游目的地形象是旅游形象的一个具体化表现，旅游产品是旅游地形象得以表达、体现的重要载体，旅游产品综合性、无形性、不可转移性、不可储存性、易波动性的特点决定了旅游地形象传播之于旅游消费活动的不可或缺性。数字时代旅游目的地的营销环境呈现出移动化、碎片化及场景化的鲜明特征，这迫切要求我们构筑与之相契合的数字传播路径体系，以激活乡村旅游的创新潜能，驱动其向更高质量的发展阶段迈进。

第一节　数字时代与新营销

随着社交媒体、移动应用和大数据分析的广泛应用，乡村旅游营销已从广告投放、线下宣传等传统方式向个性化、互动化、数据驱动的新模式转变。本节将探讨数字化对乡村旅游营销的影响，分析新营销的特点，并探讨如何在乡村旅游领域有效应用这些新工具。

一、市场营销理论的演进

（一）企业导向理念：4P营销理论

1.4P营销理论的内容

美国密歇根州立大学的杰罗姆·麦卡锡教授于1960年首次提出了4P理论。4P模型包括产品（product）、价格（price）、地点（place）和促销（promotion）四个企业可控的核心要素①。

产品（product），是企业向目标市场提供的货物与服务的总和，是营销活动的核心。

价格（price），是企业在销售产品时所追求的经济回报，是影响游客购买决策的重要因素。企业可以通过制定合理的基本售价、提供折扣优惠、灵活设置付款期限和信贷条件等方式，吸引顾客购买。

地点（place），涉及产品的分销渠道、仓储设施、运输设施和库存控制等方面，是企业为使产品顺利进入并抵达目标市场而组织和实施的一系列活动。

促销（promotion），是企业通过各种信息媒介与目标市场进行沟通的传播活动，旨在提高产品的知名度和美誉度，促进顾客的购买行为。

2.4P营销理论的优缺点

4P营销策略的优势在于其直观性、可操作性和可控性，它涵盖了企业营

---

① 韩婧，于准. 基于4P理论的公共图书馆网络直播营销策略研究［J］. 图书馆工作与研究，2023（02）：98–103.

销活动的各个层面。从直观性来看，4P营销策略通过将营销活动分解为产品、价格、地点和促销四个基本要素，使得企业能够清晰地识别和理解其营销活动的关键组成部分，这种结构化的框架有助于企业系统地分析市场环境，明确营销目标，并制定出有针对性的营销计划；从可操作性角度来说，4P营销策略为企业提供了一套具体的操作指南，企业可以根据自身的资源和市场情况，对产品设计、定价水平、销售渠道选择和促销活动进行具体的规划和实施，并在实践中不断调整和优化策略；就易控制性而言，4P营销策略的各个要素都是企业可以控制和调节的，企业可以根据市场反馈和内部目标，灵活地调整产品、价格、地点和促销策略，以适应市场变化和竞争态势。

然而，4P营销策略也存在一定的局限性：它以企业为中心，更多地关注企业如何通过控制产品、价格、地点和促销这四个要素来实现销售目标，而不是从消费者的角度出发去理解和满足消费者的需求。这种以企业为中心的策略可能导致企业在制定营销计划时忽视了消费者的真实需求和偏好，从而影响产品的市场接受度和企业的长期发展。

（二）消费者需求导向理念：4C营销理论

1. 4C营销理论的内容

4C营销策略是20世纪90年代由美国学者罗伯特·劳特朋（Robert F. Lauterborn）提出的，它是对传统的4P营销策略（product，price，place，promotion）的挑战和补充。4C营销策略更加注重消费者的需求和偏好，强调企业应该从消费者的角度出发来制定营销策略。4C包括消费者（consumer）、成本（cost）、便利性（convenience）、沟通（communication）四个要素[①]。

消费者（consumer）是营销的核心，营销主体需要与内外部利益相关者构建营销服务联盟，通过资源共享和优势互补来提升对消费者的营销供给能力，这种联盟的建立有助于企业更好地满足消费者的需求，从而提高市场竞争力。

成本（cost），是消费者获得满足的成本，该成本不仅包括企业生产符合消费者需求的产品所需的成本，还涵盖了消费者在购物过程中所付出的货币支

---

① 颜海亮. 基于4C理论的公共图书馆短视频古籍推广研究［J］. 图书馆工作与研究，2024（04）：91－97，112.

出、时间、体力、精力以及承担的风险。因此，企业在制定营销策略时，必须在消费者可接受的价格范围内努力降低成本，以实现利润的最大化。

便利性（convenience），4C 策略更加注重服务环节，强调在销售过程中为消费者提供便捷的购物体验。企业需要深入了解不同消费者的购买方式和偏好，并将便利性原则贯穿于整个营销活动。在售前阶段，企业应及时向消费者提供准确的产品信息，包括性能、质量、价格、使用方法和效果等；在售后阶段，企业应重视信息反馈和追踪调查，及时处理消费者的意见和建议，对于有问题的产品主动进行退换，并为使用故障提供积极的维修服务，甚至对大件商品提供终身保修。

沟通（communication）是 4C 营销策略中的核心要素。企业应通过多种营销策划方式与消费者进行沟通，若营销效果未达预期，则表明企业及其产品尚未完全获得消费者的认可。此时，企业不能仅仅依靠单向的劝导，而应加强与消费者的双向沟通，增进相互理解，实现真正的适销对路，从而培养出忠诚的消费者群体。

2. 4C 营销理论的优缺点

4C 营销策略注重以消费者需求为导向，克服了 4P 策略只从企业考虑的局限。但是，从企业的营销实践和市场发展的趋势来看，4C 策略也有一些不足：首先，其立足点在于顾客导向而非竞争导向，在市场竞争中，要取得成功既要关注客户，也要兼顾竞争对手；其次，4C 策略在强调顾客需求导向时，未能充分结合企业的实际情况；最后，4C 策略仍未体现既赢得客户并长期维系客户关系的营销思想，更多呈现被动适应需求的特征，且未解决满足顾客需求的操作性问题。

（三）竞争导向理念：4R 营销理论

1. 4R 营销理论的内容

4R 营销理论是由美国学者艾略特·艾登伯格于 2001 年在 4C 营销理论的基础上提出的，它更加强调关系营销（relationship marketing）的重要性，指出企业应该与消费者建立长期的关系，而不仅仅是一次性的交易，主要包括关联（relevance）、反应（react）、关系（relation）、回报（return）四个要素[①]。

---

① 艾略特·艾登伯格.4R 营销：颠覆 4P 的营销新论（第二版）[M]. 北京：企业管理出版社，2003：92-100.

关联（relevance），在竞争激烈的市场环境中，企业与顾客建立关联至关重要。关联的建立意味着企业通过有效的手段在业务和需求等方面与顾客形成一种相互依赖和互利共赢的关系，从而将顾客与企业紧密联系在一起。顾客的忠诚度是动态变化的，为了提高顾客忠诚度并赢得长期稳定的市场份额，企业必须与顾客建立稳固的关联，这样可以显著降低顾客流失的风险。

反应（react），企业对市场的反应能力是其生存和发展的关键。经营者面临的紧迫的问题不在于如何制定和执行计划，而在于如何从顾客的角度出发，及时倾听其期望、愿望和需求，并迅速做出回应。为此，企业应建立快速反应机制，密切关注顾客和竞争对手的动态，以便迅速调整策略和行动。

关系（relation），关系维护是企业市场营销中的重要任务。企业应持续改进与消费者的关系，实现顾客的稳定化。同时，需识别和区分不同类型的顾客，从一次性顾客到终身顾客以便在市场营销中精准分配资源。通过与顾客建立良好关系，企业不仅能够获得顾客的满意和忠诚，还能将其转化为更加亲密的合作伙伴。

回报（return），回报是市场营销为企业带来的短期或长期收入和利润。一方面，回报是市场营销发展的驱动力；另一方面，回报也是维持市场关系的必要条件。企业在满足客户需求和为客户提供价值的同时，也必须获取利润。因此，市场营销目标应注重产出，关注企业在营销活动中的回报，确保所有市场营销活动都以创造顾客和股东价值为导向。

2. 4R 营销理论的优缺点

4R 营销策略的核心优势在于其竞争导向性，它有效地补充了 4C 策略的不足之处，通过主动创造需求和运用系统化思维整合营销活动。该策略通过关联、关系和反应等手段与客户建立独特的联系，将企业与客户紧密绑定，从而构建起竞争优势。在追求回报的过程中，企业必须实施低成本战略，充分考虑顾客的成本承受能力，力求成本最小化，并在此基础上扩大市场份额，实现规模经济。这种策略使得企业在为顾客创造价值的同时，也能追求自身的回报，两者相得益彰，共同促进，最终实现双赢的局面。

然而，4R 营销策略也存在一定的局限性。它要求企业与顾客之间建立深度关联，这往往需要企业具备一定的实力基础或满足某些特定条件，并非所有企业都能轻易实现。因此，企业在实施 4R 营销策略时，需要根据自身的实际情况和市场环境，审慎评估并制定相应的策略。

（四）消费者满意导向：4S 营销理论

1. 4S 营销理论的内容

4S 营销策略强调从消费者需求出发，建立"消费者导向"模式。它要求企业围绕消费者满意度，持续改进产品、服务和品牌，优化服务品质，提升消费者满意度，进而增强消费者对企业产品的忠诚度。4S 营销策略包含以下四个要素①：

满意（satisfaction）是指顾客满意，强调企业要以顾客需求为导向，以顾客满意为中心，企业要站在顾客立场上考虑和解决问题，要把顾客的需要和满意放在一切考虑因素之首。

服务（service）是营销核心，服务的精髓在于以顾客为中心，通过全方位、个性化的服务，建立顾客忠诚度，促进企业的长期发展。

速度（speed）是指在服务过程中减少顾客等待时间，快速完成接待与办理的能力。快速响应不仅能提升顾客满意度，还能在单位时间内服务更多顾客，从而为企业创造更大价值。

诚意（sincerity）是指以真诚服务顾客，将顾客利益放在首位。企业只有以真情投入，才能感化顾客，赢得信任与支持，才能在激烈的市场竞争中脱颖而出。

2. 4S 营销理论的优缺点

4S 市场营销策略的主要优点在于建立起一种"消费者导向"，要求企业针对消费者满意度对产品、服务、品牌不断进行改进，以实现企业服务品质最优化和消费者忠诚度的提升。然而，实现消费者满意和树立独特品牌并非易事，这不仅需要企业决策层的引领，还依赖于全员参与和文化驱动。

（五）多赢理念：4V 营销理论

1. 4V 营销理论的内容

4V 营销理论由吴金明于 2001 年提出，该理论是一个综合性的营销理论，涵盖了产品、价格、促销等多个方面，主张同时运用差异化（variation）、功能

---

① 王知津，韩正彪，周鹏. 基于 4P4C4S 的市场营销竞争情报沙盘演练系统研究 [J]. 情报理论与实践，2013，36（04）：46，59 - 63.

化（versatility）、附加价值（value）、共鸣（vibration）等营销策略，帮助企业更好地满足消费者需求，提升品牌竞争力。其中，差异化（variation）强调企业应实施差异化营销，使自己与竞争对手区别开来，树立独特形象，同时也使消费者相互区别，满足消费者个性化的需求；功能化（versatility）要求产品或服务有更大的柔性，能够针对消费者具体需求进行组合；附加价值（value）是指通过提供额外的服务或产品特性来增加产品或服务的价值，提升消费者的购买体验；共鸣（vibration）则是要与消费者建立情感联系，使消费者产生共鸣，增强品牌忠诚度①。

2. 4V 营销理论的优缺点

4V 营销理论的优点在于提供了一个系统性和全面的分析框架，涵盖了市场环境、产品优势、渠道有效性、信息传递以及用户体验等多个方面，有助于企业全面考虑市场营销的各个关键要素。4V 营销理论中的四要素与企业核心竞争能力的三个条件完全相关，有助于企业形成并维持其产品或服务的独特性，形成完整的价值增值链与产业链。

4V 营销理论在应用上存在一定的局限性：一是该理论主要从企业角度出发，构建营销组合，而忽视了顾客需求和市场变化，导致对市场动态的反应不够敏捷，容易引发"营销近视症"。二是 4V 理论过分关注企业内部，而忽略了竞争对手的影响，使得企业在竞争中容易被模仿，难以维持差异化优势。三是 4V 理论在解释市场细节方面的能力有限，只能进行粗略的市场划分，无法深入分析市场的具体特征。四是它也没有充分考虑市场竞争中的其他关键要素，如质量、效率、稳定性和信誉度等。

（六）消费者注意力导向：4I 营销理论

在如今的网络环境中，信息的产生呈现大爆发状态，注意力成为稀缺资源，仅仅考虑用户的需求已经很难适应新的营销环境。吴胜、苏霞于 2012 年提出了网络营销的 4I 原则，即兴趣原则（interesting）、利益原则（interests）、互动原则（interaction）及个性化原则（individuality），4I 原则完全从用户角度出

---

① 吴金明. 新经济时代的"4V"营销组合［J］. 中国工业经济，2001（06）：70-75.

发，以吸引用户注意力为基本目标，符合注意力经济时代营销的基本要求①。

4I营销理论是一种以互联网为基础的营销策略模型，它强调从"以传播者为核心"转变为"以受众为核心"，是当下市场营销的最新模式，贴合网络等新媒体发展的前沿趋势，作为创新的理念具有很强的开放性，这一理论包含四个核心要素②：

趣味（interesting）：强调内容的吸引力和趣味性，使受众乐于参与和关注。在互联网这个"娱乐圈"中，广告和营销必须是娱乐化、趣味性的，以吸引消费者的注意力。

利益（interests）：企业要了解消费者的需求和利益点，并提供相应的产品或服务，以满足消费者的需求。营销活动如果不能为目标受众提供利益，将难以取得成功。

互动（interaction）：倡导双向交流，鼓励用户参与和反馈，形成活跃的互动环境。企业可以通过与消费者互动，建立品牌形象和忠诚度，并增加消费者的参与感和参与度。

个性（individuality）：企业应根据消费者的特点和需求，提供个性化的产品或服务，以满足消费者的独特需求。在营销中要突出品牌的个性，满足消费者个性化需求，让用户彰显个性。

4I营销理论的创新之处在于从全产业链角度分析市场营销活动的关键要素与必要条件，并系统阐述了营销主体、营销内容、营销方法与营销渠道间的内在联系③。为增强市场营销的影响力与辐射力，营销主体应依托多元立体的营销渠道打通买卖双方的互动通路④。

二、营销实践的发展历程

营销是指为满足客户需求而制定的包括市场调研、产品开发、定价、销

---

①④ 吴胜，苏霞. 出版社微博营销的"4I"原则［J］. 出版发行研究，2012（11）：50－52.

② 颜俪娟. 基于4I理论的重庆市区县图书馆运营策略研究［D］. 哈尔滨：黑龙江大学，2021.

③ 谢潘佳. 4I营销理论视域下公共图书馆代际阅读推广创新策略研究［J］. 图书馆工作与研究，2022（10）：116－123.

售、分销及宣传等一系列活动和策略，其核心目的是创造价值，并通过有效的沟通与客户建立良好的关系①。市场营销观念并非固定不变，它在特定经济基础上产生，并随着社会经济的发展和市场形势的变化而演变，先后经历了产品导向、消费者导向、价值导向及社会导向等阶段。

（一）以产品为中心的营销 1.0 时代

营销 1.0 时代，以产品为中心，是 20 世纪中叶 ~ 20 世纪 90 年代初的营销理念和实践，这一时期产品供不应求，企业更多关注的是产品的使用价值与差异化②。营销 1.0 时代的特征主要有：一是产品导向，企业将重点放在产品的功能、质量及技术上，认为只要产品良好，消费者自然会购买；二是过度依赖单向营销，营销信息主要通过广告和促销活动传递给消费者，缺乏互动性；三是忽视消费者反馈，未能细分市场，营销策略往往试图同时满足更多用户，导致信息和服务得不够精准；四是主要依赖电视、报纸、杂志等传统媒体进行宣传，营销活动多以价格折扣、赠品等直接刺激消费的方式为主；五是重视品牌形象，但因缺乏与消费者的深层次互动，消费者往往更多被动接受品牌，而非主动形成忠诚。

（二）以消费者为中心的营销 2.0 时代

随着市场竞争加剧和消费者意识的觉醒，逐渐催生了以顾客为中心的营销 2.0 时代。这一转变标志着企业的关注点从单纯的产品转向客户需求和体验。营销 2.0 时代以消费者为中心，强调理解、满足和超越消费者需求，通过双向沟通、个性化体验和高效的数据应用来提升品牌竞争力。这一转变反映了市场环境的变化和消费者权力的增强，为后续的营销 3.0 时代（以价值观和社会使命为核心）奠定了基础。以消费者为中心的营销 2.0 时代是对以产品为中心的营销 1.0 时代的演变和发展，通常被认为是在 20 世纪 90 年代 ~21 世纪初出现

---

① 王朝辉. 营销渠道理论前沿与渠道管理新发展［J］. 中央财经大学学报，2003（08）：64 –68.

② 黄新炎. 营销 3.0 时代与广告纪录片创作——以《横穿美利坚》为例［J］. 中国电视，2017（01）：65 – 68.

的一种营销理念。这个时代的特征是企业更加关注消费者的需求、心理和体验，强调与消费者之间的互动。

（三） 以价值观为中心的营销 3.0 时代

以价值观为中心的营销 3.0 时代是对以产品为中心的营销 1.0 和以消费者为中心的营销 2.0 的进一步发展。在营销 3.0 时代，企业以价值观为核心，视顾客为具有独立思想和精神内涵的个体，不仅关注产品的功能和使用价值，更重视企业在生产和销售中是否遵循共同利益，强调品牌与消费者之间的深层次连接[①]。营销 3.0 时代强调从产品和消费者转向人的整体价值。品牌的角色从单纯销售产品转变为推动社会进步和提升生活质量，通过价值传递、社会参与和情感联结，与消费者建立深层次且持久的联系。

（四） 以大数据、社群、分享、价值观为基础的营销 4.0 时代

营销革命 4.0 以大数据、社群、价值观营销为基础，是一种结合企业与用户线上和线下交互的营销方式[②]。其核心在于深刻洞察并精准满足客户的多元化需求，携手客户共同探索并实现其个人价值。这场革命植根于共享的价值观、无缝的连接体验、大数据的洞察力量、活跃的社区互动以及前沿的分析技术之上，旨在全方位、多层次地解决客户在购物旅程中的每一个细微需求。通过融合深度与广度的人本销售策略，营销 4.0 不仅重塑了客户体验，更将其提升至一个全新的高度，让每一次互动都充满温度与价值。

三、数字时代的新营销

（一） 新营销

数字时代，也被称作信息时代或网络时代，是由数字技术的飞速进步和互

---

① 黄新炎. 营销 3.0 时代与广告纪录片创作——以《横穿美利坚》为例 [J]. 中国电视, 2017 (01)：65 – 68.

② 菲利普·科特勒, 何麻温·卡塔加雅, 伊万·塞蒂亚万. 营销革命 4.0：从传统到数字 [M]. 王赛, 译. 北京：机械工业出版社, 2018：37.

联网的广泛渗透所驱动的社会转型期①。其特征是数字技术的普遍应用和互联网的深度渗透，改变了人们的生活方式、工作模式和沟通方式，同时为各行各业带来了前所未有的机遇与挑战。在数字经济浪潮中，消费者行为的数字化转型日益显著，其决策过程受多样化信息来源和社交媒体的深刻影响。消费者对个性化体验和即时满足的需求不断增长，这对市场营销策略提出了新的挑战。因此，为了适应这一新的消费环境，市场营销策略必须进行创新②。

在数字化时代，新营销理念应运而生，其核心在于内容创新与质量提升，旨在激发消费者的新需求并增强用户黏性。新营销着重于与消费者建立互动，通过关键意见领袖（KOL）和关键意见消费者（KOC）的影响力，以及用户生成内容（UGC）的传播，来吸引和塑造消费者行为③。它顺应数字化转型的潮流，利用社交媒体和数字技术与消费者建立联系，提供个性化的消费体验，并依托大数据和人工智能技术优化营销策略，提升营销的精准度和效率。

新营销不再局限于单一营销渠道，而是通过跨平台运营实现全渠道营销，同时注重私域流量的培养和转化，以增强用户忠诚度和提升复购率。此外，新营销通过直播电商和短视频内容吸引用户，提升用户体验，扩大品牌影响力，并促进产品销售。新营销还通过讲述品牌故事和文化价值，建立与消费者的情感联系，增强品牌认同。它积极采用人工智能（AI）、扩展现实（XR）等前沿技术，探索创新的营销手段和传播模式，并以全球视野推动中国品牌和文化走向国际市场。其核心目标是通过数字化手段更有效地与消费者建立联系，创造和满足市场需求，实现品牌的持续增长和市场竞争力的提升。

（二）数字营销

新营销是在数字化时代背景下应运而生的营销理念，它强调以消费者体验为核心，通过运用数字技术来加强与消费者的互动，以此吸引和保留客户。新营销不仅仅关注产品的推广，更重视创造与消费者之间的深度连接，满足他们

---

① 江小涓. 数字时代的技术与文化［J］. 中国社会科学, 2021（08）: 4 - 34, 204.

② 吴慧琳. 数字经济时代下的消费者行为变化与市场营销策略创新［J］. 知识经济, 2024, 692（28）: 51 - 53.

③ 李建伟. 新内容·新消费·新营销［J］. 传媒, 2024（07）: 21 - 23.

个性化的需求和期望。

数字营销（digital marketing）亦称为在线营销或网络营销，是新营销的重要组成部分，通过搜索引擎、社交媒体、移动应用、电子邮件等数字渠道推广产品和服务，旨在吸引、获取和维护客户[1]。其主要途径包括：一是利用数字技术的传统大众媒体，如数字电视；二是基于互联网技术与数字技术的网络媒体；三是基于移动通信网络的手机媒体和移动车载电视等[2]。随着消费者越来越多地在数字环境中进行互动和购买，数字营销已成为在现代营销不可或缺的一部分。它通过精准投放、数据分析和实时互动，提升营销效率和客户体验，同时借助人工智能、大数据等技术手段实现个性化营销。

数字营销并非要取代传统营销，而是与其相互补充、协同发展。在客户旅程的早期阶段，传统营销在提升品牌知名度和激发兴趣方面发挥重要作用；随着企业与客户互动的加深，数字营销的作用逐渐增强。

第二节　旅游传播与中国传统文化复兴战略

乡村旅游传播的发展能够促进乡村经济结构和农民收支方式的转变，同时促进我国乡村优秀传统民俗文化的传承。

一、乡村旅游中的传统文化资源

中国传统文化是指在中国历史上形成并传承至今的、具有鲜明民族特色的文化体系，它包括了思想观念、价值取向、道德规范、宗教信仰、文学艺术、科学技术、教育制度、风俗习惯、节日庆典、语言文字等多个方面。中华优秀传统文化是中华文明的智慧结晶和精华所在，是中华民族的根和魂，是我们在世界文化激荡中站稳脚跟的根基。

中国乡村所体现的传统文化主要包括以下几个方面：一是乡土建筑文化，

---

① 朱逸，赵楠. 数字营销的多重关键性面向 [J]. 商业经济研究，2021（15）：72-76.
② 姚曦，秦雪冰. 技术与生存：数字营销的本质 [J]. 新闻大学，2013（06）：33，58-63.

包括乡村的传统建筑，如古村落、古建筑群、祠堂、庙宇等，体现了乡村的历史变迁和建筑风格，是乡村文化的重要载体；二是农耕文化，包括传统的农耕技术、农耕工具和农耕习俗等，反映了乡村社会的生产方式和农民的智慧；三是手工艺文化，包括编织、陶艺、剪纸、年画等，这些技艺往往代代相传，体现了乡村社会的独特审美和创造力；四是节庆文化活动，如春节、端午节、中秋节等传统节日，以及各种地方性的节日和庆典活动，是传统文化的重要表现形式；五是饮食文化，包括地方特色菜肴、风味小吃等，不仅满足了人们的口腹之欲，更承载了乡村的饮食传统和文化记忆；六是民间艺术文化，包括民间歌舞、戏曲、曲艺等表演艺术，以及民间传说、故事等口头文学，可丰富乡村的文化生活；七是道德伦理观念，包括尊老爱幼、和睦邻里、勤劳节俭等传统美德，是乡村社会的道德基石；八是乡村非物质文化遗产，如传统音乐、舞蹈、戏剧、曲艺、杂技、民俗活动等，是乡村文化的重要组成部分。

这些传统文化元素为乡村旅游提供了丰富的内容和形式，也为游客创造了深入了解和体验中国传统文化的机会。乡村旅游的推广和发展，既促进了传统文化的广泛传播和认知，又为乡村经济的发展和乡村振兴战略的实施提供了有力支持。

二、乡村传统文化传播与复兴面临的问题

文化是一个国家和民族的灵魂。文化兴则国运兴，文化强则民族强。党的二十大报告强调，坚持和发展马克思主义必须同中华优秀传统文化相结合，并对增强中华文明传播力影响力提出明确要求。然而，当前乡村旅游大多仍处于传统阶段，尽管部分地区已开展文化旅游探索，但乡村文化资源和文旅项目开发仍处于初级阶段，对文化资源的传播与修复问题认识还不够，旅游中的文化传承与保护工作仍需加强。

（一）乡村文化存续危机

在现代化进程中，乡村传统文化的存续与变迁呈现出一系列复杂的问题。首先，随着工业化和城市化的快速发展，乡村地区的传统生活方式和文化模式

正遭受前所未有的冲击，这种冲击直接体现在物质文化遗产的消失上，如传统民居的拆除和现代建筑的替代，而这些传统民居不仅是历史的见证，也是乡村文化的重要载体。其次，节日民俗和民间艺术等非物质文化遗产也在逐渐失去其原有的社会功能和文化意义，面临着被边缘化甚至遗忘的风险。最后，乡村社会的组织结构和价值观念也在发生变化，村规民约和家风家训等民俗规范，曾是乡村社会秩序和道德规范的重要组成部分，但现在却面临着认同感的降低。

这种文化变迁的脆弱性，不仅关乎文化遗产的保护，也影响乡村社会的可持续发展。传统文化的消失会导致社区认同感的丧失，社会凝聚力的下降，以及地方特色的消失。而乡村文化的独特性和多样性是其吸引力和竞争力的重要来源，一旦这些文化特征消失，乡村地区可能会失去吸引外来投资和旅游发展的机会。

（二）乡村文化传承无以为继

农村传统文化和风俗习惯是社会文化与长期农耕生产生活方式相结合的产物，土地经济是其根基，村庄与人口的延续是其存在的必要条件。然而，在城镇化快速发展的背景下，农耕土地逐渐减少，农业生产被工业活动取代，人们的生活方式也随之发生变化，导致传统文化逐渐失去赖以生存的环境，同时，缺乏新文化元素的注入以及经济快速发展，使得人们对传统文化的兴趣减弱。劳动力向城镇转移造成人才流失，农村对优秀人才和青年的吸引力下降，传统风俗与文化的传承者减少，农村空心化进一步加剧了乡村传统文化的流失与传承困境。

（三）乡村文化修复意识不足

首先，财政资金的不足是制约乡村文化修复的重要因素。尽管国家对乡村振兴的投入不断增加，但资金主要用于基础设施建设，导致对乡村文化修复的投入相对较少。其次，农村地区的经济实力有限，地方政府在公共文化服务体系建设上的资金投入不足，难以满足乡村文化修复的需求。再次，乡村文化本身具有小众化的特征。在现代化和城市化的影响下，乡村文化逐渐被边缘化，农民对本土文化的认同感降低，认为乡村文化是落后的，从而缺乏对乡村文化修复的积极性和主体意识，难以形成传承和发展乡村文化的内生动力。最后，在乡村文化修复的实施过程中，存在诸多困难：一方面，农民对文化修复的认识不足，缺乏参与意识和主动性，导致乡村文化修复难以形成有效的社会参与机制；另一方面，乡村文化修复需要专业的规划和实施，但由于缺乏专业的人才和技术支持，许多乡村在文化修复过程中难以制定科学合理的方案。这些问题使得乡村文化修复的实施过程缓慢且效果不佳，进一步加剧了乡村文化修复意识的不足。

（四）乡村文化旅游品牌竞争力较弱

乡村文化旅游品牌竞争力较弱主要源于品牌化意识的缺失和系统化开发经营的不足。首先，许多乡村地区在发展文化旅游时，缺乏对品牌建设重要性的认识，导致品牌意识薄弱，如一些乡村在开发旅游产品时，没有注重品牌塑造和推广，导致其旅游产品在市场上缺乏辨识度和影响力。其次，乡村文化旅游的开发往往缺乏系统的规划和管理，导致旅游产品和服务质量参差不齐。最后，乡村文化旅游的经营管理模式较为落后，缺乏现代化的管理手段和专业的人才支持，如一些乡村在开发旅游项目时，缺乏对市场需求的深入研究和对资源的有效整合，使得乡村文化旅游难以形成有效的品牌体系和市场竞争力。

（五）乡村文化传播内容与需求不匹配

首先，新媒体技术虽然为乡村文化传播提供了新的平台和途径，但因缺乏因地制宜的传播策略，未能有效满足乡村文化的特殊需求；其次，乡村文化的传播内容呈现出碎片化的特点，难以将乡村特色文化的完整性和系统性展现出来，这种碎片化现象导致乡村文化的深层次精神内涵难以被全面理解和传播，影响了乡村文化的深度挖掘和有效传播；最后，乡村文化传播内容同质化严重，新媒体平台多追求流量和娱乐化，忽视了乡村文化的原生性和完整性，削弱了乡村文化的独特性和多样性，也限制了其在更广泛社会中的吸引力和影响力①。

① 刘姿均. 新媒体时代乡村文化传播的困境与对策［J］. 新闻传播，2021（07）：16－19.

三、乡村旅游传播的策略

哈罗德·拉斯韦尔（Harold Lasswell）于 1948 年提出的 5W 模式是传播学领域的一个经典理论框架，它包括五个基本要素：谁（who）、说了什么（says what）、通过什么渠道（in which channel）、对谁（to whom）、取得了什么效果（with what effect）①。这个模式为传播学研究提供了清晰的分析框架，并对广告、公关、媒体研究等多个领域产生了深远的影响。

乡村旅游传播中，"谁（who）"是传播主体，指的是旅游公司、政府机构、非营利组织或个人旅行者，他们通过各种方式（如社交媒体、博客、旅游指南）向目标受众传播关于旅游目的地的信息；"说了什么（says what）"是传播内容，包括地方文化、传统活动、自然景观、美食、住宿信息等；"通过什么渠道（in which channel）"是传播途径，如电视、广播、报纸、互联网、移动应用、旅游展会等；"对谁（to whom）"指的是信息的接收者，即乡村旅游潜在的旅游者、旅游爱好者、文化研究者等；"取得了什么效果（with what effect）"即传播后的结果，包括受众的认知、态度和行为变化，在乡村旅游中，这可能涉及旅游决策、目的地形象塑造、旅游收入增长等方面。

基于哈罗德·拉斯韦尔"5W"传播模式，乡村旅游传播策略包括以下几个方面：

一是明确传播目标。通过研究游客的人口统计特征（如年龄、性别、地理位置等）、心理特征（如旅行动机、价值观）和行为特征（如消费习惯、社交媒体使用）来细化目标市场。例如，针对年轻人的背包客、家庭游客、老年游客或蜜月旅行者进行划分；使用调研工具（问卷调查、深度访谈等）识别目标受众。同时，分析他们在社交媒体上的互动，了解他们偏爱的内容类型，如专业建议、亲身体验分享或视觉故事。

二是内容创新与优化。雇用专业的撰稿人和摄影师，创作有关住宿、餐饮、活动和景点的文章和视频素材，提供实用的信息（如"当地必吃美食

---

① 高海波. 拉斯韦尔 5W 模式探源［J］. 国际新闻界，2008（10）：37 – 40.

榜")以及动人的视觉展示；制定一个主题游（如"周末小镇游"或"极限运动探险"），并产生与之相关的内容，让潜在游客能够想象到他们的旅程如何融入自己的生活。

三是多样化传播渠道。将传统媒体（如报纸、杂志）与数字媒体（社交媒体、电子邮件）相结合，确保信息的统一性和连贯性，这种跨渠道的策略能够提升品牌的可见性和可信度；在小红书或抖音上发布高质量图片和视频，并鼓励用户使用特定标签分享自己的旅行经历，从而扩大品牌传播效果。

四是活动策划与体验营销。举办具有地方特色的旅游节庆活动，如冰雪节、美食节、文化节等，吸引游客参与和体验；设计具有吸引力的主题旅游线路和产品，如亲子游、自驾游、文化探索游等，满足游客的多样化需求；在旅游目的地设置互动体验环节，如VR体验、实景演出、手工艺制作等，增强游客的参与感和体验感。

五是跨界合作与资源整合。加强与地方政府的合作，争取政策支持和资金投入，共同推动旅游传播工作；与航空公司、酒店、旅行社等旅游产业链上下游企业合作，共同推广旅游产品和线路；与其他行业进行跨界合作，如文化、体育、农业等，通过联合举办活动或推出联名产品，拓宽传播渠道和受众范围。

六是口碑营销与品牌建设。通过提供高质量的旅游产品和服务，赢得游客的口碑和信赖，促使游客主动传播旅游目的地的优势和吸引力；通过科学有效的传播策划和营销活动，塑造旅游目的地的独特品牌形象，提升品牌知名度和美誉度。

七是数据分析与效果评估。利用大数据和人工智能技术，收集和分析游客的行为数据和反馈意见，为传播策略的优化提供数据支持；定期对传播活动的效果进行评估和总结，分析传播效果和市场反应，及时调整和优化传播策略。

四、乡村旅游传播助力传统文化复兴的路径

乡村是亿万农民生产劳作、安居繁衍的家园，为包括城市在内的社会文明系统提供衣食之源，又以乡规民约、淳风厚德深度影响制度文化、民俗文化和

观念文化①。中华民族五千多年的传统文化在很大程度上是由农耕经济主导的文化价值体系，农村对于中华文化的重要性不言而喻②。

"以文塑旅，以旅彰文"的文化和旅游融合发展理念，需要充分发掘中华优秀传统文化，通过现代转化手段，不断丰富文化产品和服务的供给类型和供给方式，并以旅游这种喜闻乐见的方式连接市场，将更多文化遗产、文化资源、文化要素转化为深受当下旅游者喜爱的产品和服务，进一步提升传统文化的吸引力和影响力③。旅游传播在传统文化复兴中扮演着重要角色，它不仅能够促进文化的传播和教育，还能够为文化的保护和创新提供支持，是实现文化可持续发展的重要途径。乡村旅游传播赋能中国传统文化复兴的路径主要包括以下几个方面：

（一）挖掘乡村传统文化价值，形成保护性开发理念

乡村传统文化作为农耕文明的传承和中华民族精神命脉，是乡村振兴的根基。乡村旅游在挖掘和保护传统文化方面发挥着核心作用，这对于赋能中国传统文化复兴至关重要。一是文化资源的法治化和数字化，通过建立完善的法律制度和利用现代技术手段，为非物质文化遗产提供法律保障，并建立非遗数据库和信息共享平台。二是加强乡村传统文化的教育与传播，将乡村传统文化融入课程教材，培养学生的文化认同感，同时激发乡村居民的文化自豪感，培养文化传承的接班人。三是推动文化与旅游产业的融合发展，依托乡村的自然资源和人文资源，打造具有文化内涵的乡村旅游产品，提升产品的附加值。通过这些措施，乡村旅游不仅为传统文化的传承注入新活力，也为乡村经济和文化繁荣带来新动力，对于维护文化多样性、增强文化自信以及推动乡村全面振兴具有重要意义。

（二）立足乡土特色，丰富农村文化的内容和形式

乡土特色不仅是乡村旅游的核心竞争力，也是传统文化复兴的重要载体。

---

① 李乐成，施真强. 湖北最美乡村：绿色幸福村［M］. 武汉：湖北人民出版社，2016：1.

② 傅才武，程玉梅. 文旅融合在乡村振兴中的作用机制与政策路径：一个宏观框架［J］. 华中师范大学学报（人文社会科学版），2021，60（06）：9－77.

③ 宋瑞. 文旅融合推动文化传承创新（创造性转化创新性发展纵横谈）［EB/OL］. http：//paper. people. com. cn/rmrb/html/2021－10/03/nw. D110000renmrb_20211003_1－08. htm，2021－10－03.

在发展乡村旅游时，应推进农旅融合、文旅融合，打造符合市场需求的独具特色的乡村旅游产品。一是从乡村文化资源中选择具有代表性和吸引力的特色标识，如文物古迹、传统村落、民族村寨等，让那些能够代表乡村的特色文化凸显出来。二是鼓励各地加强"中国民间文化艺术之乡"建设，塑造"一乡一品""一乡一艺""一乡一景"特色品牌，形成具有区域影响力的乡村文化名片，提升乡村文化建设品质。三是在保留乡村原真性的基础上，盘活文化资源，通过丰富农耕技术展示、民族文化传承与认同、红色主题教育等活动形式，充分展现乡土文化独特性和精神内核，从而促进文旅融合增值与增质，赋能传统文化复兴。

（三）创新宣传方式，扩大乡村文化影响力

乡村旅游的宣传方式创新对于赋能中国传统文化复兴具有重要意义。一是借助社交媒体和短视频平台，如抖音、微博、微信等，乡村旅游能够广泛触达受众，展示自然风光、文化活动和民俗风情，吸引用户关注和兴趣。二是与旅游博主、网红合作，借助其在旅游领域的广泛影响力，不仅能够吸引众多游客，还能有效传播和弘扬乡村传统文化，为传统文化的复兴注入新的活力。三是利用大数据和人工智能技术进行精准定位和个性化推荐，根据游客的兴趣和需求推送相关信息，提高宣传的针对性和有效性。四是跨界合作和内容创意，与电影、音乐、美食等产业合作，通过多样化的内容形式扩大乡村旅游的影响力，吸引更多领域的游客。通过创新乡村旅游宣传方式，加深人们对不同文化的认识和理解，促进文化多样性的保护和发展，为中国传统文化复兴提供强有力的支持和赋能。

（四）加强平台建设，助力乡村传统文化复兴

加强平台建设是乡村旅游传播中的关键策略，对于赋能中国传统文化复兴具有重要意义。首先，完善数字化基础设施，提升乡村地区的互联网覆盖率和通信服务水平，普及电子支付方式，为乡村旅游的数字化服务提供坚实的基础支撑。其次，创作与传播数字文化产品，通过动漫、游戏、数字艺术等多种形式，挖掘和活化乡村优秀传统文化资源。最后，利用旅游大数据平台实时监控

客流量、调配资源并监测网络舆情，提升乡村旅游管理及运营能力。通过加强平台建设，为乡村文化的保护、传承和创新提供有效的技术支持和市场平台，从而助力乡村传统文化复兴。

第三节　乡村意象现代重构与跨文化传播

一、乡村意象现代重构

乡村意象是乡村在长期的历史发展过程中在人们头脑里所形成的"共同的心理图像"，涉及乡村生活、自然景观、传统文化和人际关系等多层面，具有相应的"可印象性"和"可识别性"特点①。整体来看，乡村意象不仅仅是对乡村物理空间的描绘，更是一种文化和情感的表达，通常蕴含着对生命、自然与传统价值的深刻理解。

"乡村意象现代重构"指的是在当代背景下对传统乡村意象进行再思考、再设计和再表达的过程，不仅仅是物理空间或视觉形态的改变，更是一种内涵的深化②。通过这场重构，可以让乡村意象焕发新的生命力，使其在当代社会拥有更鲜活的表达和意义，同时激发城乡之间的互动和交流。包括以下几个方面：

（一）历史景观的现代诠释

一是数字化村落方志，利用数字化技术，如虚拟现实（VR）和增强现实（AR），重新诠释和展示村落的历史和文化，让乡村的历史景观在现代科技中焕发新生；二是互动式历史体验，开发互动式展览和体验项目，使游客能够以现代的方式参与到乡村历史的记忆与叙事中，增强历史景观的现代吸引力；三是文化记忆的创新传播，通过社交媒体、网络平台等现代渠道，传播乡村的历

---

① 熊凯. 乡村意象与乡村旅游开发刍议［J］. 桂林旅游高等专科学校学报，1999（03）：47.
② 梁君健，李晨晖. 形塑中国的乡村意象：农村题材纪录片叙事的主题与范式［J］. 中国电视，2023（05）：5-13.

史故事和文化记忆，让乡村意象在全球化背景下得到新的生命。

（二）自然史诗的现代表达

一是生态旅游与教育，结合现代生态旅游理念，开发教育性质的旅游项目，让游客在体验中学习自然保护和可持续发展的重要性；二是绿色生活方式推广，倡导和展示乡村绿色生活方式，如有机农业、绿色建筑等，将乡村的自然史诗与现代生活理念相结合；三是自然环境的现代保护，运用现代科技手段，如遥感监测、生态修复技术，保护和恢复乡村的自然环境，维护乡村意象中的自然史诗。

（三）现代乡愁的创新体验

一是民俗文化的现代传承，将传统民俗文化与现代艺术、设计相结合，创造新的文化产品和体验，让乡愁在现代文化中得到传承和发扬；二是乡愁情感的现代联结，通过现代通信技术和社交平台，连接远离乡村的人们与故乡，构建现代乡愁的新型情感纽带；三是时空穿越的现代设计，设计现代风格的乡村旅游项目，如主题民宿、现代艺术展览等，让游客在现代与过去的时空穿越中体验乡愁。

（四）乡村建设的现代发展

一是探索乡村振兴的现代路径，探索乡村发展的新模式，如乡村创业孵化、乡村电商等，将乡村建设与现代经济发展相结合；二是开展说服与倡导的现代实践，通过现代媒体和公共政策，倡导乡村的可持续发展和社会公正，提升公众对乡村发展的认识和支持；三是塑造新农村人的现代形象，展示他们在乡村建设中的创新和贡献，激发乡村发展的新活力。

二、跨文化传播

跨文化传播（cross-cultural communication），也称为跨文化交流或跨文化交际，是传播学的一个重要分支，其研究始于 20 世纪 40 年代后期，并在 20

世纪 70 年代末期逐步发展成为一门独立学科①。跨文化传播指不同文化之间以及处于不同文化背景的社会成员之间的交往与互动，这种交往与互动不仅涉及信息的传播与人际交往活动，还涵盖了各种文化要素在全球社会中流动、共享、渗透和迁移的过程。具体有以下内容：

（1）传播主体：跨文化传播的主体可以是个人、组织或国家，他们分别或共同参与到跨文化的信息传播与文化交流活动中。

（2）传播内容：传播内容广泛，包括语言、文字、符号、价值观、信仰、习俗、艺术、科技等各个方面的文化要素。这些要素在跨文化传播过程中被传递、接收、理解和适应。

（3）传播过程：跨文化传播是一个复杂的过程，涉及信息的编码、解码、传递、接收和反馈等多个环节。由于传播双方的文化背景、语言习惯、价值观念等存在差异，传播过程中容易出现误解、冲突和障碍。

（4）传播层次：一是日常生活层面的跨文化传播：主要指来自不同文化背景的社会成员在日常互动过程中的矛盾、冲突与解决方式。这种层面的传播更加贴近生活，具有更强的实践性和现实性。二是人类文化交往层面的跨文化传播：主要指基于符号系统的差异，不同文化之间进行交往与互动的过程与影响，以及由传播过程决定的文化融合、发展与变迁。这一层面的传播更多地关注文化间的相互影响和共同发展。

（5）传播影响：跨文化传播对不同群体、文化、国家乃至人类命运共同体都产生深远的影响。良性的跨文化传播有助于增进不同文化之间的理解和尊重，促进文化的多样性和繁荣；而不良的跨文化传播则可能加剧文化冲突和隔阂。

三、跨文化传播中的旅游实践

差异化的价值观以及由此衍生出的文化传统和道德规范并非抽象存在，而

---

① 单波. 跨文化传播的基本理论命题［J］. 华中师范大学学报（人文社会科学版），2011，50（01）：103－113.

是深刻地融入并体现在具体的文化形态和文化产品之中①。旅游是跨越地理空间的愉悦活动，旅游者在这一过程中扮演着文化承载者和传播者的角色，他们将客源地的语言、服饰、行为习惯和思想观念等文化"随身"携带至旅游目的地。由于旅游目的地不同旅游者的持续性到访，旅游客源地文化与旅游目的地文化相遇碰撞，使得多元文化得以交流、互动和影响，成为跨文化传播中的一个非常典型的现象。

相比于大众传播"媒介世界"的跨文化传播，以旅游为媒介的跨文化传播是一种直接接触"真实世界"的传播方式，是文化与文化之间、人与人之间亲身的、直接的、互动的、即时的、感知的交流与传播，其独特性在于其人与人交流的本质②。旅游作为一种跨文化传播的微观实践，使人们能够亲身体验和深入理解不同文化，从而促进文化多样性的保护与发展。它通过直接的人际交流和文化体验，加深了人们对不同文化的认识，成为促进跨文化传播和理解的重要途径。

在旅游目的地，旅游者与三类主要行为主体产生人际交往，这些互动构成了跨文化传播的核心：

一是旅游服务人员：他们与旅游者之间的互动最为频繁，直接关系到跨文化交流的质量和深度。旅游服务人员不仅提供交通、住宿、餐饮、游览、购物和娱乐等基本服务，而且在这些服务过程中，他们与旅游者之间的沟通交流体现了跨文化的职业性和商业性交际的特点。这些交流不仅是服务的传递，更是文化信息的传递和接收，促进了不同文化背景的旅游者对当地文化的理解和认识，同时也反映了旅游服务人员对多元文化的适应能力和跨文化沟通技巧。通过这些日常的、规范的互动，旅游服务人员成为跨文化传播的重要媒介，其行为和态度在无形中影响着旅游者对目的地文化的感知和评价。

二是当地居民：当地居民构成了旅游者互动的另一关键群体，这些互

---

① 董璐. 孔子学院与歌德学院：不同理念下的跨文化传播 [J]. 国际关系学院学报，2011 (04)：101 - 107.

② 李蕾蕾. 跨文化传播及其对旅游目的地地方文化认同的影响 [J]. 深圳大学学报（人文社会科学版），2000（02）：95 - 100.

动虽然通常是随机的，但却是深入了解和体验当地文化的重要途径，尤其是对于那些独立旅行的游客，他们更倾向于寻求与当地居民的深层次文化交流。在这些互动中，旅游者不仅能够获得关于目的地的实用信息，还能够通过直接对话和观察，感受到当地的生活方式、价值观和习俗，从而增进对当地文化的理解和尊重。这种跨文化的直接接触，有助于打破文化隔阂，促进不同文化之间的相互理解和欣赏，是旅游跨文化传播中不可或缺的一环。

三是其他旅游者：旅游者之间的互动，无论是通过语言沟通还是非语言的交流，都在无形中传播和展示了各自的文化特征，从而实现了文化的跨界传播和交流。这种跨文化的人际交往不仅丰富了旅游体验，也为旅游目的地带来了文化的多样性和活力。通过这种方式，旅游者不仅能够体验和学习其他文化，还能够在返回自己的文化环境后，成为文化交流的使者，进一步扩散和传播在旅游过程中获得的文化知识和经验。

旅游者在旅游目的地与三类主要行为主体的互动，形成了一个三角形的社会认知和交往关系网（见图 8－1）。这个网络揭示了旅游业发展中可能出现的多种跨文化交流形式，并对旅游目的地产生深远影响。这种互动关系，可以被视为旅游跨文化传播的一个缩影，它不仅反映了文化交流的多样性，也体现了跨文化交际的复杂性。在这个网络中，旅游者、服务人员、当地居民以及其他旅游者之间的每一次交流都是跨文化传播的一个实例，共同构成了旅游业中跨文化交流的丰富图景。

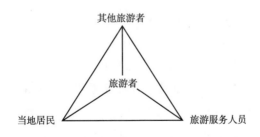

图 8－1　旅游目的地的跨文化交流三角结构

资料来源：李蕾蕾. 跨文化传播及其对旅游目的地地方文化认同的影响［J］. 深圳大学学报（人文社会科学版），2000（02）：95－100.

四、乡村意象现代重构助力跨文化传播的实践策略

乡村意象的现代重构通过乡村文化空间的重塑和乡村文化生态的现代治理转型，实现文化的现代化转型和创新发展。在对乡村意象进行重构的过程中，实施跨文化传播策略不仅有助于保护和传承乡村文化，还能在全球与地方的互动中，构建新的时空逻辑，促进乡村文化的全球传播和文化的共同繁荣。

（一）拓展数字化乡村文旅空间

在乡村意象现代重构促进跨文化传播的实践中，拓展数字化文旅空间是顺应数字化时代趋势、提升乡村文旅体验与传播效率的重要途径。

1. 创建虚拟现实（VR）与增强现实（AR）文旅体验平台

利用虚拟现实（VR）和增强现实（AR）技术，创建高度沉浸式的乡村文旅体验平台。通过 3D 建模、全景拍摄等手段，将乡村的自然风光、文化遗产、民俗活动等以数字化的形式呈现给游客。游客可以通过佩戴 VR 设备或使用手机、平板电脑等智能终端，在虚拟环境中自由探索乡村，体验农耕文化、参与民俗活动、观赏传统手工艺制作过程等，实现"身未动，心已远"的文旅体验。VR 与 AR 技术打破了物理空间的限制，为游客提供了全新的感知方式与互动体验，不仅丰富了乡村文旅的表现形式，还增强了文化传播的吸引力和感染力。

2. 构建数字化乡村文旅内容生态系统

构建集内容创作、分发、互动于一体的数字化文旅内容生态系统。通过整合乡村文化资源，创作高质量的数字化文旅内容，如短视频、直播、图文攻略、音频解说等，并依托社交媒体、在线旅游平台、自有 App 等渠道进行广泛传播。同时，鼓励用户生成内容（UGC），如游客分享的旅行故事、照片、视频等，形成内容共创与共享的良好氛围。通过内容生态系统的构建，实现乡村文旅信息的精准推送与个性化服务，提升游客的参与感与满意度。

3. 打造智慧化乡村文旅服务平台

运用大数据、云计算、人工智能等先进技术，打造智慧化乡村文旅服务

平台，整合信息聚合、智能推荐、在线预订、导览讲解、紧急救援等功能，为游客提供一站式、个性化的文旅服务体验。通过数据分析与挖掘，精准把握游客需求与行为特征，为乡村文旅产品的开发与优化提供数据支持。同时，通过智慧化平台实现与乡村管理部门的无缝对接，提升乡村文旅管理的智能化水平。通过数据驱动的决策与管理模式，实现了乡村文旅资源的优化配置与高效利用，为跨文化传播提供了更加坚实的技术支撑与平台保障。

（二）彰显象征性文化意义

在乡村意象现代重构促进跨文化传播的实践中，彰显象征性文化意义是强化文化认同、提升文化传播深度与广度的关键策略。

1. 挖掘并诠释文化符号的象征意义

深入挖掘乡村地区独特的文化符号，如传统建筑、民俗艺术、地方节庆等，通过学术研究、田野调查等方法，系统梳理其历史渊源、文化内涵及象征意义。运用现代传播手段，如纪录片、微电影、图文解说等，生动诠释这些文化符号背后的故事与意义，使这些文化符号得以跨越时空限制，向更广泛的受众群体传播，促进文化认同与共鸣，展现其在乡村社会结构与文化传承中的重要作用①。

2. 构建乡村文化地标与叙事空间

选取具有代表性和象征性的乡村景观、建筑或区域，作为文化地标进行重点打造。通过规划与设计，强化其文化特色与视觉冲击力，使之成为乡村意象的标志性符号。同时，围绕这些文化地标，构建富有叙事性的空间布局与游览路线，引导游客在参观过程中逐步深入了解乡村文化的历史脉络、精神内涵及象征意义。

3. 强化文化仪式的参与性与体验性

选择乡村中具有象征意义的文化仪式，如祭祀活动、传统节日庆典等，通过创新设计，增强其参与性与体验性。通过邀请游客参与仪式准备、表演或观礼等环节，使其亲身体验乡村文化的庄重与神圣，感受仪式背后所承载的价值

---

① 辛静，叶倩倩. 国际社交媒体平台中国文化跨文化传播的分析与反思——以 YouTube 李子柒的视频评论为例 [J]. 新闻与写作，2020（03）：17 – 23.

观与信仰体系。同时，结合虚拟现实（VR）、增强现实（AR）等现代科技手段，为游客提供更加沉浸式的文化仪式体验。通过强化文化仪式的参与性与体验性，使游客在亲身参与中感受到乡村文化的独特韵味与象征意义，提升文化传播的互动性与趣味性，拓宽乡村文化传播的影响力。

（三）丰富角色化文旅活动

在乡村意象现代重构促进跨文化传播的实践中，丰富角色化文旅活动是增强游客沉浸感、促进文化理解与传播的有效策略。

1. 设计沉浸式角色扮演体验

通过精心设计的角色扮演活动，让游客在乡村环境中扮演特定的历史或文化角色，如古代农民、传统手工艺人、地方戏曲演员等；同时融合丰富的文化元素与互动环节，如参与农事活动、学习手工艺制作、表演地方戏曲等，使游客在亲身体验中深入理解乡村文化的内涵与价值。通过构建具有故事性的文化场景和角色设定，引导游客在情感上投入并参与到文化叙事中，从而加深其对乡村文化的认知与情感连接。

2. 举办主题文化节与节庆活动

围绕乡村的特色文化、历史传统或自然生态，定期举办主题鲜明、内容丰富的文化节与节庆活动，包括民俗表演、农产品展销、手工艺市集、文化讲座与研讨会等，邀请当地居民、专家学者及游客共同参与，形成文化交流的盛会。通过多样化的活动形式，展现乡村文化的多样性与活力，强化乡村文化的标识性与认同感，促进文化的跨地域、跨群体传播与交流。

3. 开发文化体验教育项目

结合乡村的教育资源与文化特色，开发一系列面向不同年龄段与教育背景的文化体验教育项目，如乡村研学旅行、文化遗产保护教育、乡土知识普及课程等，通过实地考察、互动教学、实践操作等方式，让游客在参与中学习和传承乡村文化。同时，鼓励游客将所学知识与体验分享给更多人，形成文化传播的良性循环。

（四）连接多样化用户群体

在乡村意象现代重构促进跨文化传播的实践中，连接多样化用户群体是至关重要的一环，它要求我们不仅要识别并理解不同用户群体的需求与偏好，还要创新性地搭建桥梁，促进文化认同与交流。

1. 构建多维互动平台，促进文化共鸣

利用社交媒体、在线社区及虚拟现实（VR）、增强现实（AR）等数字化技术，构建线上线下融合的多维互动平台，展示乡村的自然风光、传统习俗与手工艺等静态文化元素，同时通过直播、短视频、互动游戏等形式，让用户深度体验乡村生活的动态魅力，激发其情感共鸣与文化兴趣。通过多渠道、多形式的传播手段，打破物理与心理界限，使不同文化背景的用户能在共同的文化语境下交流互动，促进文化的相互理解和尊重。

2. 实施定制化旅游体验，满足个性化需求

基于大数据分析，对游客的兴趣、偏好、行为模式等进行细分，提供个性化的旅游产品和服务。例如，为家庭游客设计亲子农耕体验、为文化探索者安排深度访谈与手工艺学习、为健康追求者打造乡村徒步与养生之旅等。通过精细化管理和个性化服务，实现旅游体验的差异化与定制化，有助于提升用户黏性和忠诚度，促进乡村旅游的可持续发展，进而有助于跨文化传播的广泛深入。

3. 促进社区参与，共建共享文化生态

鼓励并支持当地社区居民直接参与乡村旅游的开发与管理，包括作为导游、手工艺人、民宿主人等角色，使游客能够近距离感受真实的乡村生活与文化。同时，通过举办文化节、工作坊、交流论坛等活动，促进游客与居民之间的深度交流与互动，共同构建开放、包容、共享的文化生态。通过增强社区的主体性和参与感，不仅能够保护和发展乡村文化的多样性，还能促进游客对乡村文化的深层次理解与认同，形成跨文化传播的良性循环。

（五）体现乡村文旅服务价值

在乡村意象现代重构促进跨文化传播的实践中，体现乡村文旅服务价值是确保乡村文旅产业可持续发展、提升游客满意度与忠诚度的重要策略。

1. 强化社区参与与利益共享机制

构建以社区为核心的乡村文化旅游服务体系，对促进跨文化传播具有深远意义。强化社区居民在文旅产业发展中的参与度及话语权，能够显著提升乡村文旅服务的本土特色与真实性，进而增强社区居民的归属感和责任感，有力推动文化的传承与保护。通过系统的培训与教育，提升社区居民的服务技能与文化素养，使其能够直接融入文旅活动的组织、接待及解说等关键环节。此举不仅有助于实现旅游体验的差异化与定制化，还能深化游客对当地文化的认知与认同。同时，构建公平合理的利益分配机制也至关重要，确保社区居民能从文旅产业的发展中切实获得经济收益与社会福利，实现社区与游客的互利共赢。这种参与和利益共享机制的建立，有助于营造和谐的社区氛围，为乡村文旅产业的可持续发展奠定坚实基础，并为跨文化传播提供更加多元且深入的实践路径。

2. 注重文化保护与传承的融入

在乡村文旅服务中，文化保护与传承是核心价值所在。为此，必须制定严格的文化保护政策与措施，以确保乡村文化遗产得到有效保护和合理利用。文旅活动的每个环节都应融入文化传承，例如，通过展示传统手工艺、举办民俗表演和文化讲座等，让游客在亲身参与中体验乡村文化的独特魅力和深厚价值。这种深度融合不仅促进了乡村文化的传承与发展，也提升了乡村文旅服务的文化品质和内涵。同时，这种以文化为核心的服务模式有助于塑造具有独特文化特色的乡村文旅品牌，为跨文化传播提供了丰富多元的资源和内容，进一步推动了文化的全球交流与理解。

第四节　乡村旅游创意营销数字化

旅游经济是典型的符号经济、特色经济、注意力经济。在消费社会中，随着旅游产业的发展，区域旅游竞争日趋激烈，在纷繁变幻的旅游信息大潮面前，通过新颖独特的创意来塑造符号价值、吸引游客眼球，就显得更为重要。优秀的旅游创意，不仅可以开发出更具吸引力的旅游产品，而且可以通过新颖的促销理念和手法，使原有旅游产品重新焕发出青春活力，起到点石成金、事半功倍的效果。从某种程度上讲，创意已经成为旅游营销最关键的内核。信息传递及流通是旅游业生存和运转的根基，它贯穿于旅游业发展的整个过程①，数字化技术的发展为乡村旅游信息传递及流通提供了新的工具和平台。本节将探讨数字化创意营销在乡村旅游中的应用，以及如何通过数字化创意营销提升乡村旅游的市场竞争力。

一、乡村旅游创意营销

（一）旅游创意营销的内涵

美国微软的比尔·盖茨有一句著名的话："创意具有裂变效应，一盎司创意能够带来无以数计的商业利益、商业奇迹"②。创意营销是营销策划人员精心设计、执行的一系列策略，旨在通过巧妙的资源整合和创新手段，实现销售业绩的显著提升③。这种营销方式以其高效的投入产出比，能够为企业带来超出预期的丰厚回报，通过创意营销的实施，市场得以迅速扩张，企业利润实现成倍增长。创意营销涉及的范畴不仅限于产品策略的创新，还涵盖了品牌创意、广告宣传创意以及企业形象创意等多个方面④。

在《旅游景区营销》一书中，刘锋和董四化将策划学视为景区营销的理论基石，强调策划学在塑造景区概念、卖点、亮点和兴奋点几个方面的核心作用，并在实战篇中提出景区营销 36 计，标志着旅游创意营销思想的初步形成⑤。

从营销实践的角度来看，旅游创意营销包括人文精神、技术平台、文化创意三个方面的要素⑥。企业在进行创意营销时要考虑旅游者的真实需求、商业

---

① 吴倩，邢希希. 基于舆情大数据的贵州旅游创意营销路径研究——以黄果树瀑布景区为例 [J]. 价格月刊，2019（10）：5－82.

② 高丽娜. 从创造到意义——基于观念更新的文化创意产品研究 [J]. 美术研究，2019（03）：122－123.

③ 谷学强，秦宗财. 竖屏时代抖音短视频创意营销传播研究 [J]. 新闻爱好者，2020（09）：65－67.

④ 古广胜. 论文化旅游产业中的创意营销 [J]. 生态经济，2012（08）：93－98.

⑤ 刘锋，董四化. 旅游景区营销 [M]. 北京：中国旅游出版社，2006：1.

⑥ 谭业. 旅游隐性营销：新时代的旅游营销理念变革 [J]. 经济地理，2013，33（09）：184－187.

道德和社会影响，体现人类共同的追求。借助互联网络的力量，充分运用第五代媒体和社会化媒体，促进信息传播，提出新颖独特、关联度高、感召力强、有操作性的主题概念，引起游客注意和兴趣。

（二）乡村旅游创意营销的关键点

首先，在通过大数据、智能数据准确抓住目标用户并对其精确画像的基础上，以好的内容，借助对的事件和有力量的故事吸引用户主动点击、分享甚至参与再创造①。所谓好的内容，就是要与用户的三观相契合，能够使之产生共鸣和认同；既不能停留在简单罗列产品信息，也不能单方面强制性地灌输某种观念。同时，好的内容还需有好的形式和手段配合，巧妙借用最新社会事件与话题、围绕品牌讲述有趣且极具力量的故事，以独特、鲜活吸引用户。

其次，在数字时代背景下，乡村旅游营销创意中技术的应用变得尤为重要，特别是 AR、VR、AI 等高新技术的大胆尝试和恰当选择，能够在关键时刻显著增强乡村旅游营销活动的吸引力和效果。这些技术不仅能为优质内容的展示提供更广阔的平台，也能为游客带来逼真、生动的体验，使游客仿佛身临其境，难以忘怀。这种深度沉浸式的感受与体验，不仅促进游客主动接受相关信息，还能激发他们进一步分享和再创作。通过这种全方位的感官刺激，游客能够更深刻地体会乡村的文化底蕴，从而提升参与度和满意度。这种技术驱动的营销策略，不仅提升了乡村旅游的吸引力，也为乡村文化的传播和乡村振兴注入了新的活力。

最后，在数字营销时代，乡村旅游创意营销的核心在于多方参与的"共同创意"和"协同创意"，这不仅涉及政府、企业，也包括社区居民和旅游者②。品牌不再是一个单一的、完整的形象，而是一幅需要消费者参与完成的画卷，消费者的参与不仅限于接收信息，他们通过分享和再创作，成为品牌传

---

① 阮卫. 互动·自动·变动：数字时代广告营销的创意特质 [J]. 学习与实践，2017（12）：135-140.

② 沈虹. 缘起"协同"——论"协同创意"的理论渊源 [J]. 广告大观（理论版），2013（04）：74-81.

播的重要力量，共同塑造品牌形象，这种深度的参与和体验，能够激发游客对相关信息的主动接受，并促进他们进一步的分享和创作，从而实现品牌与消费者之间的互动和共鸣①，有助于提升品牌的活力和市场竞争力。

二、数字时代乡村旅游营销新变化

根据中国互联网数据中心（DCCI）提出的 SICAS 模式，消费者的旅程从品牌感知（sense）开始，经历兴趣与互动（interest & interactive），进一步与品牌建立连接和沟通（connect & communication），最终导致行动与购买（action），并分享体验（share），这一模式取代了传统的 AIDMA 和网络时代的 AISAS 模式，反映了消费者行为的数字化转型②。这一转型也带来了旅游目的地营销环境的一系列显著变革：

（一）信息获取的即时性与便捷性

移动互联网使得旅游信息的获取和分享变得极为便捷和即时。旅游者可以随时随地通过智能手机访问旅游目的地的最新信息，无论是在工作间隙、用餐时、通勤中还是休闲时刻。这种即时性不仅提高了信息的时效性，也使得旅游决策更加灵活和即时。旅游目的地能够通过移动应用、社交媒体等平台，实时推送优惠信息、活动更新和紧急通知，从而吸引和留住旅游者。

（二）营销对象的个性化与定制化

随着大数据和人工智能技术的应用，旅游目的地能够根据旅游者的行为和偏好提供个性化的营销信息。这种个性化的营销策略能够更精准地满足旅游者的需求，提高营销的有效性。通过分析旅游者的历史行为、搜索习惯和反馈，旅游目的地可以定制化推广活动，提供专属优惠，从而增强旅游者的满意度和忠诚度。

---

① 沈虹. 互动网络营销传播的创意研究 [J]. 广告大观（理论版），2011（05）：38-47.

② 潘建林，汪彬，董晓晨. 基于 SICAS 消费者行为模型的社交电商模式及比较研究 [J]. 企业经济，2020，39（10）：37-43.

（三）营销过程的互动性与参与性

搜索引擎的普及和搜索引擎优化（SEO）、搜索引擎营销（SEM）的应用使得消费者能够轻松地搜索和分享信息，能够直接与旅游目的地进行沟通和反馈。这种双向互动不仅增强了旅游者的参与感，也为旅游目的地提供了宝贵的客户反馈，用于改进服务和营销策略。旅游者可以通过评论、评分和分享等方式参与到旅游目的地的营销活动中，这些用户生成内容（UGC）对其他潜在旅游者的决策有着重要影响。

（四）营销内容的内容化与故事化

在移动互联网时代，内容成为吸引和留住旅游者的关键。高质量的图片、视频和故事叙述能够更好地吸引旅游者的注意力，提升旅游目的地的吸引力。旅游目的地需要创造有吸引力的内容，讲述独特的故事，以区别于竞争对手。通过内容营销，旅游目的地可以展示其文化、历史、自然景观和活动，从而激发旅游者的好奇心和探索欲。

（五）营销渠道的多样化与本地化

旅游目的地的营销不再局限于单一渠道，而是需要整合线上线下多个渠道，包括社交媒体、搜索引擎、移动应用等，以实现全方位的品牌曝光和客户接触。同时，移动互联网使得旅游目的地能够更好地展示其本地特色和文化，吸引寻求独特体验的旅游者。本地化的营销策略有助于突出目的地的独特卖点，提升旅游者的旅游体验。通过整合不同渠道和强调本地特色，旅游目的地可以在激烈的市场竞争中脱颖而出。

三、乡村旅游创意营销数字化的实践路径

在大数据、云计算、物联网、人工智能、区块链、第五代移动通信网络技术应用日益成熟的时代背景下，乡村旅游创意营销数字化成为驱动乡村旅游高质量发展的重要引擎。与此同时，国家与时俱进地提出了乡村振兴、数字乡村

建设战略,从顶层设计层面为乡村旅游数字化创意营销保驾护航。乡村旅游数字化创意营销既是一种转型的现实诉求,也是破解乡村旅游供需矛盾的关键举措。当前,我国乡村旅游产业正处于历史发展的关键期,以数字技术为抓手探寻数字赋能产业创新及营销的实践路径对实现乡村旅游高质量发展具有现实意义。

(一) 乡村旅游创意营销数字化的内涵

乡村旅游创意营销数字化是指运用数字化技术和创意理念,对乡村旅游产品进行包装和推广,以吸引游客关注和参与的一种营销方式①。其核心在于将乡村旅游的自然风光、民俗文化、特色产品等资源与数字化技术相结合,创造出独特、新颖、有趣的营销内容和形式,从而激发游客的兴趣和购买欲望。数字化创意营销具有以下特点:

一是精准性。通过大数据分析游客的年龄、性别、兴趣爱好、消费习惯等信息实现精准营销,将营销信息推送给最有可能感兴趣的游客群体,提高营销效果和转化率。例如,针对年轻游客群体,可以推送包含时尚元素和互动体验的乡村旅游产品信息;而针对中老年游客,则可以推送注重健康养生和休闲放松的乡村旅游项目。

二是互动性。创意营销数字化强调与游客的互动交流,通过社交媒体、在线平台等渠道与游客建立良好的沟通关系,及时了解游客的需求和反馈,不断优化旅游产品和营销策略。例如,在乡村旅游的官方微信公众号或微博上,游客可以留言评论、分享自己的旅游体验和建议,乡村旅游经营者则可以根据游客的反馈调整营销内容和产品设计,实现双向互动。

三是创新性。创意营销数字化通过不断创新营销方式和手段吸引游客的注意力和兴趣。例如,可以运用虚拟现实(VR)、增强现实(AR)等技术,为游客提供沉浸式的乡村旅游体验;或者通过创意短视频、趣味游戏、互动直播等形式,让游客在娱乐中了解乡村旅游的魅力,增加游客的参与度和黏性。

---

① 马婧杰. 自媒体时代我国乡村旅游国际营销模式构建 [J]. 社会科学家,2020 (12):49 - 53.

（二）乡村旅游数字化创意营销的实践路径

1. 深挖乡村特色文化，打造数字化创意产品

一是挖掘文化内涵：深入挖掘乡村旅游地的历史文化、民俗风情、传统技艺等特色文化资源，提炼出具有代表性和吸引力的文化元素。例如，在具有悠久历史的古村落中，可以挖掘其建筑风格、传统节庆、民间传说等文化内涵，将其作为创意营销的基础。

二是文化数字化呈现：将挖掘出的文化元素通过数字化手段进行呈现和包装，打造具有创意的数字化产品。例如，可以制作成精美的数字画册、互动电子书、文化纪录片等，让游客通过数字化设备深入了解乡村旅游的文化内涵。同时，还可以开发具有文化特色的数字文创产品，如以当地民俗为灵感设计的数字艺术品、虚拟纪念品等，增加游客的购买欲望。

三是融合旅游体验：将数字化创意产品与乡村旅游体验相结合，提升游客的参与度和体验感。例如，在乡村旅游景区内设置数字化互动体验区，游客可以通过触摸屏幕、虚拟现实设备等与数字化创意产品进行互动，如模拟参与当地的传统手工艺制作、体验民俗游戏等，让游客在体验中感受乡村文化的魅力。

2. 构建多元化的数字化营销渠道

一是社交媒体营销：充分利用微信、微博、抖音、快手等社交媒体平台，建立乡村旅游的官方账号，定期发布具有创意和吸引力的营销内容。例如，在微信公众号上发布乡村旅游的最新资讯、旅游攻略、游客故事等；在微博上发起与乡村旅游相关的热门话题，吸引网友关注和参与讨论；在抖音和快手等短视频平台上发布创意短视频，展示乡村旅游的美景、美食、民俗等，吸引游客的眼球。

二是与在线旅游平台合作：与携程、去哪儿、马蜂窝等在线旅游平台建立合作关系，将乡村旅游的产品信息和优惠活动发布到平台上，借助平台的流量和用户基础，扩大乡村旅游的知名度和影响力。同时，还可以通过平台收集游客的评价和反馈，及时了解游客的需求和体验情况，不断优化旅游产品和服务。

三是搜索引擎营销：通过搜索引擎优化（SEO）和搜索引擎营销（SEM）等手段，提高乡村旅游在搜索引擎中的排名和曝光度。例如，针对乡村旅游的

关键词进行优化，让游客在搜索相关旅游信息时能够更容易地找到乡村旅游的网站和内容；同时，还可以投放搜索引擎广告，精准触达潜在游客。

3. 培养专业的数字化营销人才

一是加强培训教育：组织开展乡村旅游数字化营销人才的培训教育，提升从业人员的数字化营销能力和水平。培训内容可以包括数字化营销理论知识、自媒体运营技巧、数据分析与应用、创意内容制作等。例如，邀请数字化营销领域的专家举办讲座和培训，分享成功的乡村旅游数字化营销案例和经验；还可以组织从业人员参加相关的线上课程和培训项目，提高其专业技能。

二是建立人才激励机制：制定合理的薪酬待遇和晋升机制，吸引和留住优秀的数字化营销人才。对于在数字化营销工作中表现突出的员工给予奖励和晋升机会，激发员工的工作积极性和创造力。同时，还可以为员工提供更多的学习和成长机会，如参加行业交流会、培训研讨会等，帮助员工不断提升自身的专业素养和业务能力。

三是组建专业团队：组建一支专业的乡村旅游数字化营销团队，负责乡村旅游的数字化营销策划、内容制作、渠道运营等工作。团队成员应具备多方面的专业技能，如市场营销、创意设计、数据分析、技术开发等，能够协同合作，共同推进乡村旅游的数字化创意营销工作。

4. 加强数据分析与应用

一是数据收集与整合：通过各种渠道收集与乡村旅游相关的数据，包括游客的个人信息、消费行为数据、旅游偏好数据、在线互动数据等。同时，还需要整合乡村旅游的运营数据，如游客接待量、旅游收入、产品销售情况等，建立全面的乡村旅游数据资源库。

二是数据分析与挖掘：运用数据分析工具和方法，对收集到的数据进行深入分析和挖掘，了解游客的需求、行为特征和市场趋势。例如，通过分析游客的消费行为数据，可以发现游客的消费偏好和购买习惯，为乡村旅游的产品设计和营销策略提供依据；通过分析在线互动数据，可以了解游客对乡村旅游的评价和反馈，及时调整营销内容和方式。

三是数据驱动决策：将数据分析的结果应用于乡村旅游创意营销数字化决策中，提高营销的精准性和有效性。例如，根据数据分析得出的游客需求和市场趋势，制定针对性的营销策略和产品推广方案；根据数据分析的结果，优化乡村旅游的营销渠道和内容，提高营销的转化率和投资回报率。

第五节　乡村旅游形象重塑与数字传播

一、旅游形象的概念

旅游形象是某一区域内外公众对旅游地总体的、抽象的、概括的认识和评价，它是旅游区的历史、现实与未来的一种理性再现①。吴必虎认为，旅游形象是旅游者对某一旅游地的总体认识和评价，是对区域旅游内在的和外在的精神价值进行提升的无形价值②。

旅游目的地形象是旅游形象的一个具体化表现，旅游目的地形象的塑造和管理是旅游形象构建的重要组成部分。亨特于 1971 年从营销传播的角度将旅游目的地形象定义为旅游者获得的有关旅游目的地信息在旅游者心目中形成的综合性感知评价③。冈恩根据旅游者在到达旅游目的地前后所形成的旅游感知形象概括为原生形象和诱导形象，原生形象是旅游者还未到旅游目的地之前通过媒体、书籍、网络等渠道获取信息所形成的对旅游目的地的初步印象，诱导形象是旅游者到达旅游目的地后通过实地体验和互动所形成的实际感知④。

马勇与李玺教授将旅游地形象划分为历史形象、现实形象和未来发展形象三部分，历史形象包括政治、经济、文化等方面的成就与地位；现实形象则反映当前的经济环境、文化底蕴、区位条件、管理水平、传媒形象等；发展形象则涉及战略思想、战略目标、战略重点、战略布局、基础设施、教育科技、政治社会、资源环境等⑤。影响旅游形象的因素主要包括旅游吸引物、地脉与文

---

① 石培基，李先锋．旅游形象传播研究［J］．西南民族大学学报（人文社科版），2006（08）：212－214.

② 吴必虎．旅游规划原理［M］．北京：中国旅游出版社，2010：182.

③ Hunt J. D. Image：Afactorintourism［D］．Colorado：Colorado State University，1971.

④ Gunn，C. A. Vacationscape：designing tourist regions［M］．New York：Van Nostrand Reinhold，1988：208.

⑤ 马勇，李玺．旅游规划与开发（第五版）［M］．北京：高等教育出版社，2023：182.

脉、旅游者偏好及目的地各类主体行为。旅游资源等级及其组合成的产品是游客的核心需求与感知对象；地脉与文脉作为旅游形象的理念基础和核心，是旅游地地方性的集中表征；旅游者的旅游偏好是目的地依据市场选择定位形象的重要依据；目的地政府、企业、员工、居民等主体的行为对游客影响显著①。

二、乡村旅游形象的形成与重塑

(一) 乡村旅游形象的形成

从传播的角度，旅游目的地形象具体包括：一是旅游服务形象，主要包括旅游从业人员的素质、旅游景点的服务、一般接待服务等，是旅游者了解和认识目的地的窗口；二是居民形象，是旅游形象塑造的重要组成部分，包括居民的言谈举止、待人接物、文明素质、旅游意识、整体精神风貌等；三是政府形象，是旅游目的地形象的代表，主要体现在旅游节事活动的策划与组织、旅游市场的调研、旅游活动的宣传与推广、旅游政策的制定与实施、有关部门的日常效率等。

旅游形象的形成过程也是人们对所有有关该旅游目的地的旅游服务、居民、政府等信息在脑海中对其的印象、感知进行加工、甄别、排列、整理的信息处理过程。旅游目的地形象的形成可以分为三个阶段，即旅游目的地初始印象阶段、深入印象阶段和实际印象阶段。

初始印象阶段：人们在日常生活中，通常对旅游目的地有一定的了解，该了解建立在所受教育、文化背景，日常交谈及报纸、电视、广播等非主动查找、被动接收的信息的基础上而对该旅游目的地产生的初始印象。

深入印象阶段：人们产生旅游动机之后，确定旅游目的地之前，必然会深入了解和考虑各旅游目的地，会主动查阅有关的旅游宣传册、广告、图片，或去旅行社咨询，听取去过该地的亲朋好友的介绍，积极了解该旅游目的地风土人情、习俗、物价、住宿、饮食、交通等旅游设施情况，在此信息查找基础之上，形成一个比上一阶段全面和深入的旅游目的地形象。

① 马勇，李玺．旅游规划与开发（第五版）[M]．北京：高等教育出版社，2023：183-184.

实际印象阶段：人们在实际游历、使用过该旅游地的各项设施、服务和产品之后，对旅游目的地形成一个完整、清晰的形象。

（二）乡村旅游形象的重塑

从传播学的角度出发，旅游形象是一种外化形态的、人们设计创造的、可传播的符号系统，其构成体系主要包括景观形象、设施形象、行为形象、环境形象和文化形象等内容①。TDIS（tourism destination identity system）是旅游目的地形象识别系统的简称，它包含了对旅游区的整体形象进行策划、设计、传播和维护的一系列活动，包括理念识别系统 MIS（mind identity system）、行为识别系统（BIS）（behavior identity system）、视觉识别系统（VIS）（visual identity system）及其它识别系统②，如图 8-2 所示。

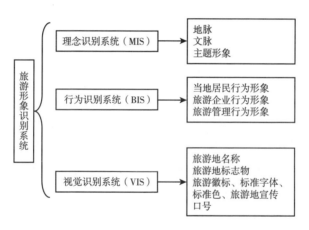

图 8-2　旅游形象识别系统

乡村旅游形象的重塑是一个多维度、综合性的过程，包括主题定位、旅游产品、基础设施、宣传推广、生态保护、社区参与和专业人才等多个方面的提升，旨在提升乡村旅游的吸引力和竞争力。以下是基于 TDIS 旅游形象系统的重塑策略：

---

① 石培基，李先锋. 旅游形象传播研究［J］. 西南民族大学学报（人文社科版），2006（08）：212-214.

② 马艳利，刘丽. 基于 TDIS 战略的乡村旅游目的地形象塑造研究——以常熟市蒋巷村为例［J］. 资源开发与市场，2009，25（07）：652-654.

1. 理念识别系统（MIS）重塑

（1）明确核心理念：确立乡村旅游地的核心价值和理念，如"自然和谐、乡土文化、田园生活"等，这些理念应体现乡村旅游的独特性和吸引力，同时注重可持续发展。

（2）提炼形象口号：设计一系列反映乡村旅游核心理念的形象口号，如"回归自然，体验乡愁""走进田园，品味生活"等，用于广泛传播和深入人心。

（3）构建形象体系：形成多层次、多维度的乡村旅游形象体系，包括一级理念、二级理念和具体宣传口号，确保各层次之间相互呼应、相互支持。[①]

2. 行为识别系统（BIS）重塑

（1）内部行为识别：加强村民对乡村旅游地理念的认识和认同，提升村民的文明素养和服务意识，使其成为乡村旅游形象的重要代表；优化乡村旅游地的管理体系，提高管理效率和服务质量，树立良好的管理形象；加强旅游从业人员的培训和管理，提供优质服务，让游客感受到温馨、舒适、专业的旅游体验，提升服务形象。

（2）外部行为识别：定期举办具有地方特色的旅游节庆活动，如丰收节、民俗节等，增强乡村旅游的吸引力和影响力；与周边景区、旅游企业建立合作关系，共同推广乡村旅游产品，拓宽市场渠道；利用新闻媒体、网络平台等渠道进行广泛宣传，邀请知名人士、旅游博主等参观体验，提升乡村旅游的知名度和美誉度。

3. 视觉识别系统（VIS）重塑

（1）核心地段设计：对乡村旅游地的核心地段进行重点设计，包括第一印象区、最后印象区、光环效应区和地标区等，打造独特的视觉形象。设计标准徽标、标准字体、标准色等视觉元素，并在旅游指南、宣传资料、旅游纪念品等中广泛应用，形成统一的视觉风格。

（2）视觉符号传播：制作高质量的旅游宣传片、宣传画册等，通过视觉符号直观地传达乡村旅游地的形象信息。利用旅游景区的指示牌、路牌、导游图等公共设施，设置统一的视觉符号，方便游客识别和引导。

---

① 石培基，李先锋．旅游形象传播研究［J］．西南民族大学学报（人文社科版），2006（08）：212-214.

（3）旅游纪念品设计：开发具有地方特色的旅游纪念品，如手工艺品、农产品等，并在设计中融入乡村旅游地的视觉元素，增强游客的购买欲望和纪念意义。

4. 整体策略实施

（1）统筹规划：制定详细的乡村旅游形象重塑计划，明确目标、任务和时间表，确保各项策略有序推进。

（2）资源整合：整合政府、企业、社区等多方资源，形成合力，共同推进乡村旅游形象的重塑工作。

（3）持续监测与评估：建立乡村旅游形象重塑的监测与评估机制，及时了解游客反馈和市场变化，对策略进行调整和优化。

三、乡村旅游形象传播的必要性

良好的旅游目的地形象是旅游业发展的无形资产，它对内能够激发目的地居民的自豪感、认同感和凝聚力，促进目的地物质文明和精神文明的健康发展；对外可以增强旅游的吸引力和感染力，保持和拓展客源市场，增强目的地的竞争力。然而，要想在激烈的旅游市场竞争中脱颖而出，仅仅依靠优质的旅游资源是远远不够的。乡村旅游形象传播作为连接旅游资源与游客需求的关键纽带，对乡村旅游发展至关重要。旅游产品不仅是旅游地形象的重要载体，更是决定游客是否选择前往的关键因素。接下来，我们将从乡村旅游产品的特征出发，深入探讨乡村旅游形象传播的必要性。

（一）乡村旅游产品综合性与形象传播的整合效应

一个旅游目的地的旅游产品是旅游目的地为满足旅游者的需要而提供的各种接待条件和服务的总和①。乡村旅游产品的综合性要求形象传播能够全面展示其多元化的旅游要素，使游客可以对乡村旅游的各个组成部分，如自然景观、民俗文化、餐饮住宿等，有一个整体的认知。这种整合性的传播方式能够

---

① 李天元，张朝枝，白凯. 旅游学（第四版）[M]. 北京：高等教育出版社，2019：205.

帮助游客在心理上构建起一个完整的乡村旅游体验预期，从而增强其对乡村旅游的兴趣和选择意愿。例如，通过宣传片展示乡村的四季变化、特色美食制作过程以及丰富的文化活动，游客能够感受到乡村旅游的丰富内涵和独特魅力，进而激发其前往旅游的欲望。

（二）乡村旅游产品无形性与形象传播的具象化作用

由于乡村旅游产品的无形性，游客在购买前难以直观感知其价值和体验效果。形象传播通过图片、视频、文字描述等具象化的手段，将无形的旅游产品转化为可视、可感的信息，弥补了游客在购买前无法直接体验的不足。通过形象传播，游客可以提前对乡村旅游的自然美景、文化氛围、服务设施等有一个直观的认识和期待，降低了购买风险，增强了购买信心，提高了旅游产品的吸引力和竞争力。

（三）乡村旅游产品不可转移性与形象传播的吸引作用

乡村旅游产品的不可转移性意味着游客必须亲自前往目的地才能体验到旅游产品。形象传播在这一过程中起到了至关重要的吸引作用，它能够将旅游目的地的独特魅力和优势信息传递给潜在游客，激发他们的旅游兴趣和动机。通过形象传播，游客可以在心理上对旅游目的地产生向往和期待，从而促使他们做出前往旅游目的地的决策。此外，形象传播还能够帮助游客了解旅游目的地的交通、住宿、餐饮等信息，为他们的旅游行程提供便利和指导，使游客更愿意选择乡村旅游。

（四）乡村旅游产品不可储存性与形象传播的持续推动作用

旅游产品的不可储存性要求乡村旅游必须通过持续的形象传播来吸引游客，以保证旅游产品的价值得以实现。形象传播能够通过不断更新的宣传内容和形式，持续向潜在游客传递旅游产品的最新信息和优惠活动，激发游客的购买欲望，促进旅游消费的发生。同时，持续的形象传播还能够提高旅游产品的知名度和美誉度，使游客对旅游产品产生持久的信任和期待，从而提高旅游产品的销售量和市场占有率，确保乡村旅游的可持续发展。

（五）乡村旅游产品易波动性与形象传播的稳定调节作用

乡村旅游产品受多种因素影响，具有易波动性。形象传播可以通过持续的宣传和推广，稳定游客对乡村旅游的认知和兴趣。在旅游淡季，形象传播可以突出乡村旅游的其他特色和优势，如冬季的乡村温泉、春季的赏花踏青等，吸引游客前来体验，平衡旅游市场的季节性波动。同时，形象传播还能够及时传递乡村旅游的最新信息和优惠活动，吸引游客在不同时间段前来旅游，提高乡村旅游的客源稳定性和经济效益。此外，在面对外部风险和危机时，形象传播还能够通过积极的危机公关和形象重塑，稳定游客的信心和忠诚度，减少负面影响对乡村旅游的冲击，为乡村旅游的稳定发展提供保障。

综上，旅游目的地远离客源地，在旅游消费者看来是一个独立的区域，旅游产品综合性、无形性、不可转移性、不可储存性、易波动性的特点，使得旅游者在购买旅游产品前，必须借助于各种媒介传播才能够让异地的旅游者产生前来消费的足够动机，才能够实现其价值。故旅游地形象传播对旅游消费活动来说是至关重要、不可或缺的。同时只有媒介和旅游者之间有了有效的互动，才能有效地使旅游目的形象凭借媒介的传播深入到旅游者心中①。

四、乡村旅游形象数字传播的路径

（一）乡村旅游形象数字传播的必要性

伴随数字技术的快速发展，移动互联网已经成为营销宣传最常使用的网络。移动设备和基于移动设备的服务如影随形，很大程度上改变了传统媒体渠道作用于潜在旅游者的方式，数字技术必将成为旅游目的地形象塑造的主要方式，基于数字技术的新媒体也将不断变革旅游目的地形象营销的方式。

数字时代旅游目的地营销环境发生以下巨大变化：

1. 营销环境变得移动化

旅游者可以随时随地接收或查阅来自旅游目的地的信息，不论在工作、吃

---

① 韦瑾. 关于旅游地形象重新定位和形象传播的探讨——以桂林为例 [J]. 西南民族大学学报（人文社科版），2004（01）：355－359.

饭、乘车、睡前还是在上厕所的过程中；旅游者也可以随时随地预订目的地的产品，包括住宿、餐饮、门票等。通过数字设备查阅目的地信息和预订的方便程度开始影响旅游者对目的地的形象感知。

2. 营销环境变得碎片化

传统上旅游目的地整体形象的塑造主要依托政府主导的总体形象定位以及借助权威媒体的传播，比如好客山东、老家河南、晋善晋美等总体形象在央视媒体的传播。在数字化时代，旅游者的关注焦点变得多样化，特别是转移到对新媒体的关注。在数字化时代，整合营销和全员营销的理念变得可行，与区域旅游发展相关的一切经营单位和相关单位都可以低成本建设自媒体宣传平台开展营销，一个朋友圈的游览评价、一个朋友圈游记转发、一篇有关旅游目的地的软文，都有可能成为构建旅游者有关目的地形象的主要因素。

3. 营销环境变得场景化

随着 4G 技术的普及以及 5G 时代的到来，旅游者尚未启程就可以通过在线视频、实时影像或者虚拟现实的方式更加全面和更加立体地了解目的地的信息，形成有关旅游目的地更加完备的形象。

综上，旅游业是对现代信息技术高度依赖的行业，营销传播是推动区域旅游发展的生命线，区域旅游的市场竞争越来越依赖于目的地形象的竞争。伴随着数字技术的快速发展，旅游目的地形象塑造和传播的主渠道也将由传统媒体向新兴媒体过渡，新媒体将成为旅游目的地形象塑造的主渠道。因此，充分认识数字技术发展对旅游目的地形象塑造的深刻影响至关重要。

（二）乡村旅游形象数字传播的路径

旅游地的形象定位是旅游地形象的核心，旅游地的形象传播策略又制约着形象设计的成效，因此要改善乡村旅游地形象，可以从对乡村旅游地形象进行重新定位和运用有效的形象传播策略入手①。乡村旅游形象数字化传播要在内容设计、技术研发、游客体验、运营管理上下功夫，由此不断凸显乡村旅游形象数字化传播的智慧生成和崭新内涵，提高区域旅游产品形象的认知度、美誉

---

① 韦瑾. 关于旅游地形象重新定位和形象传播的探讨——以桂林为例［J］. 西南民族大学学报（人文社科版），2004（01）：355–359.

度与和谐度，扩大客源市场和旅游产品的销售量①。乡村旅游形象数字传播的具体路径如下：

1. 构建数字化内容体系

一是挖掘与整合创意内容。深入挖掘乡村地区的自然景观、历史文化和民俗风情等特色资源，并利用数字技术如虚拟现实（VR）和增强现实（AR）进行整合，构建一个丰富多样的乡村旅游内容素材库。同时，依据目标游客群体的兴趣和偏好，结合大数据分析，创作符合市场需求的数字内容，如短视频、VR全景和图文攻略等，以提高内容的吸引力和传播效率。

二是拓展数字化营销矩阵。积极运用5G、大数据、人工智能等先进技术，发展乡村旅游数字化营销。通过打造数字化营销平台，如"一码游贵州"，提供产品展示、酒店预订、电子商务支付和景区地图等功能，为游客提供全方位的智慧旅游服务，从而提升游客体验和营销效率。

三是创新展现与传播互动。不断尝试新的营销手段和技术，如利用短视频平台进行创意推广、开展线上互动活动等，以吸引更多年轻消费者的关注。同时，注重内容的原创性和趣味性，满足不同游客群体的需求和兴趣点，实现内容与渠道的深度融合，为乡村旅游的可持续发展注入新动力。

2. 打造数字化传播矩阵

一是善用社交媒体平台，通过充分利用微博、微信、抖音、小红书等社交媒体平台，发布乡村旅游的精美图片、短视频和攻略，增强游客的互动体验和参与感。这种多元化的内容展示不仅增加了乡村旅游的网络可见度，也为游客提供了丰富的信息来源，从而激发他们的旅游兴趣和决策。

二是借力在线旅游平台，与携程、去哪儿、马蜂窝等在线旅游平台的合作，推出乡村旅游专题页面和促销活动，扩大乡村旅游曝光度和影响力。在线旅游平台的广泛用户基础和便捷的预订服务，为乡村旅游提供了直接接触潜在游客的渠道，同时也为游客提供了一站式的旅游规划和预订服务，极大地便利了其旅游决策和行程安排。

三是开发自有App与小程序，开发乡村旅游自有App和小程序，提供景

---

① 吴智军. 新时代红色文化数字传播的价值、特点与路径［J］. 思想教育研究，2024（08）：122–127.

点介绍、线路规划、门票预订、住宿预订等一站式旅游服务，提升游客便捷性和满意度。通过自有平台，乡村旅游目的地可以更好地控制品牌形象，提供个性化服务，并收集用户数据以优化营销策略。此外，这些平台还能够提供即时的客户反馈，帮助旅游目的地及时调整服务和产品，以满足游客的需求。

3. 强化数字化互动体验

一是虚拟现实（VR）技术的应用。利用 VR 技术打造乡村旅游虚拟体验场景，让游客在家就能身临其境地感受乡村美景和文化氛围，激发其出行意愿。通过 VR 技术，可以模拟出高拟真的乡村环境与历史背景，使潜在旅游者深入地了解和体验文化遗产，拉近乡村旅游与观众的距离。

二是增强现实（AR）技术的互动体验。在乡村旅游景点设置 AR 互动体验区，通过扫描二维码或特定标识物，即可在手机上看到丰富的信息展示和互动效果，提升游客的参与度和趣味性。

三是智能导览系统的个性化服务。在乡村旅游区域部署智能导览系统，通过蓝牙信标、二维码等技术，为游客提供个性化的语音讲解、路线指引等服务，提升游客的游览体验。这种智慧导览方式，让游客在参观中不仅能看到、能听到，更能通过语音指令进行交互体验。该导览系统能够提供全方位、多感官、多维度的数字化娱乐体验，实现乡村文化叙事空间和虚拟场景沉浸体验的无缝对接与实时融合。

4. 深化数字化运营管理

一是数据驱动决策。建立乡村旅游大数据平台，收集并分析游客的搜索、浏览、预订、评价等数据，为乡村旅游的规划、开发、营销等提供科学依据。通过数据驱动决策，乡村旅游管理者可以更精准地把握市场动态和游客需求，实现精准营销和高效运营。

二是智能营销推广。利用人工智能算法进行精准营销，根据游客的画像特征推送个性化的乡村旅游产品和服务信息，提高营销效果和转化率。智能营销推广能够实现对游客行为的深入分析，预测游客偏好，从而提供更加个性化的服务和产品推荐，增强游客的旅游体验。

三是持续优化迭代。根据游客的反馈和市场变化，不断优化乡村旅游数字传播的内容和形式，保持乡村旅游形象的新鲜感和吸引力。持续优化迭代是乡村旅游数字化运营管理的关键，它要求管理者不断更新和改进服务，以适应市场的变化和游客的需求，确保乡村旅游的持续发展和竞争力。

思考与讨论

1. 数字营销如何重塑乡村旅游市场定位和消费者关系？

2. 简述乡村传统文化资源在现代旅游市场中的价值，以及在传播和复兴过程中面临的主要挑战。

3. 乡村意象的现代重构如何影响跨文化传播的效果？分析乡村意象重构的实践策略，并探讨其在促进文化互鉴和旅游体验中的互动机制。

4. 乡村旅游形象数字化传播的战略意义以及在实施过程中应如何平衡传统与现代、本土与全球的关系？

参考文献

［1］艾略特・艾登伯格 . 4R 营销：颠覆 4P 的营销新论（第二版）［M］. 北京：企业管理出版社，2003．

［2］蔡海龙 . 农业产业化经营组织形式及其创新路径［J］. 中国农村经济，2013（11）：4 – 11．

［3］陈斌开，林毅夫 . 发展战略、城市化与中国城乡收入差距［J］. 中国社会科学，2013（04）：81 – 102，206．

［4］陈国磊，罗静，曾菊新，等 . 中国少数民族特色村寨空间结构识别及影响机理研究［J］. 地理科学，2018，38（09）：1422 – 1429．

［5］陈浩，陆林，郑嬗婷 . 旅游语境下的乡村性概念解析［J］. 地理科学进展，2023，42（11）：2198 – 2212．

［6］陈劼绮，陆林 . 乡村旅游创新的理论框架与研究展望［J］. 地理学报，2024，79（04）：1027 – 1044．

［7］程豪，杨钊 . 从大众旅游到乡村旅居：乡村区域旅游发展的新趋势：基于元方法的驱动力分析与旅居地假设［J］. 地理科学，2021，41（01）：83 – 91．

［8］范学刚，朱竑 . 西方乡村性研究进展［J］. 热带地理，2016，36（03）：503 – 512．

［9］方劲 . 内源性农村发展模式：实践探索、核心特征与反思拓展［J］. 中国农业大学学报（社会科学版），2018，35（01）：24 – 34．

［10］费孝通 . 乡土中国［M］. 北京：北京大学出版社，2012．

［11］冯贺霞，王小林 . 基于六次产业理论的农村产业融合发展机制研

究——对新型经营主体的微观数据和案例分析 [J]. 农业经济问题，2020 (09)：64 - 76.

[12] 冯晶晶. "乡村旅游"概念叙事：内涵演变、脉络特点及发展趋向——基于旅游人类学视角 [J]. 西南民族大学学报（人文社会科学版），2022，43 (10)：51 - 56.

[13] 冯淑华，沙润. 乡村旅游的乡村性测评模型——以江西婺源为例 [J]. 地理研究，2007 (03)：616 - 624.

[14] 傅才武，程玉梅. 文旅融合在乡村振兴中的作用机制与政策路径：一个宏观框架 [J]. 华中师范大学学报（人文社会科学版），2021，60 (06)：9 - 77.

[15] 郭焕成，韩非. 中国乡村旅游发展综述 [J]. 地理科学进展，2010，29 (12)：1597 - 1605.

[16] 郭焕成，刘军萍，王云才. 观光农业发展研究 [J]. 经济地理，2000 (02)：119 - 124.

[17] 郭焕成，吕明伟. 我国休闲农业发展现状与对策 [J]. 经济地理，2008 (04)：640 - 645.

[18] 郭景福，闫晓莹. 民族地区乡村旅游助力共同富裕 [J]. 中南民族大学学报（人文社会科学版），2023，43 (07)：126 - 133.

[19] 何景明. 国外乡村旅游研究述评 [J]. 旅游学刊，2003，18 (01)：76 - 80.

[20] 洪学婷，黄震方，陈晓艳，等. 场所叙事视角下乡愁的多维解构与影响机理——基于新民谣歌词与评论的分析 [J]. 地理科学，2021，41 (01)：55 - 63.

[21] 洪银兴，任保平. 数字经济与实体经济深度融合的内涵和途径 [J]. 中国工业经济，2023 (02)：5 - 16.

[22] 侯兵，陶然. 新形势下民族文化旅游的区域协同发展研究 [J]. 贵州民族研究，2016，37 (10)：162 - 165.

[23] 胡鞍钢. 乡村旅游与乡村振兴战略 [J]. 经济研究，2021，36 (05)：78 - 85.

［24］胡汉辉，邢华．产业融合理论以及对我国发展信息产业的启示［J］．中国工业经济，2003（02）：23－29．

［25］胡晓亮，李红波，张小林，等．乡村概念再认知［J］．地理学报，2020，75（02）：398－409．

［26］黄潇婷，吴必虎．旅游学概论［M］．北京：中国人民大学出版社，2023．

［27］黄勇，李和平，仝德，段德罡，王成，史宜，赵亮，彭震伟，刘洋，冯长春．乡村人居空间转型与重构［J］．城市规划，2024，48（01）：31－36，70．

［28］黄祖辉．准确把握中国乡村振兴战略［J］．中国农村经济，2018（04）：2－12．

［29］康来云．乡土情结与土地价值观——改革开放30年来中国农村土地的历史变迁［J］．河南社会科学，2009，17（05）：46－48．

［30］李伯华，李雪，王莎，窦银娣．乡村振兴视角下传统村落人居环境转型发展研究［J］．湖南师范大学自然科学学报，2022，45（01）：1－10．

［31］李伯华，曾灿，刘沛林，窦银娣．传统村落人居环境转型发展的系统特征及动力机制研究——以江永县兰溪村为例［J］．经济地理，2019，39（08）：153－159．

［32］李伯华，曾菊新，胡娟．乡村人居环境研究进展与展望［J］．地理与地理信息科学，2008（05）：70－74．

［33］李伯华，曾荣倩，刘沛林，刘一曼，窦银娣．基于CAS理论的传统村落人居环境演化研究——以张谷英村为例［J］．地理研究，2018，37（10）：1982－1996．

［34］李红波，张小林．乡村性研究综述与展望［J］．人文地理，2015，30（01）：16－20，142．

［35］李蕾蕾．跨文化传播及其对旅游目的地地方文化认同的影响［J］．深圳大学学报（人文社会科学版），2000（02）：95－100．

［36］李丽娟．乡村旅游中"乡土性"的传承与保护［J］．社会科学家，2021（05）：57－62．

[37] 李培林. 乡村振兴与中国式现代化：内生动力和路径选择 [J]. 社会学研究, 2023, 38 (06): 1 - 17, 226.

[38] 李涛, 王钊, 陶卓民, 等. 基于产业投资视角的乡村旅游发展区域差异与形成机制 [J]. 自然资源学报, 2022, 37 (08): 2051 - 2064.

[39] 李天元, 张朝枝, 白凯. 旅游学 (第四版) [M]. 北京: 高等教育出版社, 2019.

[40] 李元元, 曹聪敏. "借力式发展"：资本下乡背景下村企互动的均衡样态及其实现机制——基于鲁西南 L 村的案例研究 [J]. 陕西师范大学学报 (哲学社会科学版), 2023, 52 (03): 122 - 133.

[41] 李志龙. 乡村振兴 - 乡村旅游系统耦合机制与协调发展研究——以湖南凤凰县为例 [J]. 地理研究, 2019, 38 (03): 643 - 654.

[42] 梁茜. 乡村文化生态价值的现代性境遇与重建 [J]. 广西民族大学学报 (哲学社会科学版), 2014, 36 (03): 62 - 65.

[43] 刘爱华. 城镇化语境下的 "乡愁" 安放与民俗文化保护 [J]. 民俗研究, 2016 (06): 118 - 125, 160.

[44] 刘传喜, 唐代剑, 常俊杰. 杭州乡村旅游产业集聚的时空演化与机理研究：基于社会资本视角 [J]. 农业经济问题, 2015, 36 (06): 35 - 43.

[45] 刘德谦. 关于乡村旅游、农业旅游与民俗旅游的几点辨析 [J]. 旅游学刊, 2006 (03): 12 - 19.

[46] 刘德云. 参与型旅游小镇规划模式研究——以金门金湖镇为例 [J]. 旅游学刊, 2008 (09): 73 - 79.

[47] 刘科, 黄博琛. 大食物观：超越粮食安全战略的时代价值与实践方案 [J]. 中州学刊, 2023 (05): 67 - 73.

[48] 刘民坤, 邓小桂. 旅游驱动乡村治理：城乡要素流动视角的动力学机制分析 [J/OL]. 旅游学刊, 1 - 20 [2024 - 11 - 28].

[49] 刘守英, 王一鸽. 从乡土中国到城乡中国：中国转型的乡村变迁视角 [J]. 管理世界, 2018, 34 (10): 128 - 146.

[50] 刘淑兰. 文化自信视阈下乡愁重构的困境及制度设计 [J]. 科学社会主义, 2018 (04): 77 - 81.

[51] 刘旭光. 什么是"审美"——当今时代的回答 [J]. 首都师范大学学报（社会科学版），2018（03）：80 – 90.

[52] 刘彦随. 中国新时代城乡融合与乡村振兴 [J]. 地理学报，2018，73（04）：637 – 650.

[53] 刘英基，邹秉坤，韩元军，等. 数字经济赋能文旅融合高质量发展：机理、渠道与经验证据 [J]. 旅游学刊，2023，38（05）：28 – 41.

[54] 龙花楼，李婷婷，邹健. 我国乡村转型发展动力机制与优化对策的典型分析 [J]. 经济地理，2011（12）：2080 – 2085.

[55] 龙花楼，屠爽爽. 论乡村重构 [J]. 地理学报，2017，72（04）：563 – 576.

[56] 龙花楼，张英男，屠爽爽. 论土地整治与乡村振兴 [J]. 地理学报，2018，73（10）：1837 – 1849.

[57] 卢松，陆林，徐茗. 我国传统村镇旅游研究进展 [J]. 人文地理，2005，20（05）：70 – 73.

[58] 卢云亭. 两类乡村旅游地的分类模式及发展趋势 [J]. 旅游学刊，2006，21（04）：6 – 8.

[59] 陆林，李天宇，任以胜，等. 乡村旅游业态：内涵、类型与机理 [J]. 华中师范大学学报（自然科学版），2022，56（01）：62 – 72.

[60] 罗康智，郑茂刚. 论乡村振兴主体的缺失与回归 [J]. 原生态民族文化学刊，2018，10（04）：91 – 97.

[61] 罗文斌，钟诚，Dallen J.，等. 乡村旅游开发中女性村官参与行为影响机理研究：以湖南省女性村官为例 [J]. 旅游学刊，2017，32（01）：54 – 63.

[62] 马斌斌，陈兴鹏，马凯凯，等. 中国乡村旅游重点村空间分布、类型结构及影响因素 [J]. 经济地理，2020，40（07）：190 – 199.

[63] 马良灿，康宇兰. 是"空心化"还是"空巢化"？——当前中国村落社会存在形态及其演化过程辨识 [J]. 中国农村观察，2022（05）：123 – 139.

[64] 马勇，赵蕾，宋鸿，等. 中国乡村旅游发展路径及模式——以成都乡村旅游发展模式为例 [J]. 经济地理，2007（02）：336 – 339.

[65] 迈克尔·波特. 竞争优势 [M]. 陈晓悦，译. 北京：华夏出版

社，1997.

[66] 明庆忠，李志飞，徐虹，等．共同富裕目标下中国乡村旅游资源的理论认知与应用创新 [J]．自然资源学报，2023，38（02）：286-304.

[67] 聂子龙，李浩．产业融合中的企业业战略思考 [J]．软科学，2003（2）：80-83.

[68] 彭兆荣．旅游人类学视野下的"乡村旅游" [J]．广西民族学院学报：哲学社会科学版，2005（07）：2-7.

[69] 彭震伟，陆嘉．基于城乡统筹的农村人居环境发展 [J]．城市规划，2009，33（05）：66-68.

[70] 单波．跨文化传播的基本理论命题 [J]．华中师范大学学报（人文社会科学版），2011，50（01）：103-113.

[71] 石培基，李先锋．旅游形象传播研究 [J]．西南民族大学学报（人文社科版），2006（08）：212-214.

[72] 史艳荣，谢彦君，曾诗晴．疏离感与亲和力：乡村旅游体验中的院落情结与人际关系再造 [J]．旅游学刊，2020，35（12）：63-80.

[73] 舒伯阳，蒋月华，刘娟．新时代乡村旅游高质量发展的理论思考及实践路径 [J]．华中师范大学学报（自然科学版），2022，56（01）：73-82.

[74] 宋瑞，刘倩倩．中国式现代化背景下的乡村旅游：功能、短板与优化路径 [J]．华中师范大学学报（自然科学版），2024，58（01）：36-45.

[75] 宋潇玉，宋子千．对后脱贫时代乡村旅游政策创新的思考 [J]．旅游学刊，2021（04）：10-12.

[76] 孙九霞．传统村落：理论内涵与发展路径 [J]．旅游学刊，2017，32（01）：1-3.

[77] 孙九霞，黄凯洁，王学基．基于地方实践的旅游发展与乡村振兴：逻辑与案例 [J]．旅游学刊，2020，35（03）：39-49.

[78] 孙九霞，张凌媛，罗意林．共同富裕目标下中国乡村旅游资源开发：现状、问题与发展路径 [J]．自然资源学报，2023，38（02）：318-334.

[79] 孙明泉．深化乡村旅游认知的多维视角 [J]．经济管理，2007（10）：75-80.

［80］谭业. 旅游隐性营销：新时代的旅游营销理念变革［J］. 经济地理，2013，33（09）：184－187.

［81］唐华俊，吴永常，陈学渊. 中国式农业农村现代化：演进特征、问题挑战与政策建议［J］. 农业经济问题，2023（04）：4－13.

［82］陶玉霞. 旅游：穿越时空的心灵对话［J］. 旅游学刊，2018，33（08）：118－132.

［83］陶玉霞. 论乡村旅游形象的结构生成及其历时性建构［J］. 北京第二外国语学院学报，2015（05）：64－72.

［84］陶玉霞. 乡村旅游根性意涵的社会调试与价值重建研究［J］. 人文地理，2015，30（05）：117－125.

［85］陶玉霞. 乡村旅游理论建构与理性批判［M］. 北京：中国旅游出版社，2016.

［86］陶玉霞. 乡村旅游需求机制与诉求异化实证研究［J］. 旅游学刊，2015，30（07）：37－48.

［87］陶玉霞. 乡村游客文化取向与乡村重构［J］. 浙江农业学报，2014，26（03）：830－836.

［88］王保忠，王保明，何平. 景观资源美学评价的理论与方法［J］. 应用生态学报，2006（09）：1733－1739.

［89］王朝辉. 营销渠道理论前沿与渠道管理新发展［J］. 中央财经大学学报，2003（08）：64－68.

［90］王德刚. 文化自信、利益均衡是确立乡村旅游伦理关系的基础［J］. 旅游学刊，2014，29（11）：9－11.

［91］王留鑫，赵一夫. 基于城乡融合视角的乡村振兴实现路径［J］. 宁夏社会科学，2022（01）：97－102.

［92］王宁. 旅游、现代性与"好恶交织"：旅游社会学的理论探索［J］. 社会学研究，1999（06）：93－102.

［93］王鹏飞，王瑞璠. 行动者网络理论与农村空间商品化：以北京市麻峪房村乡村旅游为例［J］. 地理学报，2017，72（08）：1408－1418.

［94］王琪延，徐玲. 基于产业关联视角的北京旅游业与农业融合研究

[J]. 旅游学刊, 2013, 28 (08): 102 - 110.

[95] 王新歌, 陈田, 林明水, 等. 国内外乡愁相关研究进展及启示 [J]. 人文地理, 2018, 33 (05): 1 - 11.

[96] 王新歌, 虞虎, 陈田. 旅游视角下的地域乡愁文化元素识别及维度构建 [J]. 资源科学, 2019, 41 (12): 2237 - 2247.

[97] 王云才. 国际乡村旅游发展的政策经验与借鉴 [J]. 旅游学刊, 2002 (04): 45 - 50.

[98] 魏小安. 乡村旅游的可持续发展路径研究 [J]. 旅游学刊, 2020, 35 (04): 56 - 63.

[99] 温铁军. 从农业1.0到农业4.0 [J]. 中国乡村发现, 2016 (01): 20 - 26.

[100] 温铁军, 张俊娜, 邱建生, 罗加玲. 农业1.0到农业4.0的演进过程 [J]. 当代农村财经, 2016 (02): 2 - 6.

[101] 吴必虎. 旅游规划原理 [M]. 北京: 中国旅游出版社, 2010.

[102] 吴必虎. 游历研究体系中的体验 [J]. 旅游学刊, 2019, 34 (09): 5 - 7.

[103] 吴杨芝, 周湘鄂. 服务性、文化性与审美性: 贵州民族地区乡村旅游语言景观构建新路 [J]. 贵州民族研究, 2024, 45 (01): 135 - 141.

[104] 肖黎明, 王彦君, 郭瑞雅. 乡愁视域下乡村旅游高质量发展的空间差异及演变——基于黄河流域的检验 [J]. 旅游学刊, 2021, 36 (11): 13 - 25.

[105] 肖佑兴, 明庆忠, 李松志. 论乡村旅游的概念和类型 [J]. 旅游科学, 2001 (03): 8 - 10.

[106] 谢彦君. 呵护"姆庇之家", 重塑乡村旅游可持续发展新理念 [J]. 旅游学刊, 2017, 32 (01): 8 - 10.

[107] 谢彦君. 基础旅游学 [M]. 北京: 中国旅游出版社, 2001.

[108] 谢彦君. 基础旅游学 (第4版) [M]. 北京: 商务印书馆, 2015.

[109] 谢彦君. 旅游体验研究——一种现象学的视角 [M]. 北京: 中国旅游出版社, 2017.

[110] 谢彦君, 于佳, 王丹平, 等. 作为景观的乡愁: 旅游体验中的乡

愁意象及其表征 [J]. 旅游科学, 2021, 35 (01): 1-22.

[111] 谢志强, 戚敬渊. 价值共创视角下乡村旅游产业运行逻辑与前进路向研究——以吉林省西夹荒屯为例 [J]. 湖南社会科学, 2024 (03): 107-116.

[112] 谢治菊, 王曦. 农户是如何组织起来的——基于贵州省安顺市塘约村的分析 [J]. 中央民族大学学报 (哲学社会科学版), 2021, 48 (04): 90-99.

[113] 鄢方卫, 杨效忠, 吕陈玲. 全域旅游背景下旅游廊道的发展特征及影响研究 [J]. 旅游学刊, 2017, 32 (11): 95-104.

[114] 杨阿莉. 从产业融合视角认识乡村旅游的优化升级 [J]. 旅游学刊, 2011 (04): 9-11.

[115] 杨永伟, 陆汉文. 贫困人口内生动力缺乏的类型学考察 [J]. 中国农业大学学报 (社会科学版), 2019 (06): 128-136.

[116] 杨振之. 城乡统筹下农业产业与乡村旅游的融合发展 [J]. 旅游学刊, 2011, 26 (10): 10-11.

[117] 杨振之. 论旅游的本质 [J]. 旅游学刊, 2014, 29 (03): 13-21.

[118] 杨振之, 谢辉基. 旅游体验研究的再思 [J]. 旅游学刊, 2017, 32 (09): 12-23.

[119] 姚璐, 王书华, 范瑞. 资源依赖视角下金融集聚对绿色全要素生产率的影响 [J]. 资源科学, 2023, 45 (02): 308-321.

[120] 姚亦锋. 中国乡村审美空间的形成 [J]. 江苏社会科学, 2018 (02): 232-237.

[121] 叶朗. 美在意象——美学基本原理提要 [J]. 北京大学学报 (哲学社会科学版), 2009, 46 (03): 11-19.

[122] 叶朗. 中国美学通史 1 (先秦卷) [M]. 南京: 江苏人民出版社, 2014.

[123] 尤海涛, 马波, 陈磊. 乡村旅游的本质回归: 乡村性的认知与保护 [J]. 中国人口资源与环境, 2012, 22 (09): 158-162.

[124] 尤海涛. 乡村旅游利益之殇与本源回归 [J]. 旅游学刊, 2014, 29 (12): 10-12.

[125] 于法稳, 黄鑫, 岳会. 乡村旅游高质量发展: 内涵特征、关键问题及对策建议 [J]. 中国农村经济, 2020 (08): 27 – 39.

[126] 岳晓文旭, 王晓飞, 韩旭东, 等. 赋权实践如何促进乡村新内源发展——基于赋权理论的多案例分析 [J]. 中国农村经济, 2022 (05): 36 – 54.

[127] 曾亿武, 宋逸香, 林夏珍, 等. 中国数字乡村建设若干问题刍议 [J]. 中国农村经济, 2021 (04): 21 – 35.

[128] 张高军, 易小力. 有限政府与无限政府: 乡村振兴中的基层政府行为研究 [J]. 中国农村观察, 2019 (05): 32 – 52.

[129] 张凌云. 非惯常环境: 旅游核心概念的再研究——建构旅游学研究框架的一种尝试 [J]. 旅游学刊, 2009, 24 (07): 12 – 17.

[130] 张文明, 章志敏. 资源·参与·认同: 乡村振兴的内生发展逻辑与路径选择 [J]. 社会科学, 2018 (11): 75 – 85.

[131] 张行发, 徐虹. 新内源发展: 乡村旅游驱动贫困村迈向共同富裕的 "郝峪模式" [J]. 西北农林科技大学学报 (社会科学版), 2023, 23 (06): 94 – 103.

[132] 张艳, 张勇. 乡村文化与乡村旅游开发 [J]. 经济地理, 2007 (03): 509 – 512.

[133] 张英, 陈俊合, 熊焰. 旅游业与农业耦合关系研究及实证——以湖南省张家界市为例 [J]. 中南民族大学学报 (人文社会科学版), 2015, 35 (06): 109 – 113.

[134] 郑倩倩, 唐承财, 张瑛. 数字赋能乡村文旅深度融合的过程与机制——以浙江省五四村为例 [J]. 地理科学进展, 2024, 43 (10): 1956 – 1973.

[135] 郑群明, 钟林生. 参与式乡村旅游开发模式探讨 [J]. 旅游学刊, 2004, 19 (04): 33 – 37.

[136] 植草益. 信息通讯业的产业融合 [J]. 中国工业经济, 2001 (02): 24 – 27.

[137] 周心琴. 西方国家乡村景观研究新进展 [J]. 地域研究与开发, 2007, 26 (03): 85 – 90.

[138] 邹统钎. 中国乡村旅游发展模式研究——成都农家乐与北京民俗

村的比较与对策分析 [J]. 旅游学刊, 2005 (03): 63 – 68.

[139] Best B., Miller K., Mcadam R., Maalaoui A. Business model innovation within SPOs: exploring the antecedents and mechanisms facilitating multi-level value co-creation within a value network [J]. Journal of Business Research, 2022, 141: 475 – 494.

[140] Buhalis D., Law R. Smart tourism: Foundations and developments [J]. Annals of Tourism Research, 2018 (70): 20 – 34.

[141] Gilbert D., Tung L. Public organizations and rural marketing planning in England and Wales [J]. Tourism Management, 1990, 11 (02): 164 – 172.

[142] Hall C. M., Sharples L. Rural tourism and community resilience: A case study from New Zealand [J]. Current Issues in Tourism, 2020, 23 (12): 1379 – 1392.

[143] Hjalager A. M., Tervo-Kankare K., Tuohino A. Tourism value chains revisited and applied to rural well-being tourism [J]. Tourism Planning & Development, 2016, 13 (04): 379 – 395.

[144] Kienast F., Bolliger J., Potschin M. et al. Assessing landscape functions with broad-scale environmental data: Insights gained from a prototype development for Europe [J]. Environmental Management, 2009, 44: 1099 – 1120.

[145] Naah J. S. N. Community-level analysis of value webs of biomass-based resources: a case study among local actors in Ghana [J]. Sustainability, 2020, 12 (04): 1644.

[146] Nilsson P. A. Staying farms: An ideological background [J]. Annals of Tourism Research, 2002, 29 (01): 7 – 24.

[147] Ranwa R. Impact of tourism on intangible cultural heritage: case of Kalbeliyas from Rajasthan, India [J]. Journal of Tourism and Cultural Change, 2022, 20 (1 – 2): 20 – 36.

[148] Robbins S. P., Coulter M., DeCenzo D. A. Fundamentals of Management: Management Myths Debunked [M]. London: Pearson, 2017.

[149] Sutomo Y. A. W., Sianipar C. P., Basu M., Onitsuka K., Hoshino

S. Tourism value chain: synthesizing value webs to support tourism development and planning [J]. Tourism Review, 2023, 78 (03): 726 –746.

[150] Sznajder M., Przezbórska L., Scrimgeour F. Agritourism [M]. Wallingford: Cab International, 2009.

[151] Wang N. Rethinking authenticity in tourism experience [J]. Annals of Tourism Research, 1999, 26 (02): 349 –370.

[152] Weiermair K. Prospects for innovation in tourism [J]. Journal of Quality Assurance in Hospitality & Tourism, 2006, 6 (03): 59 –72.

[153] Williams R. Keywords: A vocabulary of culture and society [M]. UK: Oxford university press, 1975: 1777 –1779.

[154] Woods M. Advocating rurality? The repositioning of rural local government [J]. Journal of Rural Studies, 1998, 14 (01): 13 –26.

[155] Zimmerman M. Empowerment Theory: Psychological, Organizationa, and Community Levels of Analysis [J] //Julian Rappaport & Edward Seidman. Handbook of Community Psychology, 2020: 42 –63.

[156] Zube E. H., Simcox D. E., Law C. S. Perceptual landscape simulations: history and prospect [J]. Landscape Journal, 1987, 6 (01): 62 –80.